Septième édition

Mise en pratique

**Manuel de lecture, vocabulaire,
grammaire et expression écrite**

Septième édition

Mise en pratique

Manuel de lecture, vocabulaire, grammaire et expression écrite

Alain Favrod

York University

Louise Morrison

York University

PEARSON

Toronto

Editorial Director: Claudine O'Donnell
Acquisitions Editor: Jennifer Sutton
Marketing Manager: Christine Cozens
Program Manager: Emily Dill
Project Manager: Richard di Santo
Developmental Editor: Patti Sayle
Production Editor: Susan Bindernagel
Copy Editor: Elaine Gareau
Composition: Cenveo® Publishing Services
Permissions Project Manager: Erica Mojzes
Photo and Text Permissions Research: Danny Meldung/Photo Affairs, Inc.
Art Director: Alex Li
Cover and Interior Designer: Anthony Leung
Cover Image: Elzbieta Sekowska/Shutterstock

Vice-President, Cross Media and Publishing Services: Gary Bennett

Les mentions de source et de copyright pour tout contenu emprunté à d'autres sources et reproduit, avec autorisation, dans ce manuel peuvent être trouvées à la page où ils apparaissent.

Si vous avez acheté ce livre en dehors des États-Unis ou du Canada, sachez qu'il a été importé sans l'approbation de la maison d'édition ou de l'auteur.

3 16

Library and Archives Canada Cataloguing in Publication
Favrod, Alain M., author
    Mise en pratique / Alain Favrod, Louise Morrison.—Seventh edition.

For English-speaking students of French as a second language.

ISBN 978-0-13-390306-5 (paperback)
    1. French language—Grammar. 2. French language—Composition and exercises. 3. French language—Textbooks for second language learners—English speakers. I. Morrison, Louise (Louise M. J.), author. II. Title.

PC2112.F386 2016   448.2'421   C2011-905122-2

ISBN 978-0-13-390306-5

À Adele et mes filles Marieke et Michèle

A. F.

À mes parents

L. M.

TABLE DES MATIÈRES

Introduction *xix*

Chapitre 1 Amitié, amour et passion *1*

Lecture

    Légende : *La légende de Tristan et Iseult* 2
    Article de la revue *Phosphore* : *Amis pour la vie* 8

Vocabulaire

    L'amour *4*
    L'amitié *4*
    Le mariage *5*

Grammaire

    Le présent de l'indicatif *12*
    L'impératif *20*
    Le genre des noms *22*
    Le nombre des noms *25*
    L'analyse grammaticale du nom *27*
    Les pronoms compléments d'objet direct *le*, *la*, *l'* et *les* *28*

Expression écrite

    Le paragraphe *30*
    La correction des fautes *31*
    Le coin du correcteur *31*

Synthèse

    Exercice 1 à 12 *33*

Chapitre 2 Famille et identité 37

Lecture

    Nouvelle : *Les amours de Fannie* de Danielle Cadorette *39*

    Extrait de roman : *La petite Bijou* de Patrick Modiano *46*

Vocabulaire

    La famille *41*

    Les sentiments *43*

Grammaire

    Le passé composé *51*

    L'accord du participe passé *54*

    L'imparfait *57*

    Le passé composé ou l'imparfait ? *59*

    Le plus-que-parfait *61*

    La syntaxe des temps composés *62*

    Le passé simple *63*

Expression écrite

    Le récit *67*

    Comment rédiger un plan et un brouillon *67*

    Les formules de transition et les mots connecteurs *68*

    Le coin du correcteur *70*

Synthèse

    Exercice 1 à 14 *71*

Chapitre 3 Le monde des études et du travail 76

Lecture

    Article tiré du magazine en ligne *L'étudiant* : *Le profil de Maïlys* 77
    Article tiré du magazine *L'actualité* : *Mon bac sur deux continents* d'Isabelle Grégoire 85

Vocabulaire

    Les études 80
    Les métiers 82

Grammaire

    L'article défini 89
    L'article indéfini et l'article partitif 92
    L'omission de l'article 95
    L'adjectif démonstratif et l'adjectif possessif 98
    L'article défini ou l'adjectif possessif ? 100

Expression écrite

    La correspondance 102
    Les formules épistolaires 103
    Le coin du correcteur 106

Synthèse

    Exercice 1-12 107

Chapitre 4 Les nouvelles technologies *112*

Lecture

Article tiré du magazine *L'actualité* : « *Big Brother* », *c'est nous* de Luc Chartrand *113*
Article tiré du journal *Le Monde* : *Internet bouscule les choix culturels des Français* de Michel Guerrin et Nathaniel Herzberg *119*

Vocabulaire

Les nouvelles technologies *115*

Grammaire

Les adjectifs qualificatifs *124*
Les adverbes *134*
La comparaison *139*

Expression écrite

L'emploi des dictionnaires *145*
Le coin du correcteur *148*

Synthèse

Exercice 1 à 15 *149*

Chapitre 5 Le bilinguisme et l'apprentissage des langues *155*

Lecture

    Article tiré du journal *Le Devoir* : *Le cerveau est bilingue* de Benoît Rose *156*
    Article tiré du journal belge *L'Écho* : *Le bilinguisme dès la maternelle*
    d'Alain Destexhe *162*

Vocabulaire

    Les langues *158*
    L'apprentissage des langues *159*
    L'immigration *160*

Grammaire

    L'infinitif *166*
    Le subjonctif *170*

Expression écrite

    Les phrases complexes *185*
    Les propositions subordonnées *186*
    Le coin du correcteur *188*

Synthèse

    Exercice 1 à 17 *189*

Chapitre 6 Le cinéma *197*

Lecture

Entretien avec Thierry Frémaux : *Le Festival de Cannes en questions*   *198*
Article du magazine de référence en ligne *slate.fr* : *Les livres cultes qui résistent au cinéma*
de Pierre Ancery et Clément Guillet   *205*

Vocabulaire

Le cinéma   *201*

Grammaire

Les pronoms personnels   *209*

Expression écrite

Le résumé   *227*
Les techniques de résumé   *228*
Le coin du correcteur   *231*

Synthèse

Exercice 1 à 13   *232*

Chapitre 7 La nouvelle policière *236*

Lecture

> Nouvelle policière : *Dernier Casse* de Michel de Roy *237 et 242*

Vocabulaire

> Le crime *240*

Grammaire

> Les pronoms démonstratifs *247*
> Distinctions entre *c'est* et *il est* *248*
> Les pronoms possessifs *249*
> Les adjectifs interrogatifs et exclamatifs *250*
> Les pronoms interrogatifs *251*
> Les pronoms relatifs *256*

Expression écrite

> La ponctuation *267*
> Le coin du correcteur *269*

Synthèse

> Exercice 1 à 17 *270*

Chapitre 8 Les jeunes et leurs modes de vie *276*

Lecture

Reportages et témoignages : *La vie en solo* de Dominique Forget *277*
Faut-il interdire le cellulaire à l'école ? de Catherine Dubé *281*

Vocabulaire

Les changements socio-démographiques *279*
Les règlements *280*

Grammaire

Le futur simple et le futur antérieur *288*
Le conditionnel présent et le conditionnel passé *294*
Les phrases hypothétiques *298*

Expression écrite

Le devoir d'idées *300*
L'argumentation *301*
Le coin du correcteur *303*

Synthèse

Exercice 1 à 15 *304*

Chapitre 9 Les voyages et le tourisme *310*

Lecture

> Essai : *Du Nord vers le Sud... la rencontre abîmée* d'Ezzedine Mestiri *311*
> Article : *La solidarité par le tourisme* de Gary Lawrence *317*

Vocabulaire

> Le voyage *314*
> Le tourisme *315*

Grammaire

> La négation *321*
> Les verbes pronominaux *325*
> Les expressions impersonnelles *329*
> Les adjectifs et pronoms indéfinis *331*

Expression écrite

> L'expression de la cause, de la conséquence et du but *338*
> Le coin du correcteur *342*

Synthèse

> Exercice 1 à 14 *343*

Chapitre 10 Le Maroc *348*

Lecture

> Extraits de roman : *La Civilisation, ma Mère !...* de Driss Chraïbi *349*
> *Ti t'appelles Aïcha, pas Jouzifine !* de Mina Oualdlhadj *354*

Vocabulaire

> La communication par téléphone *352*
> La correspondance *353*

Grammaire

> La voix passive *358*
> Le participe présent *363*
> Le discours indirect *368*

Expression écrite

> Le dialogue incorporé au récit *374*
> Les notes de lecture ou d'écoute *375*
> Le coin du correcteur *378*

Synthèse

> Exercice 1 à 14 *379*

Appendices

A   La conjugaison des verbes

   Les conjugaisons régulières *385*
   La conjugaison des auxiliaires *avoir* et *être* *387*
   La conjugaison passive *388*
   Les conjugaisons irrégulières *389*

B   Glossaire *399*
C   Les verbes suivis d'un infinitif *406*
D   Les adjectifs suivis d'un infinitif *407*
E   Les verbes suivis de compléments *408*
F   Les verbes suivis du subjonctif *410*
G   Le genre des noms selon le suffixe *412*
H   Les mots avec un *h* aspiré *413*
I   La réforme de l'orthographe (1990) *414*
J   Les nombres

   Les numéraux cardinaux *415*
   Les numéraux ordinaux *415*
   Les fractions *415*

K   Les temps littéraires *416*
L   Les phonèmes du français *418*
M   La grille de correction *419*

Index *422*

INTRODUCTION

Objectif global

Mise en pratique est un manuel destiné à l'étudiant en faculté qui a déjà une bonne connaissance de base du français. C'est un ouvrage qui a pour but principal de réunir, en un seul volume, un cours de lecture et de vocabulaire, un cours de grammaire et un cours d'expression écrite. L'interdépendance de ces trois composantes semblant justifier une intégration pédagogique, le manuel est conçu de façon à présenter non seulement toute la grammaire que l'étudiant de ce niveau se doit de posséder, mais aussi plusieurs stratégies d'apprentissage pour l'enrichissement du vocabulaire et l'approfondissement de la lecture, ainsi qu'une série de techniques d'expression écrite nécessaires à la bonne exécution des travaux de français effectués au fil des années universitaires.

Objectifs pédagogiques de chaque chapitre

1. maitriser (maîtriser) le vocabulaire thématique proposé
2. approfondir ses connaissances lexicales
3. comprendre et analyser un genre littéraire ou un mode discursif
4. enrichir ses connaissances culturelles par le biais d'activités multimédia
5. assimiler les structures grammaticales étudiées
6. savoir analyser ces structures grammaticales
7. savoir résoudre les problèmes de syntaxe associés à ces structures grammaticales
8. savoir surmonter les problèmes de traduction associés à ces structures grammaticales
9. maitriser (maîtriser) les techniques d'expression écrite proposées
10. savoir exploiter les ressources stylistiques proposées

Approche pédagogique pour la lecture et le vocabulaire

Mise en pratique propose un programme de lecture et de vocabulaire riche et varié dont les objectifs sont :

1. de sensibiliser l'étudiant à différents types de textes de longueur variée (articles journalistiques informatifs et argumentatifs, critiques, essais, extraits de roman, nouvelles, etc.) ;
2. de proposer des thèmes universels (comme l'amour, le cinéma et le voyage) qui préparent l'étudiant à suivre d'autres cours de français, et des thèmes contemporains (comme les études, le travail et l'éducation) liés au vécu de l'étudiant ;
3. de fournir à l'étudiant un éventail intéressant de textes provenant du monde francophone et écrits par des auteur(e)s francophones représentant trois continents (Afrique, Amérique, Europe) ;
4. de donner à l'étudiant différentes stratégies de lecture au niveau de la préparation à la lecture et de la compréhension ;
5. d'enrichir les connaissances culturelles et littéraires de l'étudiant ;

6. de présenter un vocabulaire thématique utile et contextualisé qui sera systématiquement révisé ;

7. d'initier l'étudiant à différentes notions lexicales (synonymie, dérivés, radicaux, nominalisation, homonymie) dans le but d'approfondir ses connaissances de base.

Approche pédagogique pour la grammaire

Mise en pratique offre une grammaire raisonnée. C'est-à-dire que c'est à la fois :

1. une grammaire méthodique qui permet le regroupement de données grammaticales en sections d'apprentissage autonomes. Ces sections sont axées sur des domaines spécifiques tels que l'acquisition des formes, les emplois, les difficultés de traduction, etc. ;

2. une grammaire usuelle qui rend possible un choix plus rigoureux des outils grammaticaux à maitriser (maîtriser). Cette sélection permet de présenter uniquement les notions grammaticales et les procédures d'analyse qui peuvent aider l'étudiant à résoudre ses problèmes de correction et de bon emploi ;

3. une grammaire référentielle qui fournit à l'étudiant toute l'information requise ;

4. une grammaire fonctionnelle qui encourage l'étudiant à devenir autonome, qu'il s'agisse de déceler ses propres erreurs ou qu'il s'agisse de trouver, en toute indépendance, l'information grammaticale nécessaire ;

5. une grammaire pédagogique dont la matière est expliquée de façon concise et évaluée ponctuellement, et de façon plus synthétique, à la fin de chaque chapitre.

Approche pédagogique pour l'expression écrite

Mise en pratique se propose de répondre aux besoins de l'étudiant qui doit s'exprimer par écrit. La démarche pédagogique est celle de l'atelier d'expression écrite par lequel on fournit à l'apprenant les conseils, les outils, les modèles et les mises en situation de communication qui lui permettront de perfectionner les techniques de base du savoir-écrire. *Mise en pratique* propose donc :

1. de sensibiliser l'étudiant aux travaux de plan et de brouillon, à l'emploi systématique des dictionnaires, aux méthodes de correction grammaticale, aux stratégies d'amélioration stylistique, etc. ;

2. de préparer l'étudiant à s'adapter aux divers contextes de l'écrit tels que la correspondance, les notes de cours, les rapports, les résumés, etc. ;

3. d'initier l'étudiant aux différents types de devoirs écrits tels que le récit, l'argumentation, etc. ;

4. de fournir à l'étudiant des dossiers pratiques présentant les outils indispensables de l'écrit tels que les formules de transition, les divers types de phrase, les conjonctions, les prépositions, etc.

Sélection et organisation du contenu

Diverses considérations pédagogiques et divers principes de base ont influencé le choix et l'agencement du contenu. Parmi les plus importantes, il faut mentionner :

1. **la souplesse d'emploi** Les dix chapitres de *Mise en pratique* peuvent s'adapter à différents programmes et à différents horaires d'enseignement. Le manuel peut facilement faire l'objet d'un cours complet et intensif sur la compréhension et la production de l'écrit. Il peut tout aussi bien s'intégrer à d'autres composantes de cours telles que la conversation ou la compréhension auditive ;

2. **la variété** De nombreux documents authentiques ont été choisis pour illustrer le fonctionnement et le bon emploi des structures du français. Cette sélection s'est faite afin de présenter différents genres littéraires (roman, nouvelle, etc.), différents contextes d'expression (journalisme, biographie, correspondance, etc.), différents modes d'expression (argumentation, description, narration, etc.), ainsi que divers niveaux de langue (familier, soutenu, etc.). Au niveau de la grammaire, le manuel a été conçu de façon à inclure cinq chapitres portant sur le système verbal et cinq chapitres axés sur les éléments non verbaux. Pour ce qui est de la lecture, quatre chapitres comprennent des textes littéraires, les six autres des textes journalistiques. En ce qui concerne l'expression écrite, on alterne des outils pratiques pour l'amélioration de l'écrit avec des dossiers qui visent différents types de devoirs écrits ;

3. **la clarté** Le manuel a été écrit de manière à mettre à la disposition de l'étudiant un texte explicatif concis accompagné d'exemples choisis en fonction de leur valeur d'illustration. De nombreux tableaux renforcent visuellement et schématiquement la présentation des structures grammaticales ;

4. **l'authenticité** Le français représenté dans les textes originaux, dans les exemples et dans les exercices est le français tel qu'il se parle et tel qu'il s'écrit. Il s'agissait de mettre à la disposition de l'étudiant des échantillons linguistiques authentiques et utilisables ;

5. **la facilité d'emploi** Tout manuel se doit d'être clair, précis et facile à utiliser. L'élaboration de *Mise en pratique* s'est faite en tenant compte de ces critères, comme en témoignent l'agencement du contenu, la mise en page, les tableaux, les appendices et l'index.

Contenu et présentation de la matière

Lecture et vocabulaire

Introduction à la lecture	une présentation sur l'auteur(e) du texte à lire ou sur la revue dont le texte a été tiré. Cette introduction a pour but principal de donner des informations générales et culturelles tout en mettant la lecture en contexte.
Activités de pré-lecture	étape indispensable dont le but est de faciliter l'entrée dans le texte ainsi que de formuler des hypothèses. Les questions visent à la préparation à la lecture en demandant à l'étudiant de faire appel à ses connaissances antérieures. Le cas échéant, les activités demandent à l'étudiant de se renseigner en faisant une recherche.
Lecture	présentation du document de lecture. L'étudiant lit dans le but de comprendre globalement le texte. On lui demande de repérer certains aspects grammaticaux qui font l'objet de la leçon de grammaire du chapitre. À la fin de la lecture, certains mots ou expressions difficiles (en italique dans le texte) sont défini(e)s, traduit(e)s et/ou expliqué(e)s.

Compréhension globale	exercices qui ont pour but d'évaluer ponctuellement la compréhension générale du texte. Il s'agit d'exercices à choix multiples ou de questions « vrai ou faux ».
Vocabulaire	présentation du vocabulaire thématique du chapitre. Peu importe la démarche adoptée par l'enseignant (présentation du vocabulaire avant ou après la lecture), l'objectif principal est de faire une étude systématique du vocabulaire avant de passer à la compréhension détaillée, étape à laquelle l'étudiant devra maitriser (maîtriser) le vocabulaire pour répondre efficacement aux questions.
Exploitation lexicale	exercices d'application immédiate du vocabulaire thématique. Une variété d'exercices à l'oral et à l'écrit est proposée.
Approfondissement lexical	présentation de notions lexicales importantes (synonymie, homonymie, dérivés, etc.) et de vocabulaire (adverbes, verbes de mouvement) qui posent des problèmes aux étudiants anglophones. Cette présentation est suivie d'une série d'exercices d'application des notions étudiées.
Compréhension détaillée	exercices de compréhension qui visent à une compréhension plus profonde du texte lu. L'étudiant doit relire attentivement le texte. Certaines stratégies de lecture sont implicitement proposées (repérage des idées principales ou des arguments, par exemple).
Réflexion et discussion	exercices qui encouragent l'élargissement du sujet ou du thème abordé dans le chapitre. Le but est aussi d'encourager la discussion en salle de classe ou en groupes de conversation.

Grammaire et expression écrite

Grammaire	Cette partie comprend :

- une présentation des formes de la structure grammaticale
- une analyse fonctionnelle plus approfondie de certaines notions grammaticales
- les explications des emplois de la structure grammaticale étudiée
- des explications ayant trait à la position des mots à l'intérieur de la phrase
- un inventaire des difficultés de traduction que peut offrir la structure grammaticale étudiée. Cette section n'apparait (n'apparaît) que lorsqu'il y a des problèmes à signaler.

Chacune de ces sections propose des exercices d'application immédiate (mise en pratique).

Expression écrite	composante où l'on alterne des outils pratiques pour l'amélioration de l'écrit (correction des fautes, emploi des dictionnaires, ponctuation, etc.) avec des dossiers qui aident à la correction de différents types de devoirs écrits (récit, résumé, correspondance, etc.). Chaque chapitre comprend donc :

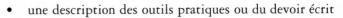

- une description des outils pratiques ou du devoir écrit
- une présentation des formules nécessaires pour perfectionner les techniques de base présentées
- un modèle de rédaction s'il s'agit d'un chapitre sur un devoir écrit, ou des exercices de perfectionnement dans le cas d'un chapitre qui présente des outils pratiques.

Coin du correcteur section qui met l'accent sur les stratégies de correction que l'étudiant(e) se doit de développer afin de mieux réviser ses travaux écrits.

Synthèse une révision systématique des notions grammaticales étudiées. Ceci comprend des exercices sur les formes, les emplois, la syntaxe, la traduction, la composition de phrases, ainsi que des sujets de rédaction. Les exercices de rédaction comprennent des consignes et des suggestions détaillées.

Cahier d'exercices pour accompagner *Mise en pratique*

Le cahier qui accompagne *Mise en pratique* reprend la même démarche pédagogique que le manuel. On y trouve tout un éventail d'exercices conçus pour faire pratiquer intensivement le vocabulaire et la lecture ainsi que certains aspects spécifiques de la grammaire.

Site Web, www.pearsoncanada.ca/favrod

Un site Web entièrement révisé est également à la disposition des étudiants et des professeurs. Le site Web de *Mise en Pratique* propose des exercices supplémentaires qui renforcent les travaux amorcés dans le manuel et le cahier d'exercices. On y retrouve également des activités complémentaires qui ont pour objectif de sensibiliser l'étudiant(e) à l'utilisation de sites Web francophones. De plus, le site propose quelques exercices d'écoute liés aux thèmes culturels abordés dans le manuel.

Autres outils pédagogiques

- Le corrigé de tous les exercices pour le professeur ainsi que le corrigé de certains exercices pour l'étudiant(e) (livre ou cahier) sont disponibles sur Internet à **www.pearsoncanada.ca**.

Nouvelle édition

Le succès des six premières éditions de *Mise en Pratique* nous a amenés à être très à l'écoute des collègues qui enseignent avec ce manuel et des étudiants qui l'utilisent. Sans toutefois changer les principes de base que nous avions adoptés dès le début, il fallait donner suite aux suggestions que nous avons reçues.

Par ailleurs, cette nouvelle édition nous a donné l'occasion de remplacer certaines lectures par de nouveaux textes. Nous avons aussi étoffé la section intitulée *Le coin du correcteur*, et nous avons remanié certaines leçons d'expression écrite de manière à amener l'étudiant à travailler au niveau du paragraphe avant de rédiger des textes plus longs.

Il serait bon de noter que nous avons également opté pour l'utilisation de la nouvelle orthographe (réformes de l'orthographe de 1990 adoptées dans toute la francophonie, mais comme recommandation officielle, sans du moins être imposées).

Conclusion

Ce livre a été écrit dans l'espoir de procurer à ses usagers un manuel simple et complet qui, nous l'espérons, contribuera à faire de la lecture, du vocabulaire, de la grammaire et de l'expression écrite des aspects vivants et passionnants du cours de français. Donc, à toutes celles et à tous ceux qui utilisent *Mise en pratique*, bonne chance et vive le français !

REMERCIEMENTS

Nous désirons tout d'abord remercier les membres de l'équipe Pearson pour leurs contributions au travail d'élaboration de cette septiéme édition de *Mise en pratique*. Parmi ces précieux collaborateurs, il faut nommer David LeGallais, Jennifer Sutton, Patti Sayle, Andrea Falkenberg, Richard di Santo, Susan Bindernagel, Elaine Gareau, Jeanne Duperreault.

Nous tenons également à exprimer notre gratitude aux professeurs et étudiants qui ont choisi *Mise en pratique* comme manuel de base pour leurs cours de français.

Finalement, nous voulons remercier les collègues qui, tout au long des six premières éditions, nous ont aidé à améliorer ce manuel.

Alain Favrod et Louise Morrison

© Digital Vision/Thinkstock/GettyImages RF.

CHAPITRE 1
Amitié, amour et passion

Lecture

Légende
La légende de Tristan et Iseult 2

Article de la revue *Phosphore*
Amis pour la vie 8

Vocabulaire

L'amour 4
L'amitié 4
Le mariage 5

Grammaire

Le présent de l'indicatif 12
L'impératif 20
Le genre des noms 22
Le nombre des noms 25
L'analyse grammaticale du nom 27
Les pronoms compléments d'objet direct *le, la, l'* et *les* 28

Expression écrite

Le paragraphe 30
La correction des fautes 31
Le coin du correcteur 31

Synthèse

Exercice 1 à 12 33

 Visitez le site Web de *Mise en pratique*, **www.pearsoncanada.ca/favrod**, où vous trouverez :

- des exercices de grammaire supplémentaires
- des activités complémentaires basées sur des sites Web francophones
- des exercices d'écoute

Lecture et vocabulaire

Dossier 1 *La légende de Tristan et Iseult*

Introduction à la lecture

L'amour et l'amitié sont des thèmes universels qui font partie de notre vie quotidienne et que l'on célèbre autant dans la littérature (roman, poésie, théâtre) et la musique (opéra, ballet) que dans la culture populaire (musique rap, émissions téléréalité, cinéma, etc.). Dans ce premier chapitre, vous allez exploiter ces deux thèmes dans des contextes différents. La lecture du Dossier 1 aborde le sujet de l'amour dans une des légendes les plus célèbres du Moyen-Âge.

Racontée par des trouvères, poètes ambulants qui chantent accompagnés d'une lyre, l'histoire de *Tristan et Iseult* est une des légendes d'amour les plus célèbres et les plus prenantes du Moyen Âge. Au XIIᵉ siècle, on la sollicite dans toutes les villes de France. Plusieurs versions de l'histoire existent, et elles ont inspiré bien des artistes. Richard Wagner en a fait un opéra (*Tristan et Isolde*) en 1865. Le réalisateur américain Kevin Reynolds en a fait un film (*Tristan & Isolde*) en 2006. Au début du XXᵉ siècle, Joseph Bédier, spécialiste du Moyen Âge, a étudié et comparé toutes les versions françaises et étrangères de la légende, et a traduit en français moderne l'histoire dont vous allez lire le résumé ci-dessous.

Activités de pré-lecture

1. Citez deux ou trois œuvres de la littérature classique et de la musique où l'on traite du thème de l'amour. Quelle vision de l'amour est présentée dans les œuvres que vous avez citées ?

2. Voici quelques citations célèbres sur l'amour et l'amitié. Essayez d'expliquer chaque citation puis dites laquelle correspond le mieux à vos expériences ou à votre perception du sujet.

   L'amour est aveugle. Platon, philosophe grec
   Il ne peut y avoir d'amitié sans réciprocité. Michel Tournier, auteur français
   On devrait toujours être amoureux – c'est la raison pour laquelle on ne devrait jamais se marier. Oscar Wilde, dramaturge anglais
   L'amitié finit parfois en amour, mais rarement l'amour en amitié. Charles Caleb Colton, auteur anglais

3. Quelles sont les caractéristiques d'une légende ?

4. Comment ces histoires finissent-elles d'habitude ?

Lecture

Lisez le résumé de *La légende de Tristan et Iseult.*

1. Dans le premier paragraphe, relevez les verbes au présent.

2. Répondez aux questions de compréhension qui suivent le texte.

Lecture

La légende de Tristan et Iseult

1   *Orphelin*, Tristan est *chevalier* au *royaume* de son oncle, le roi Marc de *Cornouailles*. Ce dernier apprécie les talents du jeune homme qui joue de la musique et *chasse* habilement.

Un jour, Tristan décide de se battre contre le Morholt, un immense géant d'un royaume voisin qui vient en Cornouailles chaque année *semer* la terreur. Le jeune chevalier réussit à

5   tuer le Morholt mais il est blessé par une arme empoisonnée. Condamné à mourir, Tristan

quitte son village en bateau, seul avec sa harpe et ses armes. Il perd le fil du temps et sa *barque* se rend jusqu'en Irlande. Là, Tristan rencontre la reine du pays qui est prête à le soigner s'il accepte de partager ses connaissances et son art avec sa fille Iseult, la Blonde aux cheveux d'or, la plus belle femme du pays. Des mois passent… *Guéri*, Tristan décide qu'il est temps de retourner dans son pays.

En Cornouailles, Tristan retrouve son oncle. Le roi souhaite se marier mais il y a une condition : sa future épouse devra être la plus belle femme du monde, celle à qui appartient un cheveu blond déposé par une *hirondelle* sur sa fenêtre. Tristan a reconnu le cheveu d'Iseult et accepte donc de faire le voyage et de demander la main d'Iseult pour son oncle. Pendant le voyage de retour en Cornouailles, Iseult et Tristan boivent un *breuvage* magique par erreur. Cette potion, préparée par la mère d'Iseult, était en fait destinée à sa fille et à son futur époux, le roi Marc, pour assurer leur amour réciproque et éternel.

Maintenant Iseult et Tristan sont liés d'un amour fou. Malgré cette passion, Iseult la Blonde épouse le roi Marc et prend sa place à la cour. Mais les deux amants continuent à vivre leur passion. Ils se voient en cachette sans trop s'inquiéter de leur infidélité au roi Marc.

Malheureusement, Tristan a des ennemis : les barons, jaloux du jeune chevalier, décident de le dénoncer quand ils découvrent l'amour qui l'unit à Iseult. Le roi Marc est d'abord convaincu de l'innocence de sa femme et de son neveu mais il leur *tend un piège* qui prouve leur culpabilité. Tristan et Iseult sont condamnés à mort.

Les deux s'échappent miraculeusement et mènent une vie difficile en exil. Un ermite les convainc enfin de se réconcilier avec le roi Marc. Iseult retourne en Cornouailles auprès du roi et Tristan part en mer et se rend jusqu'en Petite Bretagne. Là, il finit par épouser une autre Iseult, Iseult aux blanches mains. Ce mariage de raison ne le rend pas heureux.

Un jour, Tristan est blessé lors d'un combat : il souhaite voir Iseult la Blonde une dernière fois avant de mourir et il prie un messager de la faire venir auprès de lui. Les deux amants conviennent d'un code : si l'entreprise réussit et qu'Iseult la Blonde arrive, la *voile* sera blanche, sinon, elle sera noire. Iseult aux blanches mains, jalouse, voit le bateau aux voiles blanches s'approcher et annonce à Tristan que la voile est noire. Tristan meurt de peine, sans revoir son amour. Quand Iseult la Blonde apprend la triste nouvelle, elle s'allonge auprès de Tristan et meurt de douleur elle aussi.

Le roi Marc fait *enterrer* les deux corps dans la même chapelle. De la tombe de Tristan *jaillit* un rosier aux fleurs exquises qui *s'enfonce dans* la tombe d'Iseult. Chaque fois que l'on coupe le rosier, il repousse encore plus vivace qu'avant. On dit que les deux amants sont ainsi unis dans la mort…

l.1   orphelin : qui a perdu ses parents ; qui n'a pas de parents
l.1   chevalier : jeune noble admis dans l'ordre de la chevalerie—*knight*
l.1   royaume—*kingdom*
l.1   Cornouailles : région de Grande-Bretagne—*Cornwall*
l.2   chasse (v. chasser) : tuer les animaux
l.4   semer (la terreur)—*to wreak havoc*
l.7   barque : petit bateau
l.9   guéri—*cured, healed*
l.13 hirondelle : oiseau—*a swallow*
l.15 breuvage : boisson
l.23 tend (un piège) (v. tendre)—*to frame or set up someone*
l.31 voile—*sail (as in a sail on a boat)*
l.36 enterrer—*to bury*
l.37 jaillit (v. jaillir) : sortir soudainement
l.37 s'enfonce dans (v. s'enfoncer)—*to go in deeply*

Compréhension globale

Lisez les affirmations suivantes et dites si elles sont vraies ou fausses. Essayez de faire cet exercice sans regarder le texte.

1. Tristan est amoureux d'Iseult aux blanches mains.
2. Tristan tombe amoureux d'Iseult lors de leur première rencontre.
3. Iseult, la Blonde aux cheveux d'or, épouse l'oncle de Tristan, Marc de Cornouailles.
4. Iseult demeure fidèle au roi Marc.
5. Tristan ne peut pas sauver Iseult, et elle meurt dans la forêt.
6. Après son exil, Iseult retrouve sa place à la cour.
7. Les deux amants peuvent vivre l'un sans l'autre.
8. Tristan revoit son amour avant de mourir.

Vocabulaire

L'amour

- l'amour (n.m.)/la haine—*love/hate*
- un amour passager : un amour éphémère, qui passe, de courte durée—*ephemeral love*
- un amour partagé : qui est mutuel, réciproque—*shared love*
- un amour fou—*passionate, mad love*
- l'amour libre : l'amour en dehors du mariage—*free love*
- une liaison—*an affair*
- le grand amour de sa vie—*the great love of one's life*
- un(e) amoureux(se)—*a lover (a sweetheart)*
- un(e) amant(e)—*a lover (a mistress)*
- l'amour passion—*passionate love*
- un flirt, flirter—*to flirt*
- l'âme sœur—*a soul mate*
- un(e) petit(e) ami(e)—*a boyfriend (girlfriend)*
- un chum, une blonde (au Québec)—*a boyfriend, a girlfriend*
- un couple, en couple—*a couple, together*

- aimer/détester ou haïr quelqu'un (s'aimer/se détester)—*to love/hate someone (to love/hate one another)*
- être amoureux(se) de quelqu'un—*to be in love with someone*
- être heureux(se)/malheureux(se) en amour—*to be happy/unhappy in love*
- avoir le coup de foudre—*to fall in love at first sight*
- faire une rencontre, rencontrer—*to meet someone*
- sortir avec quelqu'un—*to go out with someone (on a date)*

L'amitié

- l'amitié/l'antipathie (n.f.)—*friendship/antipathy*
- le lien amical—*the bond of friendship*
- un copain, une copine—*a good friend, a buddy*

- un pote : ami (familier)—*a buddy*
- mon(ma) meilleur(e) ami(e)—*my best friend*
- un(e) ami(e) d'enfance—*a childhood friend*
- un compagnon, une compagne—*a friend, companion*
- un(e) colocataire—*a roommate*

- être ami, être copain (familier) avec quelqu'un—*to be friends (or buddies) with…*
- prendre en amitié—*to befriend*
- se faire des amis—*to make friends,* une bande d'amis—*a group of friends*
- se lier d'amitié avec quelqu'un—*to befriend someone*
- copiner (avec quelqu'un)—*to be buddies with someone*

Le mariage

- le mariage/le célibat—*marriage/celibacy*
- mariage entre conjoints de même sexe—*same-sex marriage*
- l'union de fait—*common-law relationship*
- le Pacs (pacte civil de solidarité), être pacsé (en France)—*form of civil union in France*
- le mariage gay, le mariage pour tous—*same-sex marriage*
- un(e) célibataire—*a single person*
- un(e) partenaire—*a partner*
- un(e) veuf(ve)—*a widower (widow)*
- un mariage d'amour/un mariage de raison : se marier par amour/par convenance—*to marry for love/for practical reasons*
- le marié, la mariée—*the groom, the bride*
- la lune de miel, le voyage de noces—*honeymoon*
- un(e) conjoint(e), un(e) époux(se)—*a spouse*
- la vie conjugale, le bonheur conjugal—*married life, marital bliss*

- se fiancer, des fiançailles—*to get engaged, an engagement*
- se marier avec quelqu'un—*to get married to someone*
- épouser quelqu'un/divorcer de quelqu'un—*to marry/divorce someone*
- se séparer de quelqu'un—*to separate*
- être fidèle/infidèle, la fidélité/l'infidélité—*to be faithful/unfaithful, fidelity/infidelity*
- tromper quelqu'un : faire des infidélités—*to cheat on someone*
- trahir quelqu'un—*to betray someone,* la trahison—*betrayal*
- faire bon/mauvais ménage avec quelqu'un : s'entendre bien/mal avec son conjoint—*to get along well/poorly with one's spouse*
- se disputer (une dispute)—*to disagree, to have a fight or a disagreement*

Proverbes sur l'amour et l'amitié

- « vivre d'**amour** et d'eau fraîche » : vivre sans se préoccuper des nécessités de la vie—*to live on love and fresh air*
- « filer le parfait **amour** » : se donner réciproquement des témoignages constants d'un amour partagé—*to be perfect lovebirds*
- « les bons comptes font les bons **amis** »—*short reckonings make long friends*

Exploitation lexicale

Relisez bien le vocabulaire présenté ci-dessus et faites les exercices suivants.

1. Remplissez les blancs à l'aide des mots proposés ci-dessous.

lune de miel   faire   se faire   d'enfance

de raison   d'amour   infidèles   amoureux

a) Lorsque Tristan épouse Iseult aux blanches mains, on dit que c'est un mariage _____.

b) Michel et Louise se connaissent depuis la petite école : ce sont des amis _____.

c) Dans les feuilletons télévisés (*soap operas*), les couples sont souvent _____ : il y en a toujours un ou une qui trompe l'autre.

d) Après la cérémonie du mariage, les nouveaux mariés ont passé leur _____ au Mexique.

e) Lucie est timide, et ses parents déménagent (*to move*) souvent : elle a du mal à_____ des amis.

2. Donnez le verbe qui correspond à chaque nom.

a) les fiançailles :   d) la haine :

b) la fidélité :   e) le mariage :

c) le divorce :

Maintenant, rédigez des phrases qui montrent bien la différence entre l'emploi du verbe et du nom dans la phrase. Rappel : un nom peut être sujet, complément d'objet direct ou indirect (voir p. 27, L'analyse grammaticale du nom). Suivez attentivement le modèle ci-dessous.

Modèle:
les fiançailles

nom : *Marie et Paul vont bientôt annoncer leurs fiançailles. (nom = COD du verbe annoncer)*

verbe : *Marie et Paul se fianceront bientôt. (verbe se fiancer)*

a) la fidélité _____

b) le divorce _____

c) le mariage _____

d) la haine _____

3. Donnez l'adjectif qui correspond au nom.

a) amour :   d) malheur :

b) ami :   e) partage :

c) célibat :

4. Rédigez des phrases qui montrent bien la différence entre l'emploi du nom et de l'adjectif dans la phrase. Suivez attentivement le modèle ci-dessous.

Modèle :
bonheur = heureux
nom : *Le bonheur conjugal n'est pas toujours facile à trouver. (nom : sujet du verbe « être »)*
adjectif : *Ce couple heureux est marié depuis 20 ans. (adjectif qui modifie le sujet « couple »)*

a) amour _____

b) ami _____

c) fidélité _____

d) malheur _____

e) partage _____

5. Reliez les mots de la colonne A à ceux de la colonne B pour former une expression. Les mots de la colonne B sont dans le désordre.

Colonne A		Colonne B
1. un mariage	_____	a) de foudre
2. se marier	_____	b) de quelqu'un
3. le coup	_____	c) d'amour
4. faire	_____	d) avec quelqu'un
5. se séparer	_____	e) bon ménage

Puis, faites une phrase complète avec chacune des expressions en utilisant le présent de l'indicatif.

Phrase 1 : _____

Phrase 2 : _____

Phrase 3 : _____

Phrase 4 : _____

Phrase 5 : _____

Compréhension détaillée

Les questions de compréhension détaillée vous demandent de retrouver et de reformuler des éléments d'informations importants qui se trouvent dans le texte. Il est essentiel de reformuler dans vos propres mots (c'est-à-dire de ne pas copier mot pour mot des segments de l'article) pour montrer que vous avez bien compris le texte. Lisez attentivement chaque question et suivez les consignes données.

1. Est-ce que Tristan a rencontré Iseult à Cornouailles, dans son pays natal ?

Cette première question (*Est-ce que ... ?*) vous demande d'abord de répondre par un oui ou un non, et puis de justifier votre réponse dans vos propres mots.

2. Dans les dictionnaires, on définit la légende comme un récit populaire traditionnel qui contient des éléments fabuleux et merveilleux. Quels sont les aspects (descriptions, évènements) de la légende de *Tristan et Iseult* qui contiennent ces éléments ?

Rédigez votre réponse sous forme de liste avec des phrases complètes **au présent** et **dans vos propres mots**.

Le premier élément fourni se trouve aux lignes 3-4 du texte : « Tristan décide de se battre contre **le Morholt, un immense géant** d'un royaume voisin qui […] **vient semer la terreur** ».

Voici une reformulation possible de ce premier élément :

Un aspect fabuleux de cette légende est la bataille entre Tristan et un géant qu'on appelle le Morholt qui terrorise les habitants du royaume de Cornouailles.

Continuez à rédiger votre réponse en reformulant chacun des aspects trouvés. N'oubliez pas de rédiger les exemples avec des phrases complètes **au présent** et **dans vos propres mots**.

3. Que représente la mort pour Tristan et Iseult ?

Vous pouvez répondre à cette question en reprenant la question : « Pour Tristan et Iseult, la mort représente ... ». La deuxième partie de la phrase sera un nom, complément d'objet direct, qui réponde à la question « quoi ». Dans une deuxième phrase, vous pourrez expliquer votre réponse.

4. Pourquoi Tristan ne revoit-il pas son amour avant de mourir ?

Vous allez répondre à cette question par une phrase complète (exemple : « Trisan ne revoit pas Iseult avant de mourir … » qui exprime la cause. Vous pouvez utiliser « parce que, car, étant donné que ».

Réflexion et discussion

1. Quelle vision de l'amour cette légende nous suggère-t-elle ?
2. Connaissez-vous d'autres légendes ou histoires d'amour (dans la littérature, à l'opéra, dans la vie réelle) qui ont une fin tragique comme celle-ci ?

Dossier 2 *Amis pour la vie*

Introduction à la lecture

Dans cette prochaine lecture, vous allez aborder le sujet de l'amitié chez les jeunes de votre génération.

Activités de pré-lecture

Réfléchissez aux amitiés que vous avez présentement en répondant aux questions suivantes.

1. Quelle est votre définition personnelle de l'amitié ?
2. Qui est votre meilleur(e) ami(e) présentement ? Comment vous êtes-vous lié d'amitié avec lui ou elle ?
3. Pensez-vous que cette personne sera toujours votre meilleur(e) ami(e) dans 10 ans ?

Lecture

Lisez le texte *Amis pour la vie*.

1. Dans les deux premiers paragraphes, relevez tous les noms masculins et féminins (singuliers ou pluriels). Prenez note des mots nouveaux.
2. Répondez aux questions de compréhension qui suivent le texte.

Amis Pour La Vie

1   « Depuis qu'on a réalisé qu'on ne vivrait plus dans la même région l'an prochain, on se demande si on va rester aussi proches… On n'a jamais été séparées ! » Marlene, 17 ans, *est partagée* entre l'excitation de sa nouvelle vie après le bac et la peur de perdre Stéphanie, sa complice depuis sept ans.

5   Entre angoisse et curiosité, la longévité de vos amitiés vous *turlupine*. Et pour cause : « Au lycée, on réalise qu'on avance vers la fin de quelque chose », constate la sociologue Claire Bidart. Ça tombe mal, c'est justement le moment où *les potes* comptent le plus, alors que l'on commence à se détacher de sa famille et que les histoires d'amour sont souvent hésitantes. Perdre ses amis ? Inimaginable !

10   Cette question vous *taraude* d'autant plus que c'est un âge où « l'on prend conscience que l'on a toujours grandi en se séparant, d'abord de sa mère puis de son nounours, de son lycée…, explique le psychiatre Benoît Louis. Envisager de se séparer de ses amis est d'autant

plus traumatisant qu'on a l'impression qu'il y a un petit morceau de soi en chacun d'eux. En les perdant, on craint de *se morceler.* » Alors qu'en les gardant, on gagne presque une

15 boule de cristal : chaque ami conservé constituerait *un indice* de qui on sera plus tard, une réponse partielle à la grande énigme du « qui vais-je devenir ? » [...]

Alors, durera, durera pas, cette relation si essentielle ? Le (la) mieux placé(e) pour le dire c'est vous, avec votre propre pratique de l'amitié. Certains sont plus *doués* que d'autres pour entretenir le lien amical, souffler sur *les braises* de cette flamme fragile... Mais il

20 existe tout de même des règles d'or, *bannir* les trahisons par exemple. « Ça dure parce qu'on s'entend bien, mais surtout parce qu'on peut se faire confiance, assure Alexis, 18 ans, à propos de sa bande. Pas question de balancer les secrets des autres ni de piquer la copine d'un pote. »

Les histoires de cœur, justement, sont-elles forcément fatales aux relations amicales ?
25 Point du tout. Elles peuvent même sauver une amitié trop rigide en la forçant à *s'assouplir.* [...] Marlene en a fait l'expérience : « Je me suis éloignée de ma meilleure amie quand je suis sortie avec mon copain, car ça ne pouvait pas être un couple à trois ! Elle ne m'a pas parlé pendant deux mois, mais elle a fini par rencontrer aussi un garçon et elle a compris mon attitude ; elle est revenue vers moi. » [...]

30 Les *non-boudeurs* auront recours à une technique moins risquée : com – mu – ni- quer ! Pour garder le contact, partager le quotidien, rigoler, confier ses états d'âme... Tout partager sans s'étouffer, rester en contact sans s'emprisonner, accepter les changements sans se perdre de vue... la longévité d'une amitié demande une sacrée dose de volonté et de subtilité. [...]

Pourtant, il n'existe pas de philtre magique pour préserver à coup sûr l'alchimie. Même
35 pas besoin que la distance s'en mêle pour que, parfois, le lien *se détricote,* sans que l'on sache pourquoi. Amandine, 18 ans, a été inséparable de sa meilleure amie pendant un an mais après l'été elle s'est éloignée. « Tous mes efforts pour revenir vers elle n'ont servi qu'à me faire souffrir. Dans ces cas-là, ça ne sert à rien d'insister. » La jeune fille utilise l'image du *cerf-volant* : « Tu tiens *la ficelle* du bout des doigts, mais le vent souffle trop fort, et elle t'échappe. »

40 Étrange cette sensation que le lien disparaît alors que l'on a été sincèrement indispensable l'un à l'autre pendant un temps. « La relation peut être fusionnelle lorsqu'on se cherche soi-même, parce que l'amitié nous aide à nous découvrir, décrypte Benoît Louis. Quand cette *quête s'apaise,* il arrive que la relation se déséquilibre : on a l'impression d'avoir pris tout ce dont on avait besoin ou, au contraire, d'avoir tout donné. »

45 Parmi les dizaines de cerfs-volants que vous tenez aujourd'hui, une partie se sera sûrement envolée dans quelques années. Mais les plus importants seront encore là si vous avez su faire preuve de souplesse et d'adaptation. Et puis il faut bien lâcher certaines attaches pour se consacrer à d'autres rencontres, avec des gens plus proches de ce que vous serez devenu(e). Allez, fini la boule de cristal et les interrogations existentielles, profitez donc de vos amitiés

50 du moment, et osez dire à vos potes qu'ils vous sont précieux.

Extrait tiré d'un dossier réalisé par Hélène Seingier dans la revue *Phosphore*, juillet 2008, p. 66-68, © Bayard Presse.

l.2   est partagée — *is torn*
l.5   turlupine : (fam. v. turlupiner) tourmenter
l.7   les potes : (fam.) les amis
l.10   taraude : (v. tarauder) tourmenter
l.14   se morceler : se briser en morceaux
l.15   un indice — *a clue*
l.18   doués (être doué): qui a du talent, gifted
l.19   les braises — *the embers*
l.20   bannir : supprimer — *exclude or prohibit*

l.25 s'assouplir : devenir plus souple — *to soften or become supple*

l.30 non-boudeurs : les personnes qui ne boudent pas (*do not sulk*) lorsque leurs amis ont une histoire d'amour

l.35 se détricote : se défait — *to unravel*

l.38 cerf-volant — *kite*

l.39 la ficelle : petit fil — *string*

l.42 quête : recherche

l.43 s'apaise : se calme

Compréhension globale

Dites si les affirmations suivantes sont vraies (V) ou fausses (F). Expliquez votre choix.

1. Les jeunes ont raison de s'inquiéter de la longévité de leurs amitiés.
2. Nos amis nous aident en partie à nous définir comme personnes.
3. La séparation est un aspect de la vie dont on prend conscience très petits.
4. Il n'y a pas de règles pour entretenir le lien amical.
5. Les histoires d'amour sont fatales aux relations amicales.
6. Pour garder le contact à long terme, il faut se parler tous les jours.
7. La distance n'est pas toujours un facteur dans la perte d'une amitié.
8. Une relation qui se déséquilibre est nécessairement réciproque.
9. On utilise l'image du cerf-volant pour décrire l'amitié qui s'échappe.
10. Il faut accepter de perdre certains amis pour faire de la place aux nouveaux qui sont plus proches de nous.

Approfondissement lexical

- Le vocabulaire de ce premier chapitre ne devrait pas vous poser trop de problèmes. Il s'agit surtout d'apprendre de nouvelles expressions (*coup de foudre*) et de noter certaines différences entre l'anglais et le français en matière d'orthographe (*marriage* vs *le mariage*) et de syntaxe (*to fall in love with* vs *tomber amoureux de*).
- Dans ce chapitre, nous voulons nous concentrer sur les différentes façons d'apprendre et de connaitre (connaître) un mot. Le fait que vous ayez cherché la traduction anglaise d'un mot français ne veut pas nécessairement dire que vous en saurez assez sur ce mot pour le retenir ou le réutiliser dans une nouvelle situation. Si vous voulez retenir un mot, il faut le réutiliser dans différents contextes.
- Dans les paragraphes qui suivent, nous vous présentons quelques façons d'approfondir vos connaissances d'un mot. Nous utilisons le mot « amitié » comme exemple.

Amitié

Catégorie :	nom féminin
Traduction :	*friendship*
Synonymes :	l'affection (n.f.), l'entente, la sympathie, la camaraderie
Antonyme :	l'antipathie
Définition :	Affection réciproque, attachement mutuel entre deux personnes. Définition tirée du magazine en ligne *L'internaute*
Mots apparentés :	ami, amical, amicalement
Citation:	*À chacun sa vie : c'est le secret de l'amitié.* Daniel Pennac

- **Synonyme** : Une bonne façon de retenir un mot est d'apprendre son ou ses synonyme(s). Les synonymes sont des mots de la même catégorie grammaticale (nom, adjectif, verbe) ayant des sens très proches, mais jamais identiques.
- **Antonyme** : Un antonyme est un mot qui a un sens opposé à un autre mot. Dans ce livre, l'antonyme d'un mot suit la barre oblique (/).
- **Mots apparentés** : Les mots apparentés sont des mots de la même famille. Parmi les mots de la même famille que le mot *amitié* se trouvent le nom *ami* (personne pour qui on éprouve de l'amitié) et l'adjectif *amical* (utilisé pour parler d'une personne qui se comporte avec amitié).
- **Définition** : On trouve normalement la définition d'un mot dans un dictionnaire. Il faut faire attention, car on peut trouver d'autres mots qu'on ne connait (connaît) pas dans la définition. Une bonne façon de vérifier si l'on a bien compris la définition d'un mot est d'essayer de l'expliquer dans ses propres termes. Relisez la définition du mot *amitié* que l'on donne ci-dessus.
- **Phrase en contexte** : La phrase en contexte est une des meilleures façons de déterminer si un mot est compris ou non. Dans chaque chapitre de ce livre, vous aurez des phrases à rédiger dans le but de pratiquer et de réutiliser les mots les plus importants.

1. Relisez bien le vocabulaire d'approfondissement ci-dessus et faites l'exercice suivant.
   a) Donnez un synonyme de l'adjectif *partagé* (comme dans *un amour partagé*).
   b) Expliquez, en utilisant vos propres mots, l'expression *avoir un coup de foudre*.
   c) Donnez l'antonyme de l'expression *heureux en amour*.
   d) Utilisez l'expression *être fidèle* dans une phrase.
   e) Quelle est la traduction de l'expression *marital bliss* ?
   f) Quel est l'antonyme du verbe *épouser* ?
   g) Donnez un synonyme (familier) du mot féminin *amie*.

2. Mots de la même famille. Remplissez le tableau en suivant l'exemple donné. La plupart des mots se trouvent dans le vocabulaire du chapitre 1. Utilisez un dictionnaire au besoin. Le symbole ■ indique que le mot n'existe pas pour la catégorie donnée.

Verbe	Nom abstrait (avec l'article)	Nom de personne (m. et f.)
a) se fiancer	les fiançailles (nom pluriel)	un(e) fiancé(e)
b) se marier	_____	_____
c) tromper	_____	■
d) aimer	_____	_____
e) _____	le divorce	_____
f) enterrer	_____	■
g) _____	le mépris	■
h) profiter	_____	_____
i) partager	_____	_____
j) _____	_____	un(e) blessé(e)

Compréhension détaillée

Suivez les conseils donnés pour les questions de compréhension du *Dossier 1*.

1. Pour quelles raisons Marlene se sent-elle partagée entre curiosité et angoisse ?

2. L'idée de perdre ses amis est traumatisante pour les jeunes de 17, 18 ans. Pourquoi ?

3. Comment peut-on savoir si nos amitiés vont durer ?

4. Que fait-on quand un(e) ami(e) a une histoire d'amour ? Comment maintenir l'amitié ?

5. Expliquez l'image du cerf-volant avec vos propres mots.

Réflexion et discussion

1. Avez-vous eu cette crainte de perdre vos ami(e)s quand vous avez quitté l'école secondaire ?

2. Décrivez une amitié qui dure ou, au contraire, qui n'a pas duré.

3. Pourquoi est-il important de faire de la place à de nouveaux amis ?

Grammaire et expression écrite

GRAMMAIRE

Le présent de l'indicatif

Formation du présent des verbes réguliers

Tableau 1.1

Comment former le présent des verbes réguliers

	parler	*réussir*	*répondre*
je	parle	réussis	réponds
tu	parles	réussis	réponds
elle/il	parle	réussit	répond
nous	parlons	réussissons	répondons
vous	parlez	réussissez	répondez
ils/elles	parlent	réussissent	répondent

Formation

1 → radical = infinitif moins *er, ir, re*

2 → verbes en *er* = radical + *e, es, e, ons, ez, ent*

  → verbes en *ir* = radical + *is, is, it* ; infixe *iss* + *ons, ez, ent*

  → verbes en *re* = radical + *s, s, –, ons, ez, ent*

Mise en pratique 1 (présent des verbes réguliers)

En utilisant les verbes entre parenthèses, complétez les phrases suivantes avec la forme appropriée du présent.

1. Dans ce magasin, tous les jeunes mariés _____ (bénéficier) d'une remise de 15 %.

2. — À quoi _____ -tu (penser) ?

   — Oh, je _____ (réfléchir) à ce que nous pourrions faire le jour de la Saint-Valentin.

3. Les parents de Sophie lui _____ (défendre) de sortir avec le fils des voisins.

4. Il croit qu'elle le _____ (tromper).

5. Tristan _____ (s'échapper) miraculeusement et _____ (réussir) ensuite à libérer Iseult.

6. On _____ (rendre) heureuses les personnes qu'on _____ (aimer) sincèrement.

Particularités orthographiques de certains verbes en er

Particularités orthographiques de certains verbes en *er*

changements	formes
c → ç	commencer → commençons
	(commence, commences, commencez, commencent)
g → ge	manger → mangeons
	(mange, manges, mangez, mangent)
l → ll	appeler → appelle, appelles, appellent
	(appelons, appelez)
t → tt	jeter → jette, jettes, jettent
	(jetons, jetez)
e → è	acheter → achète, achètes, achètent
	(achetons, achetez)
é → è	espérer → espère, espères, espèrent
	(espérons, espérez)
y → i	employer → emploie, emploies, emploient
	(employons, employez)
	essuyer → essuie, essuies, essuient
	(essuyons, essuyez)
	payer → paie/paye, paies/payes, paient/payent
	(payons, payez)

Mise en pratique 2 (particularités orthographiques)

En utilisant les verbes entre parenthèses, complétez les phrases suivantes avec la forme appropriée du présent.

1. Ils sont mariés depuis quinze ans et ils _____ (s'ennuyer).

2. Ils _____ (se promener) main dans la main.

3. Nous _____ (annoncer) nos fiançailles aujourd'hui.

4. On _____ (projeter) de se marier en avril.

5. Ma femme et moi, nous _____ (manger) peu le soir.

6. Elle _____ (essayer) toujours de lui faire plaisir.

Les différents types de phrases

Tableau 1.3

Phrase affirmative, négative ou interrogative

1. phrase affirmative

   La véritable amitié est un des trésors de la vie.

   SANS NÉGATION/SANS INTERROGATION

2. phrase négative

   La véritable amitié ne gèle pas en hiver. (proverbe)

   Une véritable amitié ne se perd jamais.

   SUJET + NE + VERBE + AUTRE ÉLÉMENT DE NÉGATION

3. phrase interrogative

   a) intonation (courbe ascendante)

      Ils sont amis depuis de nombreuses années ?

      Ils ne sont pas encore mariés ?

   b) locution *est-ce que* en tête de phrase interrogative

      Est-ce que la véritable amitié existe ?

   c) inversion

      inversion simple (inversion verbe/pronom sujet)

         Aime-t-elle vraiment son mari ?

      inversion complexe (sujet avant le verbe + inversion verbe/pronom sujet)

         Marie-Claude aime-t-elle vraiment son mari ?

   Attention ! Si la phrase interrogative est inversée et que le pronom personnel
   de la 3e personne du singulier commence par une voyelle (*il, elle, on*),
   on place un *t* euphonique (-*t*-) entre ce pronom et un verbe qui se termine
   par une voyelle.

   Ex. : A-t-elle beaucoup d'amis ?

   d) locution *n'est-ce pas* à la fin de la phrase interrogative

      La véritable amitié existe, n'est-ce pas ?

Mise en pratique 3 (phrases négatives)

Complétez les phrases suivantes en utilisant les mots entre parenthèses et en mettant les verbes
au présent.

1. Il _____ (ne pas s'agir) de la même personne.

2. Ils _____ (ne jamais se disputer).

3. Si on _____ (ne pas trouver) ce qu'on veut, il faut aimer ce qu'on a.

4. Il est misanthrope, il _____ (ne pas aimer) les gens.

Mise en pratique 4 (phrases interrogatives)

1. Récrivez chaque question en utilisant l'inversion simple.

   a) Est-ce que tu confonds l'amour et l'amitié ?

b) Est-ce qu'elle rougit quand il la regarde ?

c) Est-ce qu'ils s'aiment encore ?

2. Récrivez chaque question en utilisant l'inversion complexe.

a) Est-ce que Barbara va le quitter ?

b) Toi et Jacques, est-ce que vous avez décidé de vous fiancer ?

Syntaxe des verbes pronominaux

Tableau 1.4

Verbes pronominaux au présent

modèle → *se laver*

je **me** lave	nous **nous** lavons
tu **te** laves	vous **vous** lavez
il **se** lave	ils **se** lavent

affirmatif   elle   **se**   lave

sujet + pronom réfléchi + verbe

négatif   elle   **ne**   **se**   lave   **pas**

sujet + nég. 1 + pron. réfléchi + verbe + nég. 2

interrogatif (inversion)   **se**   **lave-t-elle ?**

pronom réfléchi + verbe + sujet

Mise en pratique 5 (présent des verbes pronominaux)

En utilisant les verbes entre parenthèses, complétez les phrases suivantes avec la forme appropriée du présent.

1. Le mariage, c'est quand deux êtres _____ (s'unir) pour la vie.

2. Quel que soit le jour de la semaine, elle _____ (se réveiller) automatiquement à six heures du matin.

3. Parce que nous avons un commerce, mon mari et moi travaillons du lundi au samedi. Donc, ce n'est que le dimanche qu'on _____ (se détendre) un peu. Lui, il _____ (s'adonner) à la philatélie, et moi, je _____ (se passionner) pour la lecture.

Formes du présent de certains verbes irréguliers

Tableau 1.5

Être, faire, pouvoir, venir, tenir et *partir*

	être	*faire*	*pouvoir*	*venir*	*tenir*	*partir*
je	suis	fais	peux	viens	tiens	pars
tu	es	fais	peux	viens	tiens	pars
il/elle	est	fait	peut	vient	tient	part
nous	sommes	faisons	pouvons	venons	tenons	partons
vous	êtes	faites	pouvez	venez	tenez	partez
ils/elles	sont	font	peuvent	viennent	tiennent	partent

Mise en pratique 6 (présent des verbes irréguliers)

Complétez les phrases suivantes avec la forme appropriée du verbe entre parenthèses.

1. Il _____ (tenir) beaucoup à elle. (tenir à = *to hold dear*)
2. Le samedi, ils _____ (faire) la grasse matinée.
   (faire la grasse matinée = *to sleep late*)
3. Quand _____-ils ? (partir)
4. Il ne _____ (pouvoir) y avoir d'amitié sans estime.
5. Tout _____ (venir) à point à qui sait attendre. (proverbe)
6. La mesure de l'amour, c'_____ (être) d'aimer sans mesure. (Saint Augustin)

Tableau 1.6 *Avoir, connaitre (connaître)*, dire, vouloir et mettre*

	avoir	*connaitre (connaître)**	*dire*	*vouloir*	*mettre*
je/j'	ai	connais	dis	veux	mets
tu	as	connais	dis	veux	mets
il/elle	a	connait (connaît)*	dit	veut	met
nous	avons	connaissons	disons	voulons	mettons
vous	avez	connaissez	dites	voulez	mettez
ils/elles	ont	connaissent	disent	veulent	mettent

* *connaitre, connait* (nouvelle orthographe) ; *connaître, connaît* (orthographe traditionnelle). À ce sujet, voir *l'Appendice* **I** et la section *Expression écrite : La correction des fautes* **dans ce chapitre.**

Mise en pratique 7 (présent des verbes irréguliers)

Complétez les phrases suivantes avec la forme appropriée du verbe entre parenthèses.

1. Il s'agit d'accepter le fait que parfois nous _____ (avoir) tort.
2. Je ne _____ (vouloir) pas vous déranger.
3. Elle le _____ (connaitre) depuis très longtemps.
4. Que _____ (dire) tes parents à ce sujet ?
5. Elle _____ (avoir) beaucoup d'amis.
6. D'habitude, ils se _____ (mettre) d'accord.

Tableau 1.7 *Aller, devoir, écrire, prendre, savoir et ouvrir*

	aller	*devoir*	*écrire*	*prendre*	*savoir*	*ouvrir*
je/j'	vais	dois	écris	prends	sais	ouvre
tu	vas	dois	écris	prends	sais	ouvres
il/elle	va	doit	écrit	prend	sait	ouvre
nous	allons	devons	écrivons	prenons	savons	ouvrons
vous	allez	devez	écrivez	prenez	savez	ouvrez
ils/elles	vont	doivent	écrivent	prennent	savent	ouvrent

Sommaire des terminaisons des verbes au présent de l'indicatif

Tableau 1.8

Les terminaisons au singulier

Verbes	1re personne	2e personne	3e personne
Verbes en *er* + assaillir, couvrir, cueillir, défaillir, offrir, ouvrir, souffrir, tressaillir	e	es	e
Autres verbes Exceptions : →	s j'ai, je peux, vaux, veux	s tu peux, vaux, veux	t ou d il a, convainc, va, vainc

Les terminaisons au pluriel

Verbes	1re personne	2e personne	3e personne
Tous les verbes	ons	ez	ent
Exceptions : →	nous sommes	vous êtes faites, dites,	ils font, ont, sont, vont

---

Mise en pratique 8 (révision du présent de l'indicatif)

Complétez les phrases suivantes avec la forme appropriée du présent des verbes entre parenthèses. Consultez l'*Appendice A*, si cela est nécessaire.

1. Ils ne _____ (savoir) pas encore que nous _____ (aller) nous fiancer.
2. Je vous _____ (écrire) pour vous remercier de votre invitation.
3. Nous _____(devoir) inviter tes cousins à notre mariage.
4. Elle _____ (prendre) toujours ses nouveaux collègues en amitié.
5. Tu _____ (ne pas répondre) à son invitation ?
6. Elle ne _____ (recevoir) plus de lettres de son ancien fiancé.
7. Il lui _____ (plaire) vraiment beaucoup, tu _____ (savoir).
8. Je la _____ (convaincre) toujours de venir avec moi.
9. Ils _____ (vivre) en France et ils _____ (être) heureux.
10. J' _____ (ouvrir) les fenêtres, il _____ (faire) trop chaud dans cette salle.

Emploi du présent de l'indicatif

Tableau 1.9

Quand employer le présent de l'indicatif

contexte	explication
	On utilise le présent :
1. *C'est une belle journée d'automne, le soleil brille, et les gens ont l'air de bonne humeur.*	pour décrire une personne, une chose ou un état au moment où l'on parle ;
2. *Sylvie essaie sa robe de mariée.* (= est en train d'essayer)	pour indiquer qu'une action se passe au moment où l'on parle ;

3. *C'est un fait que certains
   étudiants n'**aiment** pas la
   grammaire.
   Vouloir, c'**est** pouvoir.*

   pour exprimer une vérité ou un
   état permanent, comme dans
   de nombreux proverbes ;

4. *Quand il **fait** beau, Adèle
   fait de la course.*

   pour exprimer une action
   habituelle qui est encore
   vraie aujourd'hui ;

5. *Elle **fait** de la course depuis
   une dizaine d'années.
   Il y a cinq ans qu'elle
   sort avec lui.*

   avec les expressions *depuis,
   depuis que, il y a… que* et
   cela fait… que pour exprimer
   une action ou un état qui a
   commencé dans le passé et qui
   continue dans le présent ;

6. *Elle **rentre** chez elle
   dans quelques instants.*

   pour exprimer une action qui
   va se passer dans un proche avenir ;

7. *Si tu **as** (1) le temps,
   tu **iras** (2) à la piscine.
   Si tu **as** (1) le temps,
   tu **vas** (3) à la piscine.
   Si tu **as** (1) le temps,
   va (4) à la piscine.*

   dans la proposition subordonnée
   avec *si* (1) quand le verbe de
   la proposition principale est au futur
   (2), au présent (3) ou à l'impératif (4) ;

8. *La haine **est** un sentiment
   violent qui **pousse** à vouloir
   du mal à quelqu'un et à se
   réjouir du mal qui lui **arrive**.*

   dans les définitions, les
   explications, les commentaires ;

9. *Mme Rolland, très droite,
   sans bouger le buste, les
   mains immobiles sur sa jupe
   à crinoline, **approche** son
   visage de la jalousie*,
   jette un regard vert entre
   les lattes, **prête** l'oreille* …*

   dans un récit, pour rendre
   la narration plus vivante.
   C'est ce qu'on appelle le
   présent de narration.

Tiré de *Kamouraska* d'Anne Hébert, © Éditions du Seuil, 1970, coll. *Points*, 1997

* jalousie—*slatted blind* ; prêter l'oreille—*to listen, lend an ear*

Mise en pratique 9 (emploi du présent de l'indicatif)

Indiquez si l'on emploie le présent de l'indicatif ou pas.

	oui	non
1. pour raconter ce qui se passe en ce moment	_____	_____
2. pour parler de ce qu'on fait d'habitude	_____	_____

	oui	non
3. pour raconter ce qui s'est passé la semaine dernière	_____	_____
4. pour décrire ce qu'on voit en ce moment	_____	_____
5. pour parler de ses souvenirs	_____	_____
6. pour exprimer une vérité générale	_____	_____
7. pour parler de ce qui pourrait arriver	_____	_____
8. pour parler d'une action en train de se produire	_____	_____

Constructions avec le présent

Tableau 1.10

Depuis et le présent

– **Depuis combien de temps** se connaissent-ils ?

  (***For how long** have they known each other?*)

– Ils se connaissent **depuis deux ans.**

  (… for two years = durée)

– **Depuis quand** se connaissent-ils ?

  (***Since when** have they known each other?*)

– Ils se connaissent **depuis le mois de janvier.**

  (… since January = point de départ dans le temps)

Mise en pratique 10 (*depuis*)

Quelle est la bonne question ? A ou B ?

  A → *Depuis quand se connaissent-ils ?*

  B → *Depuis combien de temps se connaissent-ils ?*

1. depuis trois semaines	_____		4. depuis deux mois	_____
2. depuis jeudi	_____		5. depuis 1998	_____
3. depuis l'année passée	_____		6. depuis leur enfance	_____

Mise en pratique 11 (*depuis*)

Traduisez les phrases suivantes en français.

1. They have been friends since their childhood.

2. Have they loved each other (*s'aimer*) for long?

Tableau 1.11

venir de + infinitif, *aller* + infinitif, *être en train de* + infinitif et *être sur le point de* + infinitif

aller + infinitif (futur proche)	→	to be going to do something
Ils vont se marier.	→	They are going to get married.
venir de + infinitif (passé récent)	→	to just have done something
Ils viennent de se marier.	→	They just got married.
être en train de + infinitif	→	to be in the process of doing something
Ils sont en train de négocier un contrat.	→	They are in the process of negotiating a contract.
être sur le point de + infinitif	→	to be about to do something
Ils sont sur le point de signer le contrat.	→	They are about to sign the contract.

Mise en pratique 12 (constructions avec l'infinitif)

Traduisez les phrases suivantes en français.

1. Her best friend just arrived.
2. Are they going to get along?
3. He is about to change his mind.
4. They are in the process of looking for a house.

L'impératif

Formation de l'impératif des verbes réguliers

Tableau 1.12

Comment former l'impératif des verbes réguliers

Forme *tu*	Forme *nous*	Forme *vous*
Écoute !	Écoutons !	Écoutez !
Maigris !	Maigrissons !	Maigrissez !
Descends !	Descendons !	Descendez !
Détends-toi !	Détendons-nous !	Détendez-vous !
Ne te presse pas !	Ne nous pressons pas !	Ne vous pressez pas !

Formation

→ formes *tu, nous* et *vous* du présent (sans le sujet)

→ le *s* de la 2ᵉ personne du singulier du présent des verbes en *er* disparait (disparaît).

Mise en pratique 13 (impératif des verbes réguliers)

Transformez les phrases suivantes en ordre ou en suggestion.

1. Nous nous promenons.   2. Tu finis tes devoirs.   3. Vous partez avant nous.

Impératif des verbes être, avoir et savoir

Tableau 1.13

Être, avoir et *savoir*

être	*avoir*	*savoir*
sois	aie	sache
soyons	ayons	sachons
soyez	ayez	sachez

Attention !

pas de *s* aux formes *aie* et *sache*

Mise en pratique 14 (impératif des verbes *être, avoir* et *savoir*)

Transformez les phrases suivantes en ordre ou en suggestion.

1. Vous avez de la patience.   3. Tu sais qu'il est fidèle.
2. Nous sommes calmes.   4. Vous y allez sans moi.

Mise en pratique 15 (impératif des verbes irréguliers)

Traduisez les phrases suivantes en français. Consultez l'*Appendice A*, si cela est nécessaire.

1. Sit down. (forme *vous*)
2. Come here. (forme *tu*)
3. Let's take this path. (forme *nous*)
4. Read this article. (forme *tu*)

Syntaxe de l'impératif

Tableau 1.14

Ordre des mots à l'impératif

	verbe non pronominal	verbe pronominal
affirmatif	Attendez !	Mariez-**vous** !
négatif	N'attendez pas !	Ne **vous** mariez pas !

Mise en pratique 16 (syntaxe de l'impératif)

Transformez les phrases selon l'indication entre parenthèses.

1. Refuse. (négatif)
2. Ne te fais pas teindre les cheveux. (affirmatif)
3. Arrête-toi. (négatif)

Emploi de l'impératif

Tableau 1.15

Quand employer l'impératif

contexte	explication
	On utilise l'impératif :
1. *Entrez !* *Arrête ! Tu me fais mal !* *Ne **dis** rien !*	pour donner des ordres directs ;
2. *Répondez aux questions suivantes.* *Attachons nos ceintures.*	pour donner des indications ou des directives ;
3. *Profite au maximum de ton séjour.* *N'y **attache** aucune importance.*	pour exprimer un souhait ou un conseil ;
4. *Veuillez vous asseoir.*	pour exprimer la politesse avec le verbe *vouloir* ;
5. *Ne **fumez** pas.*	pour exprimer une interdiction ;
6. *Écoutons le professeur.*	pour présenter une suggestion, mais seulement à la forme *nous*.

Mise en pratique 17 (emploi de l'impératif)

Indiquez si l'on emploie l'impératif ou pas.

	oui	non
1. pour donner un ordre	_____	_____
2. pour parler de ce qui va arriver	_____	_____

	oui	non
3. pour suggérer quelque chose	____	____
4. pour raconter ce qui s'est passé	____	____
5. pour interdire de faire quelque chose	____	____

Le genre des noms

Remarques préliminaires

1. Il y a deux genres en français : le masculin et le féminin.

   Chaque nom est du genre masculin ou féminin.

   le français   (masculin)   *la grammaire*   (féminin)

   Attention !   Pour retenir le genre d'un nom, il faut l'apprendre avec un déterminant au singulier.

   un amant   la passion

   Si un nom commence par une voyelle ou par un *h* muet, il s'agit, si possible, de retenir ce nom avec un déterminant singulier autre que l'article défini *l'* qui n'indique pas le genre.

   l'amour → pas d'indication de genre

   un grand amour → masculin

2. Certains suffixes permettent d'identifier le genre d'un nom.

   tion/sion → féminin   *une situation, une mission*
   isme → masculin   *le dynamisme, le socialisme*

   L'*Appendice G* fournit la liste des suffixes de noms qui signalent soit le masculin, soit le féminin.

3. Il y a, en français, des noms à double genre. Ces noms ont un sens différent au masculin et au féminin.

   un mode d'emploi = directions for use   *la mode* = fashion

---

Mise en pratique 18 (genre des noms)

Donnez l'article qui identifie le genre du nom. Consultez l'*Appendice G*, si cela est nécessaire.

1. définition	4. bouquet	7. épicerie	10. zoo
2. amitié	5. écharpe	8. ouverture	11. poupée
3. faveur	6. hésitation	9. amour	12. penchant

Mise en pratique 19 (genre des noms)

Indiquez le genre de chaque nom. Consultez le dictionnaire, si cela est nécessaire.

1. des amants	3. des lunettes	5. les étoiles
2. des fiançailles	4. les alentours	6. des ustensiles

Indices du genre

1. À part l'indice donné par le déterminant ou parfois le suffixe, il n'existe que peu d'indications permettant d'identifier le genre des noms. Certains indices peuvent être utiles.

   loup → animal mâle = masculin
   louve → animal femelle = féminin

2. La plupart des noms de personnes ou d'animaux mâles sont masculins.

   un homme   *un chien*
   un garçon   *un coq*

3. La plupart des noms de personnes ou d'animaux femelles sont féminins.

   une femme   *une chatte*
   une sœur   *une poule*

4. Certains noms de professions s'appliquent à l'homme ou à la femme.

   un ou une artiste   *un ou une bibliothécaire*

5. Dans la plupart des dictionnaires, de nombreux noms de professions sont masculins même s'ils s'appliquent à une femme. Il est intéressant de noter l'usage de plus en plus fréquent de noms de professions féminisés.

   un professeur   *une professeure*
   un auteur   *une auteure*
   un écrivain   *une écrivaine*

6. On trouve parfois le mot *femme* utilisé avec le nom de la profession.

   un pompier   *une femme pompier*

7. Certains noms sont toujours masculins même quand il s'agit d'une femme ou d'une fille.

   un mannequin   *un chef*   *un être*   *un bébé*

8. Certains noms de personnes sont toujours féminins même quand il s'agit d'un homme ou d'un garçon.

   une victime   *une vedette*
   une personne   *une connaissance*
   Attention !   *Il est **la première** victime de ce nouveau virus.*
                             (*la première* s'accorde avec *victime*, pas avec *il*)

9. Certains noms de personnes s'appliquent à l'homme ou à la femme. C'est le déterminant qui en désigne le genre.

   un ou une camarade   *le ou la collègue*

10. Pour désigner certaines personnes, il existe un nom masculin et un nom féminin.

   un monsieur (a gentleman)   *une dame* (a lady)
   un père   *une mère*
   l'homme   *la femme*
   le frère   *la sœur*
   l'oncle   *la tante*
   le roi   *la reine*
   le parrain   *la marraine*

le beau-père	*la belle-mère*
le beau-frère	*la belle-sœur*

11. La plupart des autres noms de personnes forment leur féminin avec un *e* ajouté au masculin.

un ami	*une amie*
un assistant	*une assistante*

Mise en pratique 20 (genre des noms)

Identifiez le genre de chaque nom. Indiquez : **a)** masculin, **b)** féminin ou **c)** masculin ou féminin.

1. neveu	3. secrétaire	5. collègue	7. infirmière
2. marraine	4. dame	6. vedette	8. gendre

Mise en pratique 21 (genre des noms)

Indiquez si oui ou non la prononciation est suffisante pour déterminer le genre du nom.

1. étudiante	2. élève	3. cousine	4. amie

Formation du féminin de certains noms

Tableau 1.16

Comment former le féminin de certains noms

1. Certains noms de personnes forment leur féminin de la manière suivante :

    noms en *er* → *ère*

un boulanger	→	*une boulangère*

    noms en *eur* → *euse*

un coiffeur	→	*une coiffeuse*

    noms en *ien* → *ienne*

un gardien	→	*une gardienne*

    noms en *on* → *onne*

un patron	→	*une patronne*

2. Certains noms en *teur* au masculin ont un féminin en *trice*.

un acteur	→	*une actrice*
un inspecteur	→	*une inspectrice*

3. Certains noms de personnes en *e* au masculin ont un féminin en *esse*.

un prince	→	*une princesse*
un comte	→	*une comtesse*
un hôte	→	*une hôtesse*

4. Certains noms de personnes ont un féminin irrégulier.

un héros	→	*une héroïne*
un compagnon	→	*une compagne*
un copain	→	*une copine*

Mise en pratique 22 (masculin/féminin de certains noms)

Donnez le nom du genre opposé.

1. une compagne
2. un cuisinier
3. un musicien

4. une directrice
5. une travailleuse
6. un duc

7. un héros
8. un instituteur

Le nombre des noms

Remarques préliminaires

1. Le français distingue deux nombres : le singulier (un seul, une seule) et le pluriel (deux ou plusieurs).

un étudiant	(singulier)
des étudiants	(pluriel)

2. La plupart des noms peuvent s'employer soit au singulier, soit au pluriel.

un professeur	(singulier)
des professeurs	(pluriel)

3. Certains noms sont toujours au singulier.

   la vaisselle

4. Certains noms sont toujours au pluriel.

   les mathématiques
   les gens

5. Certains noms ont un sens différent au singulier et au pluriel.

une vacance	(a vacancy)
les vacances	(a vacation)

6. Le pluriel de la plupart des noms est formé en ajoutant un *s* au singulier.

le livre	*les livres*

7. Certains noms se terminent en *s* au singulier. Ils ne changent pas au pluriel.

un devis	*des devis*

Mise en pratique 23 (nombre des noms)

Identifiez le nombre de chaque nom. Indiquez si le nom est : **a)** au singulier, **b)** au pluriel ou **c)** au singulier ou au pluriel.

1. fois
2. feuille
3. copains

4. photo
5. trains
6. cours (de français)

Formation du pluriel de certains noms

Tableau 1.17

Comment former le pluriel de certains noms

1. Les noms qui se terminent en *s, x* ou *z* au singulier ne changent pas au pluriel.

un vers	des vers
un époux	des époux
un nez	des nez

2. Certains noms en *al* au singulier ont un pluriel en *aux*.

un journal	des journ**aux**

   Attention ! Les noms *bal, carnaval, chacal, festival* et *récital* prennent un *s* au pluriel.

un récital	des récitals

3. Les noms en *eu* et *au* au singulier prennent un *x* au pluriel.

un cheveu	des cheveu**x**
un vœu	des vœu**x**
un tuyau	des tuyau**x**
un morceau	des morceau**x**

   Attention ! Quelques noms en *eu* et *au* prennent un *s* au pluriel.

un pneu	des pneus
un bleu	des bleus
un landau	des landaus

4. Les noms en *ail* prennent un *s* au pluriel.

un chandail	des chandails
un détail	des détails

   Attention ! Quelques noms en *ail* forment leur pluriel en *aux*.

un travail	des trav**aux**
un vitrail	des vitr**aux**

5. Les noms en *ou* prennent un *s* au pluriel.

un fou	des fous
un cou	des cous
un sou	des sous

   Attention ! Les noms *bijou, caillou, chou, genou, hibou, joujou* et *pou* prennent un *x* au pluriel.

un bijou	des bijou**x**

6. Les noms propres prennent un *s* au pluriel quand ils désignent des peuples ou des dynasties.

les Italiens	les Césars

7. Les noms de famille ne prennent pas de *s* au pluriel.

les Dupont

8. Certains noms ont des pluriels irréguliers.

un monsieur	des messieurs
un jeune homme	des jeunes gens
un œil	des yeux
un ciel	des cieux

9. Les noms empruntés d'une autre langue suivent les règles du singulier et du pluriel des noms français.

un sandwich	des sandwich**s**

Mise en pratique 24 (pluriel des noms)

Donnez le pluriel de chaque nom.

1. cou
2. œil
3. neveu
4. rideau
5. détail
6. carnaval
7. cheval
8. genou
9. époux

Formation du pluriel des noms composés

Tableau 1.18

Comment former le pluriel des noms composés*

Pour former le pluriel des noms composés, il faut considérer les éléments qui les composent.

1. Nom et adjectif → les deux termes prennent un *s*.

des grands-parents	*(grandparents)*
des coffres-forts	*(safes)*
mais *des haut-parleurs*	*(loudspeakers)*

2. Nom et verbe → le nom est au pluriel, le verbe reste invariable.

des porte-bébés	*(baby carriers)*	(verbe *porter*)
des couvre-lits	*(bedspreads)*	(verbe *couvrir*)

3. Nom et nom complément (avec ou sans préposition) → le premier nom seulement se met au pluriel.

des arcs-en-ciel	*(rainbows)*	(*-en-ciel = dans le ciel*)
des timbres-poste	*(stamps)*	(*-poste = de la poste*)

*Si, après avoir consulté le tableau 1.18, vous n'êtes pas certain(e) de la formation du pluriel d'un nom composé, consultez un dictionnaire.

Mise en pratique 25 (pluriel des noms composés)

Donnez le pluriel de chaque nom composé.

1. un chef-d'œuvre (*masterpiece*)
2. un gratte-ciel (*skyscraper*)
3. un chou-fleur (*cauliflower*)
4. un hors-d'œuvre (*appetizer*)

L'analyse grammaticale du nom

Tableau 1.19

Comment trouver la fonction grammaticale du nom

Dans une phrase, chaque nom a une fonction grammaticale. Il existe de nombreuses fonctions grammaticales. Voici quelques explications :

sujet du verbe (S)	pour trouver le sujet d'un verbe, il s'agit de faire précéder ce verbe par les questions *qui ?* ou *qui est-ce qui ?* (personnes) ou *qu'est-ce qui ?* (choses)
	Tristan est au service de son oncle.
Question :	**Qui** est au service de son oncle ?
Réponse :	*Tristan*
Fonction grammaticale :	*Tristan* = sujet du verbe *être*

complément d'objet direct du verbe (COD)	pour trouver le complément d'objet direct d'un verbe, il s'agit de faire suivre le verbe de la question *qui ?* (personnes) ou *quoi ?* (choses) *Tristan tue **un dragon**.*	
	Question :	Tristan tue **quoi** ?
	Réponse :	***un dragon***
	Fonction grammaticale :	***un dragon*** = complément d'objet direct du verbe *tuer*
complément d'objet indirect du verbe (COI)	pour trouver le complément d'objet indirect du verbe, il s'agit de faire suivre le verbe de la question *à qui ?* ou *de qui ?* (personnes) et *à quoi ?* ou *de quoi ?* (choses) *Tristan pense **à Iseult**.*	
	Question :	Tristan pense **à qui** ?
	Réponse :	à ***Iseult***
	Fonction grammaticale :	***Iseult*** = complément d'objet indirect du verbe ***penser à***

Mise en pratique 26 (analyse grammaticale du nom)

Indiquez la fonction grammaticale des mots en italique.

1. *Le mépris* tue *l'amitié*.
2. *Janine* est un peu nerveuse, car elle va présenter *son petit ami* à *ses parents*.

Les pronoms compléments d'objet direct *le*, *la*, *l'* et *les*

Tableau 1.20

Comment utiliser les pronoms compléments d'objet direct

Afin d'éviter la répétition d'un nom, on peut utiliser un pronom*. Ainsi, au lieu de dire :

Paul était un ami d'enfance, mais je ne vois plus Paul depuis longtemps.

On dit :

*Paul était un ami d'enfance, mais je ne **le** vois plus depuis longtemps.*

Les pronoms *le, la, l'* et *les* remplacent des noms qui auraient eu la fonction de complément d'objet direct dans la phrase. Dans la deuxième phrase de l'exemple ci-dessus, le pronom *le* remplace *Paul*, qui est le complément d'objet direct du verbe *voir*.

Quel pronom complément d'objet direct utiliser

masculin singulier		*le*	*Paul, je **le** trouve charmant.*
(avant un verbe commençant par une voyelle)	→	*l'*	*Il est adorable, je **l'**épouse.*
féminin singulier		*la*	*Chloé, je **la** trouve sympa.*
(avant un verbe commençant par une voyelle)	→	*l'*	*Je **l'**admire, cette femme.*
masculin ou féminin pluriel		*les*	*Mes parents, je **les** aime.*

Attention ! Les pronoms *le, la, l'* et *les* ne remplacent pas un nom précédé de l'article indéfini (*un, une, des*) ou partitif (*du, de la, de l'*).

Il faut du courage   *Il **en** faut.*

* Le procédé qui consiste à remplacer un nom par un pronom s'intitule *reprise pronominale*.

Mise en pratique 27 (les pronoms compléments d'objet direct)

Remplacez les mots soulignés par les pronoms *le, la, l'* et *les*.

1. Gisèle déteste sa cousine.
2. Elle n'aime pas ses mauvaises manières.
3. Il ne mérite pas l'amour de sa petite amie.
4. Elle attend son amoureux.

Problèmes de traduction

Tableau 1.21

Comment traduire

1. She **sleeps**./She **is sleeping**. → *Elle **dort**.*

   Alors que l'anglais offre deux temps au présent, il n'y a qu'un temps du présent de l'indicatif en français.

2. He **is leaving** soon. → *Il **part** bientôt.*

   → *Il **va** bientôt **partir**.*

   He **is about to leave**. → *Il **est sur le point de partir**.*

   La notion du futur proche de l'anglais peut être exprimée en français par :

   a) le présent

   b) le verbe *aller* suivi d'un infinitif

   c) l'expression *être sur le point de* suivie d'un infinitif

3. She **has been waiting since** noon. → *Elle **attend depuis** midi.*

   Pour exprimer une action qui a commencé dans le passé, mais qui continue dans le présent, l'anglais emploie un verbe **au passé** suivi de la préposition *since* + le moment où a commencé l'action. Le français utilise un verbe **au présent** suivi de la préposition *depuis* + le moment où a commencé l'action.

4. She has known him **for** years. → *Elle le connait (connaît) **depuis** des années.*

   → ***Il y a** des années **qu'**elle le connait (connaît).*

   → ***Ça fait** des années **qu'**elle le connait (connaît).*

   La préposition *for* suivie d'une période de temps se traduit, en français, par les constructions *depuis, il y a… que* et *ça fait… que* suivies du présent.

5. **Let's go out** together! → ***Sortons** ensemble !*

   Let's not fight! → ***Ne nous disputons pas !***

   La notion exprimée par la formule anglaise *let's* suivie d'une suggestion peut être rendue, en français, par la première personne du pluriel (forme *nous*) de l'impératif.

6. **Store** in a cool dry place. → ***Garder** dans un endroit frais et sec.*

   En français, l'infinitif remplace souvent l'impératif dans les indications telles qu'on les trouve dans les modes d'emploi et les recettes de cuisine.

7. **Why don't you come** with us! → ***Viens/Venez** donc avec nous !*

   En français, on peut utiliser le mot *donc* pour atténuer la forme de l'impératif.

Mise en pratique 28 (traduction)

Traduisez les phrases suivantes en français.

1. Tania is studying right now.

2. Her fiancé has been living in Edmonton for the past three years. (*3 possibilités*)

3. They have been married since 1990 and they are about to get divorced.

4. Paco, why don't you sing with her?

5. Do not walk on the grass.

EXPRESSION ÉCRITE

Le paragraphe

1. Comme vous l'avez probablement noté dans vos lectures, le paragraphe est l'unité de base de divers genres de textes. Que ce soit un article ou un reportage dans la presse ou sur le Web, que ce soit un roman, un manuel ou un essai, les textes écrits sont d'habitude divisés en paragraphes.

2. Cette division en paragraphes facilite la compréhension du texte en révélant à la lectrice ou au lecteur l'organisation des idées ou la succession des étapes d'un récit.

3. Un paragraphe est facile à repérer, car il est situé entre deux retours à la ligne et il est parfois annoncé par un titre.

4. Le paragraphe, qui est d'habitude constitué de plusieurs phrases, doit avoir une seule idée-clé (idée-clef), un même sujet.

5. Il y a souvent un changement de paragraphe quand on aborde une autre idée, quand on passe d'une action à une autre, quand on passe d'un lieu ou d'un personnage à un autre ou même quand on passe d'un moment à un autre.

Comment rédiger un paragraphe

Tableau 1.22

Dans la mesure du possible…

1. Traiter d'un seul sujet par paragraphe pour faciliter la compréhension du texte et de sa structure.

2. Rédiger une phrase d'introduction qui annonce le thème et qui accroche la lectrice ou le lecteur.

3. Poursuivre la rédaction du paragraphe avec des phrases qui développent la notion introduite par la phrase d'introduction.

4. Utiliser des phrases courtes (de 15 mots ou moins). Ceci permet une meilleure compréhension du message et évite les abus de ponctuation.

5. Varier la structure des phrases et utiliser différents types de reprises*. Ceci maintient l'intérêt de la lectrice ou du lecteur.

6. Utiliser des connecteurs tels que *d'abord, ensuite, finalement, mais, et, pourtant, en effet*, etc. pour bien montrer les liens logiques entre vos phrases.

* le terme *reprise* s'applique aux différents moyens qu'on peut utiliser pour éviter la répétition du même mot; par exemple, on peut employer un pronom pour remplacer un nom, procédé qu'on nomme *reprise pronominale*.

Tableau 1.23

Analyse d'un paragraphe

Il est parfois utile de se rappeler qu'on	retour à la ligne et phrase d'introduction
doit cultiver ses amitiés. *En effet*, avoir des amis	connecteur (illustration)
implique certaines responsabilités. *Tout d'abord*,	connecteur (énumération)
il faut bien s'occuper de ses amis, *par exemple*,	connecteur (exemple)
ne pas s'attendre à ce que ce soit toujours *eux*	reprise pronominale (*eux = ses amis*)

qui fassent le geste de vous contacter. Il s'agit *également* de mettre l'accent sur le partage en	connecteur (addition)
toutes choses, *c'est-à-dire* ne pas être toujours le seul à décider, le seul à parler.	connecteur (explication)
En revanche, certains pensent que…	connecteur (opposition) retour à la ligne, autre paragraphe (nouvelle idée)

Mise en pratique 29 (analyse de paragraphe)

Relisez la lecture du dossier 2 (*Amis pour la vie*) et analysez le paragraphe 3 (lignes 10 à 16) et le paragraphe 9 (dernier paragraphe). En vous basant sur le tableau 1.23, relevez les retours à la ligne, les titres, les phrases d'introduction, les reprises et les connecteurs.

La correction des fautes

1. Après la rédaction d'un texte, il va sans dire qu'il est utile de se relire plusieurs fois, car certaines erreurs nous échappent même lorsqu'on a fait très attention. Et malheureusement, les correcteurs informatiques ne sont pas toujours en mesure de corriger toutes les fautes. De plus, que faire lors des examens écrits quand on n'a plus à sa disposition soit son dictionnaire soit le correcteur de son ordinateur ? La meilleure formule est donc de développer sa propre stratégie de correction. À cette fin, vous allez trouver dans chaque chapitre une section intitulée *Le coin du correcteur*. Au fur et à mesure, des stratégies de correction liées aux erreurs les plus fréquentes seront présentées.

2. Vous pourrez également consulter une grille des fautes dans *l'Appendice M*. Ce tableau représente la synthèse des différents types de fautes, le tout accompagné d'explications et d'exemples de corrections.

3. Une réforme de l'orthographe du français a été adoptée ces dernières années dans toute la francophonie sans du moins être imposée par les organismes de politique linguistique des divers pays francophones. Ainsi, dans ce manuel, nous adopterons également la nouvelle orthographe des mots qui font l'objet de rectifications*. Voici quelques exemples :

rectification	ancienne orthographe	orthographe mise à jour
On élimine parfois le trait d'union.	*extra-terrestre*	*extraterrestre*
L' accent circonflexe n'est plus obligatoire sur les lettres *i* et *u*.	*paraître*	*paraitre*
On remplace parfois l'accent aigu par un accent grave.	*événement*	*évènement*

* *L'Appendice I* présente un résumé des rectifications proposées dans le cadre de cette réforme.

Le coin du correcteur

Tableau 1.24

Stratégies pour la correction

On cherche et on corrige les fautes suivantes :

1. accord sujet/verbe	exemple de faute	→ Ce n'est pas son fiancé qui nous l'avons dit.
	correction	→ Ce n'est pas son fiancé qui nous l'a dit.
	explication	→ le fiancé (= il) l'a dit (le sujet n'est pas *nous*)

2. forme du verbe   exemple de faute → Il convaint sa fille d'attendre un peu avant de se marier.

correction → Il convainc sa fille d'attendre un peu avant de se marier.

explication → contrairement à beaucoup d'autres verbes irréguliers, la terminaison du verbe *convaincre* à la 3ᵉ personne du singulier est un *c*, pas un *t*

3. terminaison *é* ou *er*   exemple de faute → Elle va retrouvé son petit ami.

correction → Elle va retrouver son petit ami.

explication → le verbe qui suit *aller* est à l'infinitif (forme en *er*)

4. genre des noms   exemple de faute → Ils sont en train de vivre une folle amour.

correction → Ils sont en train de vivre un fol amour.

explication → le mot *amour* est masculin

5. accords   exemple de faute → Elle a de très bons amies.

correction → Elle a de très bonnes amies.

explication → *amies* est féminin, donc il faut que l'adjectif soit au féminin

6. homonymes* a ↔ à   exemple de faute → Il est intéressant de comparer l'amour a l'amitié.

correction → Il est intéressant de comparer l'amour à l'amitié.

explication → ici, le mot *à* est la préposition *à* (*to*), pas le verbe *avoir*

* **homonymes = mots de prononciation identique (*a* / *à*) mais de sens différent (*a* = has / *à* = to, at)**

Mise en pratique 30 (correction des fautes)

En utilisant les stratégies de correction qui vous sont fournies dans le *Tableau 1.24,* corrigez le paragraphe suivant. Il y a dix fautes à déceler et à corriger.

Selon Michel Tournier, un écrivain française, on célèbre l'amour depuis plusieurs siècle. Il dit pourtant que les avantage de l'amour sont discutable si on dois les comparé a la vrai amitié. Il ajoute que sans le réciprocité et l'estime, il ne peux pas y avoir d'amitié.

Synthèse

Exercice 1 À chaque phrase son verbe (présent de l'indicatif)

écrit Mettez les verbes entre parenthèses au présent de l'indicatif. Consultez l'*Appendice A*, si nécessaire.

1. Tristan (se proposer) d'aller en Irlande.

2. Il lui (répéter) toujours la même chose et elle (s'ennuyer).

3. Son ancien petit ami la (harceler) depuis longtemps.

4. Lorsqu'on (commettre) une infidélité, on (devoir) en subir les conséquences.

5. Je te (rappeler) que nous avons rendez-vous.

6. Avec nos amis, nous (se divertir) toujours.

7. Il lui (offrir) toujours des roses à l'occasion de la Saint-Valentin.

8. Je te (suggérer) de lui dire ce que tu (vouloir) faire.

9. L'amitié (se construire) et (se maintenir) en faisant attention aux petites choses.

10. Ils (apprendre) petit à petit à se supporter.

Exercice 2 La vérité (présent de l'indicatif)

écrit Corrigez les énoncés suivants en utilisant les verbes entre parenthèses.

Modèle :   On perd une amitié en respectant certaines règles. (*maintenir*)
→   On maintient une amitié en respectant certaines règles.

1. On garde le contact avec un ami quand on néglige de se parler. (*perdre*)

2. Il veut faire des rencontres via Internet parce qu'il manque de confiance en lui-même. (*refuser de*)

3. L'amitié disparait (disparaît) quand on fait attention aux petites choses. (*se construire*)

4. Les très longues séparations renforcent nos amitiés. (*nuire à*)

5. Mon ami Paul se couche tôt le matin pour aller à ses cours. (*se lever*)

6. Leur copine Vivianne est honnête. Elle ne ment jamais. (*dire toujours la vérité*)

7. Mon meilleur ami est très ambitieux. Il abandonne ses études. (*poursuivre*)

8. Depuis leur terrible dispute, ces deux amies s'entendent bien. (*se détester*)

9. Mon pote a une bonne mémoire, il oublie toujours nos rendez-vous. (*se souvenir de*)

10. Elle refuse de perdre certains amis pour faire place aux nouveaux. (*accepter*)

Exercice 3 Posons des questions (phrases interrogatives)

oral ou écrit Transformez les énoncés suivants en phrases interrogatives en tenant compte des indications entre parenthèses.

1. Un chagrin d'amour dure toute une vie. (locution *est-ce que*)

2. L'amitié est tuée par le mépris. (inversion complexe)

3. Il compte emmener sa jeune femme à Tahiti pour leur voyage de noces. (inversion simple)

4. Lucie a un petit ami depuis l'été dernier. (inversion complexe)

5. Iseult demeure fidèle au roi Marc. (locution *n'est-ce pas*)

Exercice 4 Les bons conseils (impératif)

oral Analysez chaque situation et donnez le meilleur conseil possible.

Modèles: Un(e) camarade prend trop de temps pour se préparer. (*se dépêcher*)
→   *Dépêche-toi.*

Un(e) camarade fume et cela vous dérange. (*ne pas fumer*)
→   *Ne fume pas.*

1. Un(e) camarade est très fatigué(e). (*se reposer*)

2. Un(e) camarade est très impatient(e). (*être plus patient*)

3. Un(e) camarade se fait trop de soucis. (*ne pas s'en faire*)

4. Un(e) camarade ne met pas sa ceinture de sécurité dans la voiture. (*attacher sa ceinture de sécurité*)

5. Un(e) camarade est trop timide. (*ne pas être si timide*)

Donnez trois de vos propres conseils à un(e) ami(e).

Exercice 5 Les définitions (présent de l'indicatif)

oral ou écrit Complétez les définitions suivantes en utilisant les éléments entre parenthèses.

Modèles :   Un DVD est un disque qui…
(*servir à enregistrer des émissions télédiffusées*)

→   *Un DVD est un disque qui sert à enregistrer
des émissions télédiffusées.*

1. Un pharmacien ou une pharmacienne est une personne qui… (*tenir une pharmacie*)

2. Un four à micro-ondes est un appareil qui… (*permettre de réchauffer des aliments*)

3. Un décapsuleur est un ustensile qui… (*servir à ôter les capsules des bouteilles*)

4. Un propriétaire est une personne qui… (*posséder des biens immobiliers = to own real estate property*).

5. Un quotidien est un journal qui… (*parait (paraît) chaque jour*)

Exercice 6 Les proverbes (présent de l'indicatif)

oral ou écrit Complétez chaque proverbe avec le verbe entre parenthèses. Connaissez-vous les proverbes équivalents en anglais ?

1. Un ami dans le besoin _____ vraiment un ami. (*être*)

2. L'habit ne _____ pas le moine. (*faire*)

3. Pierre qui _____ n'_____ pas mousse. (*rouler/amasser*)

4. Il ne _____ pas remettre au lendemain ce que l'on _____ faire le jour même. (*falloir/pouvoir*)

5. On _____ ce qu'on _____ . (*récolter/semer*)

Synthèse

Exercice 7 Réponse libre (présent de l'indicatif)

écrit Complétez chaque phrase.

1. Pour moi, l'amitié…

2. Je pense que vivre un grand amour est plus/moins important que de gagner beaucoup d'argent parce que…

3. Quand un(e) ami(e)…

4. Pour réussir un mariage…

5. Lorsque je me fâche, je…

Exercice 8 Moulin à phrases (divers éléments)

écrit Composez des phrases avec les éléments suivants en parlant de l'amitié et de l'amour.

1. *depuis plusieurs années*
2. *venir de* + infinitif
3. *être en train de* + infinitif
4. *s'ennuyer*
5. *aller* + infinitif
6. *ne jamais faire* (à l'impératif)
7. *être sur le point de*
8. *se promener*
9. *exister* (à l'interrogatif)
10. *tenir à*

Exercice 9 D'une personne à l'autre (genre des noms)

oral ou écrit Remplacez les noms de personnes en italique par les noms de personnes du sexe opposé.

Modèle : *Ce boulanger* ne fait pas crédit.
→ *Cette boulangère* ne fait pas crédit.

1. *Ce chanteur* est aussi *musicien*.

2. *Sa belle-sœur* a *une copine* qui est *masseuse*.

3. *Cet acteur* joue le rôle *du héros*.

4. *Cette dame* va souvent chez *la coiffeuse*.

5. *La duchesse* raconte des histoires sur *la reine*.

Synthèse

Exercice 10 Votre opinion (pluriel des noms)

oral ou écrit   Exprimez votre opinion sur les sujets suivants. Utilisez les expressions *peu de*, *beaucoup de*, *pas assez de* ou *trop de*.

Modèle :   politicien qui dit toujours la vérité
→   *Il y a peu de politiciens qui disent toujours la vérité.*

1. chauffeur qui prend des risques
2. film qui évite les scènes violentes
3. professeur qui est exigeant
4. cours où il n'y a pas d'examen
5. jours de congé durant l'année

6. rue piétonne* en ville
7. comique à la télévision
8. avocat qui devient riche
9. personne qui divorce
10. pollution dans les grandes villes

*rue piétonne—*street restricted to pedestrians*

Exercice 11 Noms composés (pluriel des noms composés)

écrit   Mettez les noms composés suivants au pluriel.

1. un rouge-gorge
2. un porte-documents
3. un hôtel de ville

4. une robe de chambre
5. une pomme de terre

Exercice 12 Rédaction (paragraphe)

écrit   **Sujet**   Rédigez un paragraphe dans lequel vous traitez de l'un des deux sujets suivants :

1. Relisez la lecture du Dossier 2 (*Amis pour la vie*) de ce chapitre, puis rédigez un paragraphe dans lequel vous résumez ce qu'on doit faire pour maintenir une amitié.

2. En imaginant que vous consultez un site de rencontre sur l'Internet, résumez les qualités incontournables de toute personne qui serait en mesure de vous intéresser afin d'initier le premier « rendez-vous ».

Consignes   1. Ne dépassez pas les 60 mots.

2. Écrivez votre paragraphe à double interligne.

Suggestions   1. Essayer de mettre en pratique les conseils du *Tableau 1.22*.

2. Utilisez une bonne variété de verbes au présent.

3. Utilisez des connecteurs tels que *et, mais, cependant, tout d'abord, puis, finalement, car,* etc.

© Monkey Business Images/Shutterstock.com

CHAPITRE 2
Famille et identité

Lecture

Nouvelle

Les amours de Fannie de Danielle Cadorette *38*

Extrait de roman

La Petite Bijou de Patrick Modiano *46*

Vocabulaire

La famille *41*

Les sentiments *43*

Grammaire

Le passé composé *51*

L'accord du participe passé *54*

L'imparfait *57*

Le passé composé ou l'imparfait ? *59*

Le plus-que-parfait *61*

La syntaxe des temps composés *62*

Le passé simple *63*

Expression écrite

Le récit *67*

Comment rédiger un plan et un brouillon *67*

Les formules de transition et les mots connecteurs *68*

Le coin du correcteur *70*

Synthèse

Exercice 1 à 14 *71*

 Visitez le site Web de *Mise en pratique*, **www.pearsoncanada.ca/favrod**, où vous trouverez :

- des exercices de grammaire supplémentaires
- des activités complémentaires basées sur des sites Web francophones
- des exercices d'écoute

Lecture et vocabulaire

Dossier 1 *Les amours de Fannie*

Introduction à la lecture

Le premier récit que vous allez lire dans ce chapitre se déroule en Ontario, une province qui compte plus de 610 000 francophones. La présence française en Ontario a une longue histoire qui remonte au 17e siècle, avec l'établissement d'une mission jésuite à Sainte-Marie au pays des Hurons.

Aujourd'hui, l'Ontario possède la plus grande communauté francophone au Canada, après celle du Québec. Il y a des populations francophones importantes dans plusieurs villes, dont Ottawa, Sudbury, Penetanguishene, Timmins, Hearst, Kapuskasing, Welland, et Windsor pour en citer quelques-unes. Chaque année au mois de juin se déroule le Festival franco-ontarien, un festival de trois jours qui accueille comédiens, auteurs, musiciens avec des activités et spectacles pour enfants et adultes. Dernier fait important : depuis 2010, un projet de loi a décrété le 25 septembre le Jour des Franco-Ontariens et Franco-Ontariennes.

Danielle Cadorette habite dans la région de la Huronie (lac Huron). Elle a écrit des nouvelles, des chansons et des pièces de théâtre. Elle travaille aussi comme scénariste pour TVOntario et Radio-Canada.

Activités de pré-lecture

Lisez le descriptif ci-dessous et répondez aux questions qui suivent.

Fannie, franco-ontarienne, est amoureuse d'un anglophone.
Son père n'accepte pas cette liaison.
La tristesse s'installe dans la maison familiale lorsque Fannie
quitte les siens pour aller vivre avec son amoureux à Toronto.
Six ans passent…
Fannie revient à Penetanguishene, sa ville natale…

1. Qu'est-ce qu'une « Franco-Ontarienne » ?

2. Selon vous, pourquoi le père de Fannie n'accepte-t-il pas cette liaison avec un anglophone ?

3. Connaissez-vous Penetanguishene ? Où se trouve cette ville ?

4. Comment imaginez-vous le retour de Fannie après six ans d'absence ?

Lecture

Lisez le texte *Les amours de Fannie*.

1. Dans le deuxième paragraphe, relevez les verbes au passé composé et à l'imparfait.

2. Répondez aux questions de compréhension qui suivent le texte.

Lecture

Les amours de Fannie

1   Par où commencer ? Par le commencement. Dans le fond, c'est la meilleure façon de
commencer. C'est évident. Nous habitons Penetanguishene depuis toujours, mon mari et
moi. C'est dans cette jolie ville que nous avons *élevé* nos cinq enfants. Nous les avons élevés
en français malgré toutes les difficultés et nous en sommes *fiers* ! Ils sont tous partis de la
5   maison maintenant, mais c'est le départ de Fannie, *la cadette*, qui m'a fait le plus mal. Il y a
six ans qu'elle est partie de la maison. Elle avait vingt ans.

À cette époque, elle travaillait à la pharmacie, sur la rue Main. C'est là qu'elle a rencontré son gentil pharmacien, John, le grand amour de sa vie ! Un grand amour qui a causé
beaucoup de *chagrin* dans notre famille. Je m'explique : Gaston, le père de Fannie, est un
10   passionné. Il a passé sa vie à se battre pour conserver sa langue et sa culture. Il travaille comme
cuisinier à l'hôpital de Penetanguishene. Souvent, après sa journée de travail, il partait
pour assister à des réunions qui duraient tard dans la nuit. Gaston s'est battu pour l'école
secondaire française, pour *les garderies*, pour le Centre d'activités françaises, pour notre radio
communautaire. Le drapeau franco-ontarien flotte fièrement devant la maison. En plus de se
15   battre, il amuse aussi les gens avec son violon. Au *festival de quenouilles*, c'est toujours lui qui
fait chanter les gens en français, sur ses airs de violon ! Il n'y a jamais eu un mot d'anglais
chez nous. Et j'en suis bien heureuse. On parle notre langue, on la parle fort et avec fierté !

Mais voilà que Fannie *tombe en amour* ! Avec un Anglais. Vous pouvez facilement vous
imaginer la colère de Gaston et sa déception. Il ne comprenait pas : pour lui c'était une
20   trahison. Il était certain que Fannie allait tout renier, qu'elle allait tout oublier, sa langue,
sa culture. « Ses frères, ses sœurs ont tous épousé des francophones ! Ils n'ont pas *craché sur
leur héritage*, eux ! » disait-il. Essayez donc d'expliquer que l'Amour n'a pas de langue ! Un
homme comme Gaston aura l'impression de recevoir *une gifle* en plein visage ! C'est ce qu'il a
cru recevoir de Fannie. À partir de ce moment, la guerre s'est déclarée entre Gaston et notre
25   fille.

Elle a essayé… tellement essayé, la pauvre Fannie. Elle répétait à son père que John
était en train d'apprendre le français, que jamais elle ne perdrait sa culture, que cet héritage qu'il lui avait laissé, elle en prendrait soin toute sa vie. Rien à faire. Gaston ne voulait
rien entendre. John n'a jamais mis les pieds dans la maison. Gaston *l'aurait mis à la porte*
30   et vite fait ! Les tensions entre Gaston et Fannie augmentaient de jour en jour, de mois en
mois. Plus l'amour entre John et Fannie *fleurissait*, plus Gaston devenait en colère ! Il ne
voulait même pas qu'on prononce le nom de John à la maison. Fannie ressemble beaucoup
à son père. Elle est passionnée et fière. Elle n'avait pas l'intention de *céder* : le père et la fille
vivaient chacun de leur côté leur amour, leur passion jusqu'au bout.

35   Un beau matin… Fannie n'était plus là. Elle avait quitté la maison sans nous avertir.
Elle avait simplement laissé un mot sur la table dans la cuisine. Elle me disait qu'elle se
sentait déchirée entre son père et John. « Je ne peux plus vivre à la maison, écrivait-elle. On
n'arrive pas à se comprendre, papa et moi. Dis-lui que j'aurai toujours la force de garder ma
langue comme lui l'a fait. Je le jure ! » Fannie me disait qu'elle était partie avec John pour
40   Toronto. Il venait de *décrocher* un bon emploi comme pharmacien dans un hôpital. Elle me
disait de ne pas m'en faire, qu'elle m'écrirait bientôt.

J'ai pensé mourir ! Quand j'ai appris la nouvelle à Gaston, il n'a rien dit. Mais j'ai eu
l'impression que sa bouche pleurait. Pourtant, aucune larme n'a coulé. C'est à partir de
ce moment-là que la tristesse s'est installée. Et… laissez-moi vous dire qu'elle était bien
45   installée. Elle était assise dans le plus gros et confortable fauteuil du salon. Et ce n'est pas
tout ! La tristesse s'est mise à faire des petits. Plus le temps passait, plus il y avait des petites

tristesses partout : dans nos yeux, sur notre bouche, dans nos cœurs. Il y avait même des petites tristesses sur les mains de Gaston. Il ne jouait plus de violon. Il faut dire qu'on ne joue pas du violon avec des mains tristes !

50   Cette grande tristesse a duré six ans ! Même les lettres de Fannie me rendaient triste. Non pas parce que ses lettres étaient tristes. Au contraire ! Elles étaient toujours remplies de lumière. Je me suis fâchée. Six ans de tristesse ! J'étais grand-mère et je n'avais jamais vu ma petite-fille ! Alors un jour j'ai dit à Gaston que j'avais invité Fannie, qu'elle arriverait *le lende-*
main avec John et Amélie, notre petite-fille. Cette maison était aussi la mienne et j'y invitais
55   qui je voulais. J'ai eu l'impression que ses lèvres souriaient mais je n'ai pas entendu de rires. J'étais fière de moi. Jamais je ne me serais crue capable de dire une telle chose ! Je me sentais mieux. Cette nuit-là, Gaston n'a pas dormi. Moi non plus. Il m'a demandé, pour la première fois, ce que Fannie faisait à Toronto. Je lui ai répondu qu'elle travaillait à la librairie Champlain : la seule librairie française à Toronto. Il *a haussé les sourcils* et ses yeux se sont
60   mis à briller. Mais il n'a rien dit.

Fannie, John et Amélie sont arrivés le lendemain. Quand je les ai vus sortir de la voiture, je ne pouvais plus bouger. Le bonheur *venait de me clouer sur place*. Elle avançait, ma Fannie si belle ! Elle avait toujours ce même sourire généreux. Fannie tenait la main d'Amélie, sa fille de quatre ans. Que je les ai trouvées belles toutes les deux ! John restait à l'arrière, l'air
65   timide. Gaston le fixait comme on fixe un ennemi. Il n'a pas pris la peine de regarder sa fille. Fannie, non plus, ne l'a pas regardé. Un silence lourd, gourmand, s'est installé. J'ai cru que le silence allait nous *avaler* ! C'est alors qu'Amélie a demandé à son grand-père, comme seuls les enfants savent le faire :

— C'est vrai que tu joues du violon, toi ? Gaston l'a fixée sans répondre. Amélie a
70   répété sa question. « Mais… tu parles français ? » a murmuré Gaston. John s'est avancé, il a pris la main de sa fille et celle de Fannie. « Nous parlons toujours français à la maison ! » a dit John d'une voix lente *en pesant ses mots*. Gaston a répondu : « Ici aussi ! » Et des larmes se sont mises à couler de ses yeux. Fannie s'est avancée vers lui et l'a serré tendrement. Je les regardais. Je me suis mise à trembler. Je crois que mon corps et mon cœur n'en pouvaient
75   plus d'avoir tant attendu. Sans dire un mot John a passé, tout doucement, son bras autour de mes épaules. On se comprenait. Il faut croire qu'Amélie en a eu assez. Elle s'est approchée de son grand-père, en tirant sur la manche de sa chemise, elle lui a dit : « Joue-moi un air de violon, grand-papa ! » Gaston a regardé ses grandes mains. Enfin la tristesse venait de les quitter. Il a pris Amélie dans ses bras et, en turlutant, il est entré dans la maison. On
80   l'a suivi. Ce soir-là, il nous a joué du bonheur sur son violon ! La tristesse a déménagé et le bonheur a pris sa place !

Tiré de Danielle Cadorette, *La fièvre de l'or*, La littérature de l'oreille inc., 1990, p. 17-25

l.3   élevé : participe passé du verbe « élever », éduquer un enfant—*to raise (children, a family)*
l.4   fiers : qui ont un vif sentiment de leur dignité, de leur honneur—*proud*
l.5   la cadette : la plus jeune
l.9   chagrin : tristesse—*sadness*
l.13   les garderies : (une garderie) endroit où l'on garde les jeunes enfants—*daycare centres*
l.15   festival de quenouilles : en juin, fête populaire avec spectacles de musique et d'animation
l.18   tomber en amour (avec) : expression fréquemment utilisée au Canada français—*to fall in love*
l.21   craché sur leur héritage—*spit on one's heritage*
l.23   une gifle : coup donné (de la main) sur la joue de qqn—*a slap in the face*
l.29   l'aurait mis (v. mettre) à la porte—*to throw, boot out (of the house)*
l.31   fleurissait : imparfait du verbe « fleurir », éclore et s'épanouir comme une fleur—*to grow, flourish*

l.33   céder : ne plus résister, déférer, obéir—*to give in*
l.40   décrocher : trouver
l.53   le lendemain—*the following day*
l.59   a haussé les sourcils—*raised his eyebrows*
l.62   venait de me clouer sur place—*had nailed me, paralyzed me*
l.67   avaler—*to swallow (the silence was going to swallow us)*
l.72   en pesant ses mots—*weighing his words*

Compréhension globale

Dites si les affirmations suivantes sont vraies ou fausses. Si l'affirmation est fausse, corrigez-la !
Essayez de faire cet exercice *sans* regarder le texte.

1. Fannie est la seule de sa famille à avoir épousé un anglophone.
2. Les parents de Fannie ont vécu dans plusieurs villes différentes.
3. L'histoire est racontée par la mère, six ans après le départ de Fannie.
4. Fannie et Gaston sont différents de caractère.
5. Fannie est partie à Toronto avec l'intention de garder son héritage francophone.
6. C'est Fannie qui prend l'initiative d'aller voir ses parents.
7. C'est Amélie, la fille de Fannie, qui brise la glace le jour de la visite chez ses grands-parents.
8. Quand il apprend que Fannie est amoureuse de John, Gaston est fâché et déçu parce qu'il n'aime pas les Anglais.
9. Fannie n'a aucun contact avec sa famille pendant six ans.

Vocabulaire

La famille

- un foyer : lieu où vit la famille, une demeure, une maison—*a home*
- en famille : avec les siens, « passer le week-end en famille » —*with one's family*
- une famille nombreuse : qui a plusieurs enfants—*a large family*
- une famille monoparentale : qui n'a qu'un seul parent—*a single-parent family*
- une famille reconstituée : qui a des parents remariés, des enfants de différentes unions—*a blended or step-parent family*
- le milieu familial, la vie familiale—*family life*
- des ennuis familiaux : des problèmes de famille—*family problems*
- le planning familial—*family planning*
- les allocations familiales—*family allowance*

- fonder une famille—*to start a family*
- élever des enfants (l'éducation des enfants)—*to raise a family, children (upbringing)*
- conserver sa langue, sa culture, son héritage : garder ces choses, ne pas les perdre—*to hold on to one's heritage*
- garder des enfants, une gardienne, une garderie—*to babysit, a babysitter, a daycare centre*
- s'installer, emménager/déménager—*to move in/to move out*
- vivre à la maison/quitter la maison—*to live at home/to leave home*

- ressembler à... (son père, sa mère) : avoir des ressemblances physiques ou psychologiques—*to look like, to share the same characteristics as...*

—————————————

- l'enfance, l'adolescence, la vie adulte—*childhood, adolescence, adult life*
- un(e) enfant abandonné(e), un(e) orphelin(e)—*an abandoned child, an orphan*
- un fils, une fille (unique)—*a son, a daughter (only)*
- le cadet, la cadette/l'aîné(e) (l'aîné(e))—*the younger (of two), the youngest (of many)/the eldest*
- les petits-enfants : un petit-fils, une petite-fille—*grandchildren, a grandson, a granddaughter*
- un parrain, une marraine—*a godfather, a godmother*
- un(e) filleul(e)—*a godchild*

Exploitation lexicale 1

1. Répondez aux questions suivantes à l'oral.

   a) Ressemblez-vous (de caractère) à quelqu'un de votre famille ? À qui ?

   b) Êtes-vous l'aine(e) (l'aîné(e)) de votre famille, le cadet/la cadette ?

   c) Combien d'enfants votre grand-mère maternelle a-t-elle élevés ? Dans quelles conditions ?

   d) Avez-vous un parrain, une marraine ? Est-ce que cela est important dans votre culture ?

2. Mini sondage. Répondez individuellement aux questions suivantes en utilisant l'échelle proposée ci-dessous.

   > 1 = pas du tout d'accord 2 = pas d'accord 3 = plus ou moins d'accord
   > 4 = d'accord 5 = tout à fait d'accord

   a) Être enfant unique a plus d'avantages que d'inconvénients.   1 2 3 4 5

   b) Le cadet/la cadette a la vie plus facile que l'aîné(e) (l'aîné(e)).   1 2 3 4 5

   c) L'adolescence est une période difficile de la vie.   1 2 3 4 5

   d) Il est difficile de vivre à la maison quand on a 18 ans.   1 2 3 4 5

   e) Il est impossible de conserver sa culture quand on
   épouse une personne d'une culture différente.   1 2 3 4 5

   Maintenant, en groupes de trois ou quatre, comparez vos réponses à celles de vos camarades. Une personne pourra ensuite faire part des résultats devant la classe.

3. Relisez le vocabulaire présenté plus haut et constituez des unités lexicales à l'aide des mots des deux colonnes (les mots de la colonne B sont dans le désordre).

Colonne A		Colonne B
1. un enfant*	h	a) monoparentale
2. mettre*	_____	b) une famille
3. quitter	_____	c) quelqu'un à la porte
4. une famille*	_____	d) familiaux
5. fonder	_____	e) à quelqu'un
6. élever*	_____	f) la maison
7. des ennuis*	_____	g) des enfants
8. ressembler	_____	h) abandonné

Maintenant, rédigez une phrase illustrant clairement le sens de chaque unité lexicale que vous avez constituée dans l'exercice précédent à partir des mots ayant un astérisque.

Modèle :

Un enfant abandonné : Un enfant abandonné par ses parents, ou dont les parents sont morts, s'appelle un ophelin.
mettre—une famille—élever—des ennuis

Vocabulaire

Les sentiments

Les sentiments, les émotions

- éprouver un sentiment—*to feel an emotion* (Elle éprouve de la tristesse.)
- avoir l'air + adj. (avoir l'air triste)—*to look (sad)*
- se sentir + adj. (se sentir seul)—*to feel (alone or lonely)*
- avoir l'air de + inf.: (avoir l'air d'inspirer confiance)—*looking trustworthy*
- ressentir—*to feel, to experience*
- évoquer (un souvenir)—*to recall (a memory), to evoke, to remind someone of something*

La joie

- le bonheur—*happiness, joy*
- être content(e), heureux(se), joyeux(se), satisfait(e)—*to be pleased, happy, joyous*
- de bonne/mauvaise humeur—*in a good/bad mood*
- se sentir bien/mal dans sa peau—*to feel great/awful*
- épanouie(e), s'épanouir—*beaming, fulfilled, to blossom*
- se réjouir (de)—*to rejoice*
- sourire, rire—*to smile, to laugh*

La tristesse

- le chagrin, chagriner—*sorrow, grief, to upset*
- la peine, peiner—*sorrow, sadness, to grieve, to sadden*
- pleurer—*to cry*
- avoir les larmes aux yeux, fondre en larmes—*to have tears in one's eyes, to burst into tears*
- la dépression, la déprime, être déprimé(e)—*depression, to be depressed*
- le désespoir, désespérer—*despair, to despair*
- le malheur, la douleur—*unhappiness, pain*
- être malheureux(se)—*to be unhappy*
- se sentir déchiré(e)—*to feel torn*

La colère

- se mettre en colère, se fâcher—*to become angry or cross*
- la fureur, être ou entrer en fureur, furieux(se) ou furibond(e) (fam.)—*fury, to be or become infuriated, furious*
- la rage, être enragé(e)—*rage, to be enraged*
- l'indignation, indigner, s'indigner—*indignation, to make somebody indignant, to become indignant or annoyed*
- le choc, choquer—*a clash, to clash*

L'inquiétude/le soulagement et la peur

- avoir des inquiétudes, être inquiet(ète), inquiéter/rassurer—*to feel anxious or worried (about), to be worried or anxious, to worry/reassure*
- la préoccupation, se préoccuper, s'en faire—*worry or anxiety, to be concerned or worried, to worry*
- le souci, être soucieux(se), se faire du souci (pour)—*worry, concerned or worried, to worry (about)*
- avoir du souci /être sans souci—*to have / be free of worries*
- l'angoisse, angoisser, être angoissé—*anxiety or fear, to distress, to be worried sick*
- l'anxiété, être anxieux(se)—*anxiety, anxious or worried*
- la panique—*panic*
- la crainte, craindre—*fear, to fear*
- la méfiance—*mistrust, suspicion*
- la frayeur, effrayer—*fright, to frighten*
- la terreur, terrifier—*terror, to terrify*
- la trouille, avoir la trouille (fam.)—*to be scared stiff*

La surprise

- surprenant(e), surprendre—*surprising, to surprise (also to catch in the act)*
- l'étonnement, être étonné(e), s'étonner, étonnant(e)—*amazement or astonishment, to be amazed or surprised, surprising, astonishing, amazing*
- la stupéfaction, stupéfait(e)—*astonishment, amazement, stupefaction, stunned, dumbfounded, astounded*

Exploitation lexicale 2

1. Complétez les proverbes suivants et les expressions suivantes en traduisant le mot entre parenthèses.
    a) L'argent ne fait pas le _____ (*happiness*).

    b) Un _____ (*misfortune*) n'arrive jamais seul.

    c) Vous me faites _____ (*laugh*). (= Je me moque de ce que vous dites.)

    d) Il vaut mieux en rire qu'en _____ (*cry*).

    e) La _____ (*anger*) est mauvaise conseillère.

    f) La solitude est mère de l' _____ (*anxiety, restlessness*)

2. Donnez le contraire des mots en caractères gras :
    a) Quelle **tristesse** !

    b) Il ne faut pas **céder**.

c) Marie est **rassurée**.

d) Cette mère **a beaucoup de soucis**.

e) Les adolescents **se sentent bien dans leur peau**.

3. Traduisez les phrases suivantes en vous inspirant du vocabulaire présenté ci-dessus (Les sentiments). Attention à l'emploi des temps du passé.

a) Marc looked so happy when he saw his fiancée.

b) Children who have siblings do not feel lonely.

c) Elise became angry once again.

d) The little boy burst into tears when his new toy fell on the floor.

e) Fanny was surprised to find her father in a good mood.

Compréhension détaillée 1

1. Reconstituez les évènements (événement) marquants de l'histoire de Fannie en numérotant les phrases mélangées qui suivent de 1 à 9.

_____ a) La tristesse s'installe dans la maison familiale.

_____ b) Gaston demande ce que fait Fannie à Toronto.

_____ c) Malgré les efforts de Fannie, les tensions entre elle et son père augmentent de jour en jour.

_____ d) Six ans passent.

_____ e) Un jour, Fannie quitte la maison sans prévenir, laissant un mot à sa mère.

_____ f) Gaston réagit mal : il croit que sa fille l'a trahi.

_____ g) Le bonheur prend la place de la tristesse.

_____ h) Fannie tombe amoureuse d'un pharmacien anglophone qui s'appelle John.

_____ i) La mère en a assez : un jour elle décide d'inviter Fannie, John et Amélie.

Compréhension détaillée 2

1. Expliquez la phrase « L'amour n'a pas de langue ».

2. Pourquoi Gaston s'est-il battu pour l'école secondaire française, le Centre d'activités françaises, les garderies et la radio communautaire ?

3. La mère de Fannie dit que Gaston et sa fille se ressemblent beaucoup. Elle les décrit comme étant « fiers et passionnés ». Donnez un ou deux exemples de chacune de ces qualités que partagent le père et sa fille.

4. Comment les parents de Fannie réagissent-ils après son départ ?

5. Pour quelles raisons la mère de Fannie décide-t-elle d'inviter sa fille et son mari après six ans de séparation ?

Réflexion et discussion

1. On sait que John et Fannie se sont installés à Toronto et ont décidé d'y élever leur fille Amélie. Comment, à votre avis, ont-ils pu s'assurer que la petite Amélie parle couramment français ?

2. Croyez-vous qu'il soit possible de conserver sa culture et sa langue dans un milieu où celles-ci sont minoritaires ?

3. Connaissez-vous une histoire d'amour semblable à celle de Fannie ? Est-ce que les difficultés ont été surmontées ? Comment ?

Dossier 2 *La Petite Bijou*

Introduction à la lecture

Patrick Modiano est un écrivain français né en 1945. Auteur de nombreux romans traduits dans plus de 30 langues, Modiano a gagné le Prix Nobel de littérature 2014 pour l'ensemble de son œuvre. Parmi les plus célèbres, on peut citer *La Rue des boutiques obscures* (1978) et *Dora Bruder* (1997), ce premier lui ayant valu **le prix Goncourt**[*].

Les romans de Patrick Modiano explorent, à différents degrés, les thèmes de la mémoire, de l'abandon, de l'identité et de la culpabilité. *La Petite Bijou* (2001), dont vous allez lire un extrait, n'y fait pas exception.

Un soir, dans le métro, Thérèse aperçoit une femme qui ressemble étonnamment à sa mère, qu'elle croyait morte au Maroc depuis plusieurs années. La jeune femme de 19 ans la suit jusque dans son immeuble dans une banlieue éloignée de Paris. Mais elle n'ose pas parler à cette femme qui l'a abandonnée à l'âge de 7 ans, sans lui dire un mot, et dont elle ne connait (connaît) même pas le vrai nom.

Depuis qu'elle a vu sa mère dans le métro, Thérèse retourne souvent dans le quartier où celle-ci habite. Un dimanche, la narratrice se décide à se renseigner davantage sur sa mère qui autrefois était danseuse et qui l'appelait « La Petite Bijou ».

[*] Le prix Goncourt : l'Académie Goncourt (France) est composée de 10 membres qui, chaque année, sont chargés de donner un prix au « meilleur volume d'imagination en prose ».

Activités de pré-lecture

1. Qu'est-ce que le titre *La Petite Bijou* évoque pour vous?

2. Vous êtes dans un métro ou dans un autobus et vous voyez une personne que vous connaissiez bien et que vous croyiez morte. Que faites-vous?

3. Imaginez les émotions d'une adolescente qui tout d'un coup aperçoit un membre de sa famille qu'elle croyait disparu. Citez au moins trois émotions (voir vocabulaire *Les sentiments*) et expliquez-les.

Lecture

Lisez l'extrait du roman *La Petite Bijou* ci-dessous.

1. Soulignez les verbes à l'imparfait et au plus-que-parfait dans les deux premiers paragraphes.

2. Répondez aux questions de compréhension qui suivent le texte.

La Petite Bijou

Lecture

1   Un dimanche, celui de la semaine où j'ai commencé à garder *la petite* – ou le dimanche suivant –, je suis retournée à Vincennes. J'ai préféré y aller plus tôt que d'habitude, avant la tombée de la nuit. Cette fois-ci je suis descendue à la fin de la ligne, à la station Château-de-Vincennes. Il y avait du soleil, ce dimanche d'automne-là, et, de nouveau, en passant devant le château,
5   et, au moment où je m'engageais dans la rue du Quartier-de-Cavalerie, j'ai eu l'impression de me trouver dans une ville de *province*. J'étais seule à marcher, et j'entendais derrière le mur, au début de la rue, *un claquement* régulier *de sabots*.

Alors, j'ai rêvé à ce qui aurait pu être : après des années et des années d'absence, je venais de descendre du train dans une petite gare, celle de mon Pays Natal. Je ne sais plus dans
10   quel livre j'avais découvert l'expression « pays natal ». Ces deux mots devaient correspondre

à quelque chose qui me touchait de près ou bien *m'évoquait* un souvenir. Après tout, moi aussi, dans mon enfance, j'avais connu une gare de campagne, où j'étais arrivée de Paris, avec cette *étiquette* sur laquelle on avait inscrit mon nom, et que je portais autour du cou.

15   Il a suffi que je voie le bloc d'immeubles au bout de la rue pour que mon rêve se dissipe. Il n'existait pas de pays natal, mais une banlieue où personne ne m'attendait.

    J'ai franchi la grille et j'ai frappé à la porte de la concierge. Elle a passé sa tête dans *l'entrebâillement*. Elle a paru me reconnaître bien que nous n'ayons parlé ensemble qu'une seule fois. C'était une femme assez jeune, aux cheveux bruns très courts. Elle portait une robe de chambre en laine rose.

20   « Je voulais vous demander quelque chose au sujet de *Mme… Boré…*»

    J'avais hésité sur le nom et je craignais qu'elle ne sache plus de qui il s'agissait. Mais cette fois-ci, elle n'a pas eu besoin de consulter la liste des locataires qui était fixée à la porte.

    « Celle du quatrième A ?

    — Oui. »

25   J'avais bien retenu le numéro de l'étage. Depuis que je connaissais ce numéro, je l'avais souvent imaginée montant les marches d'un pas de plus en plus lent. Une nuit, j'avais même rêvé qu'elle tombait dans la cage de l'escalier, et, au réveil, je n'aurais pu dire si c'était un suicide ou un accident. Ou même si je l'avais poussée.

    « Vous êtes déjà venue, l'autre jour, je crois…

30   — Oui. »

    Elle me souriait. J'avais l'air de lui inspirer confiance.

    « Vous savez qu'elle a encore *fait des siennes*… »

    Elle l'avait dit sur un ton indifférent, comme si rien ne pouvait l'étonner de la part de la femme du quatrième A.

35   « Vous êtes de la famille ? »

    J'ai eu peur de répondre oui. Et de ramener sur moi *l'ancienne malédiction*, la vieille lèpre.

    « Non, Pas du tout. »

    Je m'étais dégagée, à temps, d'*un marécage*.

    « Je connais des gens de sa famille, lui ai-je dit. Et ils m'ont envoyée pour avoir des

40 nouvelles…

    — Qu'est-ce que vous voulez bien que je vous donne comme nouvelles ? C'est toujours pareil, vous savez. »

    Elle haussait les épaules.

    « Maintenant, elle ne veut même plus me parler. Ou alors, elle cherche le moindre

45 prétexte pour *m'engueuler*. »

    Ce dernier mot m'a paru bien gentil et bien *anodin*. J'ai vu réapparaître après toutes ces années, comme s'il remontait des profondeurs, le visage grimaçant, les yeux dilatés, et presque *la bave aux lèvres*. Et la voix qui *s'éraillait*, et le *flot des injures*. Un étranger n'aurait pu imaginer ce changement brusque sur un si beau visage. J'ai senti la peur me reprendre.

50   « Vous veniez pour la voir ?

    — Non.

    — Il faudrait que vous préveniez les gens de la famille. Elle ne paye plus son *loyer*. » […] « Ce sera difficile de la mettre à la porte. Et puis on la connaît bien dans le quartier… On lui a même donné un surnom…

55   — Lequel ? »

    J'étais vraiment curieuse de le savoir. Et si c'était le même que celui qu'on lui avait donné il y a vingt ans ?

    « On l'appelle Trompe-la-mort. »

Elle l'avait dit gentiment, comme s'il s'agissait d'un surnom affectueux.

60   « Quelquefois on a l'impression qu'elle va se laisser mourir et puis, le lendemain, elle est fringante et aimable, ou bien *elle vous balance une vacherie.* »

Pour moi, ce surnom prenait un autre sens. J'avais cru qu'elle était morte au Maroc et maintenant je découvrais qu'elle avait ressuscité, quelque part, dans *la banlieue.*

« Elle habite depuis longtemps ici ? lui ai-je demandé.

65   — Oh oui ! Elle est arrivée bien avant moi… Ça doit faire plus de six ans… »

Ainsi elle vivait dans cet immeuble pendant que j'étais encore à Fossombronne-la-Forêt. Je me souvenais d'un terrain à l'abandon, pas loin de l'église, où l'herbe et les *broussailles* avaient poussé. Le jeudi après-midi, nous nous amusions à nous cacher ou à nous enfoncer le plus loin possible dans cette jungle qu'on appelait le « Pré au Boche ». On y avait trouvé un

70   casque et *une vareuse militaire à moitié pourrie* qu'un soldat avait certainement laissés là, à la fin de *la guerre,* mais on avait toujours peur de découvrir son squelette. Je ne comprenais pas ce que voulais dire le mot *Boche.* Frédérique, la femme qui avait connu ma mère et m'avait recueillie dans sa maison, était absente le jour où j'avais demandé à son amie, la brune au visage de boxeur, ce que voulait dire Boche. Peut-être avait-elle cru que ce mot me faisait

75   peur et voulait-elle me rassurer. Elle m'a souri et elle m'a dit que l'on appelait comme ça les Allemands, mais ce n'était pas bien méchant. « Ta mère aussi, on l'appelait "la Boche"… C'était pour blaguer… » Frédérique n'avait pas été contente que la brune m'ait confié cela, mais elle ne m'avait donné aucune explication. Elle était une amie de ma mère. Elles avaient dû se connaître à l'époque où ma mère était « danseuse ». […]

80   « Elle vit seule? ai-je demandé à la concierge.

—Pendant longtemps, il y avait un homme qui venait la voir… Il travaillait dans les chevaux, par ici… Un monsieur qui avait un type nord-africain.

—Et il ne vient plus ?

—Pas ces derniers temps. »

85   Elle commençait à me regarder avec une certaine méfiance, à cause de mes questions. J'ai été tentée de lui dire tout. Ma mère était venue à Paris quand elle était petite. Elle avait fait de la danse. On l'appelait la Boche. Moi, on m'avait appelée la Petite Bijou. C'était trop long et trop compliqué à raconter, là, dehors, dans cette cour d'immeuble.

« Le problème, c'est qu'elle me doit deux cent francs… »

90   Je portais toujours mon argent sur moi, dans une petite pochette de toile nouée à la taille par un cordon. J'ai fouillé dans ma pochette. Il me restait un billet de cent francs, un billet de cinquante francs, et de la monnaie.

Je lui ai tendu les deux billets en lui disant que je reviendrais lui apporter le reste.

« Merci beaucoup. »

95   Elle les a glissées très vite dans l'une des poches de sa robe de chambre.

Sa méfiance avait fondu brusquement. J'aurais pu lui poser n'importe quelle question sur Trompe-la-mort.

« Pour le loyer… Je vous en parlerai quand vous reviendrez. »

Je n'avais pas vraiment l'intention de revenir. Qu'est-ce que j'apprendrais de plus ? Et à

100   quoi bon ? […]

Tiré de Patrick Modiano, *La Petite Bijou*, Éditions Gallimard, 2001, p. 66–72

l.1   **la petite :** au moment où la narratrice raconte cet épisode, elle vient de commencer un nouveau travail – elle garde une petite fille de sept ans

l.6   **province (en province) :** en dehors de Paris—*region outside of Paris*

l.7   **un claquement. . . de sabots**—*clicking of hooves (from horses)*

l.11   **m'évoquait :** me rappelait—*reminded me of …*

l.13 étiquette—*label*
l.16 entrebâillement—*through the half-open door*
l.20 Mme Boré : le nom de la femme que Thérèse a vue dans le métro et qui est sa mère
l.32 fait des siennes—*to act up*
l.36 l'ancienne malédiction—*the old curse*
l.38 un marécage—*swamp (figuratively a hazardous or awckward situation)*
l.45 m'engueuler (fam.) : m' adresser des injures—*to tell me off*
l.46 anodin : inoffensif, sans danger
l.48 la bave aux lèvres—*frothing at the mouth*
l.48 s'éraillait—*to ruin one's voice*
l.48 le flot des injures—*the stream of insults*
l.52 un loyer—*rent*
l.61 elle vous balance une vacherie (fam.)—*she makes a nasty remark*
l.63 la banlieue—*the suburbs (outside of Paris)*
l.67 brousailles—*shrubs*
l.70 une vareuse militaire à moitié pourrie—*a half-rotten military jacket*
l.71 la guerre : on parle d'un terrain occupé par les Allemands durant la seconde Guerre mondiale

Compréhension globale

Ces questions visent la compréhension globale du texte. Essayez de répondre *sans* regarder le texte. Attention: il y a parfois plusieurs réponses possibles.

1. La narratrice…
   a) rencontre sa mère et lui parle.
   b) apprend des nouvelles de sa mère.
   c) a des souvenirs agréables de son enfance.
   d) a peur de la concierge.

2. Mme Boré…
   a) adore sa fille.
   b) s'entend bien avec la concierge.
   c) va bientôt mourir.
   d) se met en colère facilement.

3. Au sujet du mot Boche…
   a) La concierge utilise ce mot pour décrire Mme Boré.
   b) Ce mot décrit la narratrice qui est allemande.
   c) La narratrice raconte comment elle a appris ce mot.
   d) Mme Boré n'aime pas ce mot.

4. Madame Boré…
   a) vit seule.
   b) a des amis qui viennent la voir.
   c) a des problèmes financiers.
   d) est une personne sympathique.

5. La narratrice…

   a) paye le loyer de Mme Boré en entier.

   b) n'a pas payé son loyer.

   c) va parler à Mme Boré au sujet de son loyer.

   d) donne de l'argent à la concierge.

Approfondissement lexical

Nous avons vu dans le premier chapitre qu'une bonne façon d'élargir son vocabulaire est d'apprendre les mots d'une même famille. Si vous cherchez la définition du verbe **déchirer** dans un dictionnaire français (*Le Petit Robert*, par exemple), vous verrez que l'entrée donne les mots de la même famille suivants : *déchirure* (il s'agit d'un nom féminin) et *déchirant* (adjectif). Il n'y a pas d'adverbe pour ce mot.

1. Remplissez le tableau ci-dessous avec les mots de la même famille que le mot donné. Suivez l'exemple du verbe *déchirer*. La plupart des mots se trouvent dans le texte ou dans les listes de vocabulaire.

NOM	ADJECTIF	VERBE	ADVERBE
un déchirement / une déchirure	déchirant(e)	déchirer	■
		attrister	
	■		fièrement
le chagrin			■
		trahir	
	souriant(e)		■
			soucieusement
la honte		■	
	courageux(se)	■	
la joie		■	
		inquiéter/s'inquiéter	■

2. Remplacez les blancs par un mot de la même famille que le mot en caractères gras.

   • **déchirer**

   On dit que la _____ d'un muscle, c'est douloureux.

   On a séparé ces enfants de leur mère. C'était un spectacle _____.

   • **honte**

   Vous avez vu ce qu'il a fait ! C'est _____.

   On a traité cette femme _____.

   • **s'inquiéter**

   On dit que ces pauvres gens ont beaucoup d'_____.

   La mère de Fannie _____ beaucoup car sa fille avait quitté la maison sans dire un mot.

   Ceci est _____ pour l'avenir.

   • **joie**

   Notre réunion de famille a été un des évènements les plus _____ de l'année.

   Elle a _____ accepté notre invitation.

   • **triste**

   Lorsque Fannie a quitté le nid familial, la _____ s'est installée dans la maison.

Le jeune homme a secoué la tête _____ puis il est parti sans rien dire.

• **se soucier**

Thérèse avait trop de _____ à la maison, c'est pour cette raison qu'elle a décidé de partir en train jusqu'à Paris.

La mère de Fannie _____ pour son mari parce qu'il ne souriait plus et il ne jouait plus de violon.

Compréhension détaillée

1. La narratrice se présente-t-elle comme la fille de Mme Boré ? Expliquez.

2. La narratrice apprend des nouvelles au sujet de sa mère qu'elle croyait morte. Quelles sont ces nouvelles ? Soyez précis(e).

3. Quel portrait se fait le lecteur de Madame Boré ? Comment pourrait-on décrire cette femme ? Dans quelles conditions vit-elle ?

4. En parlant avec la concierge, Thérèse (la narratrice) éprouve des sentiments de peur et de crainte. À quelles expériences ces sentiments sont-ils liés ?

5. À deux reprises, la narratrice parle de rêves qu'elle a faits. Décrivez chacun des rêves et dites à quoi il correspond.

Réflexion et discussion

1. La narratrice a dit qu'elle ne reviendrait pas à l'immeuble où habite sa mère. Pourquoi d'après-vous ?

2. Thérèse a facilement accepté de payer les dettes de sa mère (elle donne 150 francs à la concierge car celle-ci lui a dit que Mme Boré lui devait 200 francs). Pouvez-vous expliquer ce geste ?

3. La narratrice emploie les mots « malédiction » et « marécage » lorsqu'elle parle de sa réaction quand la concierge lui a demandé si elle était de la famille. Comment expliquez-vous ce choix de mots ?

Grammaire et expression écrite

Grammaire

Le passé composé

Formation du passé composé

Tableau 2.1

Comment former le passé composé

auxiliaire *avoir* *réussir*		auxiliaire *être* *monter*		auxiliaire *être* *se laver*	
j'	ai réussi	je	suis monté(e)	je	me suis lavé(e)
tu	as réussi	tu	es monté(e)	tu	t'es lavé(e)
il/elle	a réussi	il/elle	est monté(e)	il/elle	s'est lavé(e)
nous	avons réussi	nous	sommes monté(e)s	nous	nous sommes lavé(e)s
vous	avez réussi	vous	êtes monté(e)	vous	vous êtes lavé(e)
		vous	êtes monté(e)s	vous	vous êtes lavé(e)s
ils/elles	ont réussi	ils/elles	sont monté(e)s	ils/elles	se sont lavé(e)s

Formation → présent de *avoir* ou *être* + participe passé

Mise en pratique 1 (formation du passé composé)

Mettez les phrases suivantes au passé composé.

1. Fannie n'a aucun contact avec sa famille.
2. Fannie épouse un anglophone.
3. Fannie part à Toronto.
4. Gaston se fâche.

Mise en pratique 2 (participes passés)

Donnez la forme du participe passé des verbes suivants. Consultez l'*Appendice A* (conjugaison des verbes), si nécessaire.

1. réussir _____
2. rendre _____
3. aller _____
4. prendre _____
5. avoir _____
6. être _____
7. détruire _____
8. savoir _____
9. s'assoir (s'asseoir) _____
10. ouvrir _____
11. lire _____
12. tenir _____

Mise en pratique 3 (participes passés)

Donnez la forme infinitive des participes passés suivants.

1. contraint
2. parvenu
3. plu
4. cousu
5. acquis
6. conçu
7. valu
8. vêtu
9. peint
10. haï
11. surpris
12. dû

Choix de l'auxiliaire avoir ou être

Tableau 2.2

Comment choisir l'auxiliaire

1. La majorité des verbes se conjuguent avec *avoir*.
   a) tous les verbes transitifs (c'est-à-dire qui prennent un complément d'objet direct ou indirect)
      *Ils **ont** conservé leur langue et leur culture.*
   b) la plupart des verbes intransitifs (c'est-à-dire qui ne prennent pas de complément d'objet direct ou indirect)
      *Elle **a** beaucoup voyagé.*

2. Certains verbes intransitifs se conjuguent avec *être*.

aller (s'en aller)	partir (repartir)
arriver	passer
descendre (redescendre)	rester
entrer (rentrer)	retourner
monter (remonter)	sortir (ressortir)
mourir	tomber
naitre (naître)	venir (devenir, revenir, parvenir, survenir)

*Paul, quand **es**-tu revenu ?*

Attention !   a) Les verbes *descendre, monter, passer, rentrer, retourner* et *sortir* se conjuguent avec *avoir* s'ils sont suivis d'un complément d'objet direct.

> *Ils **ont passé** leur lune de miel à Paris.*
>
> (*leur lune de miel* = complément d'objet direct)
>
> (*They spent their honeymoon in Paris.*)

mais

> *Ils **sont passés** par Paris.*
>
> (*They came through Paris.*)

    b) Les verbes *dépasser* (to overtake), *prévenir* (to warn, to let know), *surpasser* (to surpass) et *subvenir à* (to provide for) se conjuguent avec l'auxiliaire *avoir*.

> *Le résultat **a surpassé** leurs espérances.*

Aide-mémoire   Certains verbes intransitifs conjugués avec *être* sont des antonymes.

monter	↔	*descendre*	*naitre (naître)*	↔	*mourir*
entrer	↔	*sortir*	*aller*	↔	*venir*
arriver	↔	*partir*			

3.   Tous les verbes pronominaux se conjuguent avec *être*.

> *Ils se **sont** installés à Montréal.*

4.   Tous les verbes à la forme passive se conjuguent avec *être*.

> *Elle **est** très appréciée de ses collègues.*

Mise en pratique 4 (auxiliaires avoir et être)

Indiquez si le verbe se conjugue avec *avoir, être* ou *avoir* et *être*.

	avoir	*être*	*avoir* et *être*
1. prendre	_____	_____	_____
2. descendre	_____	_____	_____
3. quitter	_____	_____	_____
4. vivre	_____	_____	_____
5. naitre (naître)	_____	_____	_____
6. faire	_____	_____	_____
7. être	_____	_____	_____
8. retourner	_____	_____	_____
9. se fiancer	_____	_____	_____
10. aller	_____	_____	_____

Mise en pratique 5 (formation du passé composé)

En utilisant les verbes entre parenthèses, complétez les phrases suivantes avec la forme appropriée du passé composé.

1. Fannie _____ (venir) jusqu'à lui.

2. Il _____ (entrer) dans la maison.

3. Pendant la guerre, c'est la mère qui _____ (subvenir) à leurs besoins.

4. John _____ (passer) son bras autour des épaules de sa belle-mère.

5. Ils _____ (ne pas parvenir) à s'entendre.

6. Elle _____ (rentrer) la voiture au garage.

Emploi du passé composé

Tableau 2.3

Quand employer le passé composé

contexte	explication
1. *Ils **ont élevé** trois enfants.* *Elle **a conservé** sa culture.*	Ce sont des faits qui ont eu lieu, qui sont achevés.
2. *Leurs ennuis familiaux **ont commencé** l'année passée.* *Il s'**est mis** à pleuvoir dès notre arrivée à Penetan-guishene.* *Le maire n'**a** pas **pris** la parole à la réunion.*	Ce sont des faits qui ont commencé dans le passé.
3. *Après quelques remarques, il s'**est tu**.* *Elle **a fait** du ski jusqu'à l'âge de soixante ans.*	Ce sont des faits qui se sont terminés dans le passé.
4. *J'y **suis resté** deux jours.* *Gaston **a passé** sa vie à se battre pour conserver sa langue et sa culture.*	Ce sont des faits qui ont duré une période de temps déterminée.
5. *Je lui **ai parlé** trois fois.* *Il m'**a** souvent **aidé**.* *Ils **ont déménagé** six fois en dix ans.*	Ce sont des faits qui se sont répétés un certain nombre de fois dans une période de temps déterminée et achevée.

Mise en pratique 6 (emploi du passé composé)

Pour chacun des verbes en italique ci-dessous, expliquez l'emploi du passé composé.

1. Quand Robert *est rentré* à deux heures du matin sans avoir prévenu sa femme de son retard, elle *s'est mise* en colère.

2. Vladimir et Irina *se sont rencontrés* à l'université de Moscou et c'est là qu'ils *sont tombés* amoureux. « Un vrai coup de foudre ! » *ont-ils dit*. Deux mois plus tard, ils *se sont mariés*. Après cela, ils *ont attendu* deux ans avant de pouvoir émigrer au Canada. Ils *se sont installés* à Moncton où ils *ont fondé* une famille.

L'accord du participe passé

Accord du participe passé avec l'auxiliaire être

Tableau 2.4

Comment accorder le participe passé (auxiliaire *être*)

1. verbes comme *aller* (voir Tableau 2.2)

Elle y est allée sans lui.

→ ACCORD AVEC LE SUJET

2. verbes pronominaux dont le pronom réfléchi est le complément d'objet direct (COD)

   Elle s'est habillée avant de se maquiller.

   (s'habiller = habiller soi-même)

   Ils se sont vus plusieurs fois.

   (se voir = voir l'un l'autre)

   → **ACCORD AVEC LE COD**

3. verbes pronominaux dont le pronom réfléchi est le complément d'objet indirect (COI)

   Ils se sont dit bonjour.

   (se dire bonjour = dire bonjour l'un à l'autre)

   → **PAS D'ACCORD**

Aide-mémoire   Verbes pronominaux qui ne font pas l'accord :

se dire	se parler	se sourire
s'écrire	se plaire	se téléphoner
s'imaginer	se rendre compte	

4. verbes pronominaux dont le sujet est *on* (si *on* remplace des mots au féminin ou au pluriel)

   *Pendant nos vacances, mes frères et moi, **on** s'est bien amusés.*

   (on = mes frères et moi)

   → **ACCORD AVEC LE SUJET**

5. verbes pronominaux suivis d'un complément d'objet direct

   *Elle s'est lavé **les mains**.*

   → **PAS D'ACCORD**

6. verbes pronominaux précédés d'un complément d'objet direct autre que le pronom réfléchi

   *Les **robes qu**'elle s'est achetées n'étaient pas chères.*

   (que = les robes)

   → **ACCORD AVEC LE COD QUI PRÉCÈDE**

7. verbes essentiellement pronominaux (toujours à la forme pronominale)

   Fannie s'est efforcée de le lui dire.

   → **ACCORD AVEC LE SUJET**

8. verbes à la voix passive

   Fannie a été photographiée par John.

   → **ACCORD AVEC LE SUJET**

Mise en pratique 7 (accord du participe passé)

Choisissez la forme correcte du participe passé.

1. ils sont → a) allé   b) allée   c) allés   d) allées

2. elles se sont → a) fiancé   b) fiancée   c) fiancés   **d)** fiancées

3. elle est → a) tombé   b) tombée   c) tombés   d) tombées

Mise en pratique 8 (accord du participe passé)

Mettez les phrases suivantes au passé composé.

1. La pharmacienne se foule la cheville[*].

2. Ils partent de la maison l'un après l'autre.

3. La guerre se déclare entre Gaston et notre fille.

4. La jupe que Fannie s'offre lui coûte très cher.

5. Fannie s'avance vers son père.

6. Quand Paul et moi allons à Montréal, on s'amuse bien.

* **se fouler la cheville** = *to twist one's ankle*

Accord du participe passé avec l'auxiliaire **avoir**

Tableau 2.5

Comment accorder le participe passé (auxiliaire *avoir*)

1. verbes qui ne sont pas précédés d'un complément d'objet direct
   Ils ont beaucoup étudié.

   → **PAS D'ACCORD**

2. verbes précédés d'un complément d'objet direct *(COD)*

   Ta cousine ? *Je l'ai vue hier.*

   Les blouses ? Lesquelles *as-tu achetées ?*

   La chanson que *j'ai chantée était triste.*

   → **ACCORD AVEC LE COD QUI PRÉCÈDE**

   Attention !   Le COD qui précède le verbe peut être :

   a) le pronom COD *l'* (fém.)

      Notre dispute ! Je l'ai oubliée.

   b) le pronom COD *les* (masc. ou fém.)

      Fannie et sa fille, je les ai trouvées belles.

   c) le groupe [adjectifs *quelle*, *quels*, *quelles* + nom]

      Quelle tristesse elle a causée !

   d) les pronoms *laquelle*, *lesquels* et *lesquelles*

      De toutes ces offres, laquelle as-tu choisie ?

Mise en pratique 9 (accord du participe passé)

Faites l'exercice suivant selon le modèle.

Modèle : la lettre/écrire

   → *la lettre qu'il a écrite*

1. la voiture/conduire
2. la porte/ouvrir
3. le roman/lire
4. le match/gagner
5. la maison/construire
6. le problème/résoudre
7. l'erreur/faire
8. la faute/admettre
9. les fleurs/offrir
10. la table/mettre

Mise en pratique 10 (accord du participe passé)

Faites l'accord du participe passé, s'il y a lieu.

1. Ses frères, ses sœurs ont tous épousé _____ des francophones.

2. Les enfants qu'ils ont élevé _____ sont tous parti _____.

3. Quelle famille nombreuse vous avez eu _____ !

4. Sa fille, il l'aurait mis_____ à la porte !

5. Nos enfants, nous les avons éduqué_____ en français.

Tableau 2.6

Comment accorder le participe passé (cas particuliers)

1. expressions verbales impersonnelles

   *La patience qu'il a **fallu** pour travailler avec lui.*

   → **PAS D'ACCORD**

2. expression verbale *faire* + infinitif

   *Sa robe bleue, elle ne l'a pas **fait** nettoyer.*

   → **PAS D'ACCORD**

3. verbes de perception (*voir, entendre*, etc.) suivis d'un infinitif

   *Les chansons qu'on a **entendu** chanter…*

   - qu' (les chansons) = COD qui précède les verbes
   - qu' = COD de *chanter* → chanter les chansons
   - pas d'accord (*entendu*)

   *Les jeunes filles qu'on a **entendues** chanter…*

   - qu' (les jeunes filles) = COD qui précède les verbes
   - qu' = COD de *entendre* → entendre les jeunes filles
   - accord (*entendues*)

   → **ACCORD SEULEMENT SI LE COD QUI PRÉCÈDE EST BIEN LE COD DU VERBE DE PERCEPTION**

Mise en pratique 11 (accord du participe passé)

Corrigez les participes passés des phrases suivantes, s'il y a lieu.

1. Les jeunes athlètes qu'il a vu _____ courir ont tous été choisi _____ pour représenter le Canada aux prochains Jeux olympiques.

2. Elle a fait _____ une liste de toutes les livraisons que le pharmacien lui a fait _____ faire.

3. Elle parle des emplois qu'il lui a fallu _____ décrocher à cette époque-là.

L'imparfait

Formation de l'imparfait

Tableau 2.7

Comment former l'imparfait

1. On remplace la terminaison de la 1re personne du pluriel (forme en *ons*) du présent de l'indicatif par les terminaisons de l'imparfait.

   nous parlons → parl → je parlais, vous parliez, etc.

   terminaisons de l'imparfait

je	parlais	je	→	ais
tu	parlais	tu	→	ais
il/elle	parlait	il/elle	→	ait
nous	parlions	nous	→	ions
vous	parliez	vous	→	iez
ils/elles	parlaient	ils/elles	→	aient

2. On forme l'imparfait de tous les verbes de cette façon à l'exception du verbe *être*.

présent		imparfait	présent		imparfait
parlons	→	parlais	pouvons	→	pouvais
agissons	→	agissais	comprenons	→	comprenais
rendons	→	rendais	faisons	→	faisais

Attention !   *étudiions   riions   commencions   mangions*

Attention !   *être : j'étais, tu étais, il/elle était, nous étions, vous étiez, ils/elles étaient*

Mise en pratique 12 (formation de l'imparfait)

Mettez les verbes entre parenthèses à la forme appropriée de l'imparfait.

1. Gaston ne _____ (vouloir) rien entendre.

2. Elle _____ (ne pas avoir) l'intention de céder.

3. Plus l'amour entre John et Fannie _____ (fleurir), plus Gaston _____ (devenir) en colère.

4. En ce temps-là, elle _____ (vivre) à la maison.

5. Fannie _____ (se sentir) déchirée entre son père et John.

Emploi de l'imparfait

Tableau 2.8

Quand employer l'imparfait

contexte	explication
1. *Il **était** malade ce jour-là.* *Il **pleuvait**, mais il ne **faisait** pas assez mauvais pour nous décourager de faire notre promenade habituelle.*	On décrit une personne, une chose ou un fait dans le passé. On exprime la notion de progression, la notion de l'inachevé.
2. *À cette époque-là, on **faisait** souvent du camping.*	On décrit des actions ou des faits habituels, sans en indiquer le début ou la fin.
3. *C'**était** le bon vieux temps. On **sortait** presque tous les soirs, on se **couchait** très tard, et cela sans jamais être fatigués le lendemain matin.*	On décrit des souvenirs ou l'état des choses à une certaine époque.
4. *Il **finissait** de préparer leur diner (dîner) quand elle est arrivée.*	On décrit une action passée interrompue par une autre action passée.
5. *Gaston **croyait** que John n'**allait** pas apprendre le français.*	On décrit ce qu'on pensait.

Aide-mémoire

Certains verbes tels que *croire, penser, savoir, s'imaginer* et *sembler* se mettent souvent à l'imparfait.

6. *Si on **allait** manger au restaurant ce soir ?*   On utilise l'imparfait après *si* pour proposer
*Ah, si je **pouvais** refaire ma vie !*   quelque chose ou pour exprimer un regret.

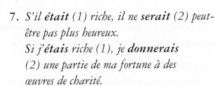

7. *S'il **était** (1) riche, il ne **serait** (2) peut-être pas plus heureux.*
   *Si j'**étais** riche (1), je **donnerais** (2) une partie de ma fortune à des œuvres de charité.*

On utilise l'imparfait (1) dans la proposition subordonnée introduite par *si*, lorsque la proposition principale est au conditionnel présent (2).

8. *Je **venais** vous demander de m'aider.*

On peut utiliser l'imparfait dans une formule de politesse.

9. *Elle **travaillait** pour cette entreprise depuis 30 ans quand elle a pris sa retraite.*

On utilise l'imparfait avec *depuis* quand le point de référence est le passé.

Mise en pratique 13 (emploi de l'imparfait)

Pour chacun des verbes en italique, expliquez l'emploi de l'imparfait. Consultez le tableau ci-dessus, si nécessaire.

1. Les lettres de Fannie *étaient* toujours remplies de lumière.
2. À cette époque-là, elle *travaillait* à la pharmacie.
3. Je *passais* pour prendre de vos nouvelles.
4. Nous *déjeunions* ensemble tous les vendredis.
5. Si tu *étais* raisonnable, on pourrait trouver une solution.

Le passé composé ou l'imparfait ?

Tableau 2.9

Comment choisir entre le passé composé et l'imparfait

le passé composé : temps de la narration	l'imparfait : temps de la description
1. *Jacques **s'est mis** à rire quand il **s'est rendu compte** de son erreur.*	*Jacques **était** un peu gêné de s'être trompé.*
Que s'est-il passé ?	Comment étaient les choses ?
→ Jacques a commencé à rire.	→ Jacques était un peu gêné.
→ Il s'est rendu compte de son erreur.	
On utilise le passé composé pour exprimer une action qui a commencé, un fait qui a eu lieu dans le passé.	On utilise l'imparfait pour décrire une personne, une chose, un aspect ou un fait dans le passé.
2. *Il **a fini** de lire le journal.*	*Il **finissait** de lire le journal quand le téléphone a sonné.*
Que s'est-il passé ?	Comment étaient les choses ?
→ Il a fini de lire le journal.	→ Il était en train de finir de lire le journal.
On utilise le passé composé pour exprimer une action (ou un état) qui s'est terminé(e) dans le passé.	On utilise l'imparfait pour décrire une action (ou un état) en cours au moment où une autre action a lieu dans le passé.

3. *Fannie lui **a téléphoné** deux fois ce samedi-là.*

Que s'est-il passé ?

→ Fannie lui a téléphoné deux fois.

On utilise le passé composé pour exprimer une action qui a eu lieu (ou qui n'a pas eu lieu) dans le passé.

*Vanessa, qui lui **téléphonait** tous les jours, a été la première à apprendre que Paul était malade.*

Comment étaient les choses ?

→ Vanessa lui téléphonait tous les jours (par habitude).

On utilise l'imparfait pour décrire les circonstances d'une autre action dans le passé.

4. *Il **est resté** deux jours à Montréal.*

Que s'est-il passé ?

→ Il est resté à Montréal pendant une période déterminée (deux jours).

On utilise le passé composé pour exprimer une action (ou un état) qui a duré une période de temps déterminée ou qui s'est terminée dans le passé.

*Il **passait** ses vacances à Montréal quand il était petit.*

Comment étaient les choses ?

Il passait ses vacances à Montréal à une certaine époque.

On utilise l'imparfait pour décrire des souvenirs ou ce qu'on faisait à une certaine époque.

5. *Elle **est allée** plusieurs fois à Calgary.*

Que s'est-il passé ?

→ Elle est allée plusieurs fois à Calgary.

On utilise le passé composé pour exprimer une action (ou un état) répété(e) un certain nombre de fois dans le passé.

*Elle **allait** souvent à Calgary pour le rencontrer.*

Comment étaient les choses ?

→ Elle allait souvent à Calgary pour le rencontrer.

On utilise l'imparfait pour décrire un état (ou une action) habituel(le) passé(e), mais sans limite de temps.

Mise en pratique 14 (passé composé/imparfait)

Mettez les verbes entre parenthèses au temps du passé qui convient.

1. L'écrivaine franco-ontarienne, Danielle Cadorette, _____ (écrire) des nouvelles, des chansons et des pièces de théâtre.

2. Gaston _____ (ne pas comprendre) : pour lui, c' _____ (être) une trahison.

3. Quand j' _____ (apprendre) la nouvelle à Gaston, il _____ (ne rien dire).

4. J' _____ (avoir) l'impression que sa bouche _____ (pleurer).

5. Quand John _____ (arriver), Gaston le _____ (fixer*) comme on fixe un ennemi.

   *fixer quelqu'un = *to stare at someone*

Le plus-que-parfait

Formation du plus-que-parfait

Tableau 2.10

Comment former le plus-que-parfait

Le plus-que-parfait est formé de deux éléments :

    1)   l'auxiliaire *avoir* ou *être* à l'imparfait

    2)   le participe passé (p.p.)

        *Fannie m'a dit qu'elle **était partie** avec John.*

               aux. *être* + p.p.

        *Elle **avait quitté** la maison sans avertir son père.*

        aux. *avoir* + p.p.

Attention !   Les règles d'accord du participe passé étudiées précédemment dans ce chapitre s'appliquent au plus-que-parfait et à tous les temps composés.

Mise en pratique 15 (formation du plus-que-parfait)

Mettez les verbes entre parenthèses au plus-que-parfait.

1. Et si c'était le même nom qu'on lui _____ (donner) il y a vingt ans.

2. Elle ne croyait pas que je l' _____ (dire) sur un ton indifférent.

3. Je me suis rendu compte trop tard que j'_____ (oublier) mon portefeuille.

4. Il s'est fâché parce que tu _____ (ne pas s'excuser).

5. J'ai souri à ce moment-là parce que vous _____ (évoquer) de bons souvenirs.

Emploi du plus-que-parfait

Tableau 2.11

Quand employer le plus-que-parfait (PQP)

contexte	explication
1. *Ils **avaient mangé** quand nous sommes arrivés hier soir à 19 heures.*	Le PQP est utilisé pour exprimer une action qui a eu lieu et qui s'est terminée avant une autre action dans le passé. Le PQP permet donc de faire allusion à une action (dans le passé) terminée avant une autre action (dans le passé).

(avant 19 h)   (19 h)   (maintenant)

←————————————●————————————————●———————————————————————●——————→

Ils avaient mangé (1)   *nous sommes arrivés (2)*

2. *Il n'a pas pu ouvrir la porte de sa voiture parce qu'il **avait oublié** ses clés chez lui.* *Il faisait chaud, car elle **n'avait pas ouvert** les fenêtres.*	Le PQP est utilisé pour expliquer un évènement qui a précédé l'action qu'on décrit.

3. *Quand il **avait fini** d'écouter le bulletin d'informations, il allait se coucher.*

Le PQP est utilisé pour exprimer une action habituelle qui a eu lieu et qui précède une autre action habituelle.

4. *Si tu m'**avais aidé** (1), j'**aurais pu** (2) le faire.*

Le PQP (1) est utilisé dans la proposition subordonnée introduite par *si* lorsque la proposition principale est au conditionnel passé (2).

5. *Je **n'avais pas vu** ma sœur **depuis** deux ans quand elle est revenue.*

Le PQP est utilisé avec *depuis* pour exprimer une action négative qui a débuté dans le passé avant qu'une autre action ne débute dans le passé.

6. *Ah, si j'**avais su** !*

Après *si*, le PQP peut exprimer le regret.

Mise en pratique 16 (emploi du plus-que-parfait)

Pour chacun des verbes en italique, expliquez l'emploi du PQP. Utilisez les explications ci-dessus, si nécessaire.

1. Si seulement elle l'*avait épousé* !
2. Je ne savais pas pourquoi il *avait menti*.
3. Ils *étaient déjà rentrés* quand l'orage a éclaté.
4. Si vous *n'étiez pas venue*, il aurait été déçu.
5. On *ne s'était pas téléphoné* depuis plusieurs semaines quand je l'ai rencontrée dans la rue.

La syntaxe des temps composés

Les formes des temps simples (le présent, l'imparfait) n'ont qu'un seul élément (je *travaille*, je *travaillais*). Par contre, les temps composés (comme le passé composé et le plus-que-parfait) sont formés de deux éléments : l'auxiliaire et le participe passé (*j'ai travaillé, j'avais travaillé*).

Tableau 2.12 — Ordre des mots aux temps composés

affirmatif	**Elle a épousé** son petit ami.
	sujet + *avoir* + participe passé
	Elle était tombée amoureuse de son patron.
	sujet + *être* + participe passé
négatif	**Il n' a pas été** fidèle.
	sujet + ne + *avoir* + pas + participe passé
interrogatif/ inversion	**Avaient-ils compris?**
	avoir + sujet + participe passé
interrogatif/ négatif/inversion	**N' est-elle pas allée** chez son cousin?
	ne + *être* + sujet + pas + participe passé
interrogatif/ réfléchi/inversion	**Vous étiez-vous trompée** ?
	pron. réfléchi + *être* + sujet + participe passé

Mise en pratique 17 (négatif/temps composés)

Mettez les phrases suivantes à la forme négative.

1. Elle s'était fait beaucoup de souci.
2. Cette fois-ci, je me suis mise en colère.
3. J'avais déjà accepté sa décision.

Mise en pratique 18 (interrogatif/temps composés)

Mettez les phrases suivantes à la forme interrogative en faisant l'inversion du verbe et du sujet.

1. Tu as nié ce que tu avais dit.
2. Elle ne s'était pas fait de souci à ce sujet.

Mise en pratique 19 (syntaxe du passé composé)

Transformez chaque phrase selon l'indication entre parenthèses.

1. Ils ont passé leur lune de miel en Grèce. (interrogatif/inversion)
2. Ses parents ont filé le parfait amour. (négatif)
3. Ils ne se sont pas mariés en mai. (affirmatif)
4. Elle a préparé sa liste d'achats. (interrogatif/négatif/inversion)

Le passé simple

Formation du passé simple

Tableau 2.13

Comment former le passé simple

1. verbes réguliers en *er*

    chercher (radical → *cherch*)

je	cherchai	nous	cherchâmes
tu	cherchas	vous	cherchâtes
il/elle	chercha	ils/elles	cherchèrent

2. verbes réguliers en *ir*

    finir (radical → *fin*)

je	finis	nous	finîmes
tu	finis	vous	finîtes
il/elle	finit	ils/elles	finirent

3. verbes réguliers en *re*

    répondre (radical → *répond*)

je	répondis	nous	répondîmes
tu	répondis	vous	répondîtes
il/elle	répondit	ils/elles	répondirent

Attention !

a) Certains verbes irréguliers ont un participe passé qui anticipe le passé simple.

   suivre → suivi → *je suivis*

b) Certains verbes irréguliers ont un passé simple en *u*.

Terminaisons : us, us, ut, ûmes, ûtes, urent

avoir → *eus, eus, eut, eûmes, eûtes, eurent*

être → *fus, fus, fut, fûmes, fûtes, furent*

c) Les verbes *tenir* et *venir* (et leurs composés) ont un passé simple en *in*.

venir → *vins, vins, vint, vînmes, vîntes, vinrent*

Mise en pratique 20 (formation du passé simple)

Mettez les verbes entre parenthèses au passé simple.

1. (tenir) il _____
2. (être) elle _____
3. (faire) ils _____
4. (chercher) je _____
5. (prendre) nous _____
6. (servir) vous _____

Mise en pratique 21 (infinitif/passé simple)

Donnez l'infinitif de chaque verbe en italique et expliquez comment vous l'avez reconstitué.

1. John A. McDonald *naquit* en 1815 à Glasgow en Écosse.
2. Il *fut* l'architecte de la confédération canadienne.
3. Avec la chute de son gouvernement en 1873, Macdonald *approcha* le gouverneur-général Lord Monck et *obtint* la dissolution du parlement. Il *redevint* premier ministre du Canada en 1878 et *occupa* cette fonction jusqu'à sa mort en 1891.

Emploi du passé simple

Tableau 2.14

Quand employer le passé simple

contexte

1. *Terry Fox naquit à Winnipeg, mais il fut élevé en Colombie-Britannique. Très actif et sportif pendant son adolescence, ce fut à l'âge de dix-huit ans que les médecins découvrirent un cancer des os à sa jambe droite. À la suite de ce diagnostic, il fut décidé d'amputer sa jambe.*

Durant son séjour à l'hôpital, Terry fut très marqué par la souffrance des autres patients atteints du cancer. Il décida alors de courir d'un bout à l'autre du Canada afin de recueillir des fonds pour la recherche sur le cancer. Il appela cet exploit le Marathon de l'Espoir.

Malheureusement, Terry dut abandonner son marathon après 143 jours et 5373 km à cause de la réapparition du cancer. Ce fut un deuil national quand Terry mourut en 1981 à l'âge de 22 ans.

Il va sans dire que son exploit le transforma en héros canadien.

explication

Le passé simple est un temps historique et littéraire. Il est donc employé fréquemment dans les récits et les romans. Parfois, on retrouve également le passé simple dans la presse écrite où son usage est plus ou moins parallèle à celui du passé composé. On utilise donc le passé simple pour exprimer tout développement (action ou état) qui a commencé, s'est terminé, a eu lieu ou s'est répété durant une période de temps limitée. Alors que le passé composé relie le plus souvent une action dans le passé au présent, le passé simple exprime une action arrivée à une certaine période sans aucun rapport avec le présent.

2. *Mesdames et messieurs, nous pénétrons ici dans la partie la plus ancienne du château. On pense généralement qu'elle **fut** construite par Charles IV qui **vint** s'installer dans cette région en 1565. Il y **mourut** en 1570.*

Le passé simple est un temps écrit qui est très rarement utilisé dans la langue orale. Les guides de musées ou de monuments historiques l'emploient par exemple dans leurs commentaires, en général à la troisième personne.

Mise en pratique 22 (emploi du passé simple)

Pour chacun des verbes en italique, expliquez l'emploi du passé simple.

1. Ces habitants *s'établirent* là où se trouve Montréal aujourd'hui.

2. Louis Pasteur *fit* de nombreuses découvertes importantes.

3. Un beau jour, le mari *mourut*. *J'accueillis* avec toute la satisfaction imaginable la disparition d'un monsieur peu intéressant par lui-même, et dont je ne vous cache pas que j'étais sourdement jaloux.

   Tiré de *Les femmes d'amis* de Georges Courteline.

Problèmes de traduction

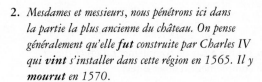

Comment traduire

1. She **wrote** a poem.　　　　→　　Elle **a écrit** un poème.
   She **has written** a poem.　→　　Elle **a écrit** un poème.
   Did she **write** a poem ?　→　　**A**-t-elle **écrit** un poème ?

   Le passé composé du français peut traduire différentes versions du passé anglais.

2. He **spent** two weeks in Paris.　→　Il **a passé** deux semaines à Paris.
   He **wrote** an exam.　　　　　　→　Il **a passé** un examen.
   He **handed** me the book.　　　　→　Il m'**a passé** le livre.

   Lorsque le verbe *passer* prend un complément d'objet direct (verbe transitif), il se conjugue avec l'auxiliaire *avoir* et peut avoir plusieurs sens.

3. We'll **pass** through Montreal.　→　Nous **passerons** par Montréal.
   She **stopped by** to see us.　　　→　Elle **est passée** nous voir.
   What **happened** ?　　　　　　　→　Que s'**est-il passé** ?

   Lorsque le verbe *passer* est intransitif (c'est-à-dire qu'il ne prend pas de complément d'objet), il se conjugue avec l'auxiliaire *être* et peut également avoir plusieurs sens.

4. She **used to take** her vacation　→　Elle **prenait** ses vacances en juillet
   in July at that time.　　　　　　　　　à cette époque-là.

   En français, l'imparfait communique la notion d'habitude. L'anglais utilise la construction *used to*.

5. He **was sleeping** when the　→　Il **dormait** quand le téléphone a sonné.
   phone rang.

   En français, on utilise l'imparfait pour exprimer le passé progressif de l'anglais.

6. **How about** a game of tennis ?　→　Et **si** on **jouait** au tennis ?
   En français, on utilise *si* + l'imparfait pour traduire les formules anglaises *how about …* ou *shall we …* suivies d'une suggestion.

Tableau 2.15

7. She **left** at seven.   →   Elle **est partie** à sept heures.
    She **left** the house at seven. →   Elle **a quitté** la maison à sept heures.

To leave se traduit par le verbe *partir* s'il n'y a pas de complément d'objet direct.
On utilise le verbe *quitter* s'il y a un complément d'objet direct.

8. **It had been snowing for a**   →   **Il neigeait depuis une**
    week when he returned.   **semaine** quand il est revenu.
                                       →   **Il y avait une semaine qu'il**
                                            neigeait quand il est revenu.
                                       →   **Ça faisait une semaine qu'il**
                                            neigeait quand il est revenu.

L'imparfait est utilisé dans les constructions avec *depuis, il y avait… que* et *ça faisait… que* pour décrire une action commencée avant une autre action dans un contexte passé.

9. He **was going to leave**, but he →   Il **allait partir**, mais il a décidé de rester.
    decided to stay.

On utilise l'imparfait du verbe *aller* suivi d'un infinitif pour traduire un futur proche dans un contexte passé.

10. He **had just arrived** when she   →   Il **venait juste d'arriver** quand elle a téléphoné.
    phoned.

On utilise l'imparfait du verbe *venir* suivi d'un infinitif pour traduire un passé récent dans un contexte passé.

11. She **was in the process of**   →   Elle **était en train de se préparer** quand la
    getting ready when the   sonnette a retenti.
    door bell rang.

On utilise l'imparfait de la locution verbale *être en train de* suivie d'un infinitif pour traduire l'expression anglaise *to be in the process of* dans un contexte passé.

12. He wanted to know what   →   Il voulait savoir ce qui **s'était passé**.
    (had) **happened**.

L'anglais n'emploie pas toujours le plus-que-parfait pour exprimer une action qui a eu lieu avant une autre action dans un contexte passé. En français, on est obligé d'utiliser le plus-que-parfait pour indiquer ce saut en arrière.

Mise en pratique 23 (traduction)

Traduisez les phrases suivantes en français.

1. The road passes through Saint-Julien, a small village.
2. Fanny handed the violin to her father.
3. Anna spent the whole summer in Alberta.
4. She did write him a letter.
5. They did not speak about the inheritance their parents left them.

6. Louis Riel had already returned to the United States at the time of his marriage to Marguerite Monet.

7. He had been sick for a week when he went to the hospital. (traduisez de 2 façons)

8. I had just fallen asleep when there was an explosion.

EXPRESSION ÉCRITE

Le récit

1. Faire un récit, c'est raconter une histoire, c'est relater un évènement ou une série d'évènements réels ou imaginaires. Pour réaliser un bon récit, il ne s'agit pas seulement de faire revivre, pour le lecteur, les évènements tels qu'ils se sont passés. Il faut aussi le familiariser avec les circonstances, le lieu et l'époque de l'histoire. Il y a donc nécessairement des éléments de description ajoutés à la narration des faits.

2. Lorsqu'on s'apprête à écrire un récit, il est souhaitable de préparer un plan et un brouillon. En effet, comme tout autre texte écrit, un récit doit être bien structuré et cohérent.

Tableau 2.16

Composantes d'un récit

1. **L'introduction** situe l'action du récit. Elle présente la situation initiale et doit être assez courte. (un paragraphe)

2. **Le développement** comprend d'habitude un **élément déclencheur*** et le déroulement de l'action qui en découle. Il est souhaitable d'observer la chronologie des évènements et dans ce but d'utiliser des mots connecteurs ou des formules de transition qui permettent, d'une part, de mieux lier ou subordonner les évènements et, d'autre part, de passer clairement d'un fait à un autre. Cette partie du récit consiste de plusieurs paragraphes.

3. **La conclusion** présente le dénouement de l'action. Tout comme l'introduction, cette partie du texte devrait être relativement courte. (un paragraphe)

* élément déclencheur : dans un récit, évènement (événement) qui intervient tout à coup et qui perturbe l'histoire ou bouscule la situation initiale. Ceci a pour effet d'engendrer des péripéties inattendues. Dans la lecture du *Dossier 1 (Les amours de Fannie)*, la raison qui a poussé Fannie à quitter Penetanguishene est l'élément déclencheur du récit.

Comment rédiger un plan et un brouillon

Tableau 2.17

Le plan (Vous prenez des notes tout au long de ce processus.)

1. Assurez-vous que vous avez bien compris le sujet du devoir.

2. Identifiez les personnages clés de votre récit.

3. Déterminez les limites chronologiques et spatiales du sujet. Posez-vous les questions « quand ? de quel moment à quel moment ? où ? »

4. Dégagez les moments clés de votre récit. Y a-t-il un élément déclencheur* ?

5. Y a-t-il des descriptions à envisager ?

6. Songez à votre paragraphe d'introduction. Comment allez-vous accrocher votre lectrice ou votre lecteur ?

7. Déterminez les étapes de votre récit. De combien de paragraphes aurez-vous besoin ?

8. Songez au paragraphe de conclusion. Comment allez-vous élaborer une fin de récit satisfaisante pour la lectrice ou le lecteur.

* élément déclencheur : voir la note au bas du *Tableau 2.16*

Le brouillon

1. Rédigez une première rédaction de vos paragraphes, un premier jet.

2. Utilisez des connecteurs pour bien lier les éléments du récit.

3. Améliorez chaque paragraphe en vous assurant que vous n'avez rien oublié d'essentiel.

4. En revanche, déterminez le superflu, ce qui pourrait être éliminé sans toutefois nuire au récit.

5. Identifiez les répétitions et, selon le cas, employez diverses reprises pronominales (pronoms) et nominales (synonymes, périphrases*, etc.)

6. Relisez-vous plusieurs fois afin d'éliminer les fautes de grammaire.

7. Assurez-vous de la bonne orthographe des mots dont vous n'êtes pas sûr (e).

> *une périphrase : figure de style qui consiste à remplacer un mot par une expression plus longue mais équivalente, par exemple, « le meilleur ami de l'homme » pour « le chien »

Mise en pratique 24 (Préparation d'un plan)

En vous basant sur les suggestions proposées dans le *Tableau 2.17*, faites un plan de récit basé sur le sujet suivant.

> *Rédigez un récit dans lequel vous racontez comment vos parents se sont rencontrés. Ont-ils eu des obstacles à surmonter ? Lesquels ? Si vous le préférez, vous pouvez choisir de parler de parents fictifs (cinéma, télé, lectures, votre imagination) ou des parents de quelqu'un que vous connaissez.*

Les formules de transition et les mots connecteurs

Comme nous l'avons dit dans le tableau précédent, le déroulement de l'action d'un récit doit être facile à suivre. À cette fin, le français dispose de nombreuses formules (adverbes, conjonctions, prépositions, locutions, etc.) qui permettent de passer d'un évènement (événement) à un autre.

Tableau 2.18

Formules de transition

1. **pour situer le début du récit**

ce jour-là	un matin
ce matin-là	un après-midi
cet après-midi-là	par un beau jour de (juin)
en ce jour (d'automne)	figurez-vous qu'un jour
un jour, un beau jour	

2. **pour situer d'autres évènements dans le récit**

la veille, l'avant-veille

le lendemain, le surlendemain

à la nuit tombante, tard dans la soirée

au beau milieu de la nuit, en plein jour

ce jour-là, ce soir-là, cette fois-là, à ce moment-là

en même temps, à la fois, simultanément

pendant, durant, au cours de

un peu plus tard, deux jours après, quelques jours après

une semaine plus tard, un mois plus tard

déjà, à nouveau, de nouveau, encore

tout à coup, soudain, soudainement, presque aussitôt

3. **pour marquer une séquence d'évènements (événements)**
   a) d'abord, tout d'abord, en premier lieu, premièrement, au premier abord, à première vue
   b) ensuite, puis, de plus, par ailleurs, en outre, outre + nom
   c) ainsi, enfin, finalement, en somme, en dernier lieu, par conséquent, pour conclure

4. **pour marquer une opposition**
   mais, en revanche
   pourtant, cependant, toutefois, néanmoins
   au contraire
   par contre, par ailleurs, d'autre part
   d'une part,… d'autre part,…

Mise en pratique 25 (analyse d'un récit)

Après avoir lu le conte ci-dessous, dressez une liste des formules de transition utilisées (avec le numéro de la ligne) et expliquez l'emploi des différents temps du passé.

Lecture

La pension de famille

1 J'étais arrivé là-bas à la nuit tombante. Je pris mon repas dans la salle commune, puis je me retirai dans ma chambre. Je restai un certain temps à la fenêtre et je vis sortir successivement trois personnes, sans doute désireuses de prendre l'air avant de rejoindre leurs chambres.

5 Une clôture entourait le jardin, et la petite porte était munie d'une sonnette dont le son rappelait celui d'un grelot. Vers dix heures, je me couchai.

Un peu plus tard, j'entendis le premier déclic de la sonnette. Puis presque aussitôt, le deuxième. Malgré moi, j'attendais le troisième; je ne serais jamais arrivé à m'endormir avant de l'avoir entendu. Je l'attendis longtemps, car la troisième personne ne dut rentrer que vers

10 minuit.

Ce fut vers minuit et demi que j'entendis un quatrième déclic. J'allais me lever pour savoir qui donc avait bien pu entrer, mais déjà j'entendais le pas dans l'escalier.

Un pas lourd, régulier, un peu fatigué sans doute, mais un pas d'habitué. Et le pas atteignit le premier étage, puis le deuxième étage, il résonna très près de ma porte, il

15 attaqua ensuite l'escalier vers le troisième étage et se tut.

Je sortis alors de ma chambre et je vis ce que déjà j'avais bien cru voir : l'escalier s'arrêtait près de ma porte et la maison n'avait que deux étages, sans grenier.

Tiré de *Contes glacés* de Jacques Sternberg (Les nouvelles éditions Marabout)

Le coin du correcteur

Tableau 2.19

Stratégies pour la correction

On cherche et on corrige les fautes suivantes :

1. choix de l'auxiliaire | exemple de faute | → | Terry Fox a né en 1958.
| | correction | → | Terry Fox **est** né en 1958.
| | explication | → | le verbe *naitre (naître)* se conjugue avec l'auxiliaire *être*

2. accord du participe passé ou non | exemple de faute | → | Fannie était parti sans rien dire.
| | correction | → | Fannie était **partie** sans rien dire.
| | explication | → | accord entre le sujet (*Fannie*) et le participe passé (*partie*)

3. accord du participe passé avec un COD qui précède le verbe | exemple de faute | → | On l'a appelé la Petite Bijou.
| | correction | → | On l'a **appelée** la Petite Bijou.
| | explication | → | accord du participe passé (*appelée*) avec un objet direct qui précède le verbe, ici *l'* qui représente *la Petite Bijou*

Mise en pratique 26 (correction des fautes)

En utilisant le *Tableau 2.19*, corrigez les phrases suivantes.

1. À ce moment-là, la guerre s'est déclaré entre Fannie et son père. (1 faute)
2. Après la victoire que Louis Riel a gagné à l'Anse-aux-poissons, les Métis criaient victoire. (1 faute)
3. Une armée de cinq mille soldats s'était déjà rendu à Winnipeg. (1 faute)
4. Nous sommes été surpris par le fait que Louis Riel fut condamné à être pendu. (1 faute)

Synthèse

Exercice 1 Biographie (passé composé)

oral ou écrit

Partie A Complétez l'exercice selon le modèle.

Modèle :   naitre (naître) à Penetanguishene en Ontario / Fannie
→   *Fannie est née à Penetanguishene en Ontario.*

1. élever cinq enfants / Ses parents

2. passer sa vie à se battre pour conserver sa langue / Gaston, le père de Fannie,

3. tomber en amour avec John, un anglophone / Fannie

4. se déclarer entre Fannie et son père / La guerre

5. quitter la maison de ses parents / Fannie

6. déménager à Toronto / Elle et John

7. s'installer / Chez ses parents, la tristesse

8. avoir une petite fille / Fannie et John

9. décider d'inviter chez eux Fannie, son mari et leur fille Amélie / La mère de Fannie

10. recommencer à jouer du violon / Gaston

Partie B Rédigez un paragraphe en utilisant toutes les phrases ci-dessus. Essayez de vous servir de mots connecteurs (*et, mais, puis, ensuite, finalement, etc.*) ou de formules de transition (*un jour, le jour des retrouvailles, pendant ce temps-là, un beau jour, plus tard, peu après,* etc.) pour bien établir la chronologie des évènements (événements). Consultez le *Tableau 2.18* si cela est nécessaire.

Exercice 2 Un accord ou pas d'accord ? (accord du participe passé)

écrit

Mettez les verbes en italique au passé composé. Attention de bien faire les accords s'il y a lieu.

1. Les chaussures qu'il *s'achète* sont de très bonne qualité.

2. Des deux nouvelles que nous *lisons*, laquelle *préfères-tu* ?

3. Voici les deux dictées qu'il *faut* faire.

4. Quelle sorte d'annonce *mets-tu* dans le journal ?

5. Cette communauté *reste* vivante.

Exercice 3 Quand j'étais petit(e)... (imparfait)

oral

Racontez ce que vous faisiez quand vous étiez plus jeune. Modifiez le verbe en utilisant *souvent, ne... pas souvent* ou *ne... jamais.*

Modèle :   aller à la pêche

→   *Quand j'étais petit(e), j'allais souvent à la pêche.*

ou   →   *Quand j'étais petit(e), je n'allais pas souvent à la pêche.*

ou   →   *Quand j'étais petit(e), je n'allais jamais à la pêche.*

1. regarder les dessins animés à la télé
2. jouer dehors avec mes amis
3. faire mes devoirs avant le diner (dîner)
4. nettoyer et ranger ma chambre
5. lire les bandes dessinées dans le journal
6. taquiner mes amis
7. aller à l'école à bicyclette
8. faire la grasse matinée* le samedi
9. aller à la piscine
10. avoir envie de faire la grasse matinée* pendant la semaine

* **faire la grasse matinée** = se lever tard

Exercice 4 À ce moment-là... (imparfait)

oral ou écrit

Hier, il y a eu une éclipse de soleil. Dites où différentes personnes étaient et ce qu'elles faisaient.

Modèle :   moi/au bureau/travailler

→   *À ce moment-là, j'étais au bureau et je travaillais.*

1. lui/au centre d'athlétisme/faire de la course
2. elles/à la bibliothèque/étudier
3. nous/au restaurant/prendre notre déjeuner
4. vous/en ville/se promener
5. toi/chez toi/se reposer

Exercice 5 Explications (imparfait/plus-que-parfait)

oral ou écrit

Expliquez vos actions.

Modèle :   être fatigué(e)/ne pas bien dormir

→   *J'étais fatigué(e) parce que je n'avais pas bien dormi.*

1. être en retard/manquer l'autobus
2. avoir faim/ne rien manger de la journée
3. tousser/attraper un rhume
4. être content(e)/recevoir de bonnes notes
5. me sentir à l'aise/bien me préparer
6. avoir soif/courir
7. être triste/ne pas pouvoir y aller
8. être en avance/partir plus tôt que d'habitude
9. me sentir mal à l'aise/ne pas bien comprendre
10. avoir mal à la tête/boire trop de café

Synthèse

Exercice 6 Encore des explications ! (passé composé/plus-que-parfait)

oral ou écrit

Donnez une explication pour chaque incident.

Modèle :   Il tombe. Il n'a pas vu la marche.

→   *Il est tombé parce qu'il n'avait pas vu la marche.*

1. Je me lève tard. Mon réveil n'a pas sonné.

2. Cet étudiant reçoit une mauvaise note. Il n'a pas fini tous les devoirs.

3. Ils n'ont pas de table. Ils n'ont pas fait de réservation.

4. Tu oublies ton rendez-vous. Tu ne l'as pas noté.

5. Il ne l'achète pas. Il a oublié son portefeuille.

6. Vous ne réussissez pas. Vous n'avez pas assez étudié.

7. Elle prend froid. Elle n'a pas apporté de chandail.

8. Nous n'allons pas à cette conférence. On l'a annulée.

9. Je ne pars pas faire du ski. Je n'ai pas fini mes devoirs.

10. Ils ne mangent pas de céréales ce matin. Ils ont oublié d'acheter du lait.

Exercice 7 Difficiles à joindre (passé composé/imparfait)

oral ou écrit

Quand les gens essaient de nous contacter, nous ne sommes pas toujours disponibles. Formez des phrases avec les groupes de mots suivants.

Modèle :   tu/l'appeler/elle/prendre une douche

→   *Quand tu l'as appelée, elle prenait une douche.*

1. elle/vous téléphoner/vous/être absent(e)

2. vous/essayer de les voir/ils/être en voyage

3. tu/aborder le professeur/il/parler à quelqu'un

4. nous/essayer de la contacter/elle/ne pas être disponible

5. il/vouloir leur parler/ils/ne pas avoir le temps

6. on/avoir besoin de toi/tu/ne pas être chez toi

7. Jacques/nous télégraphier/nous/être en vacances

8. je/essayer de te parler/tu/être occupé(e)

9. Marie/tomber malade/personne/pouvoir s'occuper d'elle

10. ils/arriver à la bibliothèque/les portes/être fermé

Exercice 8 Quelle est la raison ? (passé composé/imparfait)

oral ou écrit

Expliquez le pourquoi des choses.

Modèle :   Son copain ne vient pas à la fête. Il est malade.

→   *Son copain n'est pas venu à la fête parce qu'il était malade.*

1. Nous travaillons cet été. Nous devons gagner de l'argent.

2. On va au restaurant. On ne veut pas faire la cuisine.

3. Je ne lui téléphone pas. Je crains de la déranger.

4. Elle ne fait pas l'exercice. Il est trop difficile.

5. Vous ne sortez pas. Il pleut à verse.

Exercice 9 Retour en arrière (temps du passé)

écrit

Mettez chaque verbe entre parenthèses au temps approprié du passé. Vous devez choisir entre le passé composé, le plus-que-parfait et l'imparfait.

1. Le week-end dernier, ils (sortir) deux fois au restaurant.

2. L'autre jour, il lui (falloir) deux heures pour se rendre au bureau.

3. D'habitude, cela ne nous (déranger) pas du tout.

4. À cette époque-là, on (aller) rarement au cinéma.

5. Mon petit frère (commencer) à marcher à l'âge de 15 mois.

6. Qu'est-ce que tu (faire) pendant les vacances ? Raconte-nous.

7. Il (sursauter) quand le téléphone (sonner).

8. Elle (rester) une heure, puis elle (repartir).

9. Généralement, mon frère (être) tellement drôle qu'on (rire) dès qu'il (arriver).

10. Parfois, mon père nous (conduire) à l'école en voiture.

11. La semaine dernière, il (pleuvoir) presque tous les jours.

12. Soudain, elle (se retourner) et elle (se rendre compte) que personne ne la (suivre).

13. Il (comprendre) finalement ce qu'elle (vouloir).

14. Je (aller) lui téléphoner quand vous (arriver).

15. Il y (avoir) longtemps qu'on (savoir) cela.

Exercice 10 *Rose Latulipe* (temps du passé)

écrit

Partie A   Mettez chaque verbe entre parenthèses au temps approprié du passé (passé simple, imparfait ou plus-que-parfait).

On était à la veille du carême. Chez le père Latulipe, un colon du Québec, on fêtait le Mardi gras. Cet homme _____ (1 *avoir*) une fille appelée Rose à qui il _____ (2 *tenir*) comme à la prunelle de ses yeux. Elle _____ (3 *aimer*) d'amour tendre un certain Gabriel Lépard mais, par coquetterie et par vanité, il lui _____ (4 *arriver*) souvent de l'abandonner pour se laisser faire la cour par d'autres cavaliers.

Ce soir-là, tout le monde _____ (5 *s'amuser*) follement. Tout à coup, on _____ (6 *entendre*) un bruit effrayant devant la porte; une cariolle _____ (7 *venir*) d'arriver, tirée par deux chevaux à la robe aussi noire que du charbon et aux yeux aussi ardents que le feu. Un homme _____ (8 *descendre*) et _____ (9 *s'avancer*) vers la maison. Grand, tout de noir vêtu, le regard foudroyant, il _____ (10 *demander*) au maitre (maître) de maison s'il _____ (11 *pouvoir*) se divertir lui aussi. En bon hôte, le père Latulipe l'_____ (12 *inviter*) à se joindre au groupe et lui _____ (13 *offrir*) un verre d'eau-de-vie. Chose étrange, à chaque gorgée, l'inconnu _____ (14 *faire*) une grimace infernale. C'est que, comme ses réserves d'eau de vie _____ (15 *tirer*) à leur fin, notre hôte y _____ (16 *ajouter*) de l'eau bénite un peu avant l'arrivée du mystérieux visiteur.

Puis l'étranger _____ (17 *se mettre*) à danser avec Rose. Plus ils _____ (18 *danser*), plus Rose _____ (19 *se sentir*) attirée par ce bel inconnu. Tant et si bien qu'avant même d'y avoir réfléchi deux fois, elle lui _____ (20 *donner*) son âme pour toujours.

Tiré de la légende de *Rose Latulipe* (légende québécoise)

Partie B   En quelques phrases, imaginez la fin de l'histoire de *Rose Latulipe*.

Exercice 11 Moulin à phrases (temps du passé)

écrit

Complétez chaque phrase.

1. Quand on est arrivé au cinéma, on s'est rendu compte que…

2. Je ne savais pas que…

3. Ils se sont arrêtés à Paris cette fois-ci, mais deux ans plus tôt…

4. C'était un samedi après-midi et…

5. Nous venions de rentrer quand…

Exercice 12 Mise en texte (temps du passé)

écrit

1. Mentionnez cinq choses que vous avez faites aujourd'hui.

2. Mentionnez trois choses que vous aviez l'habitude de faire quand vous aviez douze ou treize ans.

3. Citez, en trois phrases, ce que faisaient les autres membres de la famille un soir où vous regardiez seul(e) la télévision.

4. Citez trois qualités que vous avez découvertes au sujet d'une personnalité de votre choix. (Commencez par la phrase « J'ai appris que… »)

5. Utilisez chaque mot (ou expression) dans une phrase au passé. Utilisez le temps verbal approprié.

   a) pendant que   **b)** au moment où   **c)** plusieurs fois   **d)** habituellement

Exercice 13 Traduction (divers éléments)

écrit

Traduisez les phrases suivantes en français.

1. John went several times to the Librairie Champlain to see Fanny.

2. Fanny spent a few years in Toronto.

3. Fanny hadn't spoken to Gaston for a few years when she returned to Penetanguishene.

4. Did you really pass through Montreal?

5. I was never sure she was telling the truth.

6. There was so much snow that we couldn't open the car doors.

7. All of a sudden she kissed the man she had just met. It was something she had never done before.

8. My brother and I used to go camping in Algonquin Park.

9. If you had asked me earlier, I would have come with you.

10. He left the house before his sister, but he did not leave without saying goodbye.

Exercice 14 Rédaction (récit)

écrit

Sujet   Choisissez l'un des deux sujets ci-dessous.

1. Rédigez un récit dans lequel vous racontez comment vos parents se sont rencontrés. Ont-ils eu des obstacles à surmonter ? Lesquels ?

2. Racontez l'histoire d'une aventure particulièrement dangereuse vécue par des amis ou d'autres personnes. Vous avez peut-être été témoin de ces évènements (événements) ou alors vous en avez pris connaissance par les médias.

Consignes

1. Ne dépassez pas les 300 mots.

2. Écrivez votre texte à double interligne.

3. Divisez votre texte en paragraphes.

Suggestions

1. Consultez la section *Expression écrite* de ce chapitre.

2. Utilisez le vocabulaire présenté dans la section *Vocabulaire* de ce chapitre.

3. Utilisez les temps du passé.

4. Utilisez les formules de transition présentées dans le *Tableau 2.18*.

5. Relisez-vous plusieurs fois afin d'éliminer le plus de fautes possible.

6. Dans votre carnet de correction, continuez à noter les fautes que vous avez faites dans votre rédaction.

Synthèse

Getty Images

CHAPITRE 3
Le monde des études et du travail

Lecture

Article tiré du magazine en ligne *L'étudiant*
Le profil de Maïlys 77

Article tiré du magazine L'actualité
Mon bac sur deux continents ! d'Isabelle Grégoire 85

Vocabulaire

Les études *80*
Les métiers *82*

Grammaire

L'article défini *89*
L'article indéfini et l'article partitif *92*
L'omission de l'article *95*
L'adjectif démonstratif et l'adjectif possessif *98*
L'article défini ou l'adjectif possessif ? *100*

Expression écrite

La correspondance *102*
Les formules épistolaires *103*
Le coin du correcteur *106*

Synthèse

Exercice 1 à 12 *107*

 Visitez le site Web de *Mise en pratique*, **www.pearsoncanada.ca/favrod**,
où vous trouverez :

- des exercices de grammaire supplémentaires
- des activités complémentaires basées sur des sites Web francophones
- des exercices d'écoute

Lecture et vocabulaire

Dossier 1 *Le profil de Maïlys*

Introduction à la lecture

Dans ce chapitre, nous allons aborder le thème des études et des métiers. Vous allez également vous familiariser avec les systèmes d'éducation en France et au Québec.

En France, l'école secondaire comprend deux cycles. Dans le premier cycle (12 à 15 ans), les jeunes vont dans un collège et font quatre années d'études, de la sixième à la troisième (6e, 5e, 4e, 3e). La progression se fait à l'inverse du système nord-américain.

À la fin de la troisième, un conseil de classe composé de différents représentants (parents, professeurs, élèves) choisit l'orientation de chaque élève pour le second cycle (16 à 18 ans) qui est dispensé dans un lycée. Il s'agit de 2 ou 3 années d'études, selon le programme. Par exemple, les élèves qui ont de bons résultats et qui désirent poursuivre leurs études à l'université feront le cycle long (3 ans) et prépareront le baccalauréat (bac) dans une filière. Ce cycle long comprend la seconde, la première et la terminale.

Il y a trois sortes de baccalauréat, et l'étudiant doit choisir une des trois filières suivantes après la seconde :

L = littéraire (langues, philosophie, histoire, géographie),
ES = économique et sociale (sciences économiques et sociales),
S = scientifique (mathématiques, sciences physiques et naturelles).

Les étudiants préparent le bac en terminale et ils doivent passer plusieurs examens (oraux et écrits).

Dans l'article du premier dossier, vous allez vous familiariser avec le parcours d'une jeune lycéenne qui s'appelle Maïlys. L'article est tiré d'un site pour les jeunes lycéens français.

Activités de pré-lecture

1. Avez-vous choisi le métier (la profession) que vous voulez pratiquer ? Si oui, lequel (laquelle) ?
2. Comment vos études universitaires vous préparent-elles pour votre futur métier ?
3. Quels sont les métiers que vous trouvez les plus intéressants ? Les moins intéressants ?
4. On dit que peu de personnes pratiquent un métier qu'elles aiment. Êtes-vous d'accord avec cette affirmation ?

Lecture

Lisez le texte ci-dessous.

1. Dans le premier paragraphe, relevez les articles définis (*le, la, l', les*) et indéfinis (*un, une, des*) avec les noms qui les suivent.
2. Répondez aux questions de compréhension qui suivent le texte.

Le profil de Maïlys

1 Maïlys, qui *entame* sa dernière année de lycée en terminale L section internationale, s'intéresse aux langues et à l'écrit. Les spécialistes de Solutions Orientation *se sont penchés* sur son cas.

Son *parcours* scolaire

Jusqu'à la fin de la seconde, Maïlys pensait se diriger vers un bac S pour faire médecine.
5 Elle en avait les moyens. C'est ce que voulaient les professeurs de son « très bon lycée » international, mais… « un matin en me levant, j'ai vu tous les livres dans ma chambre et j'ai eu une révélation », explique la lycéenne. *S'en est suivi* une « grosse crise existentielle »… et familiale, avant qu'un *bilan d'orientation* confirme qu'elle *s'épanouirait* plus *en L*.

Et c'est le cas ! « Je suis tellement à l'aise dans ce que je fais », s'exclame-t-elle. Dans son
10 établissement à la notation plutôt sévère, elle *naviguait* à 13,5 de moyenne en seconde et obtenait d'excellents résultats en anglais et en français. Son année de première s'est bien passée, avec des moyennes générales *oscillant* entre 12,5 au 1er trimestre et 13 en fin d'année. En milieu de classe, elle *gagnait le peloton de tête* en anglais, en espagnol et dans les trois matières scientifiques.

15 ### Sa personnalité

Maïlys montre avant tout un dynamisme et un grand sens relationnel. Cette jeune femme *témoigne* aussi *d'*un besoin de *dévouement* : « Je veux faire quelque chose qui apporte aux autres, pas juste avoir une tâche à accomplir », souligne-t-elle. Ses années passées en Allemagne—elle a continué à suivre le programme scolaire français à distance avec le CNED
20 (Centre national d'enseignement à distance) pour ne pas *perdre le fil*—ont-elles développé son autonomie ? Optimiste et dynamique, elle est entreprenante, prend des initiatives et motive les autres. Son esprit technique aurait été un atout en S, elle qu'on a toujours dit « *douée* avec les objets ». Elle sait qu'elle aura besoin d'action et de *terrain* dans son futur métier.

Sa vie, ses hobbies

25 Maïlys est une vraie littéraire ! C'est ce qu'elle valorise le plus. Elle aime la lecture, ne passe pas une semaine sans un nouveau livre et les cours de langues l'amusent. Pour les TPE (travaux pratiques encadrés), elle a choisi d'écrire un roman. *Bouillonnante* d'activités, elle ne se contente pas de ses 8 heures de natation synchronisée par semaine, depuis 10 ans, elle joue aussi de la *flûte traversière* et fait partie d'un orchestre. Elle a tout de même arrêté la
30 danse classique parce qu'elle n'arrivait plus à *gérer* ! Les livres occupent le reste de son temps libre… comme *Antigone* d'Anouilh qu'elle a dû lire 45 fois ! Enfin, Maïlys aime la musique classique, notamment dans ses moments de blues, et particulièrement Chopin et Debussy.

Ses questions, ses idées

L'année dernière, elle a découvert l'*interprétariat* sur un salon de l'Étudiant et *s'interroge* sur ce
35 métier. Elle est par ailleurs très intéressée par le journalisme.

Texte tiré du magazine en ligne *L'étudiant* / 2011-08-05

l.1   entame (v. entamer) : commence

l.2   se sont penchés (v. se pencher sur) : examiner, regarder de plus près

l.3   parcours : circuit, itinéraire—*path (school, career)*

l.7   S'en est suivi…—*followed or ensued (as in "an existential and family crisis ensued")*

l.8   bilan d'orientation : évaluation des compétences sur la base de son potentiel et de sa personnalité—*educational assessment*

l.8   s'épanouirait (v. s'épanouir)—*to blossom (intellectually)*

l.8   en L : en Lettres (une des trois filières du bac)

l.10   naviguait—*to sail* (ici veut dire qu'elle obtenait une bonne note car, en France, 13,5 sur 20 est une bonne note)

l.12   oscillant—*fluctuating between*

l.13   gagner le peloton de tête—*to rank among the top few*

l.17   témoigne… d' (v. témoigner de) : montre

l.17   dévouement—*dedication*

l.20   perdre le fil : oublier quelque chose d'important—*to lose the thread*

l.22   doué(e) : qui a du talent—*gifted*

l.23   terrain—*fieldwork*

l.27   Bouillonnante—*bubbling*

l.29   flûte traversière—*flute*

l.30   gérer—*to manage*

l.34   interprétariat—*interpreting*

l.34   s'interroge (v. s'interroger) : se pose des questions

Compréhension globale

Vrai ou faux ? Dites si les énoncés suivants sont vrais ou faux. Expliquez vos choix.

1. Cet article parle des difficultés que Maïlys a eues dans son choix d'orientation.
2. Maïlys a commencé en sciences, mais elle prépare un bac en lettres parce qu'elle a changé de filière.
3. Cette étudiante obtient des notes moyennes en classe.
4. Actuellement, Maïlys est en seconde.
5. La jeune fille consacre beaucoup de son temps à la lecture et à l'apprentissage des langues.
6. À l'avenir, Maïlys ne veut pas forcément exercer un emploi solitaire.
7. Maïlys est une personne plutôt timide qui aime se retrouver seule pour lire et écrire.
8. Maïlys est tellement occupée avec la préparation de son bac L qu'elle n'a plus le temps de faire de la flûte.
9. Maïlys ne sait pas trop ce qu'elle aimerait faire comme études universitaires.
10. Maïlys s'intéresse au journalisme.

Vocabulaire

Les études

- étudier (la psychologie, le français, l'informatique, les mathématiques)—*to study (psychology, French, computer science, mathematics)*
- suivre des cours (de psychologie, de français, d'informatique, de mathématiques, de génie)—*to take courses (in psychology, French, computer science, mathematics, engineering)*
- apprendre, l'apprentissage, un(e) apprenant(e)—*to learn, learning, a learner*
- enseigner, l'enseignement, un(e) enseignant(e)—*to teach, teaching, a teacher*
- se spécialiser (en psychologie, en français, en informatique, en mathématiques)—*to specialize, to major (in psychology, French, computer science, mathematics)*
- être spécialiste (de français, d'informatique)—*to be a specialist (in French, computer science)*
- être en première année, deuxième année, etc.—*to be in first year, second year, etc.*
- être diplômé(e), un(e) récent(e) diplômé(e)—*to be a graduate, a recent graduate*
- être titulaire de—*to hold (a degree)*
- passer un examen (d'entrée), une épreuve—*to write an (entrance) exam, a test*
- réussir/échouer à un examen, rater un examen (fam.)—*to pass/fail an exam*

- un(e) élève : reçoit l'enseignement dans un établissement—*a pupil, a student*; un(e) jeune élève = un(e) écolier(ère)—*a schoolboy, schoolgirl*
- un(e) étudiant(e) : fait des études supérieures et suit les cours d'une université—*a student (post-secondary education)*
- la vie étudiante, estudiantine—*student life*
- un(e) éducateur(trice) de jeunes enfants : s'occupe de l'éducation de jeunes enfants—*early childhood teacher*
- un(e) instituteur(trice) : enseigne dans une école primaire ou maternelle—*a teacher (primary school)*
- un(e) professeur(e) : enseigne une discipline, un art—*a teacher (secondary school or university), a professor (university)*
- un(e) conseiller(ère) pédagogique : donne des conseils en matière de pédagogie—*guidance counsellor, academic advisor*
- un(e) directeur(trice) : dirige une école *(a principal)* ou un département dans un collège ou une université *(chairperson)*

- une crèche, une garderie—*a daycare centre, a nursery school*
- une école maternelle—*a kindergarten*
- une école primaire—*a primary school*
- une école secondaire, un lycée (en France)—*a secondary school, a high school*
- un établissement postsecondaire—*a post-secondary institution*
- un collège (professionnel, technique)—*a college (vocational, technical)* (Amérique du Nord)
- une université—*a university*; la vie universitaire—*university life*
- des études de premier cycle—*undergraduate studies*

- l'alternance (l'apprentissage ou les stages en France) : système qui permet à l'étudiant(e) d'étudier et de travailler dans son domaine en même temps—*co-op program, apprenticeship*
- des études supérieures—*graduate studies* (faire sa maitrise/son doctorat, deuxième/troisième cycle = *master/Ph.D.*)
- un brevet, un certificat—*a diploma, a certificate*
- une formation—*training, education*
- une mise à niveau—*a qualifying program*
- un bilan d'orientation : démarche basée sur l'étude du potentiel et la connaissance de soi—*educational assessment*
- un parcours (scolaire) : suite d'activités et de décisions caractérisant la vie scolaire (ici) ou professionnelle d'une personne—*a school path, a career path*
- un échange, faire un échange, partir en échange—*an exchange (program), to go on an exchange program*
- la mobilité internationale—*internationalization*

Exploitation lexicale 1

1. Et vous ? Préparez votre profil d'étudiant(e).

   - Année d'études :   *C'est ma… Je suis…*
   - Spécialisation :   *Je me spécialise en…*
   - Cours suivis :   *J'étudie… Je suis des cours…*
   - Métier :   *J'aimerais être… Je veux devenir…*

2. Maintenant, interrogez votre voisin(e) sur son profil :

   - Année d'études :   *En quelle… ? Tu es… ?*
   - Spécialisation :   *Quelle est ta spécialisation ? En quoi… ?*
   - Cours suivis :   *Quels cours… ? Qu'est-ce que tu… ?*
   - Métier :   *Quel métier veux-tu… ?*

3. Formez des phrases en reliant les éléments de la colonne B à ceux de la colonne A. Les éléments de la colonne B sont dans le désordre.

Colonne A		Colonne B
1. Julie va bientôt aller	_____	a) en français et en droit.
2. Maïlys prépare	_____	b) les mathématiques.
3. Elles veulent réussir	_____	c) un bac L *(lettres)*.
4. Nous nous spécialisons	_____	d) à l'école maternelle.
5. Jean veut étudier	_____	e) à l'examen d'entrée.

4. Mots de la même famille

   Remplissez le tableau suivant en relisant bien le vocabulaire ci-dessus.

verbe	nom abstrait (avec l'article)	nom de personne (m. et f.)
1. enseigner		
2.		un(e) apprenant(e)
3. conseiller		
4.	la titularisation	
5. se spécialiser		

5. Trouvez le mot ou l'expression qui convient.

 a) Daniel aime donner des conseils. Il veut devenir _____ dans un lycée.

 b) Cette année, Lise et Lucie ont travaillé très dur à l'école. Elles _____ tous leurs examens.

 c) Avant de rentrer à la maison, Alice doit aller chercher son petit frère de deux ans à la _____.

 d) Jean est _____ d'une maitrise en sciences politiques.

 e) Pour devenir journaliste, il faut une _____ spéciale.

Vocabulaire

Les métiers

- un métier, une profession, une carrière—*an occupation (or a trade), a profession, a career*
- un emploi, un boulot (fam.), un petit boulot—*a job, a part-time job*
- le marché du travail—*the labour market, the workplace*
- une recherche d'emploi, une offre d'emploi—*a job search, a job offer, posting or advertisement*
- un entretien d'embauche—*a job interview*
- une planification de carrière—*career planning*
- une formation : l'acquisition d'un ensemble de connaissances théoriques et pratiques dans un métier—*training or education*
- un stage—*work experience*
- un stage de formation—*a training course*
- les compétences (requises) : connaissances approfondies dans un domaine—*skills (required)*
- les qualifications : ensemble des aptitudes et connaissances acquises par un travailleur—*qualifications*
- les débouchés : accès à une profession, perspective d'emploi—*employment opportunities*
- générateur d'emplois : qui génère beaucoup d'emplois
- un horaire (souple/infernal)—*a schedule (flexible/crazy)*
- une rémunération : somme d'argent reçue pour un travail fait—*a payment*
- un salaire (brut, mensuel, annuel, bas/élevé, bon/mauvais)—*a salary (gross, monthly, annual, low/high, good/poor)*

- aimer, adorer/détester son métier—*to love/hate one's occupation*
- faire beaucoup d'heures—*to work long hours*
- être qualifié(e)—*to be qualified*
- travailler à mi-temps/à temps plein—*to work part/full time*
- travailler de jour, de nuit, en semaine—*to work days, nights, during the week*

- faire une demande, postuler, candidater—*to apply (for a job)*
- être candidat(e) à un poste—*to be short-listed for a position*
- se présenter à un entretien d'embauche—*to go for a job interview*
- embaucher, être embauché(e)—*to hire, to be hired*
- occuper un poste, un métier—*to hold a position*

- quitter un poste—*to leave a position*
- changer de métier—*to change careers*
- licencier, être licencié(e)—*to lay off, to be laid off*
- être renvoyé(e), mis(e) à la porte—*to be fired*
- prendre sa retraite—*to retire*

Exploitation lexicale 2

1. Répondez aux questions suivantes.

    a) Nommez un travail que vous avez beaucoup aimé.

    b) Quelles sont les compétences requises pour le métier que vous aimeriez exercer ?

    c) D'après vous, quels sont les domaines générateurs d'emplois en ce moment ? Et dans dix ans, quels seront-ils ?

2. Composez des phrases d'environ 8 à 10 mots avec chacune des expressions suivantes.

    le marché du travail—travailler à mi-temps—des débouchés—un horaire infernal—des compétences—licencier

Approfondissement lexical 1

Un **dérivé** contient un **mot** (base) et un **préfixe** ou un **suffixe**. Si vous cherchez la définition du mot *école* dans un dictionnaire, vous trouverez sans doute le mot *écolier* comme mot de la même famille. Ce mot a pour base un mot (*école*) et un suffixe (*ier*). Le suffixe **ier/ière** est utilisé, ici, pour désigner la personne qui va à l'école. Plusieurs noms de métiers possèdent ce suffixe (épic**ier**/épic**ière**).

Il existe d'autres suffixes pour désigner les métiers :

ien/ienne	informatic**ien**, informatic**ienne**
eur/euse	chant**eur**, chant**euse**
teur/trice	direc**teur**, direc**trice**
ant/ante	commerç**ant**, commerç**ante**
aire	disqu**aire**
iste	garag**iste**

Formez des noms de métiers à partir des mots en italique. Consultez un dictionnaire au besoin.

1. Il aime raconter des histoires en *dessins*. Il veut être…

2. Elle joue de la *guitare* dans un orchestre. C'est une…

3. Elle travaille dans une *pharmacie*. Elle est…

4. Il *sert* les plats principaux dans un resto. C'est un…

5. Il *coiffe* les grandes vedettes de Hollywood. Il est…

6. Elle veut écrire des *scénarios* de cinéma. Elle veut être…

7. Il travaille dans une *banque* multinationale. C'est un…

8. Elle *anime* une émission à la télé. Elle est…

9. Il *fabrique* des meubles traditionnels. C'est un…

10. Elle *vend* des vêtements dans une boutique. Elle est…

Compréhension détaillée

1. Pour quelle raison Maïlys a-t-elle décidé de changer d'orientation scolaire ? Sa famille et ses professeurs étaient-ils d'accord ? Expliquez.

2. Maïlys est-elle une bonne étudiante ? Donnez des exemples concrets pour justifier votre réponse.

3. Comment Maïlys montre-t-elle son dévouement dans ses études ?

4. Décrivez la grande passion de Maïlys.

Réflexion et discussion

1. Pensez-vous que Maïlys a pris la bonne décision en changeant de filière (en passant du bac S au bac L) ? Expliquez.

2. Pour quelles raisons l'interprétariat ou le journalisme serait-il un bon métier pour cette jeune femme ?

3. Connaissez-vous des personnes qui ont changé d'orientation en plein milieu de leurs études ? Comment cela s'est-il passé ?

Dossier 2 *Mon bac sur deux continents* !

Introduction à la lecture

L'actualité est une revue québécoise qui traite de toute une gamme de sujets d'actualité au Québec, au Canada et dans le monde entier. Vous pouvez consulter le site Web. Il est informatif et intéressant, et offre beaucoup d'informations culturelles sur le Québec.

Au Québec, l'école secondaire comporte cinq années d'études (secondaire I, II, III, IV et V, de 12 à 17 ans). Si on veut poursuivre des études universitaires, il faut d'abord étudier dans un cégep (Collège d'enseignement général et professionnel) pendant deux ans.

Au Québec, le bac correspond à un diplôme universitaire de 3 ans (qui est plus ou moins l'équivalent du *Honours BA* au Canada anglais).

Activités de pré-lecture

L'article que vous allez lire présente le témoignage de deux personnes qui ont choisi de faire leur diplôme universitaire sur deux continents.

1. Connaissez-vous quelqu'un qui a choisi de faire une partie de ses études à l'étranger ? Pourquoi cette personne est-elle partie en échange ? A-t-elle aimé l'expérience ?

2. Et vous, avez-vous songé à la possibilité de faire une année d'études sur un autre continent ? Expliquez.

Lecture

Lisez le texte ci-dessous.

1. Dans les trois premiers paragraphes, relevez les adjectifs démonstratifs (*ce, cette, ces*) et possessifs (*mon, ton, son,* etc.) avec les noms qui les suivent.

2. Répondez aux questions qui suivent le texte.

Mon bac sur deux continents !

1   Étudier à Sydney, Londres ou Tokyo, c'est désormais à la portée des jeunes Québécois. Et ils sont de plus en plus nombreux à partir. Pas besoin d'être « *bollé* », mais mieux vaut être motivé et savoir parler l'anglais !

Jeans pré-usés japonais, polo français et veste de montagne québécoise : Alexandre
5   Cooper, 24 ans, est un étudiant sans frontières jusque dans son style. Après un bac en *génie* physique à Polytechnique Montréal et à Polytechnique Paris, suivi d'une maîtrise en génie nucléaire à l'Université de Tokyo, le voilà au Massachusetts Institute of Technology (MIT), à Boston, pour y faire un doctorat. « Étudier à l'étranger est l'expérience la plus stimulante qui soit, dit-il avec un accent pointu qu'il a gardé de ses deux années en France. En s'adap-
10 tant à de nouveaux environnements, on apprend à mieux se connaître. Et à se remettre en question. » […]

À l'ère de la *mondialisation*, les universités québécoises ont compris l'importance de s'ouvrir à l'international en accueillant davantage de jeunes de l'extérieur du pays (ils étaient 22 504 en 2008, dont 6 950 Français) et en expédiant leurs étudiants partout sur la planète.
15 Chaque université dispose d'un « bureau international » qui promeut les séjours d'études à l'étranger, sélectionne les candidats et les aide à préparer leur départ. Objectif : former des citoyens du monde multilingues, outillés de solides compétences interculturelles et capables d'occuper des emplois exigeant de traiter avec des partenaires internationaux.

La tendance est mondiale. Selon la plus récente étude de l'OCDE sur le sujet - *EduGlance,*
20 septembre 2010 -, 3,3 millions d'étudiants étaient en « mobilité internationale » en 2008, soit 10,7 % de plus qu'en 2007. (Ils étaient un million en 1980.) L'Allemagne, l'Australie, les États-Unis, la France et le Royaume-Uni en accueillent à eux cinq, plus de la moitié. Les États-Unis se taillent encore la part du lion (19 %), mais de nouvelles destinations ont commencé à la *gruger* : en Australie, en Nouvelle-Zélande et
25 en République tchèque, le nombre d'étudiants étrangers a plus que doublé depuis 2000. Le Canada en accueille 6 %. […]

Divers facteurs ont contribué à cette explosion, depuis la démocratisation des prix du transport jusqu'aux nouveaux moyens de communication en passant par les politiques incitatives mises en place par plusieurs pays, notamment dans le contexte de la construction européenne.
30 Lancé en 1987, le programme Erasmus (European Region Action Scheme for the Mobility of University Students) - qui a inspiré le savoureux film hispano-français *L'auberge espagnole,* de Cédric Klapisch, en 2002 - a permis à plus de deux millions d'étudiants de participer à des échanges universitaires entre pays européens partenaires (depuis 2004, Erasmus Mundus attribue aussi des bourses aux étudiants non européens, entre autres aux Canadiens). […]

35 ## 2 Globe-trotteurs témoignent

Julie-Mélissa Picard, 25 ans
Université du Québec en Abitibi-Témiscamingue : bac en sciences infirmières.
Stage de cinq semaines au Sénégal, 2009.

« Nous avons eu un an pour nous préparer à ce stage dans la région de Tiaré, à six heures de
40 route de Dakar. Sur place, il a fallu s'adapter. Au Québec, on a l'habitude de travailler avec une multitude d'appareils. Là-bas, il n'y en a pas : on devait observer les patients, ce qui *aiguise* le diagnostic clinique. Autre contraste : certains patients devaient faire 20 km à pied, en pleine chaleur, pour aller au dispensaire et, une fois sur place, attendre jusqu'à 24 heures avant d'être vus en consultation. Et ils étaient encore calmes et souriants. Rien à voir avec les urgences des

45   hôpitaux québécois ! J'ai aimé le contact direct avec la culture, les gens, leur quotidien. Ce voyage m'a confirmée dans mon intention de travailler dans le domaine humanitaire en Afrique. »

Gabriel Marcotte, 24 ans
Université du Québec en Abitibi-Témiscamingue : bac en création en multimédia interactif. Un an à l'Institut supérieur des arts multimédias, Université de la Manouba, Tunisie, 2009-2010.

50

«Mon premier choc a été de découvrir que mon université était encore en construction et que le système informatique et les logiciels dataient déjà de quelques années. Il était difficile de se concentrer dans les classes, où tout le monde hurlait, faisait jouer de la musique. Quand ils n'étaient pas absents, les profs essayaient de faire régner la discipline, de sorte

55   qu'on perdait du temps, et ils ne se gênaient pas pour personnaliser les échanges, mentionner les réussites et les échecs à voix haute. Il n'y avait pas d'association étudiante sur le campus et il était interdit d'émettre une opinion sur l'université. La seule campagne de mobilisation que j'ai vue visait l'amélioration de résidences étudiantes *insalubres*. Ceux qui appuyaient cette cause ont été arrêtés et je ne les ai jamais revus. Au final, cette expérience

60   m'a *mûri* et rendu plus *débrouillard*, plus tolérant. » […]

Extrait d'un article par Isabelle Grégoire, 15 novembre 2010 - L'Actualité

l.2   **bollé** : (fam.) intelligent
l.5   **génie** — *engineering*
l.12   **mondialisation** — *globalisation*
l.24   **gruger** : manger — *to eat in to something*
l.41   **aiguise** : (v. aiguiser) — *to sharpen*
l.58   **insalubres** : qui ne sont pas propres et dans un mauvais état
l.60   **mûri** : (v. murir), rendre plus mûr, mature
l.60   **débrouillard** : qui sait se débrouiller, se tirer d'embarras — *able to manage, to sort something out*

Compréhension globale

Répondez aux questions à choix multiples. Indiquez la bonne réponse en essayant de ne pas regarder le texte. Puis, relisez le texte et expliquez vos choix.

1. Quelles sont les qualités requises pour partir étudier à l'étranger ?
   a) Intelligence
   b) Sympathie
   c) Bilinguisme
   d) Motivation

2. Les universités québécoises s'ouvrent à l'international en…
   a) augmentant le nombre d'immigrants chaque année.
   b) envoyant leurs étudiants partout dans le monde et en recevant des jeunes d'autres pays.
   c) sélectionnant des candidats pour étudier à l'étranger.
   d) s'adaptant à de nouveaux environnements.

3. Selon les chiffres qui disent que la tendance de partir est mondiale,...

   a) il y a trois fois plus d'étudiants qui partent à l'étranger aujourd'hui (comparé à il y a 30 ans).

   b) il y a moins d'étudiants qui sont partis en 2008 que 2007.

   c) l'Australie et la Nouvelle-Zélande n'ont pas beaucoup de succès comparé aux États-Unis.

   d) le Canada attire presque 19 % des étudiants étrangers.

4. Parmi les facteurs qui ont contribué à cette explosion, on peut citer :

   a) les politiques créées dans plusieurs pays d'Europe

   b) le film *L'auberge espagnole* de Cédric Klapisch

   c) les prix du transport qui sont devenus plus abordables

   d) les étudiants non-européens

5. En lisant les témoignages de deux globe-trotteurs, on apprend...

   a) que les expériences citées ont toutes été positives.

   b) que les universités étrangères sont mieux organisées que celles du Canada.

   c) qu'il faut avoir des qualités d'adaptation.

   d) que cela ne vaut pas la peine de partir étudier à l'étranger.

Approfondissement lexical 2

Les reprises dans le groupe nominal

Dans ce dossier, vous allez vous familiariser avec la notion de reprise, qui consiste à enrichir son vocabulaire et à éviter les répétitions dans ses productions écrites. Il s'agit essentiellement d'un exercice dans lequel vous allez remplacer un nom par un pronom ou un autre nom.

1. D'abord, il ne faut pas oublier qu'il est possible de remplacer un nom par un pronom pour éviter la répétition.

• **pronom personnel sujet :**

Jusqu'à la fin de la seconde, <u>*Maïlys*</u> *pensait se diriger vers un bac S pour faire médecine.* **Elle** *en avait les moyens.*

Dans cette phrase, on a employé le pronom personnel *elle* pour remplacer le groupe nominal *Maïlys*

Rappel : le pronom personnel doit posséder le genre et le nombre du nom qu'il remplace.

Maïlys → nom propre féminin = 3^e personne du singulier *→ elle* Voir Chapitre 1, *Tableau 1.19.*

• **pronom personnel complément d'objet direct :**

Maïlys a eu une crise existentielle : ses professeurs **la** *voyaient plutôt en sciences alors qu'elle préférait les lettres.*

On utilise le pronom complément d'objet direct (COD) *la* pour remplacer le nom Maïlys.

Rappel : le pronom complément d'objet direct doit posséder le genre et le nombre du nom qu'il remplace. Voir Chapitre 1, *Tableau 1.20.*

Il y a beaucoup d'autres reprises pronominales possibles. Voir Chapitre 7 (pronoms démonstratifs, pronoms relatifs, par exemple)

2. Il est également possible de remplacer un nom par un autre nom.

• **adjectif démonstratif + nom :**

Maïlys montre avant tout un dynamisme et un grand sens relationnel. **Cette jeune femme** *témoigne aussi d'un besoin de dévouement.*

Voir Chapitre 3, *Tableau 3.10.*

Ici, au lieu de répéter le prénom Maïlys, on a utilisé l'adjectif démonstratif *cette* avec le groupe nominal **jeune femme**. Cette structure permet de désigner le sujet de la phrase précédente.

Dans une phrase où différentes personnes sont mentionnées, on peut utiliser :

Fannie a épousé un anglophone et a quitté la maison sans dire au revoir à son père. **Ce dernier** *a vécu ce mariage comme une trahison.*

• **autre nom de sens général (qui peut comprendre un élément descriptif):**
Un matin, en se levant, Maïlys *a vu tous les livres dans sa chambre.* La lycéenne *a eu une révélation.*

Dans la deuxième phrase, au lieu de répéter le nom *Maïlys* (sujet de la première phrase), on a employé un nom de portée générale pour la décrire. On sait que la fille entame sa dernière année de lycée: le mot **lycéenne** la décrit parfaitement bien.

Exercice

Repérez les différentes reprises dans les phrases suivantes en indiquant la nature de chaque reprise. Suivez attentivement le modèle ci-dessous.

Modèle : Quand Gaston apprend la triste nouvelle, il arrête de jouer du violon. (une reprise à repérer)

> Type de reprise : pronom personnel sujet *il*
> Nom (ou groupe nominal) remplacé : Gaston

1. Jeans pré-usés japonais, polo français et veste de montagne québécoise : Alexandre Cooper est un étudiant sans frontières jusque dans son style. Après des études de génie à Montréal puis à Paris, suivi d'une maitrise à l'Université de Tokyo, ce jeune globe-trotter se trouve aujourd'hui au MIT à Boston. (une reprise à repérer)

2. Après son exil, Louis Riel est retourné au Manitoba défendre la cause des Métis. Ses compatriotes l'ont accueilli avec joie. (deux reprises à repérer)

3. Ce super-héros a des ennemis redoutables. Ces derniers sont tellement jaloux qu'ils ont décidé de le tuer. (trois reprises à repérer)

Compréhension détaillée

1. Expliquez la phrase « Alexandre Cooper, 24 ans, est un étudiant sans frontières jusque dans son style ».

2. Pourquoi chaque université québécoise dispose-t-elle d'un bureau international et que veut-on faire en envoyant les jeunes Québécois à l'étranger ?

3. Quels pays accueillent plus de 1,5 millions d'étudiants ?

4. Pourquoi Julie-Mélissa Picard dit-elle qu'il a fallu s'adapter pendant son stage de cinq semaines au Sénégal ?

5. L'expérience de Gabriel Marcotte semble plutôt négative mais il avoue que l'expérience l'a mûri et rendu plus débrouillard. Pouvez-vous imaginer comment ?

Réflexion et discussion

1. Avez-vous déjà songé à faire votre bac sur deux continents? Êtes-vous parti(e) (allez-vous partir) étudier à l'étranger ? Quels sont les facteurs qui vous encourageraient (ou décourageraient) de partir ?

2. Pouvez-vous citer un exemple de comment les nouveaux moyens de communication ont contribué à l'explosion du nombre de jeunes qui font leurs études sur deux continents ? Expliquez.

Grammaire et expression écrite

Grammaire

L'article défini

Formes de l'article défini

Tableau 3.1

Article défini

1. devant les noms qui commencent par une consonne ou un *h* aspiré (voir *Appendice H*)

singulier		pluriel
masculin	féminin	masc. et fém.
le	**la**	**les**
le droit	*la médecine*	*les beaux-arts* (masc.)
le hasard	*la hiérarchie*	*les mathématiques* (fém.)

2. devant les noms qui commencent par une voyelle ou un *h* muet

masc. et fém. sing.	masc. et fém. pluriel
l'	**les**
l'espagnol (masc.)	*les horaires* (masc.)
l'histoire (fém.)	*les études* (fém.)

Attention ! exceptions : *le onze, le onzième*

Mise en pratique 1 (article défini)

Complétez les phrases suivantes en utilisant la forme correcte de l'article défini.

1. _____ apprentissage consiste à partager son temps entre _____ école et _____ travail.

2. _____ but de cette réunion est _____ élaboration du nouvel horaire.

3. _____ onzième candidat à ce poste n'a pas _____ qualifications nécessaires.

4. C'est _____ hasard qui a joué quand il a rencontré sa femme à _____ université.

5. Cette jeune fille a _____ moyens de faire des études de médecine. Elle va étudier _____ biologie et _____ anatomie.

Contraction de l'article défini avec les prépositions à et de

Tableau 3.2

Formes contractées de l'article défini

	singulier		pluriel
	masculin	féminin	masc. et fém.
	au	à la	aux
	du	de la	des
	masc. et fém.		masc. et fém.
	à l'		aux
	de l'		des

Attention !   Dans ce tableau, *au, aux, du* et *des* sont des formes contractées de l'article défini.

à + le = au, à + les = aux, de + le = du, de + les = des

De nombreux verbes, certaines expressions et certains adjectifs sont suivis de la préposition *à* ou de la préposition *de*. Afin d'utiliser la forme correcte de l'article, consultez les *Appendices C, D* et *E*.

parler à → *Elle a parlé **au** directeur de l'école.*

entendre parler de → *Elle a entendu parler **du** directeur.*

ravi de → *Elle est ravie **du** travail du nouvel employé.*

Mise en pratique 2 (article défini avec *à* et *de*)

Complétez les phrases suivantes en utilisant la forme correcte de l'article défini. S'il y a lieu, utilisez une contraction ou ajoutez la préposition qui convient.

1. Est-elle candidate _____ poste qui a été annoncé ? (*être candidat à*)

2. _____ programme Erasmus a permis _____ trois meilleurs étudiants _____ classe de faire des études _____ étranger. (*permettre à*)

3. Elle a fait ses études secondaires _____ lycée Henri IV.

4. Maïlys a parlé _____ conseillère pédagogique de son école avant de changer d'orientation. Elle est passé _____ bac S _____ bac L. (*parler à, passer de... à...*)

5. Elle va se présenter _____ examen d'entrée. (*se présenter à*)

Emploi de l'article défini

Tableau 3.3

Quand employer l'article défini

contexte	explication
1. *Nous avons interviewé **la** directrice **de la** crèche « Enfant-Présent ».* **Le** *chef de cuisine de ce restaurant est très connu.* *Elle a réussi **l'**examen qu'elle devait passer.*	Devant un nom désignant des personnes ou des choses bien définies (par le contexte, des précisions diverses, l'évidence, etc.). En anglais, l'article est aussi utilisé. (**The** *chef of this restaurant is well known.*)
2. *Elle étudie **le** français et **les** mathématiques.*	Devant un nom de langue ou de matière. En anglais, l'article n'est pas utilisé. (*She studies French.*)
Attention ! *Elle parle portugais.*	Omission de l'article avec *parler.*
3. *Il aime **le** chocolat.* *On lave **la** vaisselle.* **Les** *enfants nous apportent beaucoup de bonheur.*	Devant un nom pris dans un sens général sans idée de division. En anglais, l'article n'est pas utilisé. (*She likes chocolate.*)
4. **L'**argent ne fait pas **le** bonheur.* **La** *vie est belle !*	Devant un nom abstrait pris dans un sens général. En anglais, l'article n'est pas utilisé. (*Money can't buy happiness.*)
5. *Elle a reçu son diplôme **le** 4 juin.*	Devant les dates.
6. *Ils suivent un cours **le** mardi.* *Je prends mes vacances **l'**été.* *Elle travaille mieux **le** matin.*	Devant les jours de la semaine, les saisons et les parties d'une journée pour indiquer que quelque chose est habituel. En anglais, on utilise souvent une préposition. (*They have a course Tuesday/**on** Tuesday.*)
Attention ! *Il est arrivé vendredi et il repart dimanche soir.*	Omission de l'article quand on parle d'un jour de la semaine passée, présente ou prochaine.
7. **le** *prince Edward* **le** *général de Gaulle*	Devant un nom propre précédé d'un titre. En anglais, l'article n'est pas utilisé. (*Prince Edward*)
8. **la** *France* **le** *Québec* **le** *Saint-Laurent* **les** *Suisses* **les** *Laurentides* **l'**Ouest du Canada*	Devant des noms géographiques (pays, provinces, cours d'eau, peuples, montagnes, points cardinaux).
Attention ! *Montréal est la ville des festivals.*	Omission de l'article devant les noms de villes.
9. *Elle a reçu **la** meilleure note de la classe.*	Devant un nom modifié par un superlatif ou devant les adjectifs *premier* et *dernier.*
10. *Levez **la** main.* *Il se promène **les** mains dans **les** poches.*	Devant les noms de parties du corps et de vêtements quand l'identité du possesseur est évidente.
11. *On peut faire du cent kilomètres **à l'**heure sur **l'**autoroute.* *Les œufs s'achètent **à la** douzaine.*	Devant les expressions de mesure, de poids ou de quantité avec la préposition *à*.

Mise en pratique 3 (emploi de l'article défini)

Expliquez l'emploi de l'article défini.

1. Mon grand-père avait toujours **la** pipe à **la** bouche.
2. Où est l'offre d'emploi que **la** directrice a rédigée ?
3. **La** capitale de **la** Colombie-Britannique ? C'est Victoria.
4. Ce n'est pas **la** première fois qu'un étudiant de l'université Concordia profite du programme Erasmus. Selon le bureau international de l'université, étudier à l'étranger est l'expérience **la** plus stimulante qui soit.
5. Le bureau international qui s'occupe du programme Erasmus n'est pas ouvert **le** vendredi.
6. **La** patience est une vertu essentielle quand on est éducateur de jeunes enfants.
7. Ils n'ont jamais étudié l'allemand.

L'article indéfini et l'article partitif

Formes de l'article indéfini

Tableau 3.4

Article indéfini

	singulier		pluriel
	masculin	féminin	masc. et fém.
	un	une	des
	un métier	*une* profession	*des* emplois (masc.)
			des carrières (fém.)

Au pluriel, on utilise *de* au lieu de *des* quand le nom est précédé d'un adjectif qualificatif.

> *de* longues études (l'adjectif précède le nom)

mais

> *des* études interminables (l'adjectif suit le nom)

Attention !

On garde la forme *des* pour certaines expressions très usitées, bien que l'adjectif précède le nom.

des petits pains	*des* jeunes filles
des petits pois	*des* vieux garçons
des jeunes gens	*des* vieilles filles
des jeunes mariés	*des* grands-parents

Mise en pratique 4 (article indéfini)

Complétez les phrases suivantes en utilisant la forme correcte de l'article indéfini.

1. Elle a trouvé _____ boulot intéressant.
2. Elle a suivi _____ formation d'interprète et maintenant elle travaille pour l'ONU.
3. Les universités sont _____ établissements postsecondaires.
4. À son nouveau poste, elle touchera _____ salaire plus élevé.
5. Il faut être titulaire d'_____ bac pour se présenter aux examens d'entrée de certaines universités.
6. Aujourd'hui plus que jamais, il y a _____ jeunes qui font _____ longues études.

Formes de l'article partitif

Tableau 3.5

Article partitif

	singulier	
masculin	féminin	masc. et fém.
du	**de la**	**de l'**
du lait	*de la* crème	*de l'*eau (fém.)
		*de l'*or (masc.)

Mise en pratique 5 (article partitif)

Complétez les phrases suivantes en utilisant la forme correcte de l'article partitif.

1. Il y a _____ pain sur la planche. (expression signifiant « il y a du travail à faire »)

2. Il faut _____ temps et _____ patience pour accomplir ce qu'on veut.

3. Vous voulez _____ confiture ou _____ miel ?

Articles indéfinis et partitifs après la négation

Tableau 3.6

Articles indéfinis et partitifs après la négation

Après une négation, on utilise **de** ou **d'** au lieu de *un, une, du, de la, de l'* et *des*.

> *Il n'y a pas **de** sots métiers.*
>
> *Elle n'a pas **d'**horaire fixe.*
>
> *Je ne prends jamais **de** lait.*

Attention !

On maintient les formes *un, une, du, de la, de l'* et *des* après la forme négative du verbe quand :

a) la négation signifie que l'on nie l'attribut de quelqu'un ou de quelque chose.

> *Ce brevet n'est pas **un** vrai diplôme.*
>
> *Charles n'est pas **un** bon cuisinier.*

b) la phrase négative est mise en parallèle avec une phrase affirmative.

> *Il ne cherche pas **un** commis, il cherche **un** autre chef de cuisine.*

c) on utilise les verbes *être, devenir* et *rester.*

> *Ce n'est pas **un** métier pour toi.*
>
> *Ce n'est pas **du** vin pur.*

d) *ne... pas un(e)* veut dire *ne... pas un(e) seul(e).*

> *Il ne me reste pas **un** sou.*
>
> *N'y a-t-il pas **une** vendeuse qui puisse m'aider ?*
>
> *Je n'ai pas **une** minute à perdre.*

Attention !

L'expression **ne... que** veut dire *seulement* et n'est pas une négation.

> *Il ne boit que **de la** bière hollandaise.*

L'article défini ne change pas de forme après une négation.

> *Je n'aime pas **le** café.*

Mise en pratique 6 (articles indéfinis et partitifs après la négation)

Complétez les phrases suivantes en utilisant la forme correcte de l'article indéfini ou de l'article partitif.

1. Ce professeur n'a pas _____ patience.

2. C'est un mariage où il n'y a pas seulement _____ amour, mais où il y a aussi _____ amitié.

3. Il ne jouait plus _____ violon.

4. Je suis désolée, mais aujourd'hui nous n'avons pas _____ œufs, donc pas _____ omelettes.

5. Ce n'est pas _____ beurre, c'est _____ margarine.

Emploi des articles indéfinis et partitifs

Quand employer les articles indéfinis et partitifs

Tableau 3.7

contexte	explication
1. *Il cherche **un** commis.* *Les pompiers ont **des** horaires difficiles.*	L'article indéfini s'emploie au singulier pour désigner une personne ou une chose indéterminée, et au pluriel pour désigner un nombre indéterminé de personnes ou de choses.
2. ***Un** cuisinier doit faire attention à ce qu'il fait.*	L'article indéfini s'emploie pour désigner un membre d'un groupe, d'une profession.
3. *Il faisait **un** soleil magnifique.* *Elle possède **une** grande intelligence.*	L'article indéfini s'emploie pour désigner un aspect, une qualité ou une caractéristique. Le nom est alors qualifié par un adjectif ou un complément déterminatif (un adjectif ou un complément qui détermine ou précise le sens d'un mot).
4. *C'est **un** excellent professeur.* *C'est **un** catholique pratiquant.* **Attention !** *Elle est architecte.* *Elle est protestante.*	L'article indéfini s'emploie avec les noms de profession, religion ou nationalité, quand ceux-ci sont modifiés par un adjectif.
5. *Votre fils n'est pas **un** Einstein, Madame.* *J'ai acheté **un** Renoir.*	L'article indéfini s'emploie devant un nom propre quand celui-ci s'applique à un aspect particulier de l'individu nommé ou à l'une de ses œuvres.
6. *Ils sont venus **un** lundi et sont partis **un** jeudi.* **Attention !** *Il est venu jeudi.* (= jeudi dernier) *Il vient jeudi.* (= jeudi prochain)	On emploie l'article indéfini devant les noms des jours de la semaine lorsque la date exacte de l'action passée n'est pas précisée.
7. *Veux-tu **du** café ?* *Il n'y a plus **de** pain.*	L'article partitif s'emploie pour désigner une certaine quantité (indéterminée) ou une partie de quelque chose.
8. *Elle a **de la** chance.* **Attention !** *Il a **la** personnalité de son père.* *Il a **un** courage indomptable.*	L'article partitif s'emploie pour désigner une certaine quantité (indéterminée) d'une qualité abstraite qu'on ne peut pas compter. Quand un nom abstrait est modifié par un adjectif ou un complément qui lui donne un sens déterminé, on utilise soit l'article défini, soit l'article indéfini, selon le sens.

Mise en pratique 7 (emploi des articles indéfinis et partitifs)

Expliquez l'emploi des articles indéfinis et partitifs.

1. **Une** femme peut faire cela aussi bien, ou même mieux, qu'un homme.
2. Avez-vous **de la** monnaie ?
3. Il est prétentieux et il est fier comme **un** coq.
4. Je crois que le jour où ils se sont fiancés était **un** samedi.
5. Il faisait **un** brouillard à couper au couteau.
6. Elle est sortie longtemps avec **un** Don Juan.
7. Ce sont vraiment **de** bons parents.

L'omission de l'article

Tableau 3.8

Quand omettre l'article

contexte	explication On omet l'article :
1. *en France, en vacances,* *en avril, en danger* **Attention !** Parmi les exceptions : *en l'air, en l'absence de, en l'occurrence,* *en l'honneur de*	après la préposition *en*
2. *Il le traite avec froideur.* (= froidement) *Je vous le dis sans rancune.*	après les prépositions *avec* et *sans* précédant un nom abstrait, et quand les deux éléments ont une valeur adverbiale ou adjectivale
Attention ! *Il le traite avec **la** froideur qu'on réserve* *à ses pires ennemis.*	nom déterminé, ici, par une proposition relative (phrase qui commence avec les pronoms *qui, que, dont,* etc.)
3. *à Montréal, à Rome, de Vancouver* **Attention !** *le Vieux-Montréal*	devant les noms de villes nom de ville modifié exceptions : ***La** Mecque, **Le** Caire,* ***La** Nouvelle-Orléans*
4. *les parents et amis de la mariée*	parfois, devant le deuxième terme de groupements par catégories
5. *beaucoup d'emplois* *couvert de neige* *deux litres de cidre*	après presque tous les mots et presque toutes les expressions de quantité, et après certains adjectifs, quand le nom qu'ils déterminent n'est pas déterminé

Attention !

*Nous avons bu deux litres **du** cidre que vous avez apporté.*	nom déterminé, ici, par une proposition relative
	exceptions : *la plupart **du** temps* *la majorité **des** gens* *la moitié **de la** classe* *encore **de l'**eau*
6. *un jardin entouré d'arbres* *un bol rempli de céréales*	après certains adjectifs suivis de la préposition *de* tels que : *plein de* *rempli de* *entouré de* *orné de* *décoré de* *garni de*
7. *un livre de français* *une brosse à dents* *un costume sur mesure* *un bracelet en argent*	après certaines prépositions (*à, de, en, sur*) formant un complément déterminatif avec le nom (c'est-à-dire un complément qui détermine ou précise le sens du nom qui précède)
8. *Elle a raison.*	devant le nom de certaines expressions verbales telles que : *avoir raison* *avoir tort* *avoir besoin de* *avoir envie de* *avoir soif* *avoir faim* *avoir peur de* *perdre patience* *faire mal à* *faire peur à* *donner congé* *prendre congé* *faire attention à* *prendre garde* *se rendre compte de* *perdre connaissance*
9. *Je l'ai choisi comme commis.*	après *en, comme, en tant que, en sa qualité de* introduisant un titre ou une capacité
10. *Elle veut devenir médecin.* *Elles sont canadiennes.* *Robert est luthérien.* *Il est professeur.*	devant un nom attribut non déterminé qui indique la profession, la nationalité, la religion du sujet de la phrase
Attention ! *C'est **un** professeur.*	après *c'est, ce sont*

Mise en pratique 8 (omission de l'article)

Complétez les phrases suivantes en utilisant, s'il y a lieu, l'article qui convient.

1. En tant qu' _____ étudiante en filière L, Maïlys doit suivre _____ cours de _____ littérature et d'histoire.

2. Son père est _____ ingénieur. On dit que c'est _____ très bon ingénieur.

3. Il se rend _____ compte qu'il a mal agi.

4. Il est _____ professeur. Il parle _____ anglais et _____ portugais.

5. Elle lui a donné _____ montre en _____ or.

Tableau 3.9

Problèmes de traduction

Comment traduire

1. I don't do windows!   *Je ne nettoie pas **les** fenêtres !*
   Passion devoured him.   ***La** passion le dévorait.*
   Whales are interesting animals.   ***Les** baleines sont des animaux intéressants.*
   Jet airplanes didn't exist in those days.   ***Les** jets n'existaient pas à cette époque-là.*

   En français, l'article défini est de rigueur devant les noms pris dans un sens général, les noms abstraits et les noms d'espèces ou de catégories.

2. We stay at home on Fridays.   *On reste à la maison **le** vendredi.*

   La notion exprimée, en anglais, par la préposition *on* suivie d'un jour de la semaine au pluriel est rendue en français par l'article défini suivi du jour de la semaine au singulier.

3. He has sisters and brothers.   *Il a **des** sœurs et **des** frères.*

   Tandis que l'anglais n'emploie pas d'article, le français emploie l'article indéfini avec les noms qu'on peut compter.

4. Do you have any stamps to give me?   *As-tu **des** timbres à me donner ?*

   La notion exprimée par le mot anglais *any* est souvent rendue en français par l'article indéfini.

5. Mister Prime Minister   *Monsieur **le** premier ministre*
   Your Worship/Your Honour   *Monsieur **le** juge*
   Officer   *Monsieur **l'**agent*

   Le français utilise l'article défini entre *monsieur, mademoiselle* ou *madame* et un titre utilisé quand on s'adresse au possesseur de ce titre.

6. the car keys   *les clés **de la** voiture*

   En français, on utilise *du, de la, de l'* ou *des* pour introduire certains compléments déterminatifs.

7. the teacher's pet   *le chouchou **du** professeur*

   Cette tournure du possessif anglais est exprimée en français par *du, de la, de l'* ou *des* suivi du nom.

8. He is a professor.   *Il est professeur.*
        On peut dire aussi :
        *C'est **un** professeur.*

   Le français omet l'article lorsque le nom de profession, de nationalité ou de religion est employé avec le verbe *être* précédé d'un pronom personnel sujet. Dans ce type de construction, l'anglais utilise toujours l'article indéfini.

9. What a day!   *Quelle journée !*

   Alors que l'anglais utilise un article indéfini après *what* (exclamatif), le français omet l'article après l'adjectif *quel*.

Mise en pratique 9 (traduction)

Traduisez les phrases suivantes en français.

1. She is an accountant.
2. I have classes on Mondays and Wednesdays.
3. The academic adviser doesn't agree with the teacher.
4. What luck!
5. Thank you, your Worship.

L'adjectif démonstratif et l'adjectif possessif

Formes de l'adjectif démonstratif

Tableau 3.10

Adjectif démonstratif

	singulier		pluriel
	masculin	féminin	masc. et fém.
devant une consonne ou un *h* aspiré	**ce**	**cette**	**ces**
	ce candidat	*cette candidate*	*ces candidat(e)s*
	ce hibou	*cette hache*	*ces hiboux/haches*
devant une voyelle ou un *h* muet	**cet**	**cette**	**ces**
	cet employé	*cette employée*	*ces employé(e)s*
	cet hôtel	*cette histoire*	*ces hôtels/histoires*

Attention ! L'adjectif démonstratif est parfois utilisé avec *-ci* (qui indique la proximité) ou *-là* (qui indique l'éloignement). Ces particules sont ajoutées aux noms à l'aide d'un trait d'union.
*Il pleut beaucoup **ces** jours-**ci**.*

Mise en pratique 10 (adjectif démonstratif)

Complétez chaque phrase avec l'adjectif démonstratif approprié.

1. _____ rue débouche sur _____ place-là.
2. _____ tomates-ci semblent plus mûres.
3. On m'a amené dans _____ hôpital quand j'étais malade.
4. C'est _____ bus que nous devons prendre.

Formes de l'adjectif possessif

Tableau 3.11

Adjectif possessif

personne	le nom qui suit est au singulier		le nom qui suit est au pluriel
	masculin	féminin	masc. et fém.
je	**mon**	**ma**	**mes**
tu	**ton**	**ta**	**tes**
il	**son**	**sa**	**ses**
elle	**son**	**sa**	**ses**
nous	**notre**	**notre**	**nos**
vous	**votre**	**votre**	**vos**
ils	**leur**	**leur**	**leurs**
elles	**leur**	**leur**	**leurs**

1. En français, l'adjectif possessif s'accorde avec le nom qui suit, pas avec le possesseur (comparez avec l'anglais *his*, *her* et *its*).

    ***Jean-Pierre** a apporté **sa** guitare.* (**his** guitar)

    ***Jacqueline** a apporté **sa** guitare.* (**her** guitar)

2. L'adjectif possessif s'accorde en genre et en nombre avec le nom qui suit.

    *Elle a invité **sa** tante, **son** oncle et tous **ses** cousins.*

    Attention !

    ***mon** assistante, **ton** ancienne voisine, **son** honneur*

    (*Mon, ton* ou *son* sont utilisés devant un mot au féminin singulier qui commence par une voyelle ou un *h* muet.)

    mais

    ***sa** hache* (*h* aspiré; voir *Appendice H*)

3. Quand le possesseur est le pronom *on*, *tout le monde* ou *chacun*, on utilise en général les adjectifs possessifs de la troisième personne du singulier.

    *Comme on fait **son** lit, on se couche.*

    Attention !

    *On avait oublié **nos** imperméables.*

    (Quand *on* veut dire *nous*, on utilise *notre* ou *nos*.)

4. Il est préférable d'utiliser l'adjectif possessif devant chaque nom ou groupe nominal d'une série.

    *Ils nous ont envahis avec **leurs** enfants, **leur** chien, **leur** chat et je ne sais quoi d'autre.*

    Attention !

    *Écrire **vos** nom, prénom et adresse en lettres moulées.*

    *Je vous présente **mon** ami et collègue Robert Juste.*

    (Dans la langue administrative, et lorsque les noms désignent la même personne ou la même chose, on utilise un seul adjectif possessif.)

Mise en pratique 11 (adjectifs possessifs)

Complétez chaque phrase avec l'adjectif possessif qui convient.

1. Véronique a déjà oublié _____ petit ami de l'été passé.

2. Quelle est _____ adresse, Madame ?

3. Les employés n'aiment pas _____ nouveau patron.

4. Est-ce que tu as déjà fait _____ toilette ?

5. Ils ne se rendent pas compte de _____ problèmes et ils en ont beaucoup !

6. Qu'est-ce que j'ai fait de _____ clés ?

7. Lui et _____ femme, quelle paire !

8. Voyez-vous souvent _____ anciens collègues ?

9. Jean-Paul a encore oublié où il a mis _____ voiture.

10. Occupe-toi de _____ oignons ! (= *Mind your own business!*)

Emploi des adjectifs démonstratifs et possessifs

Tableau 3.12

Quand employer les adjectifs démonstratifs et possessifs

contexte	explication
1. *Ce garçon a de l'avenir.* *Il a réussi cet examen mais pas l'autre.*	Les adjectifs démonstratifs servent à montrer ou à désigner un être, un objet ou une idée.
2. *Ce travail-ci est mal rémunéré; par contre, cet emploi-là est bien payé.*	Les particules suffixes *-ci* et *-là* permettent soit de marquer une opposition entre deux choses, soit de faire la distinction entre deux choses.
3. *Ces pays-là sont bien défavorisés.* *À cette époque-là, il n'était pas encore marié.* *Dans deux ans, j'aurai mon diplôme. À ce moment-là, je ferai un beau voyage.*	La particule suffixe *-là* s'emploie souvent pour désigner ce qui est éloigné du sujet parlant, ce qui est déjà arrivé ou ce qui va arriver.
4. *Je n'aime pas du tout ce type-là.* (familier) *Ce petit vin-là est merveilleux.*	La particule suffixe *-là* peut marquer l'indignation ou l'appréciation.
5. *Mon frère est éducateur de jeunes enfants.*	Les adjectifs possessifs s'emploient pour indiquer le possesseur.
6. *À l'université, chacun a son propre domaine d'études.*	Le mot *propre* placé avant le nom s'emploie pour renforcer l'adjectif possessif.
7. *Sandrine et Paul ont chacun leur carrière, mais Sandrine préfère son horaire à elle.*	On utilise la préposition *à* suivie d'un pronom disjoint pour bien éviter toute ambiguïté.
8. *Elle a manqué son train.* (le train qu'elle voulait prendre)	Parfois, le possessif n'indique pas l'appartenance mais d'autres rapports.

Mise en pratique 12 (emploi des adjectifs démonstratifs et possessifs)

Expliquez l'emploi des mots en italique.

1. Jacqueline et Paul ont chacun leur imperméable, mais elle préfère *son* imperméable *à lui*.
2. Nos enfants ont *leur propre* compte en banque.
3. *Ce* travail-*là* n'est pas acceptable.
4. Ce laboratoire-*ci* est pour les sciences, ce laboratoire-*là* est pour les langues.

L'article défini ou l'adjectif possessif ?

Tableau 3.13

Comment choisir entre l'article défini et l'adjectif possessif

On emploie l'article défini à la place de l'adjectif possessif :

1. quand il s'agit d'une partie du corps, d'un vêtement ou, parfois, d'un objet personnel.

> *Tu as encore mal à la tête ?*
>
> *Le commis avait les mains sales.*
>
> *Il travaille toujours la cravate dénouée.*

Attention !

On utilise l'adjectif possessif si le nom représentant la partie du corps, le vêtement ou l'objet personnel est qualifié par un adjectif autre que *droit* ou *gauche*.

> *Il m'a tendu **sa** main couverte de boue.*
>
> *Il m'a tendu **la** main droite.*

2. quand il n'y a aucun doute sur l'identité du possesseur.

> *Elle lui a pris **la** main.*

3. quand le verbe est pronominal.

> *Je me suis cassé **la** jambe en faisant du ski.*

4. quand le possesseur est identifié par *dont*.

> *C'est le voisin dont **les** enfants sont bruyants.*

Mise en pratique 13 (article défini ou adjectif possessif)

Complétez les phrases suivantes en choisissant l'article défini ou l'adjectif possessif approprié.

1. Ce motocycliste ne porte pas _____ casque.

2. Elle s'est foulé _____ cheville ce matin.

3. En sortant de la piscine, la petite fille m'a tendu _____ main mouillée.

4. Elle a fermé _____ beaux yeux bleus.

Problèmes de traduction

Tableau 3.14

Comment traduire

1. **This** exercise is difficult. → *Cet exercice est difficile.*
   I bought **those** records. → *J'ai acheté **ces** disques.*
   À moins de vouloir insister sur la proximité (avec la particule *-ci*) ou l'éloignement (avec la particule *-là*), l'anglais *this* ou *that* se traduit par l'adjectif démonstratif singulier (*ce, cet, cette*) et *these* ou *those* par l'adjectif démonstratif pluriel (*ces*).

2. No smoking in **this** office. → *Prière de ne pas fumer dans **le** bureau.*
   Those students who registered late … → *Les étudiants qui se sont inscrits en retard…*
   In **this** textbook … → *Dans **le** présent manuel…*

   Le français utilise presque toujours l'article défini lorsque l'être ou l'objet dont on parle : a) ne s'oppose pas à un autre être ou objet (premier modèle), b) est déjà déterminé, ici par une proposition relative (deuxième modèle), ou c) est utilisé comme auto-référence (troisième modèle).

3. Is it **his** (**her**) car? → *C'est **sa** voiture ?*
   Yes, it's **his** (**her**) car. → *Oui, c'est **la sienne**.*
   À la troisième personne du singulier, l'anglais distingue le possesseur masculin du possesseur féminin; le français ne fait pas cette distinction.

4. her success   →   *sa réussite*
    his success   →   *sa réussite*
    its success   →   *sa réussite*

À la troisième personne du singulier, l'anglais distingue le possesseur chose du possesseur personne; le français ne fait pas cette distinction.

5. Is it **his** towel or **hers**?   →   *Est-ce que c'est **sa** serviette **à lui** ou **à elle** ?*

Puisqu'à la troisième personne du singulier, le français ne distingue pas le possesseur masculin du possesseur féminin, il y a parfois ambiguïté (*sa serviette à lui ou à elle ?*). Ce problème peut se résoudre en ajoutant la préposition *à* suivie de *lui* ou de *elle*.

6. Their cottage has **its own** electric   →   *Leur chalet a **son propre** groupe électrogène.*
    generator.

L'adjectif possessif anglais suivi de *own* (+ un nom) se traduit par l'adjectif possessif français suivi de *propre* (+ un nom).

Mise en pratique 14 (traduction)

Traduisez les phrases suivantes en français.

1. They showed up with her car and his.
   (to show up = *se pointer*)
2. I have my own computer.
3. This type of career has its drawbacks.
4. This shirt here is clean; that shirt there is dirty.
5. Are these her keys or his keys?

EXPRESSION ÉCRITE

La correspondance

1. La rédaction d'une lettre en français doit satisfaire à plusieurs critères essentiels :
   l'ordre (disposition correcte des éléments)
   la simplicité (facile à comprendre)
   la concision (qui est écrit en peu de mots)
   la clarté (qui est clair et précis)
   la convenance (qui est approprié)
2. En ce qui concerne la convenance, il faut tenir compte :
   de la personne à qui l'on écrit (le destinataire)
   du rapport que l'on a avec cette personne (ami, collègue, supérieur hiérarchique, etc.)
   du type de lettre que l'on écrit (lettre de désistement, de félicitations, de demande d'emploi, etc.)
   Et ces éléments influenceront :
   le **ton** de la lettre (affectueux, courtois, sec, etc.)
   les formules épistolaires utilisées

Les formules épistolaires

Tableau 3.15

Formules épistolaires

Les formules présentées ci-dessous conviennent aux lettres d'affaires, aux lettres de désistement, aux lettres de sollicitation et aux lettres de demande d'emploi. Le/la destinataire prévu(e) est donc une personne avec qui l'on a (ou espère avoir) des contacts professionnels ou des rapports d'affaires.

1. Le premier élément d'une lettre, **l'entête**, identifie l'expéditeur, c'est-à-dire la personne ou la compagnie (ou l'organisme) qui écrit. L'entête comporte le nom du particulier ou de la compagnie, l'adresse complète et parfois le numéro de téléphone.

   Jacques Chaput
   36, rue Riel
   Montréal (Québec)
   H2V 5H2

2. Le deuxième élément d'une lettre est la formule qui indique **le lieu d'origine** et la date de la lettre.

   Trois-Rivières, le 5 décembre 2016

3. Le troisième élément d'une lettre se nomme **la vedette**, et cet élément incorpore le nom du **destinataire** (ainsi que son titre) et son **adresse**.

   Madame Renée Toussaint
   133, rue de Chenonceaux
   Montréal (Québec)
   H2V 1W3

4. Le quatrième élément d'une lettre est **l'appel** (c'est-à-dire la formule par laquelle on s'adresse au destinataire).

   a) Quand le destinataire est une personne que l'on ne connait pas ou un supérieur, on utilise :

      Monsieur,
      Madame,
      Mademoiselle,

   Si l'on ne connait pas le nom du destinataire, on utilise :

      Madame, Monsieur,

   b) Quand le destinataire a un titre, on emploie celui-ci de la manière suivante :

      Madame la Directrice,
      Monsieur le Maire,

   c) Quand le destinataire est une personne que l'on connait depuis assez longtemps, on peut se permettre d'être moins formel. Selon les rapports que l'on a avec cette personne, on peut utiliser :

      Cher Monsieur, (mais pas *Cher Monsieur Tati,*)
      Mademoiselle et chère collègue,
      Cher collègue,
      Cher Paul,

5. L'élément qui suit l'appel se nomme **l'introduction**.

   Formules d'introduction possibles

   En réponse à votre lettre du… je désire vous informer que…
   J'ai bien reçu votre lettre/votre documentation…

J'ai bien reçu votre aimable invitation et je vous en remercie.
J'ai bien reçu votre lettre et je vous en suis reconnaissant.
J'ai bien reçu votre lettre du 16 courant et je tiens à vous en remercier.
Je vous remercie de votre lettre et je m'empresse de vous répondre afin de...
J'ai pris connaissance de votre lettre et...
À la suite de notre entretien/conversation téléphonique,...
À la suite de notre rencontre, je vous confirme que...
Permettez-moi de vous informer que...
J'ai le plaisir de vous apprendre que...
Vous trouverez ci-joint...
J'ai lu avec grand intérêt votre offre d'emploi parue dans...

6. À la suite du paragraphe d'introduction vient **le corps** de la lettre en un ou plusieurs paragraphes, selon les besoins.

7. Le dernier paragraphe comprend toujours une formule de **salutation** qui peut être précédée d'une phrase de **conclusion**.

Formules de conclusion et de salutation

a) formules de conclusion

Dans l'attente de votre réponse, je vous prie...
Dans l'attente d'une réponse favorable, je vous prie...
En espérant que vous serez en mesure de donner suite à ma demande, je vous prie...
Dans l'espoir d'une réponse favorable, je vous prie...
N'hésitez pas à communiquer avec moi pour toute information complémentaire.
Je vous téléphonerai jeudi prochain pour savoir quand nous pourrions fixer un rendez-vous.

b) formules de salutation

La salutation peut se composer à partir des éléments ci-dessous :

Je vous prie d'agréer,
Je vous prie de recevoir,
Veuillez agréer,

   toujours suivi de **l'appel** du début de la lettre, à savoir :

   Monsieur, ou *Madame,* ou *Mademoiselle,* ou
   Madame, Monsieur,

      suivi de :

         l'expression de mes sentiments
         l'assurance de mes sentiments

            suivi de :

               distingués.
               respectueux.
               dévoués.
               les meilleurs.

On peut aussi utiliser :

Veuillez agréer, Madame, mes salutations distinguées.
Je vous prie d'agréer, Madame la Directrice, mes salutations les meilleures.
Je vous prie de croire, Messieurs, à l'assurance de mes sentiments respectueux.

Recevez, Monsieur, mes meilleures salutations.

Plus familier :

Meilleures salutations.

Bien à vous.

Tableau 3.16 **Modèle de lettre de demande d'emploi**

Shiyanthi Thivanpalan
45, Flora Gardens
Markham, Ontario L3R 3S5
Tél. : (905) 409-7825

21 janvier 2016

Programme d'échange d'emplois d'été
        pour étudiants Ontario-Québec
Services communs de l'Ontario
700, avenue University, H6, 6ᵉ étage
Toronto, ON M7A 2S4

Madame, Monsieur,

Suite à votre annonce parue sur Internet, j'aimerais proposer ma candidature au Programme d'échange d'emplois d'été 2016.

Je m'intéresse beaucoup aux langues et je parle déjà le tamoul, le cingalais et l'anglais. En participant à votre programme, je souhaite améliorer mes compétences en français. De plus, en tant qu'étudiante en histoire, je voudrais mieux connaitre la culture et les traditions québécoises.

J'ai beaucoup d'expérience dans le domaine du service à la clientèle et je suis tout à fait à l'aise au sein d'une équipe de travail. Durant mon emploi à *Canada's Wonderland*, l'été dernier, j'ai pu développer mon habilité en matière d'organisation et de gestion. En outre, je travaille bien sous pression et je suis créative et dynamique.

Vous trouverez, en pièces jointes, quelques articles écrits lors de mes reportages qui attesteront de mes compétences rédactionnelles.

Dans l'attente d'une réponse favorable, je vous prie d'agréer, Madame, Monsieur, l'expression de mes salutations distinguées.

Shiyanthi Thivanpalan

Mise en pratique 15 (éléments d'une lettre)

Dans le modèle de lettre présenté dans le *Tableau 3.16*, identifiez les éléments suivants :

1. le corps de la lettre ;
2. l'appel ;
3. la formule de conclusion ;
4. l'introduction ;
5. la formule de salutation dans la conclusion ;
6. l'entête ;
7. le lieu d'origine ;
8. la vedette.

Le coin du correcteur

Tableau 3.17

Stratégies pour la correction

D'autres homonymes

1. On vérifie si on utilise *ces* (adjectif démonstratif) ou *ses* (adjectif possessif)

exemple de faute	→	Jean-Christophe et ces frères ne sont pas venus.
correction	→	Jean-Christophe et **ses** frères ne sont pas venus.
explication	→	Il s'agit de l'adjectif possessif (*his brothers*) ici.

2. On vérifie si on utilise *c'(est)* (pronom démonstratif ce → c') ou *s'(est)* (pronom réfléchi se → s')

exemple de faute	→	Elle ne c'est pas trompée.
correction	→	Elle ne **s'est** pas trompée.
explication	→	Ici, verbe pronominal *se tromper*

3. On vérifie si on utilise *son* (adjectif possessif) ou *sont* (forme de la 3ᵉ personne du pluriel du présent du verbe *être*)

exemple de faute	→	Les frais de scolarité en France ne son pas aussi élevés qu'ici.
correction	→	Les frais de scolarité en France ne **sont** pas aussi élevés qu'ici.
explication	→	Il s'agit du verbe *être* ici.

Mise en pratique 16 (correction des fautes)

Corrigez les phrases suivantes et expliquez vos corrections. Il y a une erreur par phrase.

1. Ses adolescents ont pu aller au lac Claire.
2. Moi, j'ai mes clés, Carole a ces clés, et Paul ?
3. Gilbert et sont frère ont tous les deux fait des études de droit.
4. Yvan ne c'est pas réveillé à l'heure.

Synthèse

Exercice 1 Professions (emploi et omission des articles)

oral ou écrit   En vous fondant sur chaque définition, dites ce que fait la personne.

Modèle :   Elle coupe les cheveux de ses client(e)s.
    →   Elle est coiffeuse.

1. Elle s'occupe des affaires légales de ses client(e)s.

2. Elle rédige des articles pour un journal.

3. Elle fait la cuisine dans un restaurant.

4. Elle s'occupe de la comptabilité d'une entreprise.

5. Elle dactylographie des lettres sur un ordinateur.

6. Elle dirige une société.

7. Elle travaille dans une usine.

8. Elle vend des produits de beauté dans un grand magasin.

9. Elle soigne des patients.

10. Elle dessine les plans de divers édifices.

Exercice 2 Que sais-je ? (emploi et omission des articles)

oral ou écrit   Trouvez les informations demandées ci-dessous. S'il y a lieu, donnez les articles qui correspondent aux noms.

Modèle :   Les deux langues officielles du Canada ?
    →   *le français et l'anglais.*

1. Quatre choses dont on a besoin quand on fait du camping ?

2. Deux îles au sud de Cuba ?

3. Trois pays d'Amérique latine où l'on parle espagnol ?

4. Trois ingrédients nécessaires à la préparation d'une omelette ?

5. Trois pays européens où l'on parle français ?

6. Trois pays d'Afrique du Nord ?

7. Cinq domaines d'études à l'université ?

8. Trois systèmes de gouvernement ?

9. Trois appareils ménagers qu'on peut trouver dans une cuisine ?

10. Trois sortes d'écoles ?

Exercice 3 Phrases déshydratées (articles)

écrit   Composez une phrase à l'aide des éléments donnés en faisant bien attention à incorporer les articles et les prépositions qui manquent. Gardez l'ordre des mots établi.

1. métier/chef/cuisine/est/métier/traditionnellement dominé par/hommes

2. chômage est/problème sérieux dans/beaucoup/pays

3. frère de/directrice fait/études/médecine

4. tous/pays/Afrique/sont aujourd'hui/pays indépendants

5. en/été/comme en/hiver/Anglais/boivent/thé

6. maire dit/qu'il s'agit de créer/milieu plus humain/cœur/ville

7. dépenses/gouvernement dans/domaine/sciences et technologies/sont insuffisantes

8. réduction/déficit/va continuer à être/priorité/gouvernement

9. beaucoup/jeunes/jouent/hockey/pour/plaisir et/compétition

10. il y a/excellents débouchés pour/diplômés en/informatique

Exercice 4 Métier chef cuisinier (articles)

écrit   Complétez le passage suivant en ajoutant, s'il y a lieu, les articles et les prépositions qui conviennent. Mettez un *x* s'il n'y a pas d'article.

Outre _____ (1) programme d'échanges Erasmus, _____ (2) nombreuses Facultés de hautes études commerciales (HEC) offrent _____ (3) échanges et campus internationaux qui sont _____ (4) expériences très prisées dans _____ (5) milieu _____ (6) affaires. Ces échanges internationaux représentent _____ (7) meilleure école pour s'initier à _____ (8) autres cultures. On y apprend aussi à s'adapter à _____ (9) nouvelles façons de faire.

_____ (10) HEC comptent d'habitude _____ (11) nombreux établissements _____ (12) partenaires, incluant des possibilités d'échange en _____ (13) Europe, en _____ (14) Asie, en fait à travers _____ (15) monde.

En plus _____ (16) connaissances académiques acquises, _____ (17) échanges permettent de développer _____ (18) liens d'amitié avec _____ (19) autres étudiants, ce qui permet d'enrichir son _____ (20) réseau personnel de contacts d'affaires.

Exercice 5 Combien ça coute ? (adjectifs démonstratifs)

oral ou écrit   Vous êtes en train de faire vos achats dans un grand magasin. Parmi les articles qui vous intéressent, certains n'ont pas d'étiquette. Demandez le prix au vendeur ou à la vendeuse.

Modèle :   montre
→   — *Quel est le prix de cette montre ?*
→   — *Quelle montre ?*
→   — *Cette montre-ci.*

1. blouse	6. gants	11. chaine en or
2. ordinateur	7. sac à main	12. portemonnaie
3. peignoir	8. réveil	13. appareil photo
4. téléviseur	9. lecteur CD	14. ceinture
5. écharpe	10. porteclés	15. flacon de parfum

Exercice 6 Les petits oublis (adjectifs possessifs)

oral ou écrit

Faites l'exercice suivant selon les modèles.

Modèles : moi/clés
→ *Qu'est-ce que j'ai fait de mes clés ?*
le chef de cuisine/menu
→ *Qu'est-ce qu'il a fait de son menu ?*

1. moi/portefeuille
2. les étudiants/livres
3. toi/montre
4. nous/billets
5. vous/porte-documents
6. Marie-Claude/broche
7. ses parents/valises
8. moi/agenda de poche
9. Jean-Paul/dictionnaire
10. Louise et moi/billets

Exercice 7 Possesseurs et possession (adjectifs possessifs)

oral ou écrit

Complétez chaque phrase avec l'adjectif possessif approprié.

1. Il prend souvent _____ petite fille dans _____ bras.
2. Il a deux frères, _____ frère ainé a treize ans.
3. Alors, avez-vous corrigé _____ copies ?
4. En tant que parents, nous ne voulons pas qu'il existe de préjugés envers _____ enfants.
5. Ces enfants ont une confiance absolue en _____ moniteurs.
6. Je sais que vous n'êtes pas d'accord, mais c'est _____ opinion à moi.
7. Comme tout le monde, il a _____ qualités et _____ défauts.
8. As-tu fait des projets pour _____ vacances ?
9. Ils nous ont dit que _____ enfants allaient à l'école secondaire.
10. Sylvie a choisi _____ métier à l'âge de 18 ans.

Exercice 8 À qui est-ce ? (adjectifs démonstratifs et possessifs)

oral ou écrit   Après une soirée bien réussie, vous essayez de déterminer qui est le/la propriétaire de quoi.

Modèle :   disque/Jean-Paul/moi
→   — *Ce disque est à Jean-Paul ?*
    — *Non, c'est **mon** disque.*

1. appareil photo/Monique/nous
2. chandail/vous/elle
3. bouteille d'eau minérale/Gisèle/moi
4. disques compacts/eux/nous
5. souliers/Margot/moi

6. morceau de gâteau/Yves/vous
7. jaquette/toi/lui
8. poste de radio/lui/moi
9. ordinateur/Jean/vous
10. lecteur CD/moi/Adèle

Exercice 9 On complète (article ou adjectif possessif)

écrit   Complétez chaque phrase avec l'adjectif possessif ou l'article qui convient.

1. Levez _____ main avant de répondre.
2. Ils ont chacun _____ opinion sur cette question.
3. À l'intérieur, on ne garde pas _____ chapeau sur _____ tête.
4. Le concierge s'est encore fait mal _____ dos.
5. Hier, je me suis fait couper _____ cheveux.
6. Il s'est foulé _____ cheville droite.
7. J'ai oublié _____ parapluie au restaurant.
8. Édith a pleuré quand la coiffeuse lui a coupé _____ beaux cheveux blonds.
9. Son cousin a perdu _____ vie dans un accident de voiture.
10. Chaque personne a _____ petits malaises.

Exercice 10 Moulin à phrases (divers éléments)

écrit   Incorporez l'élément donné dans une phrase complète.

1. cet horaire-ci/cet horaire-là
2. son propre
3. la plupart des

4. leur conseiller pédagogique
5. différent de

Synthèse

Exercice 11 Traduction (divers éléments)

écrit Traduisez les phrases suivantes en français.

1. I like strawberry ice cream, but I am on a diet.

2. His sister-in-law is a cook in a restaurant.

3. On Friday afternoons she usually plays a few games of tennis.

4. He takes the subway to work because he doesn't have a car.

5. Most people buy a newspaper on Saturday.

6. Last week we bought milk, but we didn't buy any cream.

7. Those students who missed the test will have to bring an excuse to class.

8. This system allows a student to study and work in his field concurrently.

9. They have already passed their exam.

10. Close your left eye and try to read these two lines here.

Exercice 12 Rédaction (expression écrite)

écrit **Sujet** Vous désirez contacter l'un de vos professeurs afin d'obtenir une lettre de recommandation, ceci parce que vous voulez maintenant vous inscrire à un programme d'échange d'un an en France ou dans un autre pays francophone. Vous devez lui écrire la lettre ou le courriel en français.

N'oubliez pas de lui décrire le programme d'échange qui vous intéresse. Parlez-lui de vos compétences en français ainsi que de votre aptitude à vous intégrer à un nouveau milieu culturel et social.

Consignes 1. Ne dépassez pas les 200 mots.
2. Écrivez votre lettre à double interligne.
3. Divisez votre texte en paragraphes.

Suggestions Consultez la section *Expression écrite* de ce chapitre.
Utilisez le vocabulaire présenté dans la section *Vocabulaire* de ce chapitre.
Utilisez des mots charnières tels que *et, mais, pourtant, c'est pourquoi, car, néanmoins, de plus, en conclusion*, etc.
Relisez-vous plusieurs fois afin d'éliminer le plus de fautes possible.
Notez vos fautes dans votre carnet de correction.

© Tetra Images/Alamy RF

CHAPITRE 4
Les nouvelles technologies

Lecture

Article tiré du magazine *L'actualité*

« *Big brother* », *c'est nous* de Luc Chartrand *113*

Article tiré du journal *Le Monde*

Internet bouscule les choix culturels des Français de Michel Guerrin et Nathaniel Herzberg *119*

Vocabulaire

Les nouvelles technologies *115*

Grammaire

Les adjectifs qualificatifs *124*

Les adverbes *134*

La comparaison *139*

Expression écrite

L'emploi des dictionnaires *145*

Le coin du correcteur *148*

Synthèse

Exercice 1 à 15 *149*

 Visitez le site Web de *Mise en pratique*, **www.pearsoncanada.ca/favrod**, où vous trouverez :

- des exercices de grammaire supplémentaires
- des activités complémentaires basées sur des sites Web francophones
- des exercices d'écoute

Lecture et vocabulaire

Dossier 1 « *Big Brother* », *c'est nous*

Introduction à la lecture

Les nouvelles technologies font maintenant partie de toutes les sphères de notre vie quotidienne : maison, école, travail, communication et loisirs. Il est difficile d'imaginer un monde sans téléphone cellulaire, sans Internet ou sans Google !

Dans ce chapitre, nous proposons deux articles qui abordent le sujet des nouvelles technologies. Le premier texte, paru dans le magazine québécois *L'actualité*, nous fait réfléchir sur les technologies de surveillance et la façon dont nous nous servons de celles-ci, individuellement et collectivement. Le deuxième, tiré du journal français *Le Monde*, décrit comment l'ordinateur et Internet ont bousculé les choix culturels des Français ces dix dernières années. Il s'agit des résultats d'une enquête sur les pratiques culturelles des Français, réalisée par le Département des études, de la prospective et des statistiques au ministère de la Culture et de la Communication.

Activités de pré-lecture

1. Pouvez-vous citer des endroits publics que vous fréquentez où il y a des caméras de surveillance ? Pensez-vous que leur présence soit justifiée ? Expliquez.

2. Faites une recherche sur l'œuvre *1984* de George Orwell. Connaissez-vous cet auteur ?

3. Qu'est-ce que le titre de cet article évoque pour vous ?

Lecture

Lisez le texte ci-dessous et répondez aux questions de compréhension qui suivent.

Lecture

« Big Brother », c'est nous

1   En écrivant *1984*, George Orwell dénonçait en fait le communisme soviétique. Son « Big Brother » incarnait le pouvoir d'une dictature omniprésente en tout ce qui avait trait à la vie privée de ses citoyens. La version moderne de « Big Brother » est plutôt une création collective, souvent démocratique. Le pouvoir de contrôle de l'État *s'accroît,* mais en même

5   temps, l'accès aux techniques de surveillance *réveille la meute de flics qui dort en nous.*

En Corée du Sud, un homme irrité d'apercevoir une femme qui laissait son chien se soulager dans un lieu public sans nettoyer ensuite a pris une photo de la scène avec son téléphone portable et l'a affichée dans un site Web en dénonçant la délinquante. Une foule d'internautes petits *flics* se sont lancés à la poursuite de la femme, l'ont identifiée et ont

10   fait circuler son nom sur le Net. L'affaire *a rebondi* dans les médias de masse et la femme est devenue l'objet d'un mouvement de *réprobation nationale* ! Quand le bon peuple se mobilise pour surveiller son prochain, ce n'est pas toujours très joli…

Peu d'entre nous résistent à l'envie d'espionner leurs semblables ou de surveiller leurs proches dès que la capacité technique de le faire est à leur disposition. Et cette psulsion est

15   nourrie par *un foisonnement* sans précédent de technologies (microcaméras, mini-microphones, photos satellites, intrusions dans les systèmes informatiques, etc.) qui multiplient les occasions de *fouiner* là où on n'a rien à faire.

Mais la technologie ne suffit pas. Il faut à « Big Brother » une justification, presque toujours la même : la sécurité. C'est ainsi qu'est née la vogue des *nanny cams*, ces caméras
20 pour surveiller la gardienne quand elle est seule avec les enfants.

Une autre technique de surveillance en pleine expansion est née du couplage entre le positionnement géographique par satellite GPS et la téléphonie cellulaire. Ce sont d'abord les voitures qui ont été munies de ces systèmes appelés parfois Boomerang, du nom de l'entreprise montréalaise qui les a mis au point, qui permettent de les localiser en cas de
25 vol. On n'a pas tardé à étendre ce type d'application à la surveillance des humains, d'abord pour contrôler les déplacements *des détenus en liberté conditionnelle*. Et cet été, Bell Mobilité a commercialisé auprès des parents un service de géolocalisation qui permet de suivre leurs enfants à la trace, à partir des signaux émis par le téléphone sans fil des jeunes.

Lorsque le public met la sécurité et la liberté en balance, c'est généralement la sécurité
30 qui l'emporte. Et c'est ce qui explique que la lutte contre le terrorisme serve désormais à nous faire accepter l'idée d'une *société truffée* d'yeux électroniques et de techniques intrusives.

La Grande-Bretagne compte officiellement quatre millions de caméras de surveillance, et Londres 500 000 : dans les rues, les parcs, le métro et près des édifices publics. Après les attentats dans le métro de Londres, les enregistrements de ces caméras ont permis d'iden-
35 tifier et de retrouver les coupables. Mais elles n'ont été d'aucune utilité pour prévenir les attentats.

Au Canada, le ministre fédéral des Transports prévoyait, après les attentats de Londres, de faire installer des caméras de surveillance dans les métros, les trains et les autobus du pays. Le président de la Commission d'accès à l'information du Québec a fait cette mise en
40 garde : « Ces caméras créent de *fausses attentes* dans la population. C'est illusoire de penser qu'elles vont empêcher les terroristes de s'en prendre au métro. »

Article de Luc Chartrand, intitulé « Un siècle fou », tiré de la revue *L'actualité*, 1er octobre 2005

l.4   s'accroît : augmente
l.5   réveille la meute de flics qui dort en nous—*wakens the cop that sleeps in us*
l.9   flics (fam.) : policiers
l.10 a rebondi : s'est retrouvée
l.11 réprobation nationale—*national scorn*
l.15 un foisonnement—*a profusion of*
l.17 fouiner : se mêler des affaires qui ne nous concernent pas
l.26 des détenus en liberté conditionelle—*prisoners on parole*
l.31 société truffée : une société remplie de...
l.40 fausses attentes—*false expectations*

Compréhension globale

Dites si les affirmations suivantes sont vraies ou fausses. Repérez dans le texte le ou les segments qui confirment vos choix.

1. On dit que la version moderne de « Big Brother » est collective (voire démocratique) parce qu'elle implique la masse des citoyens qui aiment surveiller et savoir ce que font leurs voisins.

2. Ce phénomène de surveillance des autres dans notre société est justifié par la technologie qui le permet.

3. Certaines technologies de surveillance comme la géolocalisation sont d'abord utilisées dans des contextes de sécurité officiels puis commercialisés pour le grand public.

4. Cette version moderne de « Big Brother » qui justifie la surveillance pour assurer la sécurité nous permet d'être plus libres.

5. Les millions de caméras de surveillance en Grande-Bretagne ont été très utiles pour prévenir les actes de terrorisme.

Vocabulaire

Les nouvelles technologies

- l'informatique—*computer science*
- la haute technologie—*high technology, high tech*
- l'ère numérique—*digital age*
- la culture de l'écran—*screen culture*
- une génération numérique—*digital generation*

l'ordinateur

- un ordinateur (fam. un ordi)—*a computer*
- une unité de disque dur—*a hard (disk) drive*
- un écran, un écran tactile—*a screen, a touchscreen*
- un clavier—*a keyboard*
- une souris (le tapis de souris)—*a mouse (mousepad)*
- une imprimante—*a printer*
- une télécopie, un fax—*a fax*
- une base de données—*a database*
- un logiciel—*software*
- un dossier—*a file*
- un brouillon—*a draft*
- un diaporama Powerpoint—*a Powerpoint slide show*
- les touches (d'espacement, de rappel arrière, de retour)—*the keys (space bar, backspace, enter)*
- la barre de défilement—*the scroll bar*
- l'économiseur d'écran—*the screensaver*
- une fenêtre—*a window*
- un menu—*a menu*
- un icône—*an icon*
- un curseur—*a cursor*
- taper—*to type*
- cliquer—*to click on*
- sauvegarder—*to save (a document)*
- télécharger—*to download*

- télécopier, faxer—*to fax*
- annuler—*to delete*
- dérouler vers le haut (vers le bas)—*to scroll up (down)*
- imprimer—*to print*

l'Internet

- un(e) internaute : personne qui utilise le Net ou la Toile—*Net surfer, someone who surfs the Net*
- un utilisateur—*a user*
- un courriel (courrier électronique), un e-mail—*an email*
- courrier indésirable—*junk mail*
- un pourriel—*spam mail*
- une liste d'envoi—*a mailing list*
- une pièce jointe—*an attachment*
- en ligne—*online*
- un lien, un hyperlien—*a link, a hyperlink*
- une clé Internet—*Internet key*
- une boite de réception—*an inbox*
- être branché—*to be hooked up to*
- se connecter, être connecté—*to be connected*
- la connectivité sans fil—*a wireless connection*
- un navigateur—*a browser*
- un signet—*a bookmark*
- un webmestre—*a webmaster*
- un balado, un webmission—*a podcast, a webcast*
- une page d'accueil—*a home page*
- des applis—*apps*
- naviguer, surfer sur le Net, la Toile, le Web—*to surf the Net, the Web*
- dénicher un site—*to find a site*
- un réseau, réseauter—*a network, to network*
- un texto, un sms—*a text message*
- clavarder—*to chat*
- un blogue, un blogueur, bloguer—*a blog, a blogger, to blog*

la communication

- les médias de masse—*mass media*
- la téléphonie cellulaire—*cell phone technology*
- un téléphone portable, cellulaire—*a cell phone*
- un appareil (un appareil 4G par exemple)—*a device*
- un service d'itinérance mondiale—*a global roaming service*

- un réseau social—*a social network*
- les sites de réseautage (Google)—*a networking site*
- les sites de réseautage personnels—*a social networking site (Twitter, Facebook, LinkedIn, MySpace)*

le langage SMS—un court lexique français :

- À plus tard : A+
- Bon après-midi : bap
- Cet(te) : 7
- Comment ça va ? : Komencava
- Beaucoup : bcp
- Décider : D6D
- Elle : L
- J'espère que tu vas bien : jSpR ktu va bi1
- Je t'aime : Jt'M
- Lui : l8
- Occupé : OQP
- Qu'est-ce que c'est : keske C
- Qu'est-ce que tu dis : kestudi
- Quoi de neuf : koi29
- Vraiment : vrMen

la sécurité

- les caméras de surveillance—*surveillance cameras*
- le positionnement géographique par satellite—*Global Positioning System (GPS)*
- un service de géolocalisation—*GPS service*
- les micro caméras—*mini cameras*
- les photos satellites—*satellite photos*
- un pirate informatique—*a hacker*
- le piratage, pirater—*piracy, pirating*
- les logiciels de sécurité—*antivirus software*

Exploitation lexicale

1. Trouvez le verbe qui correspond au nom :
   a) navigation
   b) réseau
   c) piratage
   d) connexion
   e) imprimante
   f) clavier

2. Donnez le synonyme des mots suivants :

   a) un sms

   b) être connecté

   c) un téléphone

   d) trouver (un site)

   e) un internaute

   f) un courrier indésirable

3. Traduisez les phrases ci-dessous :

   a) I need to download this document from my inbox.

   b) There are two windows open on my computer screen.

   c) I need a new keyboard and a new mouse.

   d) I spend two hours a day online. What about you?

   e) Move your cursor to the top of the page and click on the first link.

   f) I like the homepage of this new website.

4. Essayez d'écrire les phrases suivantes en langage sms :

   a) Salut ! Comment ça va ? Tu veux aller au cinéma cette semaine ?

   b) J'ai beaucoup de travail. À plus tard.

   c) Elle a décidé de rester chez elle ce soir.

5. Mettez le ou les mots qui conviennent.

   a) Aujourd'hui, on utilise moins le téléphone qu'avant, on écrit aussi moins de lettres traditionnelles, car on peut facilement envoyer un _____ à quelqu'un qui habite à l'autre bout du monde.

   b) On peut trouver des informations utiles sur les emplois en _____ sur le Net.

   c) Sur ce site, on peut _____ des documents intéressants.

   d) J'ai mis une belle photo sur mon _____ .

   e) Il faut _____ sur cet icône pour imprimer votre document.

Compréhension détaillée

1. Expliquez comment l'exemple donné par l'auteur dans le deuxième paragraphe illustre bien l'idée que la version moderne de « Big Brother » est une création collective.

2. De quelle utilité peuvent être les caméras de surveillance dans les métros et dans d'autres endroits publics ?

3. Quelle mise en garde fait-on au sujet des techniques de surveillance dans les endroits publics ?

Réflexion et discussion

1. Pensez-vous que les nouveaux services de géolocalisation pour parents vont assurer la sécurité de leurs enfants ?

2. Quels sont, d'après vous, les dangers de vivre dans une société où la sécurité l'emporte sur la liberté ?

3. Pouvez-vous citer des exemples qui justifieraient la surveillance par les nouvelles technologies ?

Dossier 2 *Internet bouscule les choix culturels des Français*

Activités de pré-lecture

1. Faites un minisondage auprès de vos amis ou camarades de classe sur les questions suivantes et compilez les résultats pour ensuite les présenter en classe.

   a) Combien d'heures en moyenne passez-vous par jour devant la télévision ?

   b) Utilisez-vous Internet tous les jours ? Combien de temps passez-vous en ligne ?

   c) Sortez-vous voir des films ? Des expositions ?

2. Pensez-vous que votre utilisation d'Internet influence le temps que vous consacrez à vos loisirs ? Expliquez.

3. D'après vous, quels sont les loisirs préférés des Français ?

Lecture

Lisez le texte ci-dessous.

1. Dans les quatre premiers paragraphes, relevez les adjectifs, les adverbes et les mots utilisés pour faire la comparaison entre deux éléments (personnes ou choses).

2. Répondez aux questions de compréhension qui suivent le texte.

Lecture

Internet bouscule les choix culturels des Français

1 Pour la première fois depuis 1997 une enquête décrit et analyse les pratiques culturelles en France. L'ordinateur occupe désormais une place centrale, sans *freiner* les sorties au cinéma ou au concert.

5 Aujourd'hui, 83 % des gens ont un ordinateur à la maison. *Hors* scolarité et travail, deux internautes sur trois se connectent pendant douze heures en moyenne par semaine. Les pratiques culturelles des Français s'en trouvent évidemment modifiées.

Une nouvelle culture de l'écran. Pendant des *décennies*, analyse Olivier Donnat, la télévision fut *un repère*. Les analystes opposaient une culture domestique – les classes modestes qui regardent massivement la télévision à la maison – à une culture de sortie – les classes moyennes et supérieures qui vont au concert ou au théâtre. Plus on regarde la télévi-
10 sion, moins on sort. Et moins on se « *cultive* ».

L'arrivée massive de nouveaux écrans aurait pu intensifier ce « *repli* sur l'espace domestique* », dit Olivier Donnat. Il n'en est rien, au contraire. Une nouvelle culture de l'écran est apparue, qui bouscule le vieux *postulat*. Les internautes qui vont tous les jours sur la Toile sont ceux qui vont le plus au théâtre, au cinéma, lisent plusieurs livres. Et même si globale-
15 ment les jeunes générations, souvent « *numérisées* », vont moins au théâtre, les baby-boomers compensent.

Alors, l'ordinateur au secours de la culture ? Pas si simple. Un jeune passe en moyenne deux heures par jour sur Internet. Jusqu'à quatre heures, il continue de sortir beaucoup. Au-delà de cinq heures passées devant l'écran, il va moins au cinéma, moins au musée,
20 moins au théâtre. Le temps n'est pas extensible, même si les jeunes d'aujourd'hui, pour faire plus de choses, dorment moins qu'auparavant.

Cette nouvelle culture de l'écran sert aussi à se cultiver chez soi : beaucoup écoutent des CD sur l'ordinateur (51 %), téléchargent de la musique (43 %), regardent des DVD et des

La télévision en recul chez les jeunes

➤ DURÉE MOYENNE DEVANT LA TÉLÉVISION SELON L'ÂGE
moyenne en heures par semaine, sur 100 personnes de chaque groupe

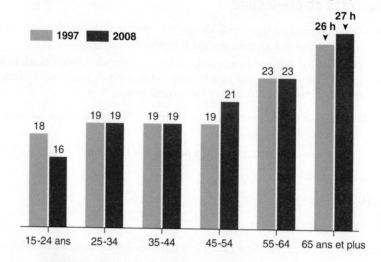

Télévision, nouveaux écrans : des effets opposés

TEMPS HEBDOMADAIRE CONSACRÉ AUX ÉCRANS SELON
LA FRÉQUENTATION DES ÉQUIPEMENTS CULTURELS
en nombre d'heures

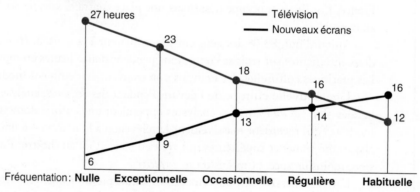

films téléchargés, etc. Ce tandem ordinateur-sorties fait toutefois des victimes : les pratiques domestiques, et d'abord la télévision. Mais aussi la radio, la lecture des livres et des journaux, ou encore la fréquentation des bibliothèques. Avec, comme souvent, les 15-24 ans *en éclaireurs.*

L'influence du piratage. *Le piratage* des films et de la musique fait partie de cette nouvelle culture de l'écran. Parce que l'acte est illégal, la question a dû être évacuée du sondage et donc de cette étude. Les chiffres montrent que le téléchargement illégal des films n'altère pas, pour l'instant, la fréquentation des cinémas. Selon Olivier Donnat, l'acte d'achat ou de piratage d'un film ou d'une musique, à usage domestique, n'a pas d'effet sur l'acte de sortie – aller au cinéma ou au concert. En revanche, la location et l'achat de DVD souffrent. Et les ventes de CD, comme on le sait, sont sinistrées.

Moins de gros consommateurs. Peut-être est-ce un effet de la nouvelle culture d'écran : la multiplication des pratiques, à la maison et à l'extérieur, provoque *un émiettement* de la consommation culturelle et donc une baisse du nombre de gros consommateurs de films ou de livres. Au cinéma la fréquentation occasionnelle a augmenté entre 1997-2008. Mais elle flanche chez ceux qui se rendent en salle plus de 12 fois par an, plus particulièrement les jeunes : leur proportion passe de 33 % à 29 % des 15-24 ans, et de 18 % à 15 % des 25-34 ans. C'est encore plus vrai avec les livres et journaux. Les moyens et surtout forts lecteurs de livres sont en recul, de 19 % à 17 % de la population. Cette tendance, particulièrement nette chez les jeunes (– 5 points), connaît une exception : les 55-64 ans (+ 2 points).

Le boom des seniors. C'est la bonne nouvelle de cette enquête. Les seniors, qu'ils achèvent leur vie professionnelle (55-64 ans), ou qu'ils l'aient déjà quittée (65 ans et plus), tendent les bras aux arts et à la culture. Leur consommation de télévision et de radio, déjà très élevée, a continué à croître. Leurs sorties au cinéma se multiplient, comme leur fréquentation des musées et salles de spectacle.

Cette enquête sur les pratiques culturelles des Français a été conçue et réalisée par le Département des études, de la prospective et des statistiques au ministère de la Culture et de la Communication, sous la responsabilité d'Olivier Donnat, chargé de recherche. Une enquête de terrain a été réalisée auprès de 5 504 individus de 15 ans et plus, résidant en France métropolitaine. Les personnes étaient interrogées face à face pendant 50 minutes en moyenne. Les champs classiques de la culture, plus la presse, les jeux vidéo, la télévision, la radio et les nouveaux médias étaient abordés en une centaine de questions.

Extrait d'un article signé Michel Guerrin et Nathaniel Herzberg dans *Le Monde*, jeudi 15 octobre 2009 (Décryptages Focus, p. 24 et 25)

l.2 freiner—*to put on the brakes, to slow down*
l.4 hors : si on exclut, si on met de côté (la scolarité et le travail)
l.7 décennies : une décennie = une période de 10 ans
l.8 un repère—a *benchmark for measuring something*
l.11 se cultive (v. se cultiver) : apprendre, s'enrichir, s'instruire
l.12 le repli—*withdrawal*
l.14 le postulat : axiome, hypothèse—*premise*
l.16 numérisé(e)—*digitized*
l.27 en éclaireurs—*as the avant-garde*
l.29 le piratage : reproduction d'une œuvre sans payer de droits d'auteur—*pirating*
l.37 un émiettement : action de réduire en miettes, en petits morceaux, une dispersion— *frittering away*

Compréhension globale

Dites si les affirmations suivantes sont vraies ou fausses. Dans le texte, repérez le ou les segments qui confirment chacun de vos choix.

1. Aujourd'hui, l'ordinateur joue un rôle important dans la vie quotidienne des Français.

2. Dans cet article, on suggère qu'Internet a eu des conséquences négatives sur les pratiques culturelles des Français.

3. Pour les jeunes, le nombre d'heures passées devant l'ordinateur influence le temps consacré à d'autres loisirs.

4. La nouvelle culture de l'écran peut nous aider à nous instruire.

5. Selon les auteurs, si on participe à des activités illégales de piratage, on sort moins souvent au cinéma ou au théâtre.

6. Les seniors regardent moins la télévision qu'il y a dix ans.

7. On dit qu'il y a eu une augmentation de gros consommateurs de films, c'est-à-dire qu'il y a plus de personnes qui vont au cinéma de façon très régulière.

8. On a réalisé cette enquête par conversation téléphonique.

Approfondissement lexical

Le vocabulaire de la comparaison

Noms = égalité	Verbes	Adverbes
La ressemblance – la similitude	ressembler à, être semblable à *to look like, to resemble*	
L'identité (f.)	être identique à, être pareil à *to be identical to*	
L'équivalence (f.)	(s') équivaloir, être équivalent à *to be the same as (to amount to the same thing)*	

+ plus grand ; plus élevé ; meilleur

Noms	Verbes	Adverbes
une augmentation *an increase*	augmenter *to increase*	
un agrandissement *an expansion*	grandir, (s') agrandir *to expand*	
un accroissement *a growth*	(s') accroitre *to grow*	
une amélioration *an improvement*	(s') améliorer *to improve*	
une progression/un progrès *spread, progress/progress*	progresser *to progress, to make progress*	
		de plus en plus *more and more* de mieux en mieux *better and better* encore plus, encore mieux, même mieux *even more, even better*

– plus petit ; plus bas ; moins ; pire

Noms	Verbes	Adverbes
une diminution *a decrease*	diminuer *to decrease*	
une baisse *a drop*	baisser *to drop*	
une chute *a fall*	chuter *to fall*	
une réduction *a reduction*	réduire *to reduce* flancher *to fall down, to come down*	

Noms	Verbes	Adverbes
	empirer	pire
	to worsen	*worse*
un déclin	décliner	
a decline	*to decline*	
		de moins en moins
		less and less
		encore moins
		even less

1. Remplacez le segment souligné par un verbe synonyme.

   a) Les frais de scolarité <u>sont de plus en plus élevés</u>.

   b) Ce professeur <u>a donné moins de devoirs</u> ce semestre.

   c) Nos résultats <u>sont meilleurs</u> quand nous faisons régulièrement nos devoirs.

   d) Le nombre de gros consommateurs <u>est passé de 40 % à 4 %</u>.

   e) Les inscriptions dans ce cours <u>sont moins nombreuses</u> cette année.

2. Traduisez les phrases suivantes en français.

   a) He is less and less interested in this subject.

   b) This course is even more difficult than the one I took last year.

   c) Our results are even better when we study together.

   d) Seniors go to the movies even more today.

   e) This city has expanded since the last census.

3. Complétez les phrases suivantes de manière à établir une comparaison.

   a) Vivre dans un pays francophone…

   b) Étudier les sciences…

   c) Lire… utiliser Internet

4. Expliquez (ou traduisez) les expressions idiomatiques et les dictons suivants :

   a) Ces deux filles se ressemblent comme deux gouttes d'eau.

   b) Qui se ressemble s'assemble.

   c) Plus ça change, plus c'est la même chose.

   d) Amour éloigné le meilleur amour, amour rapproché amour relâché.

   e) Celui qui a tort crie le plus fort.

Compréhension détaillée

1. Les Français sont-ils majoritairement « connectés » ? Justifiez votre réponse en citant des statistiques.

2. Expliquez, en utilisant vos propres mots, le vieux postulat selon lequel la télévision était un point de repère.

3. On dit que l'arrivée massive de nouveaux écrans n'a pas du tout intensifié le repli sur l'espace domestique. Pourquoi ?

4. Les auteurs soutiennent qu'un des effets possibles de la nouvelle culture de l'écran est une baisse dans le nombre de « gros consommateurs ». Qu'entend-on par là exactement ?

5. Consultez attentivement le graphique qui indique la durée moyenne passée devant la télévision en fonction de l'âge. Qu'est-ce que vous remarquez d'intéressant ?

Réflexion et discussion

1. Pourquoi pensez-vous que l'acte de piratage n'a pas vraiment d'effet sur l'acte de sortie ?

2. On parle du boom des seniors dans cet article en disant que c'est la bonne nouvelle de l'enquête, car leur consommation dans tous les domaines continue à croitre. Quand vous observez les seniors autour de vous, voyez-vous le même phénomène ?

3. Croyez-vous que les pratiques culturelles des Français soient très différentes de celles des Nord-Américains ? Expliquez.

4. Décrivez le phénomène présenté dans le graphique sur la télévision et les nouveaux écrans. Utilisez les formules de comparaison (plus… moins…). Ce phénomène vous semble-t-il normal ?

Grammaire et expression écrite

GRAMMAIRE

Les adjectifs qualificatifs

Formation du féminin des adjectifs qualificatifs

Tableau 4.1

Comment former le féminin des adjectifs qualificatifs

formation	exemples
1. On ajoute un *e* muet à la forme du masculin.	*français → française* *ennuyant → ennuyante* *bleu → bleue* *hindou → hindoue* *ensoleillé → ensoleillée*
2. La forme du féminin est la même que celle du masculin.	*vide → vide* *énorme → énorme*
3. On redouble la consonne finale devant le *e* du féminin.	*personnel → personnelle* *canadien → canadienne* Parmi ces adjectifs : *ancien, annuel, bas, bon, épais, gentil, gras, gros, habituel, las, naturel, net, nul, mignon, muet, pareil, quotidien, tel, violet* (et tous les adjectifs de nationalité en *ien* comme *italien*)

4. On remplace la terminaison
en *x* par *se*.

heureux → *heureuse*
jaloux → *jalouse*

Parmi ces adjectifs :

ambitieux, amoureux, courageux, douloureux, ennuyeux, joyeux, malheureux, peureux, précieux, religieux, silencieux, studieux

mais :

doux → *dou*ce   *roux* → *rousse*
faux → *fausse*   *vieux* → *vieille*

Mise en pratique 1 (féminin des adjectifs qualificatifs)

Donnez la forme du féminin de chaque adjectif.

1. amoureux
2. exigeant
3. épais

4. canadien
5. américain
6. plein

7. joyeux
8. roux
9. loyal

10. blond
11. nul
12. jaune

Comment former le féminin des adjectifs qualificatifs (suite)

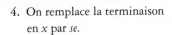

formation	exemples
1. *eur* → *euse*	*trompeur* → *trompeuse*
	Parmi ces adjectifs :
	flatteur, menteur, rieur, voleur
	mais :
	a) *supérieur* → *supérieure*
	Parmi ces adjectifs :
	antérieur, extérieur, inférieur, intérieur, majeur, meilleur
	b) *vengeur* → *vengeresse*
	Parmi ces adjectifs :
	enchanteur, pécheur
	c) *créateur* → *créatrice*
	Parmi ces adjectifs :
	admirateur, protecteur
2. *et* → *ète*	*discret* → *discrète*
	Parmi ces adjectifs :
	complet, concret, désuet, inquiet, incomplet, replet, secret
	Attention ! *muet* → *muette*
3. *f* → *ve*	*actif* → *active*
	Parmi ces adjectifs :
	agressif, attentif, compétitif, compulsif, craintif, naïf, neuf, passif, pensif, portatif, veuf, vif
	Attention ! *bref* → *brève*
4. *er* → *ère*	*premier* → *première*
	Parmi ces adjectifs :
	amer, cher, coutumier, dernier, familier, étranger, léger

Mise en pratique 2 (féminin des adjectifs qualificatifs)

Donnez la forme du féminin de chaque adjectif.

1. dernier	4. admirateur	7. menteur	10. muet
2. enchanteur	5. inquiet	8. incomplet	11. veuf
3. craintif	6. meilleur	9. léger	12. vengeur

Tableau 4.3

Comment former le féminin des adjectifs qualificatifs (suite)

1. Les adjectifs *beau, fou, nouveau, mou* et *vieux* ont une autre forme (*bel, fol, nouvel, mol* et *vieil*) devant un nom masculin qui commence par une voyelle ou par un *h* muet.

un homme **beau**	→	un **bel** homme
un amour **fou**	→	un **fol** amour
un ami **nouveau**	→	un **nouvel** ami
un oreiller **mou**	→	un **mol** oreiller
un habit **vieux**	→	un **vieil** habit

2. Les adjectifs *beau, fou, nouveau, mou* et *vieux* ont un féminin irrégulier.

beau (bel)	→	**belle**
fou (fol)	→	**folle**
nouveau (nouvel)	→	**nouvelle**
mou (mol)	→	**molle**
vieux (vieil)	→	**vieille**

3. D'autres adjectifs ont un féminin irrégulier. Parmi ceux-ci, il faut noter :

bénin	→	**bénigne**	long	→	**longue**
blanc	→	**blanche**	malin	→	**maligne**
favori	→	**favorite**	public	→	**publique**
frais	→	**fraiche**	sec	→	**sèche**
franc	→	**franche**	traitre	→	**traitresse**
grec	→	**grecque**	turc	→	**turque**

4. Certains adjectifs ne changent pas au féminin. Parmi ceux-ci, il faut noter :

   a) *chic, kaki, snob* et *bon marché*.

      une fille **snob**
      une robe très **chic**

   b) Certains adjectifs de couleur, qui sont aussi des noms, tels que *argent, citron, crème, cerise, indigo, marron, or, orange*, etc.

      une jupe **marron** (un marron = a chestnut)

   c) Les adjectifs *grand, nu* et *demi* quand ils font partie d'un mot composé au singulier. Dans ce cas-là, les adjectifs précèdent les noms.

      une **grand**-mère
      une enfant **nu**-tête
      une **demi**-heure

   d) Les adjectifs de couleur qualifiés par *clair, pâle, foncé* ou par une autre couleur.

      une jupe **bleu clair**
      une blouse **vert foncé**
      une robe **bleu vert**

e) Les adjectifs de couleur composés.

*une chevelure **poivre et sel***

5. Les adjectifs qui se terminent en *gu* au masculin ont un féminin en *güe**. Le tréma reflète la prononciation de la voyelle *u* qui, autrement, serait muette comme dans l'adjectif *longue*.

aigu → *aigüe*   *ambigu* → *ambigüe*   *contigu* → *contigüe*

* Selon l'orthographe traditionnelle, ces adjectifs ont un féminin en *guë*. Voir l'Appendice I.

Mise en pratique 3 (féminin des adjectifs qualificatifs)

Donnez la forme du féminin de chaque adjectif.

1. fou	4. grec	7. frais	10. sec
2. marron	5. bleu roi	8. ambigu	11. nouveau
3. chic	6. malin	9. violet foncé	12. franc

Formation du pluriel des adjectifs qualificatifs

Comment former le pluriel des adjectifs qualificatifs

1. Pour la plupart des adjectifs, le pluriel est construit en ajoutant un *s* à la forme du singulier.

intéressant → *intéressants*
intéressante → *intéressantes*

2. Les adjectifs qui se terminent en *s* ou en *x* au masculin singulier ne changent pas au masculin pluriel.

gros → *gros*   (*grosse* → *grosses*)
heureux → *heureux*   (*heureuse* → *heureuses*)

3. Les adjectifs en *eau* et *eu* ont un masculin pluriel en *x*.

beau → *beaux*   *hébreu* → *hébreux*
jumeau → *jumeaux*

Attention ! *bleu* → *bleus*

4. Les adjectifs en *al* ont un masculin pluriel en *aux*.

normal → *normaux*
central → *centraux*

Attention ! Certains adjectifs, comme *banal*, *fatal*, *final*, *glacial*, *idéal*, *natal* et *naval*, ont un pluriel en *s* au masculin.

banal → *banals*

Mise en pratique 4 (pluriel des adjectifs qualificatifs)

Donnez la forme du masculin pluriel de chaque adjectif.

1. fatal	3. sèche	5. nouveau	7. long
2. bleu	4. heureux	6. égal	8. injuste

Tableau 4.5

Comment former le pluriel des adjectifs qualificatifs (suite)

1. La plupart des adjectifs qui sont invariables quant au genre le sont aussi quant au nombre.

    des blouses **bon marché**   *des chandails* **marron**
    des volets **orange**   *des jupes* **bleu pâle**
    toutes les **demi**-*heures*   *des cheveux* **poivre et sel**

    mais :   *une heure et demie* (ici, *demie* est un nom)

    Attention !   Il faut aussi noter que *rose* et *snob* prennent un *s* au pluriel.

    des filles snobs   *des blouses roses*

2. L'adjectif *grand* se met au masculin pluriel quand il fait partie d'un nom composé au pluriel.

    des grands-parents
    des grands-mères

3. La forme du masculin pluriel de l'adjectif *tout* est *tous*. Au féminin, les formes sont régulières.

    tout *le temps*   **tous** *les jours*
    toute *la nuit*   **toutes** *les semaines*

4. Les adjectifs composés prennent la marque du pluriel.

    sourd-muet   →   *sourds-muets*
    aigre-doux   →   *aigres-doux* (= sweet and sour)

    Attention !   Il faut noter que le premier adjectif ne change pas quand il a valeur de préfixe ou d'adverbe.

    les accords **franco**-*allemands*

    mais :   *grand* et *frais* s'accordent.

    des portes **grandes** *ouvertes*
    des fleurs **fraîches** *écloses* (= newly opened)

Mise en pratique 5 (pluriel des adjectifs qualificatifs)

Ajoutez l'adjectif entre parenthèses et faites l'accord, s'il y a lieu.

1. des costumes (chic)   4. des blouses (rose)
2. des chandails (rouge tomate)   5. (tout) la soirée
3. des vêtements (bon marché)   6. des mets (aigre-doux)

Accord des adjectifs qualificatifs

Tableau 4.6

Comment faire l'accord des adjectifs qualificatifs

1. L'adjectif s'accorde en genre et en nombre avec le nom ou le pronom qu'il qualifie.

    une idée intéressante
    Elle est fatiguée.

2. Quand un adjectif qualifie plus d'un nom ou plus d'un pronom, il faut respecter les règles d'accord suivantes :

    a) Si les noms ou les pronoms sont masculins, l'adjectif se met au masculin pluriel.

    un chandail et un pantalon bleus

    b) Si les noms ou les pronoms sont de genres différents, l'adjectif se met au masculin pluriel.

    une blouse et un foulard bleus
    Elle et lui, ils sont égyptiens.

    c) Si les noms ou les pronoms sont féminins, l'adjectif se met au féminin pluriel.

    une chemise et une cravate bleues

Attention ! Quand un seul adjectif qualifie des noms de genres différents, on évite de placer le nom féminin devant l'adjectif au masculin.

une blouse et un chandail bleus

3. Quand on emploie l'expression *avoir l'air* + un adjectif, l'adjectif s'accorde le plus souvent avec le sujet, mais on peut faire l'accord avec *l'air* (masculin) si le sujet est une personne.

Elle a l'air heureuse.   *Elle a l'air heureux.* (rare)

4. Quand un nom est suivi d'un complément déterminatif (c'est-à-dire qui précise le sens du nom), l'adjectif s'accorde avec le nom qu'il qualifie.

une paire de gants noirs (des gants noirs)
un cours d'histoire intéressant (un cours intéressant)
des chemises de nuit blanches (des chemises blanches)
un tas de feuilles mortes (des feuilles mortes)

5. L'adjectif est invariable :

a) quand il suit l'expression *c'est*.

C'est cher, les sorties !

b) quand il est utilisé adverbialement.

Ils sont fort aimables.
Il a de l'argent plein les poches.

Mise en pratique 6 (accord des adjectifs qualificatifs)

Complétez chaque phrase avec la bonne forme de l'adjectif entre parenthèses.

1. Jacqueline a l'air (fatigué).

2. Ajoutez un peu de crème (frais).

3. Les liaisons d'amour, c'est parfois (surprenant).

4. As-tu assisté à ce festival de films (italien) ?

5. Elle s'est acheté des souliers (bleu foncé).

6. Ces nouveaux produits coutent (cher).

Tableau 4.7

Comment faire l'accord des adjectifs qualificatifs (suite)

1. Quand l'adjectif *tout* est utilisé adverbialement (c'est-à-dire quand il fonctionne comme un adverbe et qu'il modifie un adjectif ou une préposition), il est invariable devant un nom masculin ou féminin qui commence par une voyelle ou par un *h* muet.

Elle est à la fois tout étonnée et tout heureuse.
Les enfants sont tout excités.
(*tout excités* = quite excited; *tout* = adverbe)

Attention !   *Les enfants sont tous excités.*
(*tous* = all, everyone of them; *tous* = pronom)

L'adjectif *tout* (utilisé adverbialement) s'accorde en genre et en nombre devant un mot féminin qui commence par une consonne ou un *h* aspiré.

Elle est toute bouleversée.
Elle est toute honteuse.

2. Les mots *demi* et *nu* s'accordent avec le nom quand ils le suivent.

une heure et demie   (mais : *une demi-heure*)
des pieds nus   (mais : *être nu-pieds*)

3. Quand un adjectif suit l'expression *quelqu'un de, quelque chose de, rien de* ou *personne de*, on utilise le masculin singulier.

> quelque chose d'**intéressant**
> rien de **nouveau**

4. Quand un adjectif qualifie le pronom *on*, l'accord se fait avec le pronom *on* selon le sens.

> *On est fatigué après une longue journée de travail.*
> *On est travailleurs, nous !*
> *On est patiente quand on est maman.*

5. Quand deux adjectifs qualifient un seul nom au pluriel, les adjectifs sont au singulier ou au pluriel, selon le sens.

> *les littératures française et russe*
> *les impôts fédéraux et provinciaux*

Mise en pratique 7 (accord des adjectifs qualificatifs)

Complétez la phrase avec la bonne forme de l'adjectif entre parenthèses.

1. Sylvie était (tout) *triste* car son petit ami ne lui avait pas envoyé de sms depuis ce matin.
2. Cette calculatrice est très (bon marché).
3. Quelque chose de (surprenant) est arrivé pendant notre cours d'informatique.
4. Le weekend prochain, faisons quelque chose de (différent).
5. Nous, les contribuables*, on devient (impatient).
6. Elles ont encore attendu une journée et (demi) avant de lui télécopier le contrat.

* contribuables—*taxpayers*

Emploi des adjectifs qualificatifs

Tableau 4.8

Comment employer les adjectifs qualificatifs

contexte	explication
1. *un examen* **difficile** *Les Dupont sont très* **gentils**. *Elle est trop* **exigeante**. *Il les trouve* **banals**.	L'adjectif qualificatif exprime une qualité du nom ou du pronom auquel il se rapporte.
2. *C'est* **facile à faire**.	L'adjectif qualificatif peut servir à introduire un infinitif.
3. *Il est* **essentiel** *de travailler son français.* *C'est* **évident** !	L'adjectif qualificatif fait partie de nombreuses expressions impersonnelles formées avec *il est* et *c'est*.
4. *Il a rencontré quelqu'un d'***intelligent**.	L'adjectif qualificatif peut être utilisé avec les constructions *quelque chose de, quelqu'un de* et *rien de.*

Mise en pratique 8 (emploi des adjectifs qualificatifs)

En vous référant au tableau ci-dessus, identifiez l'emploi de l'adjectif en italique.

1. Il est *important* de savoir que le piratage des films et de la musique est illégal.
2. Le professeur a préparé un *excellent* diaporama Powerpoint pour illustrer sa conférence.
3. Cette *nouvelle* culture de l'écran sert aussi à se cultiver.
4. C'est *difficile* à comprendre.

Place de l'adjectif qualificatif

Tableau 4.9

Adjectifs qui suivent le nom

L'adjectif qualificatif suit le nom quand :

1. il exprime la nationalité, l'ethnie, la religion ou le groupe social ou politique.
    *un poète **canadien***
    *une école **catholique***
    *le parti **néodémocrate***

2. il exprime la couleur ou la forme.
    *une robe **bleue***
    *des enfants **blonds***
    *un cheval **blanc***
    *une table **ovale***

3. il est modifié par un adverbe polysyllabique (plusieurs syllabes).
    *un concert extraordinairement **beau***

    Attention !   Quand un adjectif est modifié par un adverbe monosyllabique (une seule syllabe), l'adjectif peut précéder le nom.
    *une très **forte** dose*

4. il est déterminé par un complément.
    *un vin **bon** à boire*
    *une composition **pleine** de fautes*

5. c'est un participe présent ou un participe passé utilisé comme adjectif.
    *un travail **fatigant***
    *une étudiante **douée***

Tableau 4.10

Adjectifs qui précèdent le nom

En règle générale, les adjectifs suivants précèdent le nom qu'ils qualifient :

1. les adjectifs courants (d'une ou deux syllabes)
    *un **petit** garçon*
    *une **longue** interview*
    *un **autre** film*
    *une **vraie** surprise*

    Parmi ces adjectifs, il faut noter :

bon	*mauvais*	*beau*
petit	*grand*	*joli*
vrai	*faux*	*nouveau*
vieux	*jeune*	*vilain*
long	*bref*	*gentil*
meilleur	*pire*	*autre*

2. les adjectifs intégrés à un nom
    *une **belle**-mère*
    *des **jeunes** mariés*
    *faire la **grasse** matinée*

3. les adjectifs qui qualifient un nom propre
    *le **célèbre** inspecteur Maigret*

4. les adjectifs employés au sens affectif (c'est-à-dire qui concerne les sentiments)
    *Quelle **heureuse** surprise !*
    *ce **pauvre** type*

Mise en pratique 9 (place de l'adjectif qualificatif)

Mettez l'adjectif entre parenthèses à la bonne place et faites l'accord, s'il y a lieu.

1. (petit) Jean-François possède une imprimante.
2. (obéissant) Les Dupont ont un chien.
3. (autre) Ils ont vu un film.
4. (divin) On parle encore de la Sarah Bernhardt*.
5. (québécois) Nous sommes allées voir une pièce.
6. (vieux) Il veut recycler son ordinateur.

* Sarah Bernhardt—*famous actress*

Changement de sens de l'adjectif selon sa place

Certains adjectifs ont deux sens différents selon qu'ils précèdent ou suivent le nom qu'ils qualifient. Dans la majorité des cas, quand ces adjectifs précèdent le nom, ils sont utilisés au sens figuré. Quand ils suivent le nom, ils sont utilisés au sens propre.

Tableau 4.11

Sens des adjectifs selon leur place

un **ancien** boxeur *a former boxer*	une église **ancienne** *a very old church*
un **brave** homme *a nice man, a good man*	un homme **brave** *a courageous man*
un **certain** charme *a certain charm*	des progrès **certains** *definite progress*
ma **chère** Louise *my dear Louise*	un restaurant **cher** *an expensive restaurant*
le **dernier** jour du mois *the last day of the month*	la semaine **dernière** *last (just past) week*
différents aspects *various aspects*	un style **différent** *a different (dissimilar) style*
une **drôle** d'histoire *a strange story*	une histoire **drôle** *an amusing story*
un **grand** homme *a great man*	un homme **grand** *a tall man*
la **même** équipe *the same team*	la bonté **même** *goodness personified, goodness itself*
son **nouveau** livre *his/her latest book*	un appareil **nouveau** *a brand-new device*
un **pauvre** homme *an unfortunate man*	un homme **pauvre** *a poor (not wealthy) man*
la **prochaine** étape *the next (in a series) stage*	la semaine **prochaine** *next (coming) week*
ma **propre** salle de bains *my own bathroom*	une cuisine **propre** *a clean kitchen*

un **sale** type
a nasty character

des chaussures **sales**
dirty shoes

mon **seul** plaisir
my one and only pleasure

un homme **seul**
a man on his own, a single man

Mise en pratique 10 (place de l'adjectif qualificatif)

Mettez l'adjectif entre parenthèses à la bonne place et faites l'accord, s'il y a lieu. L'adjectif qualifie le nom en italique.

1. (même) Ce jeune homme, c'est la *paresse*.
2. (prochain) La *semaine*, on va installer des caméras de surveillance dans cette école.
3. (ancien) Ce *monastère* sert aujourd'hui de musée.
4. (pauvre) Cette femme n'a pas hésité à se jeter à l'eau pour sauver le *garçon* qui se noyait.
5. (dernier) C'est le *weekend* du mois.
6. (seul) Surfer sur le Net, c'est ma *distraction*.

Emploi de plusieurs adjectifs avec le même nom

Où placer les adjectifs qualifiant le même nom

Tableau 4.12

Quand on utilise plus d'un adjectif pour qualifier le même nom, il faut respecter les règles suivantes :

1. Quand deux ou plusieurs adjectifs qualifient le même nom, chaque adjectif prend sa place habituelle.
    *Elle s'est acheté une **belle** robe **blanche**.*
    *un **vieux** fauteuil **confortable***
    *un **bon** vin **blanc français***

2. Quand deux ou plusieurs adjectifs ont la même position et expriment le même type de qualité, on les réunit généralement avec la conjonction *ou* (choix) ou la conjonction *et* (addition), selon le contexte.
    *des fruits frais **ou** congelés*
    *une belle **et** longue amitié*
    *un employé sérieux **et** compétent*

3. Lorsque les adjectifs expriment deux qualités qui ont un rapport inattendu, on utilise *mais*.
    *un patron exigeant **mais** juste*

Mise en pratique 11 (ordre des adjectifs qualificatifs)

Mettez les mots dans le bon ordre. Faites les accords, s'il y a lieu.

1. un étudiant/intelligent/travailleur
2. une voiture/nouveau/américain
3. une patineuse/jeune/joli
4. un café/bon/petit/bien mérité
5. un devoir/difficile/intéressant

Problèmes de traduction

Tableau 4.13

Comment traduire

1. a blue sky   →   *un ciel **bleu***
   a fast car   →   *une voiture **rapide***
   a beautiful sunset   →   *un **beau** coucher de soleil*

   En anglais, l'adjectif qualificatif est toujours placé devant le nom. En français, par contre, la position peut dépendre du sens de l'adjectif (voir *Tableaux 4.9 à 4.11*).

2. a rural inn   →   *une auberge **de campagne***
   a chemical plant   →   *une usine **de produits chimiques***
   a fishing boat   →   *un bateau **de pêche***

   Certains adjectifs anglais se traduisent en français par un complément déterminatif.

3. a rewarding book   →   *un livre **qui vaut la peine** d'être lu*

   L'anglais et le français n'ont pas toujours des adjectifs équivalents. Pour traduire certains adjectifs anglais, on doit parfois employer des tournures propres aux ressources de la langue française.

4. You make me happy.   →   *Tu me **rends** heureux/heureuse.*
   This makes her sad.   →   *Cela la **rend** triste.*

   La notion exprimée par la formule anglaise *to make* suivie d'un adjectif se traduit en français par le verbe *rendre* suivi de l'adjectif.

5. a tired-looking old man   →   *un vieillard **à l'air fatigué***
   a blue-eyed baby   →   *un bébé **aux yeux bleus***
   a grumpy-looking professor   →   *un professeur **à la mine renfrognée***

   L'anglais forme facilement des adjectifs composés. Le français a plutôt recours au complément déterminatif.

6. something interesting   →   *quelque chose **d'intéressant***
   someone older   →   *quelqu'un **de plus vieux***

   Alors que l'adjectif anglais suit directement les mots *something* et *someone*, l'adjectif français est précédé de la préposition *de (d')*.

Mise en pratique 12 (traduction)

Traduisez les phrases suivantes en français.

1. She said something surprising.
2. He makes her really sad.
3. A child needs a caring environment.

Les adverbes

Formation des adverbes

Tableau 4.14

Comment former les adverbes

1. La plupart des adverbes se forment en ajoutant *ment* au féminin de l'adjectif.

active	→	*active**ment***
dernière	→	*dernière**ment***
folle	→	*folle**ment***
heureuse	→	*heureuse**ment***
rapide	→	*rapide**ment***

2. Certains adverbes se forment en ajoutant *ment* au masculin de l'adjectif. Il s'agit des adjectifs qui se terminent en *u, é* ou *i*.

absolu	→	*absolument*
passionné	→	*passionnément*
poli	→	*poliment*

Attention !

a) Selon la nouvelle orthographe, certains adverbes en **ûment** tels *assidûment* ou *goulûment* sont maintenant épelés sans accent circonflexe: *assidument* ou *goulument*. Voir *l'Appendice I*.

b) On retrouve souvent l'adverbe *gaiment* (nouvelle orthographe) épelé *gaiement* (orthographe traditionnelle) ou même *gaîment*.

3. Certains adverbes ont une terminaison en *ément*.

a) certains adjectifs se terminant par un *e* muet

énorme	→	*énormément*
intense	→	*intensément*

b) certains adjectifs se terminant par une consonne

précis	→	*précisément*
profond	→	*profondément*

Mise en pratique 13 (formation des adverbes)

Donnez l'adverbe qui correspond à l'adjectif.

1. résolu	4. vague	7. positif
2. doux	5. cru	8. aisé
3. vrai	6. confus	9. premier

Tableau 4.15

Comment former les adverbes (suite)

1. Les adverbes formés à partir d'adjectifs en *ant* ont une terminaison en *amment*.

courant	→	*couramment*
galant	→	*galamment*

2. Les adverbes formés à partir d'adjectifs en *ent* ont une terminaison en *emment*.

prudent	→	*prudemment*
patient	→	*patiemment*

Attention ! Exceptions :

lent	→	*lentement*
présent	→	*présentement*

3. Certains adverbes ont une formation particulière.

bon	→	**bien**
bref	→	**brièvement**
gentil	→	**gentiment**
mauvais	→	**mal**
meilleur	→	**mieux**
pire	→	**pis**

4. Certains adverbes sont formés de plusieurs mots. Ce sont des locutions adverbiales. En voici quelques exemples :

à peu près	*tout à fait*
de plus en plus	*tout à l'heure*
n'est-ce pas	*tout de suite*

5. Certains adverbes sont des adjectifs employés adverbialement.

> *Vous vous débrouillez **fort** bien.*
> *Elle chante **faux**.*
> *C'est une **tout** autre affaire.*

6. Beaucoup d'adverbes ne sont pas dérivés d'adjectifs.

vite	*beaucoup*	*tôt*

7. Les adverbes sont toujours invariables.

> *Il danse **mal**.*   *Elles dansent **bien**.*
>
> **Attention !** Voir le *Tableau 4.7* concernant l'accord de l'adjectif *tout* utilisé adverbialement.
>
> *Elle est toute rêveuse.*   *Elle est tout angoissée.*

Mise en pratique 14 (formation des adverbes)

Donnez l'adverbe qui correspond à l'adjectif.

1. élégant	4. récent	7. mauvais
2. bref	5. savant	8. meilleur
3. lent	6. bon	9. évident

Fonction des adverbes

Tableau 4.16

Éléments de phrase modifiés par les adverbes

contexte	explication
1. *Il mange **lentement**.*	Un adverbe peut modifier un verbe.
2. *Cela est **vraiment** intéressant.*	Un adverbe peut modifier un adjectif.
3. *Je vais **très** bien.*	Un adverbe peut modifier un autre adverbe.
4. *Il est arrivé **tout de suite** après nous.*	Un adverbe peut modifier une préposition suivie d'un nom ou d'un pronom.
5. ***Évidemment**, ce n'est pas lui qui en subit les conséquences.*	Un adverbe peut modifier toute une proposition.
6. *un roi **tout à fait** roi*	Un adverbe peut modifier un nom qui est utilisé comme un adjectif.

Mise en pratique 15 (emploi des adverbes)

En vous référant au tableau ci-dessus, indiquez ce que l'adverbe en italique modifie.

1. *Parfois*, elle se demande si elle va pouvoir le supporter encore longtemps.

2. Elle habite *tout* près d'ici.

3. Ils y vont *presque* toujours ensemble.

4. Ce phénomène est *bien* rare.

5. Il parle toujours très *lentement*.

Place de l'adverbe

Où placer l'adverbe

1. Quand un adverbe modifie un adjectif, un autre adverbe ou une préposition suivi(e) d'un pronom, il précède le terme qu'il qualifie.

   *Vous êtes **très** gentil.*
   *Il va **beaucoup** mieux.*
   *On jouera ce morceau **immédiatement** après celui-là.*
   *Cet avion volait **juste** au-dessus des arbres.*

2. Quand un adverbe modifie un verbe conjugué à un temps simple, il suit la forme verbale.

   *Elle conduit **vite** mais **prudemment**.*

   À l'impératif affirmatif, l'adverbe suit la forme verbale et tout pronom qui s'y rattache.

   *Dites-le-lui **tout de suite**.*

   L'adverbe de négation composé de plus d'un élément se place autour d'une forme verbale simple (c'est-à-dire, le *ne* est placé avant la forme verbale et tout pronom qui la précède, et les autres éléments de la négation suivent le verbe).

   *Il **ne** lui en parle **plus**.*
   *N'y va **pas non plus** !*

3. Quand un adverbe modifie un verbe conjugué à un temps composé, il se place entre l'auxiliaire et le participe passé.

   *Ils ont **toujours** habité à Vancouver.*

   Les adverbes de négation composés de plus d'un élément se placent autour de l'auxiliaire (c'est-à-dire, le *ne* est placé avant l'auxiliaire et tout pronom qui le précède, et les autres éléments suivent l'auxiliaire).

   *Elle **ne** m'a **pas encore** donné sa réponse.*

4. Les adverbes longs (qui ont plus de deux syllabes) et peu courants (en principe, les adverbes en *ment*, *emment* et *amment*, ainsi que les locutions adverbiales) suivent en général le participe passé.

   *Ils se sont embrassés **passionnément**.*

   Quelques adverbes en *ment* assez usités prennent la place habituelle entre l'auxiliaire et le participe passé.

   *Elle n'a **malheureusement** pas accepté de venir.*
   *Il a **complètement** oublié.*

   Attention ! On peut placer certains adverbes au début ou à la fin de la phrase pour les mettre en relief.

   ***Malheureusement**, elle n'a pas accepté de venir.*

5. Certains adverbes de temps et de lieu suivent le participe passé, mais parfois, ils peuvent également se placer au début ou à la fin de la phrase.

   ***Hier**, il a fait très froid.*
   *Il a fait très froid **hier**.*

6. Il faut noter que les adverbes de temps *toujours*, *souvent* et *déjà* précèdent le participe passé.

   *Elle a **déjà** mangé.*

7. En règle générale, l'adverbe peut se placer avant ou après l'infinitif qu'il modifie.

> *Ils ont l'intention de **souvent** se voir.*
> *Ils ont l'intention de se voir **souvent**.*

Les deux (ou plusieurs) parties de l'adverbe de négation se placent avant l'infinitif.

> *C'est mieux de **ne pas** y aller.*

L'adverbe *bien* se place avant l'infinitif.

> *Je lui ai dit de **bien** travailler.*

Mise en pratique 16 (place de l'adverbe)

Mettez l'adverbe entre parenthèses à la bonne place.

1. (vraiment)   A-t-il travaillé tout le weekend ?
2. (impunément)   On ne peut pas toujours faire cela.
3. (là-bas)   Je suis arrivé plus tard que d'habitude.
4. (ailleurs)   On ne trouve pas mieux.
5. (peut-être)   C'est l'occasion que vous cherchiez.
6. (aujourd'hui)   Nous restons à la maison.
7. (précisément)   C'est cela qu'elle a dit.

La signification de certains adverbes

Tableau 4.18

- **auparavant** signifie : *avant tel évènement ou telle action, avant (before that). Je ne vais arriver qu'à deux heures car, **auparavant**, j'assiste à une réunion.*
- **autrement** peut signifier : *d'une autre façon, d'une façon différente (differently). Il faudra la convaincre **autrement**.*
- **autrement** en tête de phrase peut signifier : *sinon (otherwise). Fais attention, **autrement** tu auras des difficultés.*
- **certes** veut dire : *certainement, c'est vrai (true). Il l'a dit, **certes**, mais il le regrette maintenant.*
- **comme il faut** veut dire : *de la bonne façon, bien (well). On fera cela **comme il faut**.*
- **davantage** veut dire : *plus (more). Paul est moins doué, mais il travaille **davantage**.*
- **en ce moment** veut dire : *maintenant (now, presently). Il fait beau **en ce moment**.*
- **à ce moment-là** veut dire : *à un moment donné (at that time). Ce n'était pas **à ce moment-là** qu'il pouvait nous répondre.*
- **en même temps** veut dire : *au même moment (at the same time). Ils sont arrivés **en même temps**.*
- **fort** devant un adjectif, veut dire : *très (very). C'est un homme **fort** occupé.*
- **par moments** veut dire : *de temps à autre (at times). Il m'énerve **par moments**.*

Mise en pratique 17 (traduction)

Complétez les phrases suivantes en traduisant les mots entre parenthèses.

1. (At that time), elle n'avait pas d'économiseur d'écran.
2. En classe, il faut que tu parles (more; n'utilisez pas *plus*).
3. (Before that; n'utilisez pas *avant*), elle n'avait pas d'ordinateur, donc elle écrivait tout à la main.
4. Il faudra éliminer le courrier indésirable (differently; n'utilisez pas *différemment*).

Problèmes de traduction

Tableau 4.19

Comment traduire

1. She is actually his sister-in-law. → *C'est **vraiment** sa belle-sœur.*
   He is presently in Europe. → *Il est **actuellement** en Europe.*

   Il ne faut pas confondre le mot anglais *actually* (qui veut dire *en fait, vraiment, réellement*) avec le mot français *actuellement* (qui veut dire *présentement, en ce moment*).

2. urgently → ***de toute urgence***
   pleadingly → ***d'un ton suppliant***
   admiringly → ***avec admiration***

   Certains adverbes anglais n'ont pas d'équivalents français à forme simple. Il s'agit alors de trouver la tournure qui traduit le mieux l'adverbe anglais.

3. He works hard; consequently → *Il travaille beaucoup; **aussi** a-t-il de*
   he receives good marks. → *bonnes notes.*

   Les mots anglais *consequently*, *thus* et *as a result* peuvent se traduire en français par l'adverbe *aussi*. Quand il a ce sens, cet adverbe se met en tête de phrase et force l'inversion du sujet et du verbe.

Mise en pratique 18 (traduction)

Traduisez les phrases suivantes en français.

1. I gladly accept your invitation.
2. You actually told this to the boss.

La comparaison

Le comparatif

Le comparatif permet de faire la comparaison entre deux êtres, deux objets, deux faits ou deux groupes.

> ***Les tigres*** *sont plus féroces que* ***les lapins***.

Tableau 4.20

Comparatif des adjectifs et des adverbes

degrés	formes	exemples
supériorité	plus + adjectif + que	*Paul est **plus grand que** Robert.*
	plus + adverbe + que	*Paul marche **plus lentement** que moi.*
infériorité	moins + adjectif + que	*Robert est **moins grand que** Paul.*
	moins + adverbe + que	*Robert marche **moins lentement que** son copain.*
égalité	aussi + adjectif + que	*Elle est **aussi grande que** sa mère.*
	aussi + adverbe + que	*Elle marche **aussi lentement que** toi.*

Attention ! Dans une phrase négative, le mot *si* peut remplacer *aussi*.

*Il n'est pas **si** tard que ça.*

Tableau 4.21

Comparatif des noms

degrés	formes	exemples
supériorité	plus de + nom + que	*Elle a **plus de travail que** Jacques.*
infériorité	moins de + nom + que	*Jacques a **moins de travail qu'**elle.*
égalité	autant de + nom + que	*Nous avons **autant de travail que** vous.*

Attention ! Dans une phrase négative, le mot *tant* peut remplacer *autant*.
*On n'a jamais vu **tant** de monde.*

On n'utilise pas l'article défini ou partitif après *plus de, moins de* ou *autant de*.
*Elle a plus **de** travail que Jacques.*

Il faut signaler l'emploi possible de *plus/moins d'un/d'une*; *plus de deux, de trois*, etc.
*Elle a écrit **plus d'une** composition.*

Tableau 4.22

Comparatif des verbes

degrés	formes	exemples
supériorité	verbe + plus que	*Il **travaille plus que** moi.*
infériorité	verbe + moins que	*Jeanne **travaille moins que** sa sœur.*
égalité	verbe + autant que	*Paul **travaille autant que** les autres.*

Attention ! Dans une phrase négative, le mot *tant* peut remplacer *autant*.
*Il ne travaille pas **tant** que ça.*

Aux temps composés, *plus, moins* et *autant* peuvent se placer avant ou après le participe passé.
*Il a **moins** travaillé que lui.*
*Il a travaillé **moins** que lui.*

Mise en pratique 19 (comparatif)

Établissez une comparaison avec le terme en italique en utilisant le code entre parenthèses et en suivant le modèle.

Code :   (+) supériorité   (–) infériorité   (=) égalité

Modèle :   Robert court *vite*. (–) Jean
→   *Robert court moins vite que Jean.*

1. Jacques est *sportif*. (+) Paul
2. Il *dort*. (=) elle
3. Nous avons *de l'argent*. (–) vous
4. Ce dictionnaire est *utile*. (=) celui-là
5. Mon frère fait *de l'exercice*. (=) moi
6. Je suis *fatigué*. (–) toi
7. Vous étudiez *sérieusement*. (+) nous
8. Je n'ai pas *de chance*. (+) les autres
9. On tond *souvent* le gazon. (=) les voisins
10. Il *boit*. (–) son père

Le superlatif

1. Le superlatif établit la supériorité absolue d'un être, d'un objet, d'un fait ou d'un groupe.

     *le mois **le plus chaud***

2. Le superlatif peut être suivi d'un complément introduit par *de*.

     *C'est lui qui est le plus bavard **de la classe**.*

3. Lorsque le superlatif est précédé directement par le nom qu'il modifie, on répète l'article défini.

     *Jacques est **l'**étudiant **le** plus bavard de la classe.*

Tableau 4.23

Superlatif des adjectifs et des adverbes

degrés	formes	exemples
supériorité	le plus + adjectif	C'est Sylvie qui est **la plus grande**.
	la plus + adjectif	
	les plus + adjectif	
	le plus + adverbe*	C'est Paul qui marche **le plus lentement**.
infériorité	le moins + adjectif	C'est Robert qui est **le moins grand**.
	la moins + adjectif	
	les moins + adjectif	
	le moins + adverbe*	C'est Robert qui marche **le moins lentement**.

* une seule forme en *le* avec l'adverbe

Tableau 4.24

Superlatif des noms

degrés	formes	exemples
supériorité	le plus de + nom	C'est elle qui a **le plus de travail**.
infériorité	le moins de + nom	C'est elle qui a **le moins de travail**.

Attention ! L'article *le* du superlatif des noms ne change pas, même si le nom qui suit le superlatif est féminin ou pluriel.

*C'est elle qui a **le** plus de persévérance.*
(*persévérance* est un nom féminin)
*Ce sont eux qui ont **le** plus de problèmes.*

Tableau 4.25

Superlatif des verbes

degrés	formes	exemples
supériorité	verbe + le plus	C'est lui qui **travaille le plus**.
infériorité	verbe + le moins	C'est Jeanne qui **travaille le moins**.

Attention ! L'article *le* du superlatif des verbes ne change pas, même si le sujet du verbe est féminin ou pluriel.

*Ce sont eux qui mangent **le plus**.*

Aux temps composés, *le plus* et *le moins* peuvent se placer avant ou après le participe passé.

*C'est vous qui avez **le plus** dépensé.*
*C'est vous qui avez dépensé **le plus**.*

Formes irrégulières du comparatif et du superlatif

Tableau 4.26

Comparatif et superlatif des adjectifs *bon, mauvais* et *petit*

adjectifs	formes régulières	formes irrégulières
bon		meilleur le meilleur
mauvais	plus mauvais le plus mauvais	pire le pire
petit	plus petit le plus petit	moindre (peu usité) le moindre

Tableau 4.27

Comparatif et superlatif des adverbes *bien, mal, peu* et *beaucoup*

adverbes	formes régulières	formes irrégulières
bien		mieux le mieux
mal	plus mal le plus mal	pis (peu usité) le pis (peu usité)
peu		moins le moins
beaucoup		plus, davantage le plus

Mise en pratique 20 (superlatif)

Établissez une comparaison avec le terme en italique en utilisant le code entre parenthèses et en suivant le modèle.

Code :   (+) supériorité   (–) infériorité

Modèle :   Jacqueline a un *bon* coiffeur. (+)
→   *C'est Jacqueline qui a le meilleur coiffeur.*

1. Robert court *vite*. (+)
2. Paul lui téléphone *souvent*. (–)
3. Ils ont eu de *bonnes* notes. (+)
4. Georges danse *bien*. (+)

Emploi de la comparaison

Tableau 4.28

Comment employer la comparaison

contexte	explication
1. *Elle est **moins tendue que** lui.* *Ce que l'on fait **vaut plus que** ce que l'on dit.*	La comparaison peut exprimer un rapport entre deux êtres, deux objets, deux faits ou deux groupes.
2. *Cette méthode est **plus efficace**.* *Parlez **plus fort**.*	Le comparatif peut simplement indiquer un degré sans que le deuxième élément soit exprimé.

3. *J'ai fait **deux** exercices **de plus que** toi.*

Avec un nombre, on utilise *de plus que* ou *de moins que*.

4. *Il a **bien plus** d'ennuis **que** toi.*
*Cette composition est **nettement** meilleure.*
*On travaille **beaucoup plus** qu'auparavant.*

On peut renforcer les termes *plus* et *moins* du comparatif avec *bien, beaucoup, de loin, infiniment, nettement* et *tellement*.

5. *Ce logiciel-ci est **supérieur à** celui-là.*

Certains adjectifs en *ieur* marquent déjà un degré de comparaison sans avoir à ajouter *plus* ou *moins*. Ces adjectifs sont suivis de la préposition *à* et non de la conjonction *que*. Parmi ces adjectifs, on peut citer : *antérieur à, postérieur à, inférieur à* et *supérieur à*.

6. *Cette voiture est **plus** rapide et **plus** nerveuse **que** celle que j'avais auparavant.*
*Il a couru **le plus** loin et **le plus** vite.*

On répète les termes du comparatif (*plus, moins, aussi* et *autant*) et du superlatif (*le plus* ou *le moins*) devant chaque mot subissant la comparaison.

7. *Il est **plus** bête **que** je **ne** le pensais.*
*Elle a chanté cette chanson **mieux que** je **ne** le pourrais.*

Dans une phrase subordonnée qui suit un comparatif, on utilise le mot *ne*. Ce *ne*, qu'on nomme dans ce cas *ne* explétif, n'est pas un négatif.

8. *C'est le garçon **le plus** sympathique **du** groupe.*
*La **meilleure** note **de** la classe n'était qu'un B.*

Le complément du superlatif est précédé de la préposition *de* (ou des formes contractées *du* ou *des*).

9. *C'est mon disque **favori**.*
*Ce livre est **unique**.*

Certains mots ont déjà un sens superlatif. Parmi ceux-ci, il faut noter :

délicieux	*infect*
favori	*magnifique*
formidable	*merveilleux*
épatant	*sensationnel*
excellent	*superbe*
exquis	*terrible*
horrible	*unique*

10. *Nous sommes **très** fatigués.*
*Il parle **remarquablement** bien le français.*
*C'est **tout à fait** vrai.*

Certains adverbes et certains préfixes expriment la notion du superlatif. Parmi ces adverbes, il faut citer :

absolument	*bien*
remarquablement	*très*
tout à fait	*complètement*
extrêmement	*vraiment*

*Ces bureaux sont **ultra**modernes.*
*Cette robe est **super** chic.*

Parmi les préfixes[*], il faut citer: *archi* et *ultra*. Les préfixes *extra* et *super* appartiennent surtout au langage familier.

---

[*] Dans la majorité des cas, les préfixes *ultra* et *extra* forment un seul mot avec l'adjectif (*extrafort*). On retrouve d'autres préfixes liés à l'adjectif à l'aide d'un trait d'union (*archi-intéressant*) ou formant deux mots (*super léger*).

Mise en pratique 21 (traduction)

Complétez chaque phrase en traduisant les mots entre parenthèses.

1. Pour cette recette, on a besoin de sucre (*extra*) *fin*.
2. Je ne dors pas (*as well*) qu'auparavant.
3. Cette laine est de qualité (*inferior*).
4. Il a mangé deux morceaux de gâteau (*more than*) son frère.
5. C'est (*the least of his*) soucis.
6. C'est (*the best employee in the*) service.
7. Elle est (*extremely*) susceptible.
8. Les résultats sont (*better*) que prévus.

Place de l'article ou omission de l'article dans la comparaison

1. Quand un adjectif au superlatif précède le nom qu'il qualifie, l'article est placé devant l'adjectif.

    *C'est **la** meilleure chanson du disque.*
2. Quand un adjectif au superlatif suit le nom qu'il qualifie, l'article précède le nom et est répété devant le superlatif.

    *C'est **la** chanson **la** plus longue du disque.*
3. Quand un adjectif au superlatif précède le nom qu'il qualifie et qu'il est lui-même précédé d'un adjectif possessif, on omet l'article.

    *C'est **mon** meilleur score.*

Mise en pratique 22 (place de la comparaison)

Dans chaque phrase, ajoutez l'expression entre parenthèses.

1. C'est le logiciel qui a marché. (le mieux)
2. Elle s'achète les collants (les plus chers), mais elle peut se le permettre.
3. Je crois que c'est elle qui a eu le score. (le meilleur)

Problèmes de traduction

Tableau 4.29

Comment traduire

1. a **most** pleasant person   →   *une personne **très** sympathique*
   This is **the most** interesting painting.   →   *C'est la toile **la plus** intéressante.*

    La construction anglaise *most* + adjectif se traduit en français par *exceptionnellement*, *extrêmement*, *très*, etc., suivi de l'adjectif en question. Par contre, la construction anglaise *the most* + adjectif se traduit par le superlatif français *le plus/la plus/les plus* + adjectif.

2. the best student **in** the class   →   *le meilleur étudiant **de la classe***

Le superlatif anglais est suivi de la préposition *in*, tandis que le superlatif français introduit son complément avec la préposition *de*.

3. Of the two, he is **the stronger**.   →   *Des deux, c'est lui **le plus fort**.*

En anglais, on peut parfois utiliser le comparatif là où le français utilise le superlatif.

4. My brother is **taller than** I.   →   *Mon frère est **plus grand que** moi.*
My brother is **more athletic than** I.   →   *Mon frère est **plus doué** pour les sports **que** moi.*

L'anglais forme généralement le comparatif de supériorité de deux façons. Le français n'a qu'une formation (à l'exception des adjectifs qui ont des formes irrégulières).

5. **the most important** point   →   *le point **le plus important***

L'anglais forme le superlatif en utilisant l'article *the* suivi de *most* ou *least* suivi du nom. En français, le nom précède la forme complète du superlatif.

6. **The less** you sleep, **the more** tired   →   *Moins tu dors, plus tu vas être*
you are going to be.   *fatigué(e).*

En anglais, on utilise l'article *the* dans les formules du type *the more... the more..., the less... the less..., the more... the less...*, etc. En français, il n'y a pas d'article dans ces formules.

Mise en pratique 23 (traduction)

Traduisez les phrases suivantes en français.

1. His success is all the more surprising since he struggled so much in school.

2. The more we eat, the more we gain weight.

3. It's even colder than we anticipated.

4. Unfortunately, the more you worry, the less he cares. (forme *vous*)

Expression écrite

L'emploi des dictionnaires

1. Les dictionnaires permettent à ceux qui écrivent de trouver les mots ou les expressions qui rendent le mieux ce qui est à exprimer. Cette quête du mot juste implique des recherches dans un ou plusieurs dictionnaires en ligne ou sous forme de livres.

2. On doit noter, toutefois, que le recours aux dictionnaires ne résout pas toujours les difficultés rencontrées lorsqu'il s'agit de trouver la tournure la plus heureuse. Ceci dit, les dictionnaires sont des outils de consultation indispensables pour améliorer la richesse et la variété du vocabulaire utilisé dans un texte, et pour vérifier la justesse des termes employés.

3. Pour savoir utiliser les dictionnaires, il faut connaitre les ressources qu'ils mettent à notre disposition.

Tableau 4.30

Quel dictionnaire utiliser

1. On utilise **un dictionnaire bilingue** pour :
   a) trouver l'équivalent français d'un mot ou d'une expression que l'on ne connait qu'en anglais.
   b) trouver ou vérifier la signification d'un mot.
   c) vérifier la prononciation d'un mot en français.

2. On utilise **un dictionnaire unilingue** pour :
   a) trouver la/les définition(s) d'un mot ou d'une expression.
   b) trouver ou vérifier la signification d'un mot dans un contexte particulier.
   c) trouver les différents sens d'un mot (sens propre, sens figuré, etc.).
   d) vérifier la prononciation d'un mot en français.
   e) trouver les renseignements grammaticaux rattachés à un mot.
   f) comprendre les différents emplois d'un mot.
   g) trouver des exemples illustrant le bon usage d'un mot ou d'une expression.

3. On utilise **un dictionnaire des synonymes** ou **un thésaurus** pour :
   a) trouver les synonymes d'un mot.
   b) trouver les antonymes d'un mot.

Tableau 4.31

Conseils concernant l'emploi des dictionnaires

1. Ne pas utiliser de dictionnaires de poche abrégés.
2. Vérifier l'emploi d'un terme dans un ou plusieurs exemples pour bien s'assurer de son bon usage.
3. Ne pas s'arrêter à la première définition ni au premier exemple, mais bien chercher ce dont on a besoin.
4. Chercher dans un deuxième ou troisième dictionnaire si l'on ne trouve pas ce qu'on cherche dans le premier.

Les entrées de dictionnaires

Tableau 4.32

Dictionnaires en ligne

1. Entrée reliée au verbe « freiner », mot tiré de la lecture du *Dossier 2*, Dictionnaire en ligne *L'internaute*.
   Freiner

   Verbe intransitif, verbe transitif

   DÉFINITIONS

   freiner, *verbe intransitif*

   Sens 1   **Ralentir** ou arrêter une machine, un véhicule   *Le camion n'a pas pu freiner à temps.*
            Synonyme : stopper   *= The truck was not able to brake*
            Traduction : to brake   *in time.*

   freiner, *verbe transitif*

   Sens 1   **Ralentir** ou arrêter un véhicule, une machine
            Exemple : Freiner une auto   *On a réussi à freiner la descente de la*
            Synonyme : stopper   *navette spatiale. = They managed*
            Traduction : to slow down   *to slow down the descent of the space*
                                                                         shuttle.

Sens 2   **Modérer**

Exemple : Freiner la hausse des prix

Synonyme : limiter

Traduction : to curb

Attention ! Sens 1 se rapporte souvent au sens littéral ou concret du terme. Sens 2 se rapporte souvent au sens figuré du terme.

SYNONYMES

freiner, 16 synonymes

amortir, arrêter, bloquer, brider, circonscrire, enrayer, entraver, inhiber, juguler, limiter, modérer, ralentir, refroidir, retarder, stopper, tempérer

2. Autre entrée reliée au verbe « freiner », Dictionnaire en ligne de TV5.

| DÉFINITIONS | SYNONYMES | CONJUGAISONS | STYLE | FRANÇAIS/ANGLAIS | ANGLAIS/FRANÇAIS |

> freiner
(verbe transitif et intransitif)
Actionner un frein.
{sens figuré} Modérer.
Ralentir.

| DÉFINITIONS | SYNONYMES | CONJUGAISONS | STYLE | FRANÇAIS/ANGLAIS | ANGLAIS/FRANÇAIS |

> freiner
1/ conduite: arrêter, s'arrêter, décélérer, ralentir.
2/ diminuer: modérer, tempérer, faire obstacle, retenir, maîtriser, limiter, restreindre, endiguer, enrayer, juguler, stopper, retarder, bloquer, arrêter, réfréner, brider.

Mise en pratique 24 (dictionnaires)

En vous servant du tableau 4.32, répondez aux questions suivantes.

1. Comment traduiriez-vous le verbe *freiner* dans les deux phrases suivantes :
   a) Heureusement qu'elle a pu freiner lorsque le piéton a traversé la rue sans faire attention aux voitures qui circulaient.
   b) Impossible de freiner son enthousiasme !

2. Traduisez en français le mot entre parenthèses :

   James Dean a dit: « Je déteste tout ce qui _____ (slows down) le progrès et la croissance. »

3. Trouvez deux synonymes qui signifie « freiner » lorsqu'on parle de la conduite d'une voiture.

Le coin du correcteur

Tableau 4.33

L'emploi du dictionnaire pour vérifier l'orthographe des mots

Le dictionnaire permet de vérifier la bonne orthographe des mots. Outre l'interférence de l'anglais (l'orthographe française *une enveloppe* plutôt que l'orthographe anglaise *an envelope*) ou les problèmes liés au genre et au nombre (*musée* : masculin ou féminin ?), la conjugaison des verbes du français présente souvent un défi considérable. Les dictionnaires nous fournissent d'habitude des tableaux de conjugaison fort utiles pour trouver la forme recherchée.

Mise en pratique 25 (emploi du dictionnaire pour la correction)

1. Quel est le mot français pour : a) companion b) perverse c) example d) pessimism e) address ?
2. En vérifiant dans le dictionnaire, donnez le genre des mots suivants : a) hors d'œuvre b) cimetière c) image d) Mexique e) côté.
3. Trouvez les formes des verbes suivants : a) être (forme *il* au passé simple), b) croitre (forme *ils* au présent de l'indicatif), c) absoudre (forme *nous* à l'imparfait), d) devoir (forme *elle* au passé composé, e) valoir (forme *ils* au présent de l'indicatif).

Synthèse

Exercice 1 Mais... (genre des adjectifs)

oral ou écrit   Faites l'exercice selon le modèle.

Modèle :   Ce petit pain est frais. (cette pâtisserie)
→   *Mais cette pâtisserie n'est pas fraiche.*

1. Ce parc est public. (cette entreprise)

2. Cette voiture est neuve. (ce camion)

3. Ce jeune homme semble heureux. (sa fiancée)

4. Ce sac est léger. (cette valise)

5. Sa mère est canadienne. (son père)

6. Cette exposition est intéressante. (ce musée)

7. Son frère est arrogant. (sa sœur)

8. Cette voiture est puissante. (ce vélomoteur)

9. Le fils des Dupont est très actif. (la fille)

10. Ce pantalon est sec. (cette chemise)

Exercice 2 Galerie de portraits (accord des adjectifs)

oral ou écrit   Décrivez un trait marquant des personnes présentées ci-dessous.

Modèle :   Paul/les yeux/bleu
→   *Paul a les yeux bleus.*

1. Monsieur Ravage/la moustache/fin

2. Ricky/la démarche/fier

3. Gilbert/les cheveux/frisé

4. Jeannette/les joues/creux

5. Monique/la mine/joyeux

Exercice 3 Qualités et défauts (accord des adjectifs)

oral ou écrit   Mentionnez les qualités ou les défauts des personnes de la même famille. Suivez les modèles et changez le genre de la personne.

Modèles :   Alain est généreux et naïf.
→   *Sa sœur est généreuse et naïve aussi.*

Jacqueline est travailleuse et ambitieuse.
→   *Son frère est travailleur et ambitieux aussi.*

1. Robert est intelligent et travailleur.

2. Chantal est sérieuse et discrète.

3. Roger est sportif et courageux.

4. Sylvie est mesquine et jalouse.

5. Hervé est malin et flatteur.

Synthèse

Exercice 4 On a visité… (place de l'adjectif)

oral ou écritc Décrivez ce que vous avez visité.

Modèle :   monastère/vieux
→   *On a visité un vieux monastère.*

1. château/joli
2. théâtre/grec
3. tour/très élevée
4. port/vieux
5. monument aux morts/bizarre

6. marché/plein de monde
7. parc/grand
8. musée/renommé
9. église/gothique
10. boite de nuit/bruyante

Exercice 5 Alors… (place de l'adjectif)

oral ou écrit Pour bien souligner la qualité de la personne ou de l'objet dont on parle, exprimez différemment ce qu'on vient de vous dire.

Modèle :   C'est un homme qui n'est plus acteur. (ancien)
→   *Alors, c'est un ancien acteur.*

1. C'est un homme célèbre. (grand)
2. Ce sont des histoires qui font rire. (drôle)
3. C'est un homme qui n'est pas accompagné. (seul)
4. C'est sa voiture à lui. (propre)
5. C'est un homme qui a très peu d'argent. (pauvre)
6. C'est une prison qui n'est plus une prison. (ancienne)
7. C'est une femme qui est courageuse. (brave)
8. C'est un restaurant où l'on dépense beaucoup d'argent. (cher)
9. C'est un homme à qui il est arrivé des malheurs. (pauvre)
10. C'est un meuble qui date du XVIIe siècle. (ancien)

Exercice 6 C'est vrai… (formation des adverbes)

oral ou écrit Vous êtes d'accord avec le fait que ces personnes ont les traits de personnalité indiqués. Exprimez cet accord.

Modèle :   Yves est soigneux.
→   *C'est vrai, il fait tout soigneusement.*

1. Lena et Sylvie sont méticuleuses.
2. Jacques est patient.
3. La patronne est honnête.
4. Laurent et Max sont prudents.
5. Jeannette est consciencieuse.

6. Alain est lent.
7. Ces étudiants sont diligents.
8. Claudette est calme.
9. Paul est attentif.
10. Ces enfants sont bruyants.

Exercice 7 C'est pour cela… (formation des adverbes)

oral ou écrit   Fournissez une explication aux affirmations suivantes en utilisant les mots entre parenthèses et en suivant le modèle.

> Modèle :   Il apprend le français. (parler/lent)
> →   *C'est pour cela qu'il parle lentement.*

1. Elle est méticuleuse. (faire son travail/soigneux)

2. Il prend bien les choses. (réagir/positif)

3. Elles semblent intéressées. (écouter/attentif)

4. Elle ne raconte jamais de potins. (agir/discret)

5. Il dit toujours la vérité. (parler/franc)

6. Elle est très spirituelle. (répondre/brillant)

7. Elles ont beaucoup de gout. (s'habiller/élégant)

8. Il est toujours énervé. (faire tout/brusque)

9. Ils ne sont pas paresseux. (travailler/assidu)

10. Il est impatient. (réagir/mauvais)

Exercice 8 Les détails (place de l'adverbe)

oral ou écrit   Répondez aux questions suivantes en donnant une précision.

> Modèle :   Comment a-t-il réagi ? (très bien)
> →   *Il a très bien réagi.*

1. Quand est-ce que tu lui as téléphoné ? (hier)

2. Comment a-t-elle répondu ? (intelligemment)

3. Où l'as-tu vu ? (là-bas)

4. Comment a-t-il conduit ? (bien)

5. Comment vont-ils réagir ? (positivement)

6. Où vas-tu le mettre ? (ici)

7. Combien de films a-t-il vus ? (beaucoup)

8. Quand est-ce qu'ils sont partis ? (avant-hier)

9. Où allez-vous le rencontrer ? (tout près d'ici)

10. Quand allons-nous partir ? (bientôt)

Exercice 9 À mon avis… (comparatif)

oral ou écrit Faites des comparaisons en utilisant *plus*, *moins* ou *aussi*/*autant*.

Modèles :   le vol delta/la planche à voile/dangereux
→   *À mon avis, le vol delta est plus dangereux que la planche à voile.*

être vendeur/créer une entreprise/audacieux (= *daring*)
→   *À mon avis, être vendeur est moins audacieux que créer une entreprise.*

1. l'argent/l'amour/important

2. regarder une émission de sport/participer à un sport/fatigant

3. les Français/les Italiens/manger des pâtes

4. être heureux dans son travail/gagner beaucoup d'argent/satisfaisant

5. les femmes/les hommes/délicat

6. les professeurs/les étudiants/travailler

7. la cuisine anglaise/la cuisine française/bon

8. cet exercice/l'exercice précédent/difficile

9. la bière canadienne/la bière française/bon

10. les iPod/les MP3/cher

Exercice 10 Libre expression (comparatif)

oral ou écrit Faites les comparaisons que vous voulez.

Modèle :   la vie à la campagne/la vie en milieu urbain
→   *La vie à la campagne est moins stressante que la vie en milieu urbain.*

1. travailler seul/travailler en équipe

2. les Anglais/les Français

3. cette année/l'année dernière

4. regarder la télévision/lire

5. ma meilleure amie/moi

6. l'été/l'hiver

7. avoir beaucoup d'argent/être heureux

8. les parents/les enfants

9. sortir au cinéma/sortir au théâtre

10. voyager/rester à la maison

Exercice 11 Saviez-vous que… (superlatif)

oral ou écrit Mettez les phrases au superlatif.

Modèle :   Charlot était un grand comédien. (son époque)
→   *Charlot était le plus grand comédien de son époque.*
ou   →   *Charlot n'était pas le plus grand comédien de son époque.*

1. La tour CN est un édifice élevé. (l'Amérique du Nord)

2. Le mois de janvier est un mois froid. (l'année)

3. Le Québec est une grande province. (le Canada)

4. Le Canada est un grand pays. (le monde)

5. La Chine est un pays peuplé. (le monde)

Exercice 12 Chaque chose à sa place (ordre des mots)

écrit Dans chaque phrase, mettez les adjectifs et les adverbes à la place qui convient. Attention aux accords !

1. Elle a acheté une voiture. (nouveau/récemment)

2. As-tu rencontré ma sœur ? (petit/déjà)

3. J'apprécie un chocolat. (bon/chaud/de temps en temps)

4. On n'a pas voté pour ce candidat. (pauvre/incompétent/heureusement)

5. Il faut corriger les fautes. (soigneusement/tout/d'abord)

Exercice 13 Moulin à phrases (divers éléments)

écrit Utilisez chaque mot ou expression dans une phrase.

1. plus d'une

2. le pire

3. tout (adverbe)

4. davantage

5. autant de

6. Plus... moins...

7. encore moins

8. Plus... plus...

9. de mon mieux

10. Autant... autant...

Exercice 14 Traduction (divers éléments)

écrit Traduisez les phrases suivantes en français.

1. What a beautiful day!

2. That makes me very proud.

3. Where is the medical school?

4. He doesn't play any musical instrument.

5. He actually likes translation exercises.

6. This is the largest room in the house.

7. I tasted a marvellous little rosé wine from the south of France.

8. He smokes; consequently he is often out of breath.

9. The more we save, the sooner we'll be able to buy a car.

10. It was a most pleasant evening.

Synthèse

Exercice 15 Rédaction (expression écrite)

écrit   Sujet   Choisissez l'un des deux sujets ci-dessous.

1. Faites la comparaison entre vos amis à l'école secondaire et vos amis à l'université. Comparez leurs personnalités, leurs intérêts et leurs activités hors cours.
2. Comparez les technologies disponibles quand vos parents avaient votre âge avec celles dont vous disposez à l'heure actuelle.

Consignes

1. Ne dépassez pas les 250 mots.
2. Écrivez votre texte à double interligne.
3. Divisez votre texte en paragraphes.

Suggestions

1. Rédigez un paragraphe d'introduction dans lequel vous annoncez la comparaison que vous allez faire. Dans les trois ou quatre paragraphes suivants, développez votre comparaison. Finalement, rédigez un petit paragraphe de conclusion.
2. Consultez la section sur la comparaison dans la partie *Grammaire* de ce chapitre.
3. Utilisez des mots charnières tels que *et, mais, pourtant, c'est pourquoi, de plus, en ce qui concerne, par ailleurs, selon moi, en conclusion*, etc.
4. En vous servant de votre dictionnaire, trouvez dans votre texte deux ou trois mots ou expressions qui pourraient être mieux exprimé(e)s (à l'aide de synonymes, par exemple).
5. Relisez-vous plusieurs fois afin d'éliminer le plus de fautes possible.
6. Continuez à noter vos erreurs dans votre carnet de correction.

© Alan Marsh/agefotostock RF.

CHAPITRE 5
Le bilinguisme et l'apprentissage des langues

Lecture

Article tiré du journal *Le Devoir*

Le cerveau est bilingue de Benoît Rose 156

Article tiré du journal belge *L'Écho*

Le bilinguisme dès la maternelle d'Alain Destexhe 162

Vocabulaire

Les langues 158

L'apprentissage des langues 159

L'immigration 160

Grammaire

L'infinitif 166

Le subjonctif 170

Expression écrite

Les phrases complexes 185

Les propositions subordonnées 186

Le coin du correcteur 188

Synthèse

Exercice 1 à 17 189

 Visitez le site Web de *Mise en pratique*, **www.pearsoncanada.ca/favrod**, où vous trouverez :

- des exercices de grammaire supplémentaires
- des activités complémentaires basées sur des sites Web francophones
- des exercices d'écoute

Lecture et vocabulaire

Dossier 1 *Le cerveau est bilingue*

Introduction à la lecture

Dans ce chapitre, nous allons aborder le thème de l'apprentissage des langues et du bilinguisme. Le premier texte que vous allez lire est tiré du volet **Éducation** du journal *Le Devoir**. Il traite des mythes et des idées reçues concernant le bilinguisme. L'auteur, Benoît Rose, a consulté Fred Genesee, un spécialiste de l'acquisition des langues :

> *Professeur au Département de psychologie à l'Université McGill, Fred Genesee fait le point sur les « mythes et les malentendus entourant l'acquisition de deux langues chez l'enfant ». En offrant une revue accessible des dernières recherches sur le sujet, il souhaite répondre aux questions typiques que lui posent les parents, les éducateurs et les décideurs. Le Devoir l'a rencontré à son bureau de l'établissement montréalais.*

* Le journal *Le Devoir* est un quotidien canadien de langue française qui a été fondé en 1910. Aujourd'hui, ce journal est reconnu pour son indépendance éditoriale et son contenu d'opinion, et il maintient sa tradition de rigueur et d'analyse comme l'indique bien sa devise – *Libre de penser*. Le Devoir s'adresse à des lecteurs divers : hommes et femmes d'affaires, universitaires, étudiant/es. On peut aussi consulter la version internet.

Activités de pré-lecture

1. Quand on dit qu'un enfant est bilingue que veut-on dire exactement ?
2. Connaissez-vous des personnes qui ont appris deux langues simultanément lorsqu'elles étaient enfants ?
3. D'après vous, y a-t-il des dangers si un jeune enfant apprend deux langues en même temps ?

Lecture

Lisez le texte ci-dessous.

1. Relevez tous les verbes à l'infinitif dans les trois premiers paragraphes. Notez dans quel contexte ils sont présentés, par exemple s'ils sont accompagnés d'un autre verbe ou s'ils suivent une préposition.
2. Répondez aux questions de compréhension globale qui suivent le texte.

Lecture

1

5

Le cerveau est bilingue

Les mythes et les malentendus entourant l'acquisition de deux langues chez l'enfant

Avec son accent anglophone, le professeur d'origine ontarienne prévient son *interlocuteur* qu'il a parfois de la difficulté à s'exprimer clairement en français. « Parce que ce sont des affaires qui sont assez compliquées », explique-t-il, un peu inquiet. Sa maîtrise du français, sa langue seconde, *s'avérera* pourtant très adéquate, malgré quelques hésitations lors de la traduction de certains concepts. Ce sont là les joies du bilinguisme, et le chercheur, enseignant à McGill depuis près de 40 ans, est bien placé pour les comprendre.

Bien au fait des récentes recherches internationales sur le sujet, il entend faire *démentir* certains mythes qui circulent dans la population à propos de l'acquisition de deux langues chez l'enfant d'âge préscolaire.

Le mythe du cerveau unilingue

Beaucoup de craintes *découlent* d'une conception de base *erronée* : une partie de la population s'imagine que le cerveau est en quelque sorte unilingue et que d'apprendre deux langues simultanément est plus difficile et risque de créer un *retard* dans le développement du langage chez l'enfant. Or c'est faux : le cerveau est bel et bien « bilingue », c'est-à-dire apte à apprendre deux langues en même temps sans se surcharger ni subir de retard.

Les étapes importantes du développement du langage, comme la prononciation des premiers mots vers l'âge de 12 mois ou des premières petites phrases à 24 mois, sont franchies au même moment par les enfants bilingues et les enfants unilingues. Idéalement, l'enfant doit être exposé aux deux langues dans la même proportion (50-50) afin qu'il puisse les acquérir toutes les deux de façon complète. Autrement, il développera tout simplement une langue forte et une autre plus faible. Par exemple, si l'enfant vit avec sa mère francophone cinq jours sur sept et ne voit son père anglophone que les fins de semaine, son anglais sera moins fort que son français, mais aussi moins fort que l'anglais d'un enfant unilingue anglophone.

Le mythe de la confusion

On croit aussi souvent que le mélange des langues, comme lorsque l'enfant utilise des mots anglais dans une phrase en français et vice-versa, est un signe de confusion. Or il n'en est rien. « Quand les enfants mélangent les codes, ce n'est pas une indication de faiblesse, mais plutôt de compétence dans les deux langues ». Un enfant d'âge préscolaire, qu'il soit unilingue ou bilingue, a un vocabulaire limité. Mais l'enfant bilingue dispose d'une ressource supplémentaire, à la fois d'ordre cognitif, socioculturel et linguistique. « Il a accès aux deux langues quand il parle et il utilise les compétences dans ces deux langues pour éviter les erreurs. » La plupart du temps, l'enfant utilise un mot de l'autre langue quand il ne connaît pas son équivalent dans celle qu'il est en train de parler.

S'il y avait vraiment confusion chez l'enfant bilingue, on serait en droit de s'attendre à ce que le *mélange des codes* se fasse *au hasard*. Toutefois, « quand on examine les phrases mélangées des enfants, on voit que, dans environ 90% des cas, il y a une cohérence grammaticale dans ce qu'ils font ». Le mot anglais présent dans une phrase en français est généralement utilisé « à la bonne place », dans le meilleur respect possible des structures et contraintes du langage. « Ça indique que, dans leur tête, ils connaissent les règles de grammaire dans chaque langue. »

Les mythes de l'immersion

L'enfant anglophone qui passe ses trois premières années scolaires en immersion française ne compromet pas l'apprentissage de sa langue maternelle, soutient le professeur Genesee. Il s'agit d'un autre mythe qui ne tient pas compte du fait que l'enfant qui apprend à bien lire et bien écrire, même dans sa langue seconde, développe une base commune aux deux langues. Certains apprentissages se transfèrent de l'une à l'autre, si bien que ces enfants, une fois arrivés dans le cheminement anglophone régulier, réussissent aussi bien sinon mieux que les autres. « Ils développent une aptitude linguistique du fait qu'ils peuvent

55

comparer et penser dans deux langues. Ça, c'est totalement l'inverse de ce que tout le monde croit. »

Les recherches révèlent aujourd'hui, chez les enfants bilingues, certains *avantages cognitifs* au niveau du « *contrôle exécutif* ». Ils auraient entre autres une plus grande aisance à transférer leur attention d'une chose à l'autre, à *faire fi* des distractions et à se concentrer sur les information pertinentes pour une tâche.

*Article de Benoît Rose, tiré du journal *Le Devoir*

l.2   **interlocuteur**—*the person one is speaking to*
l.5   **s'avérera : apparaître, se révéler**—*to turn out that …*
l.8   **démentir**—*to dispell (a myth)*
l.12   **découlent**—*to ensue from*
l.12   **erronée : incorrecte**
l.14   **retard**—*a delay*
l.37   **le mélange des codes : le mélange des mots qui manquent, qu'on ne connait pas**
l.37   **au hasard**—*by chance*
l.53   **avantage cognitif**—*cognitive advantage (advantages in learning and acquiring new knowledge)*
l.54   **contrôle exécutif : de l'anglais** *executive control*—*management of cognitive processes, which include reasoning, problem solving and working memory among others*
l.55   **faire fi (de) : dédaigner, mépriser**—*to discard*

Compréhension globale

Lisez les affirmations suivantes et dites si elles sont vraies ou fausses. Expliquez vos choix.

1. Fred Genesee a appris le français et l'anglais simultanément donc il s'exprime clairement dans les deux langues.

2. L'idée que l'apprentissage simultané de deux langues peut créer un retard dans le développement est un mythe.

3. Il faut être exposé à une seule langue pour apprendre à bien prononcer les mots et articuler de petites phrases à l'âge de 2 ans.

4. Un enfant qui est davantage exposé au français par rapport à l'anglais parlera mieux l'anglais qu'un enfant unilingue anglophone.

5. Quand les enfants mélangent les codes ce n'est pas nécessairement un signe de confusion.

6. Un enfant qui apprend le français en immersion précoce (*early immersion*) parlera mal sa langue maternelle.

7. Les enfants bilingues ont certains avantages sur le plan cognitif par rapport aux enfants unilingues.

Vocabulaire

Les langues

- langue maternelle, première : la première langue parlée par un enfant, souvent celle de sa mère
- langue seconde : langue apprise après la langue maternelle
- langue d'adoption : langue apprise dans un nouveau pays

- langue étrangère : langue d'une autre nation
- langue officielle : langue désignée comme telle dans la Constitution ou les textes de loi d'un pays ou d'un État. Un pays peut avoir plus d'une langue officielle. Le Canada, par exemple, en a deux : l'anglais et le français.
- langue de communication : langue utilisée dans le quotidien par les citoyens d'un pays ou d'une nation, il s'agit souvent de la langue maternelle d'un groupe quelconque.
- langue populaire : langage familier propre à un groupe de personnes

---

- langues africaines : le swahili, le mooré, le zoulou
- langues amérindiennes : langues algonquiennes (le cri, l'ojibwé), langues iroquoiennes (le mohawk), langues inuit-aléoutes (l'inuktitut)
- langues indiennes : l'ourdou, le hindi
- langues romanes : le français, l'espagnol, l'italien, le roumain
- langues germaniques : l'allemand, le néerlandais, l'anglais
- langues slaves : le russe, le croate
- langues orientales : le cantonais, le mandarin, le japonais
- langues vivantes : les langues que l'on parle couramment aujourd'hui
- langues anciennes : le grec, le latin

L'apprentissage des langues

- un apprentissage : l'action d'apprendre, une langue par exemple
- un(e) apprenant(e)—*a learner*
- s'exprimer dans une langue—*to express oneself (in a language)*
- acquérir une langue (l'acquisition)—*to acquire a language (language acquisition)*
- maitriser une langue (la maitrise)—*to master a language (the mastery of …)*
- avoir les aptitudes, les compétences—*to have the ability or abilities, to be competent*
- apprendre simultanément deux langues—*to learn simultaneously two languages*
- être exposé à une langue—*to be exposed to a language*
- être unilingue / être bilingue—*to have one language only / to be bilingual*
- le bilinguisme, le trilinguisme/être bilingue, trilingue : qualité d'une personne ou d'une région bilingue, trilingue/parler deux langues, trois langues
- le bilinguisme précoce—*early bilingualism*
- le plurilinguisme : situation dans laquelle plus de deux langues sont parlées
- un locuteur (une locutrice), un locuteur natif—*a speaker, a native speaker*
- un interlocuteur, une interlocutrice : une personne à qui on s'adresse, à qui l'on parle
- franciser : donner un caractère français à qqch
- francisant(e) : qui apprend le français
- allophone : dans le contexte québécois, il s'agit d'une personne qui ne parle ni l'une ni l'autre des deux langues officielles du pays (l'anglais et le français)
- une formation : éducation morale et intellectuelle d'un être humain
- la formation continue—*continuing education*

L'immigration

- un(e) immigrant(e) : personne qui immigre (immigrer) dans un pays ou qui y a immigré récemment—*an immigrant*
- un(e) immigré(e) (adj. et n.) : personne qui est venue de l'étranger, par rapport au pays qui l'accueille. Dans certains contextes, ce mot est utilisé pour décrire quelqu'un qui est venu d'un pays peu développé pour travailler dans un pays industrialisé.
- un(e) immigré(e) de la deuxième génération—*a second generation immigrant*
- un(e) immigré(e) politique : un(e) réfugié(e), un demandeur d'asile—*a refugee, an asylum seeker*
- un(e) immigré(e) clandestin(e)—*an illegal immigrant*
- un(e) émigrant(e) : personne qui émigre (émigrer)
- un(e) émigré(e) : personne qui s'est expatriée pour des raisons politiques, économiques, etc., par rapport à son pays ; exilé(e) politique, expatrié(e)—*expatriate, émigré*
- un travailleur émigré—*a migrant worker*
- un(e) étranger(ère) : personne qui vient d'un autre pays—*a foreigner*
- un(e) résident(e) : personne établie dans un autre pays que son pays d'origine, un résident temporaire/permanent—*a temporary/permanent resident*

- quitter son pays, s'expatrier—*to leave one's country, to expatriate oneself*
- immigrer à/dans—*to immigrate into*
- s'établir—*to settle*
- se réfugier—*to take refuge*
- s'intégrer, l'intégration—*to become integrated, integration*
- devenir citoyen(ne)—*to become a citizen*
- la citoyenneté (obtenir)—*citizenship*
- services d'immigration—*immigration department*
- les lois d'immigration—*immigration laws*

Exploitation lexicale

1. Complétez les phrases suivantes en utilisant le mot qui convient le mieux.

   a) L' _____ d'une langue seconde n'est pas difficile pour un enfant d'âge préscolaire.

   b) Selon Fred Genesee, l'enfant qui apprend deux langues en même temps ou _____ connaitra certains avantages cognitifs.

   c) On dit que la _____ du français du professeur Genesee est adéquate même s'il éprouve parfois de la difficulté à expliquer certains concepts.

   d) Lorsqu'une personne arrive dans un nouveau pays illégalement, on parle alors d'immigration _____ .

   e) Une langue _____ est apprise après la langue maternelle, alors qu'une langue _____ est considérée comme une langue qui appartient à une autre nation.

   f) Si on veut _____ dans un nouveau pays comme le Canada, il faut parler l'une des deux langues _____, soit l'anglais ou _____.

2. Donnez un mot de la même famille en suivant les indications entre parenthèses. Puis rédigez une phrase d'environ 8 mots avec chacun des mots trouvés.

a) acquisition : (verbe)

b) apprendre : (nom)

c) simultanément : (adjectif)

d) la francisation : (adjectif)

e) citoyen : (nom féminin)

f) maitre : (verbe)

Compréhension détaillée

1. Combien de mythes le Professeur Fred Genesee dément-il dans cet article ?

a) Décrivez chacun des mythes.

b) Maintenant, dans vos propres mots, expliquez pourquoi ce sont en fait des mythes.

2. Si un enfant apprend deux langues quand il est tout petit, mais s'il ne les apprend pas dans une proportion égale, est-ce qu'il sera vraiment bilingue ? Pouvez-vous imaginer des situations où un enfant n'apprendrait pas deux langues dans la même proportion ? Donnez deux exemples.

3. Est-ce qu'un enfant bilingue apprend d'abord les règles de grammaire dans une langue puis dans l'autre ? Expliquez.

Réflexion et discussion

1. Parmi les mythes cités dans cet article, lequel avez-vous entendu le plus souvent ? Êtes-vous maintenant en mesure d'expliquer pourquoi il est faux ?

2. Avez-vous d'autres questions concernant le bilinguisme ou l'apprentissage des langues ? Lesquelles ? Expliquez.

Dossier 2 *Le bilinguisme en Belgique*

Introduction à la lecture

Savez-vous ce que la Belgique et le Canada ont en commun ? Le bilinguisme dans le domaine de l'éducation. Comme le Canada, la Belgique est un pays intéressant à étudier sur le plan linguistique. Elle a une histoire riche de diversité linguistique, une histoire parfois troublée de conflits politiques, car diversité n'implique pas nécessairement égalité.

La Belgique, un des six pays fondateurs de l'Union européenne, est divisée sur le plan culturel et linguistique. Il y a trois régions principales. Au nord, la région flamande, appelée Flandre, où on parle le *néerlandais*. Au sud, la *Wallonie* où le français a le statut de langue officielle. Dans le centre du pays, il y a Bruxelles-Capitale, région qui dispose d'un statut bilingue et qui est peuplée d'une majorité de francophones.

Le texte que vous allez lire parle de l'enseignement bilingue dans les écoles de ce pays et tout particulièrement des défis de cet enseignement. Il a été rédigé par Alain Destexhe, sénateur au parlement belge.

néerlandais : l'une des trois langues officielles parlées en Belgique (on utilise aussi le mot « flamand » pour désigner cette langue)—*Dutch*

Wallonie : une des trois régions autonomes de la Belgique, ce terme désigne aussi la région unilingue de langue française

Activités de pré-lecture

Préparez une fiche culturelle sur ce pays. Dans cette fiche se trouveront les informations suivantes :

a. situation géographique et superficie
b. population
c. capitale, villes principales
d. langue(s) parlée(s) et religion(s)
e. culture

Lecture

Le bilinguisme dès la maternelle

1   Près de dix mille enfants de parents francophones étudient dans les écoles flamandes de Bruxelles. Dans les écoles maternelles et primaires de ce réseau, la majorité des enfants est francophone. En revanche, au niveau de l'enseignement universitaire, il y a davantage de Flamands qui étudient dans l'enseignement francophone que l'inverse.

5   Pour les parents francophones, le choix de la langue de l'école primaire reste un dilemme : inscrire l'enfant en français risque de le priver des avantages de l'apprentissage précoce des langues ; l'inscrire en néerlandais comporte toujours la crainte légitime que la langue maternelle ne soit pas correctement maîtrisée à l'écrit. À Bruxelles, la seconde langue est introduite seulement en troisième primaire à raison d'une heure par semaine et avec des

10   professeurs qui ne sont pas des *locuteurs natifs*. En Wallonie, on peut encore faire tout son parcours scolaire sans apprendre le néerlandais et sans que qui que ce soit attire l'attention de l'élève sur son importance dans la vie économique et politique de la Belgique !

Avant 9 ans !

Les avantages du bilinguisme *précoce* sont désormais bien établis. La connaissance d'une
15   deuxième langue facilite par la suite l'apprentissage d'une troisième et d'une quatrième. Plus l'apprentissage est précoce, plus l'enfant parlera facilement. Dès l'âge de neuf ans, les capacités d'apprentissage d'une autre langue, notamment de *phonèmes*, sont fortement diminuées. Dans les écoles européennes de Bruxelles, le bilinguisme est instauré *dès* la première primaire afin que l'élève puisse sortir du secondaire en maîtrisant quatre langues.
20   En Wallonie, les quelques rares écoles d'immersion linguistique *affichent complet*. Si l'on veut atteindre les objectifs de l'Union européenne—l'apprentissage de deux langues européennes en plus de la langue maternelle—il faut qu'on s'y prenne dès le plus jeune âge.

Pour décrocher un emploi dans notre pays, le bilinguisme *voire* le trilinguisme s'impose de plus en plus. Je suis frappé de voir le nombre d'offres d'emploi qui exigent la maîtrise
25   de plusieurs langues. Combien de francophones pourraient décrocher un emploi privé ou public—à Bruxelles particulièrement—si, à compétences égales, ils maîtrisaient le néerlandais (voire l'anglais) ? Et combien sommes-nous aujourd'hui de francophones à peiner pour rattraper notre retard en néerlandais parce que le système scolaire ne nous a pas offert la possibilité de l'apprendre ?

30   ### Une heure par jour

Que faire ? D'abord, les différents pouvoirs publics concernés doivent pleinement réaliser l'enjeu des langues dans la société de demain, tant sur le plan économique que de l'ouverture culturelle aux autres. Un objectif ambitieux serait, dès la première primaire voire dès la maternelle, d'enseigner une heure par jour dans une autre langue, le néerlandais

35 (éventuellement l'anglais ou d'autres langues) et, par la suite, que certaines matières—les sciences, la géographie, le sport, etc.—puissent être apprises en partie dans cette langue. D'autres mesures spécifiques devraient être prises comme l'organisation d'activités *parascolaires* dans le domaine des langues, la reconnaissance croisée des diplômes entre les communautés (un *romaniste* francophone devrait pouvoir enseigner le français dans l'ensei-

40 gnement flamand et vice-versa) et l'organisation des séjours d'immersion linguistique.

Comme les écoles européennes

Enfin, il faudrait qu'on puisse étudier la possibilité de *mettre sur pied* quelques véritables écoles bilingues, sur le modèle des écoles européennes, éventuellement avec un pouvoir organisateur indépendant composé de représentants des deux communautés. Cette formule

45 correspond aux vœux d'un nombre important de parents.

Je ne sous-estime ni les difficultés pratiques, ni les objections légitimes à l'apprentissage précoce d'autres langues (complexité du français, problème spécifique des immigrés, etc.). Elles sont à mesurer *à l'aune des* avantages du plurilinguisme, non seulement sur le plan économique, mais aussi culturel. Car il faut que notre pays songe à mettre en valeur ses

50 différences linguistiques et à les utiliser comme des atouts. La Belgique n'est-elle pas un modèle en réduction de l'Europe en devenir ? Si le laboratoire belge échoue dans la co-existence de communautés, comment espérer que l'Europe soit davantage qu'un grand marché, mais aussi l'union fraternelle de plusieurs peuples ? Peu avant sa mort, le cinéaste André Delvaux confiait au journal *Le Monde* « à quel point est heureuse l'idée des cultures

55 mélangées, et riche le métissage des valeurs qui firent un jour l'unité de ma Cité ». La réalisation de cette idée passe aussi par la connaissance des langues.

Article d'Alain Destexhe, *sénateur MR*, paru dans *L'Écho*, le 26 novembre 2002

l.10 locuteurs natifs—*native speakers*
l.14 précoce : enseignement aux enfants très jeunes (5 à 7 ans) ; en anglais on dirait « *early* » (*early immersion* par exemple)
l.17 phonèmes : la plus petite unité de langage parlé (sons)
l.18 dès : à partir de—*as early as*
l.20 affichent complet : afficher complet = être rempli
l.23 voire : et même
l.38 parascolaire : en dehors de l'école
l.39 romaniste : personne qui étudie les langues romanes—*Romance language specialist*
l.42 mettre sur pied : créer
l.48 à l'aune de : d'après, selon
l.57 sénateur MR : l'auteur est sénateur au parlement belge pour le MR (Mouvement réformateur)

Compréhension globale

1. L'auteur de ce texte...

a) critique l'enseignement bilingue dans son pays.

b) revendique le bilinguisme précoce dans toute la Belgique.

c) dit que les objectifs linguistiques de l'Union ne sont pas réalistes.

d) ne parle pas le néerlandais.

2. En Belgique, les parents francophones…

   a) hésitent dans leur choix de langue au niveau de l'école primaire.

   b) préfèrent envoyer leurs enfants dans une école française.

   c) refusent que leurs enfants apprennent le néerlandais.

   d) préfèrent que leurs enfants soient au lycée pour l'apprentissage d'une autre langue.

3. On dit que le bilinguisme précoce…

   a) facilite la maitrise de la langue maternelle.

   b) n'a pas d'avantages bien établis.

   c) est instauré dans la plupart des écoles belges.

   d) facilite l'apprentissage d'autres langues.

4. Quelle solution propose l'auteur de ce texte pour encourager le bilinguisme, voire le trilinguisme en Belgique ?

   a) enseigner le néerlandais dans toutes les matières dès la première primaire

   b) commencer par une heure par jour avec une autre langue

   c) enseigner les sciences et la géographie en français

   d) se baser sur le modèle canadien

5. L'apprentissage précoce des langues comporte des difficultés pratiques…

   a) mais les avantages du plurilinguisme sont importants pour l'Europe.

   b) et les objections à celui-ci ne sont pas du tout légitimes.

   c) et il vaut mieux abandonner l'idée d'une société aux cultures mélangées.

   d) et les parents devraient abandonner l'idée du bilinguisme au primaire.

Approfondissement lexical

Les verbes de mouvement

- **aller** et **venir**
  Il faut considérer le point de départ par rapport au sujet.
  Comparez :

  > Je **vais** → en Belgique.
  > *I'm going to Belgium.*
  > Il **va** souvent → à Bruxelles.
  > *He often goes to Brussels.*
  > Pierre **vient** chez moi ← ce soir.
  > *Pierre is coming to my house this evening.*
  > Il ne **vient** jamais ← à Toronto.
  > *He never comes to Toronto.*

- **partir**, **arriver** et **revenir**
  Comparez :

  > L'avion **part** pour Paris à 20 heures.
  > *The plane for Paris leaves at 8 p.m.*

J'**arrive** à Paris à 6 heures du matin.
I arrive in Paris at 6 a.m.

Je ne sais pas exactement quand je vais **revenir**.
I don't know exactly when I'll be coming back.

- **retourner, repartir** et **rentrer**

  Comparez :

  Elle a vécu en France quand elle était jeune, mais elle n'y est jamais **retournée**.
  She lived in France when she was young, but she has never gone back.

  Il **retourne** dans son pays natal.
  He is going back to his native country.

  Le colonel va **repartir** en Afrique le mois prochain.
  The colonel is leaving for Africa again next month.

  Elle **rentre** de voyage ce soir.
  She is coming back from her trip this evening.

  Ce soir, Jean va **rentrer** un peu plus tard que d'habitude.
  This evening, Jean is going home a little later than usual.

- On utilise le verbe **rentrer** pour exprimer l'idée d'entrer à nouveau, mais aussi pour exprimer l'idée de revenir chez soi (*to come home, to go home*). Évitez d'utiliser le verbe **retourner** pour exprimer l'idée de revenir chez soi. *I came home late* se traduira par « Je suis rentré tard ».

- Le verbe **retourner** est polysémique, c'est-à-dire qu'il a plusieurs sens. Il peut vouloir dire :

  a) *to return, go back somewhere* : Je crois que je vais **retourner** en Suisse un jour.

  b) *to turn around* : Quand on a prononcé son nom, il s'est **retourné**.

  c) *to return something* : J'ai **retourné** la viande, elle n'était pas bonne.

  d) *to turn one's coat (idiomatic)* : Il a **retourné** sa veste. (Il a changé brusquement d'opinion.)

1. Quel verbe allez-vous utiliser ? Traduisez ces phrases en français.

   a) The train *leaves* at 7:30 p.m.

   b) The colonel wants his daughter *to go* with him.

   c) I want to stop at the bank before *going home*.

   d) He never *went back* to Japan.

   e) Do you want *to come* with me to Quebec City?

2. Composez une phrase d'environ huit mots avec chacun des verbes ci-dessous.

   a) aller   d) rentrer

   b) revenir   e) retourner

   c) partir   f) arriver

Compréhension détaillée

1. Expliquez le dilemme vécu par les parents francophones.

2. Quels sont les avantages du bilinguisme précoce ?

3. Est-il important pour une jeune personne belge de parler plus d'une langue ? Expliquez.

4. Pourquoi l'auteur veut-il la création d'écoles bilingues basées sur le modèle des écoles européennes ?

Réflexion et discussion

1. Dans l'article du *Dossier 1* (*Le cerveau est bilingue*) on présente des informations clés au sujet du bilinguisme chez les enfants. Y a-t-il certaines de ces informations que l'on retrouve dans l'article sur le bilinguisme en Belgique ? Lesquelles ? Soyez précis.

2. Connaissez-vous d'autres pays où l'enseignement d'une langue nationale ou officielle se fait dans un contexte d'immersion ? Si oui, lesquels ? Expliquez.

Grammaire et expression écrite

Grammaire

L'infinitif

Formes de l'infinitif

Tableau 5.1

Infinitif présent

verbes réguliers		verbes irréguliers	
terminaison	*forme*	*terminaison*	*forme*
er	travailler	er	aller
ir	réussir	ir	servir
re	répondre	re	dire, être, faire
		oir	devoir, avoir
		oire	croire

Tableau 5.2

Infinitif passé

auxiliaire *avoir*	auxiliaire *être*
avoir travaillé	être allé(e)(s)
avoir fini	être sorti(e)(s)
avoir répondu	s'être assis(e)(s)

Attention !   Les règles d'accord du participe passé s'appliquent à l'infinitif passé.

> *Après s'être reposées, elles sont reparties.*
> (Après qu'elles se sont reposées…)

Mise en pratique 1 (infinitif présent et passé)

Donnez l'infinitif présent et passé des verbes suivants.

1. elles craignaient
2. elle a dû
3. tu es né(e)
4. il a plu
5. j'ai
6. elle avait mis

Syntaxe de l'infinitif

Tableau 5.3

Ordre des mots avec l'infinitif

les pronoms	Habituellement, un pronom précède un infinitif dont il est le complément.

> *Ce livre, je pense l'avoir lu quelque part.*
> *Nous allons y passer quelques jours.*
> *Il regrette de ne pas lui en avoir parlé.*

Attention ! Avec la construction *faire* + infinitif et les verbes de perception suivis d'un infinitif, les pronoms précèdent le premier verbe.

> *Il l'a fait réparer.*
> *Je les vois jouer.*

la négation	Les deux éléments d'une négation précèdent généralement l'infinitif présent. Ils précèdent aussi les pronoms objets.

> *Je lui ai demandé de ne pas faire cela.*
> *Il m'a répondu de ne plus l'embêter.*

Attention ! Les éléments de négation *personne*, *non plus* et *nulle part* suivent l'infinitif.

> *J'ai fermé la porte de mon bureau afin de ne voir personne.*
> *Il a déclaré ne pas s'y intéresser non plus.*
> *Elle affirme n'être allée nulle part.*

Mise en pratique 2 (ordre des mots)

Récrivez les phrases suivantes en incorporant les mots entre parenthèses au segment en italique.

1. Il nous a demandé *de venir*. (ne… pas)
2. Le professeur nous a priés *de remettre* les compositions sans brouillon. (lui/ne… jamais)
3. Elle préfère *écouter*. (ne… personne)
4. Nous espérons *les rencontrer* à Montréal. (ne… nulle part)
5. Je pense *avoir vu* ce film. (ne… pas encore)
6. Il a dit de *s'énerver*. (ne… plus)
7. Elle voulait *faire escale*. (y/ne… pas)

Emploi de l'infinitif

Tableau 5.4

Comment employer l'infinitif

contexte	explication
	L'infinitif :
1. *Apprendre une nouvelle langue nécessite de la patience.*	peut être le sujet d'un verbe ; (*Apprendre…* = sujet de *nécessite*)
2. *Elle veut s'établir au Québec.*	peut être le complément d'objet direct d'un verbe ; (*s'établir* = COD de *veut*)
3. *C'est facile à faire.* Il a décidé de **travailler** au Québec. Elle a dit cela pour lui **faire** plaisir.	peut suivre une préposition ;

4. **Vouloir**, *c'est pouvoir.* *Il est difficile d'**être** toujours de bonne humeur.*	peut être représenté par *c'* ou *il* ; (*vouloir est pouvoir*)
5. *Il a un **rire** bruyant.*	peut parfois être nominalisé (être utilisé comme un nom) ;
6. *Cette grande ville m'effrayait. Que **faire** ?* *Où **aller** ?* ***Voyager** ! Ah, si c'était possible.*	peut être utilisé dans une interrogation ou une exclamation ;
7. *Après **avoir fait** ce voyage organisé, il a juré de voyager seul dorénavant.*	se construit au passé avec *après* quand le sujet de la principale est le même que celui de l'infinitif. On peut dire aussi : « *Après qu'il a fait...* »
8. ***Faire** cuire à petit feu.* *Ne pas **marcher** sur le gazon.*	remplace souvent l'impératif dans les indications, les avis, les recettes, les modes d'emploi.

Mise en pratique 3 (emploi de l'infinitif)

A. En vous référant au tableau ci-dessus, expliquez l'emploi de l'infinitif en italique.

1. *Exprimer* ses sentiments, c'est parfois difficile.

2. Ils veulent *louer* une voiture à Trois-Rivières.

3. Elle comprend le *parler* des habitants de cette région.

4. Vous refusez de *prendre* l'avion ? Pourquoi ?

5. Que *dire* dans ce genre de situation ?

B. Complétez chaque phrase en choisissant l'une des réponses proposées.

1. Après _____ plus de six mois, cet immigré politique a finalement trouvé du travail. (attendre/avoir attendu)

2. Sa fiancée veut _____ ce soir, mais lui ne veut pas. (sortir/être sortie)

3. Ils ont pris une décision après _____ plusieurs fois. (se consulter/s'être consultés)

4. Il ne faut pas _____ du souci pour quelque chose qu'on ne pourra pas changer. (se faire/s'être fait)

Verbes et adjectifs suivis de l'infinitif

Tableau 5.5

Verbes suivis de l'infinitif

L'infinitif peut se construire après un verbe :
   a) sans préposition (*Appendice C*)
      *J'espère **apprendre** le français.*
   b) avec la préposition *à* (*Appendice C*)
      *Elle s'est habituée **à vivre** seule.*
   c) avec la préposition *de* (*Appendice C*)
      *Ils nous ont conseillé **de suivre** des leçons particulières.*

Attention !

1. Certains verbes possèdent deux constructions.

continuer de	—	continuer à	risquer de	—	se risquer à
commencer de	—	commencer à	essayer de	—	s'essayer à
être obligé de	—	obliger à	attendre de	—	s'attendre à
être forcé de	—	forcer à	décider de	—	se décider à
refuser de	—	se refuser à	décider de	—	être décidé à

Attention de bien vérifier le sens de chaque construction !
être forcé de (*to be forced*)   forcer à (*to force*)

2. Les expressions verbales formées avec l'auxiliaire *avoir* sont construites avec *de*.

avoir besoin de	*avoir la chance de*	*avoir l'intention de*
avoir envie de	*avoir l'air de*	*avoir peur de*
avoir hâte de	*avoir le droit de*	*avoir raison de*
avoir honte de	*avoir le temps de*	*avoir tort de*

Mise en pratique 4 (verbes suivis d'un infinitif)

Indiquez si le verbe introduit un infinitif : **a)** sans préposition ; **b)** avec la préposition *à* ; **c)** avec la préposition *de* ; **d)** avec *à* ou *de*. Consultez l'*Appendice C*, s'il y a lieu.

1. se décider	6. essayer	11. laisser
2. croire	7. continuer	12. travailler
3. jurer	8. risquer	13. s'attendre
4. pouvoir	9. espérer	14. être forcé
5. apprendre	10. refuser	15. se hâter

Tableau 5.6

Adjectifs suivis de l'infinitif

L'infinitif peut se construire après un adjectif :

a) avec la préposition *de* (*Appendice D*)

   *Je suis content **de** te **voir**.*

b) avec la préposition *à* (*Appendice D*)

   *Je suis prêt **à** vous **aider**.*

Mise en pratique 5 (adjectifs suivis d'un infinitif)

Complétez chaque phrase avec la préposition appropriée. Consultez l'*Appendice D* au besoin.

1. J'ai été très heureuse _____ pouvoir vous accueillir.

2. Ils ne sont pas les seuls _____ vouloir s'intégrer dans notre société.

3. Ce dictionnaire est lourd _____ porter.

4. Elle est ravie _____ venir au Canada avec sa famille.

5. Il n'est vraiment pas raisonnable _____ lui demander cela.

6. Il est le premier de sa famille _____ faire des études.

Le subjonctif

Formes du présent du subjonctif

Tableau 5.7

Formation régulière du présent du subjonctif

	écouter	*obéir*	*vendre*
que je/j'	écoute	obéisse	vende
que tu	écoutes	obéisses	vendes
qu'il/elle	écoute	obéisse	vende
que nous	écoutions	obéissions	vendions
que vous	écoutiez	obéissiez	vendiez
qu'ils/elles	écoutent	obéissent	vendent

Formation   1 → radical = 3ᵉ personne du pluriel du présent de l'indicatif moins la terminaison *ent*

               2 → radical + *e, es, e, ions, iez, ent*

Attention !   Certains verbes ayant des particularités orthographiques devant les terminaisons muettes (*e, es, ent*) du présent de l'indicatif conservent ces particularités au présent du subjonctif.

               Il faut que j'achète un dictionnaire.

mais   Notez les formes conjuguées des 2ᵉ et 3ᵉ personnes du pluriel (*nous* et *vous*) (*que nous nagions, que vous nagiez*).

que nous commencions	*que nous mangions*
que nous appelions	*que nous jetions*
que nous achetions	*que nous amenions*
que nous répétions	*que nous payions*
que nous nettoyions	*que nous essuyions*

Mise en pratique 6 (présent du subjonctif)

Mettez chaque verbe entre parenthèses au présent du subjonctif.

1. que vous (réussir)
2. qu'elle (essayer)
3. que nous (répondre)
4. qu'ils (espérer)
5. que nous (s'ennuyer)
6. que je (rejeter)
7. que tu (descendre)
8. qu'elle (se lever)

Tableau 5.8

Formation régulière du présent du subjonctif de certains verbes irréguliers

La plupart des verbes irréguliers ont un subjonctif dont le radical est formé à partir du présent de l'indicatif.

    dire → *ils disent* → *radical **dis*** → *que je **dise***

infinitif	radical	subjonctif
battre	ils **battent**	que je batte
conduire	ils **conduisent**	que je conduise
connaitre	ils **connaissent**	que je connaisse
courir	ils **courent**	que je coure
dire	ils **disent**	que je dise
écrire	ils **écrivent**	que j'écrive
lire	ils **lisent**	que je lise
mettre	ils **mettent**	que je mette

ouvrir	ils **ouvr**ent	que j'**ouvr**e
plaire	ils **plais**ent	que je **plais**e
rire	ils **ri**ent	que je **ri**e
suivre	ils **suiv**ent	que je **suiv**e
vivre	ils **viv**ent	que je **viv**e

Mise en pratique 7 (présent du subjonctif)

Mettez chaque verbe entre parenthèses au présent du subjonctif.

1. que tu (suivre)
2. qu'elles (écrire)
3. que nous (craindre)
4. que je (résoudre)
5. que vous (vivre)
6. qu'il (acquérir)
7. que nous (conclure)
8. que vous (rire)

Tableau 5.9

Formation du présent du subjonctif des verbes irréguliers à deux radicaux

Certains verbes irréguliers ont un radical particulier pour les formes *je, tu, il/elle, ils/elles,* et un autre radical pour les formes *nous* et *vous.* D'autres verbes irréguliers ont un seul radical (voir *Tableau 5.10*).

deux radicaux :	*que je **boiv**e*	*que nous **buv**ions*	
un radical :	*que je **sach**e*	*que nous **sach**ions*	

1. conjugaison modèle des verbes à deux radicaux

   devoir → radicaux = *doiv, dev*

que je	doive	que nous	devions
que tu	doives	que vous	deviez
qu'il/elle	doive	qu'ils/elles	doivent

2. principaux verbes à deux radicaux

aller	que j'**aill**e	recevoir	que je **reçoiv**e
	que nous **all**ions		que nous **recev**ions
boire	que je **boiv**e	venir	que je **vienn**e
	que nous **buv**ions		que nous **ven**ions
croire	que je **croi**e	vouloir	que je **veuill**e
	que nous **croy**ions		que nous **voul**ions
devoir	que je **doiv**e	voir	que je **voi**e
	que nous **dev**ions		que nous **voy**ions
prendre	que je **prenn**e	tenir	que je **tienn**e
	que nous **pren**ions		que nous **ten**ions

Mise en pratique 8 (présent du subjonctif)

Mettez chaque verbe entre parenthèses au présent du subjonctif.

1. qu'elle (tenir)
2. que vous (tenir)
3. que tu (vouloir)
4. que vous (vouloir)
5. qu'ils (voir)
6. que vous (voir)
7. que tu (recevoir)
8. que vous (recevoir)

Tableau 5.10

Formation du présent du subjonctif des verbes irréguliers à un radical

Certains verbes irréguliers ont un subjonctif dont le radical n'est pas formé à partir du présent de l'indicatif.

	faire (fass)	*pouvoir (puiss)*	*savoir (sach)*
que je	fasse	puisse	sache
que tu	fasses	puisses	saches
qu'il/elle	fasse	puisse	sache
que nous	fassions	puissions	sachions
que vous	fassiez	puissiez	sachiez
qu'ils/elles	fassent	puissent	sachent

Tableau 5.11

Formation du présent du subjonctif des verbes *avoir* et *être*

	avoir	*être*
que je/j'	aie	sois
que tu	aies	sois
qu'il/elle	ait	soit
que nous	ayons	soyons
que vous	ayez	soyez
qu'ils/elles	aient	soient

Mise en pratique 9 (présent du subjonctif)

Mettez chaque verbe entre parenthèses au présent du subjonctif.

1. qu'elle (pouvoir)
2. que nous (avoir)
3. qu'on (savoir)
4. qu'ils (recevoir)
5. que je (être)
6. que tu (faire)
7. qu'il (s'en aller)
8. que nous (apprendre)
9. que tu (fuir)
10. que tu (voir)
11. que je (vouloir)
12. qu'elles (tenir)
13. qu'on (avoir)
14. que nous (être)
15. que nous (voir)
16. que tu (devoir)

Formes du passé du subjonctif

Tableau 5.12

Formation du passé du subjonctif

1. auxiliaire *avoir*

croire

que j'aie cru	que nous ayons cru
que tu aies cru	que vous ayez cru
qu'il/elle ait cru	qu'ils/elles aient cru

2. auxiliaire *être*

retourner

que je sois retourné(e)	que nous soyons retourné(e)s
que tu sois retourné(e)	que vous soyez retourné(e)(s)
qu'il soit retourné	qu'ils soient retournés
qu'elle soit retournée	qu'elles soient retournées

Attention !   Les règles d'accord du participe passé s'appliquent au subjonctif passé.

Je doute qu'elle y soit retournée.

Mise en pratique 10 (passé du subjonctif)

Mettez chaque verbe au passé du subjonctif.

1. qu'elle meure
2. que nous hésitions
3. qu'ils périssent
4. que tu lises
5. qu'elles rentrent

6. que vous offriez
7. qu'ils peignent
8. que je coure
9. qu'ils tombent
10. que tu conduises

Emploi du subjonctif

Le subjonctif est presque toujours utilisé dans des propositions subordonnées introduites par la conjonction *que*. Dans la majorité des cas, l'emploi du subjonctif dépend du verbe ou de l'expression verbale de la proposition principale. Par exemple, si un verbe de volonté introduit une proposition subordonnée, le verbe de celle-ci doit se mettre au subjonctif.

La directrice veut   *que tu ailles la voir.*
proposition principale   proposition subordonnée
(verbe de volonté)   (subjonctif)

Tableau 5.13

Quand employer le subjonctif (verbes de volonté et de nécessité)

contexte	explication
1. *Nous voulons que vous **veniez**.* *Nous souhaitons que vous **soyez** présents.*	On met le verbe de la subordonnée au subjonctif quand le verbe de la principale exprime la **volonté**, l'accord, le désir, le consentement, l'opposition, la préférence ou le souhait.

Parmi ce groupe de verbes, il faut noter :

accepter que	*il est préférable que*	*s'opposer à ce que*
comprendre que	*il vaut mieux que*	*souhaiter que*
consentir à ce que	*permettre que*	*vouloir que*
désirer que	*refuser que*	

Pour une liste plus complète, consultez l'*Appendice F*.

Attention !   a) Le verbe *espérer que* à l'affirmatif est suivi de l'indicatif.

            *J'espère qu'elle s'y **plaira**.*

       b) Le verbe *comprendre que* est suivi de l'indicatif sauf s'il signifie *comprendre pourquoi*.

            *Je comprends qu'il **s'agit** de gagner.*

            *Je comprends qu'elle **soit** mécontente.*

contexte	explication
2. *Faut-il que je lui **écrive** ?* *Il n'est pas nécessaire que tu y **ailles**.*	On met le verbe de la subordonnée au subjonctif quand le verbe de la principale exprime la **nécessité**, l'avantage, le besoin, la contrainte, la convenance, l'importance, l'obligation ou l'urgence.

Parmi ce groupe de verbes, il faut noter :

avoir besoin que	*il convient que*	*il est nécessaire que*	*il est utile que*
avoir hâte que	*il est essentiel que*	*il est obligatoire que*	*il faut que*
défendre que	*il est important que*	*il est temps que*	*peu importe que*
exiger que	*il est indispensable que*	*il est urgent que*	*ordonner que*

Pour une liste plus complète, consultez l'*Appendice F*.

Attention !   **a)** Les expressions impersonnelles peuvent être suivies de la préposition *de* + un infinitif, tandis que l'expression *il faut* peut être suivie directement d'un infinitif. Cet emploi donne un sens à valeur générale.

> ***Il est important de faire*** attention à ce qu'on mange. (sens général)
> De temps à autre, ***il faut s'amuser***. (sens général)

b) L'expression *il faut que* suivie du subjonctif peut parfois être remplacée par la construction *il* + pronom objet indirect + *faut* + infinitif. Cette forme est moins courante que l'emploi du subjonctif.

> *Il faut que je signe.* → *Il **me** faut **signer**.*

c) *Peu importe que* est la restriction de *il importe que*.

> *Peu importe qu'il **soit** fâché.*

Mise en pratique 11 (emploi du subjonctif)

Mettez chaque verbe entre parenthèses au mode et au temps qui conviennent.

1. Il est nécessaire que je (faire) tous mes devoirs de français.
2. Il convient que vous (s'en débarrasser).
3. Leur professeur exige que ses élèves (être) en classe.
4. Je comprends qu'elle (être) déçue.
5. Nous tenons à ce qu'elles (venir) à notre soirée.
6. Nous sommes d'accord que le fait d'apprendre deux langues simultanément force un retard (être) un mythe.
7. Ils espèrent que tu (pouvoir) venir.
8. En Belgique, il est utile que les jeunes francophones (apprendre) le néerlandais.

Tableau 5.14

Quand employer le subjonctif (suite) (verbes de possibilité et de doute)

contexte	explication
1. *Il est possible que ce **soit** vrai.*	On met le verbe de la proposition subordonnée au subjonctif quand le verbe de la principale exprime la **possibilité**, la réalisation possible ou impossible, la réalisation possible mais rare, l'éventualité ou la réalisation attendue.

Parmi ce groupe de verbes, il faut noter :

attendre que	*il est possible que*	*il semble que*
il arrive que	*il est peu probable que*	*il se peut que*
il est impossible que	*il est rare que*	*s'attendre à ce que*

Pour une liste plus complète, consultez l'*Appendice F*.

Attention !   **a)** L'expression *il est probable que* (qui exprime la probabilité) est suivie de l'indicatif.

> *Il est probable qu'elle **viendra**.* (indicatif)
> *Il est peu probable qu'elle **vienne**.* (subjonctif)

b) L'expression *il me semble que* (qui introduit une opinion) est suivie de l'indicatif.

> Il me semble qu'elle **a fait** le maximum.
>
> (= *I think that* → indicatif)
>
> Il semble qu'elle **ait fait** le maximum.
>
> (= *It seems that* → subjonctif)

c) Les expressions *il est possible*, *il est impossible* et *il est rare* peuvent être suivies de la préposition *de* + un infinitif. Cet emploi donne un sens général à la phrase.

> Il est possible **d'y aller** en métro.

d) Les verbes *attendre de* et *s'attendre à* sont suivis d'un infinitif lorsque le sujet du verbe principal fait également l'action du deuxième verbe.

> Il attend de **partir**.
>
> (*Il* = sujet de *attendre* et de *partir*)
>
> Il s'attend à ce que **je parte**.
>
> (*Il* = sujet de *s'attendre* ; *je* = sujet de *partir*)

2. *Je doute qu'elle **puisse** y assister.*   On met le verbe de la proposition subordonnée au subjonctif quand le verbe de la principale exprime le **doute**, le contestable, l'improbable ou l'invraisemblable.

Parmi ce groupe de verbes, il faut noter :

il est douteux que	*il est peu probable que*
il est faux que	*ne pas être certain/sûr que*
il est improbable que	*nier que*
il est inconcevable que	*rien ne prouve que*

Pour une liste plus complète, consultez l'*Appendice F*.

Attention !   a) *Douter*, *ne pas être certain*, *ne pas être convaincu* et *ne pas être sûr* sont suivis de la préposition *de* + un infinitif lorsque le sujet du verbe principal et le sujet du deuxième verbe représentent la même personne.

> Nous doutons **de pouvoir** le faire.

b) Il est préférable de ne pas mettre les expressions impersonnelles de la liste ci-dessus au négatif étant donné la valeur négative des préfixes *im, in* et de l'adverbe *peu*. Au lieu de *il n'est pas incertain*, utilisez *il est certain* ; au lieu de *il n'est pas improbable*, utilisez *il est probable*. Les expressions qui expriment la **certitude** ou la **probabilité** sont suivies de l'indicatif.

> Il est certain que c'**est vrai**.
>
> Il est probable que nous **aurons fini** avant vendredi.

Expressions qui expriment la certitude ou la probabilité :

être certain que	*être sûr que*
il est probable que	*être convaincu que*

c) Le verbe *se douter que*, qui signifie *soupçonner*, est suivi de l'indicatif.

> Je me doutais qu'il **était** là.

Mise en pratique 12 (emploi du subjonctif)

Indiquez la forme du verbe (subjonctif, indicatif ou infinitif) qui complète correctement chaque phrase en choisissant parmi les options.

1. Il est possible _____ deux langues simultanément.

   (A apprenne ; B d'apprendre ; C apprend)

2. Rien ne prouve que le cerveau _____ unilingue.
(A est ; B être ; C soit)

3. Je crois que les avantages du bilinguisme précoce _____ bien établis.
(A sont ; B être ; C soient)

4. Nous nous attendons à ce que notre fille _____ maitriser le français et l'anglais.
(A peut ; B pouvoir ; C puisse)

5. Ce spécialiste est convaincu qu'il y _____ certains mythes à propos de l'acquisition de deux langues chez l'enfant d'âge préscolaire.
(A a ; B avoir ; C ait)

Mise en pratique 13 (emploi du subjonctif)

Mettez chaque verbe entre parenthèses au mode et au temps qui conviennent.

1. Il est peu probable que tous les immigrés (pouvoir) maitriser les deux langues officielles du Canada.
2. Il est probable qu'elle (venir) à pied.
3. Il est inconcevable qu'il ne (tenir) pas sa promesse.
4. Je me doutais qu'elle le (tromper).
5. Rien ne prouve que vous ne (pouvoir) pas y retourner.

Tableau 5.15

Quand employer le subjonctif (suite) (verbes de sentiment)

contexte	explication
Il est étonnant qu'on se dise encore bonjour. *Je crains qu'elle n'ait oublié de le lui dire.*	On met le verbe de la proposition subordonnée au subjonctif quand le verbe de la principale exprime un **sentiment** positif ou négatif, le regret, l'incrédulité ou les réactions à ce qui est drôle, acceptable ou inexcusable.

Parmi ce groupe de verbes, il faut noter :

sentiment positif	sentiment négatif, regret
être content/heureux/ravi que	*avoir peur que*
être satisfait que	*être fâché que*
il est bon que	*il est dommage que*
il est extraordinaire que	*regretter que*

réactions

il est amusant/drôle que	*il est inexcusable que*
il est curieux que	*il est normal que*
il est embêtant que	*s'étonner que*

Pour une liste plus complète, consultez l'*Appendice F*.

Attention ! a) Les adjectifs des expressions de la liste ci-dessus peuvent être employés avec le verbe *trouver*.

il est bon que → *nous **trouvons bon** que*

b) Les expressions de la liste ci-dessus peuvent être suivies de la préposition *de* + un infinitif pour indiquer un fait général.

***Il est étonnant de réussir** à un examen si difficile.*

c) Certaines expressions verbales (*être content, être triste*) et certains verbes (*regretter, craindre, s'étonner*, etc.) sont suivis de la préposition *de* + un infinitif lorsque le sujet du verbe principal et le sujet du deuxième verbe représentent la même personne.

> *Elle est heureuse **de pouvoir** partir en vacances.* (*Elle* = sujet de *être* et de *pouvoir*)
> *Elle est heureuse **que nous partions** en vacances.* (*Elle* = sujet de *être* ; *nous* = sujet de *partir*)

d) Après les verbes *craindre* et *avoir peur*, il est de bon usage d'utiliser un *ne* explétif dans la proposition subordonnée. Ce *ne* n'a pas de valeur négative.

> *Ils craignent que vous **ne** soyez trop jeune.* (niveau de langue soutenu)

Mise en pratique 14 (emploi du subjonctif)

Mettez chaque verbe entre parenthèses au mode et au temps qui conviennent.

1. Je m'étonne que Robert n'(avoir) pas aimé ce restaurant.
2. Il est surpris que nous ne nous (être) pas vus.
3. Il est impardonnable qu'il (s'être) fâché.
4. Ils sont satisfaits que leurs jumeaux (pouvoir) apprendre deux langues à l'école maternelle.
5. Il est toujours mieux de (s'excuser).
6. On est ravis que vous (pouvoir) partir avec nous.
7. N'est-il pas triste que tant de vieillards (être) seuls ?
8. Je serais heureux que vous m'(accompagner).
9. Je suis triste de ne pas (pouvoir) la revoir.

Tableau 5.16 | **Quand employer le subjonctif (suite) (après certaines conjonctions et dans des propositions indépendantes)**

contexte	explication
*Je m'en occupe **jusqu'à ce que** vous arriviez.*	On met le verbe de la proposition subordonnée au subjonctif quand celle-ci est introduite par une conjonction qui se construit avec le subjonctif.

conjonctions qui se construisent avec le subjonctif

but	concession	restriction
afin que	*bien que*	*à moins que*
de crainte que	*malgré le fait que*	*sans que*
de façon que	*quoique*	
de manière que	*soit que… soit que*	**temps**
de peur que		*avant que*
de sorte que	**condition**	*en attendant que*
pour que	*à condition que*	*jusqu'à ce que*
	à supposer que	
	pourvu que	

Attention ! a) Après les conjonctions *avant que, à moins que, de crainte que* et *de peur que*, il est de bon usage d'utiliser un *ne* explétif dans la proposition subordonnée complétive.

Ce *ne* n'a pas de valeur négative.

> *Je finirai mon travail avant qu'il **ne** vienne.*

b) Lorsque *de façon que*, *de manière que* et *de sorte que* introduisent un résultat ou une conséquence au lieu d'un but, ces conjonctions sont suivies de l'indicatif.

> *Il m'a prévenu **de sorte que j'ai pu** prendre des dispositions.*
> (résultat → l'indicatif)
> *Il m'a prévenu **de sorte que je puisse** prendre des dispositions.*
> (but → le subjonctif)

c) Il est préférable de substituer *bien que* ou *quoique* aux locutions conjonctives *malgré le fait que* et *malgré que*, qui appartiennent à la langue familière.

> ***Bien qu'**il ait raison, il n'a pu obtenir gain de cause.*

conjonctions et prépositions équivalentes

Certaines des conjonctions de la liste ci-dessus ont une forme prépositive équivalente. Ces prépositions sont suivies d'un infinitif.

> *Elle lui téléphone **pour qu'**ils se parlent.*
> *Elle lui téléphone **pour** lui parler.*

conjonctions	prépositions
à condition que	*à condition de*
afin que	*afin de*
à moins que	*à moins de*
avant que	*avant de*
de crainte que	*de crainte de*
de façon que	*de façon à*
de manière que	*de manière à*
de peur que	*de peur de*
en attendant que	*en attendant de*
jusqu'à ce que	*jusqu'à*
malgré le fait que	*malgré*
pour que	*pour*
sans que	*sans*

Attention !

a) Si le sujet du verbe principal est différent de celui du deuxième verbe, on utilise la conjonction suivie du subjonctif.

> ***Je** suis venue afin que **tu puisses** me parler.*
> (*Je* = sujet de *venir* ; *tu* = sujet de *pouvoir*)

b) Si le sujet du verbe principal est le même que celui du deuxième verbe, on utilise la préposition suivie de l'infinitif.

> ***Je** suis venu afin de **pouvoir** te parler.*
> (*Je* = sujet de *venir* et de *pouvoir*)

c) Lorsque la conjonction n'a pas de préposition équivalente, on utilise la conjonction (même si les sujets sont identiques).

> *Je lui parle encore bien qu'**il soit** fâché.*
> (*Je* = sujet de *parler* ; *il* = sujet de *être*)
> *Je lui parle encore bien que **je sois** fâché.*
> (*Je* = sujet de *parler* et de *être*)

d) La conjonction *avant que* est suivie du subjonctif, mais la conjonction *après que* est suivie de l'indicatif.

> *Je l'ai revu **avant qu'**il ne parte.*
> *Je l'ai revu **après qu'**il est parti.*

e) Il est parfois possible et même préférable d'utiliser une préposition suivie d'un nom à la place d'une subordonnée introduite par la conjonction équivalente.

> *Je l'ai revu **avant qu'il ne parte**.*
>
> *Je l'ai revu **avant son départ**.*

Prépositions de la liste ci-dessus qui peuvent être suivies d'un nom ou d'un pronom :

avant	*malgré*
en attendant	*pour*
jusqu'à	*sans*

f) Lorsqu'une deuxième condition est ajoutée à une première condition introduite par la conjonction *si*, on utilise souvent la conjonction *que* suivie du subjonctif pour cette deuxième condition.

> ***Si** tu me téléphones et **que** tu me préviennes, je viendrai avec toi.*
>
> (*Si tu me téléphones* → *si* + indicatif)
>
> (*et que tu me préviennes* → *que* + subjonctif)

Mise en pratique 15 (emploi du subjonctif)

Indiquez la forme du verbe (subjonctif, indicatif ou infinitif) qui complète correctement chaque phrase en choisissant parmi les options.

1. Bien que ma mère _____ francophone, elle ne m'a pas obligé à parler français à la maison.
   (A être ; B soit ; C est)

2. Les enfants bilingues développeront une langue forte et une autre plus faible à moins _____ français et anglais dans la même proportion.
   (A parle ; B parlent ; C de parler)

3. De peur qu'il n' _____ pas les compétences nécessaires, il a décidé de ne pas étudier le japonais.
   (A ait ; B a ; C avoir)

4. Pourvu qu'ils _____ s'exprimer dans l'une ou l'autre des deux langues, ils seront satisfaits.
   (A sauront ; B savoir ; C sachent)

5. Nous avons inscrit notre fille dans une école maternelle bilingue de Calgary de sorte qu'elle _____ faire ses études en français.
   (A pourra ; B puisse ; C pouvoir)

6. Beaucoup de jeunes Canadiens font leurs études dans des écoles bilingues afin _____ les deux langues nationales.
   (A de maitriser ; B maitrisent ; C maitrise)

Mise en pratique 16 (emploi du subjonctif)

Mettez chaque verbe entre parenthèses au mode et au temps qui conviennent.

1. Il est parti sans (se rendre compte) qu'il n'avait pas payé l'addition.

2. Bien qu'elle (être) encore très jeune, elle sait déjà ce qu'elle veut faire dans la vie.

3. Je le ferai à condition que vous m'(aider).

4. Il faut manger pour (vivre).

5. Si j'avais le temps et que je (être) riche, je voyagerais partout dans le monde.

6. Il ne vient pas au cours aujourd'hui parce qu'il (être) malade.

7. Pourvu qu'ils (pouvoir) prendre des vacances, ils sont contents.

8. Je leur ai téléphoné afin de les (avertir) qu'on ne pourrait pas venir.

| Tableau 5.17 | Quand employer le subjonctif (suite) (verbes d'opinion et de déclaration) |

contexte	explication
1. *Pensez-vous que ce soit possible ?* *Je ne dis pas que ce soit impossible.*	On met le verbe de la proposition subordonnée au subjonctif quand celle-ci est introduite par un verbe d'**opinion** ou de **déclaration** conjugué à la forme négative ou interrogative, et si, à ce moment-là, on exprime l'**incertitude** ou l'**improbabilité**.

verbes et expressions d'opinion ou de déclaration

opinion

croire que	*penser que*
être certain que	*supposer que*
être sûr que	*trouver que*
il me semble que	*voir que*

déclaration

affirmer que	*il paraît que*
annoncer que	*se rappeler que*
déclarer que	*se souvenir que*
dire que	*soutenir que*

Attention ! a) Si ce qu'on dit ou ce qu'on pense est probable ou certain, on emploie l'indicatif.
   *Je **n'ai pas dit** que vous **aviez** tort.*
   ***Crois-tu** qu'il **sera** là ?*

b) Les verbes d'opinion et de déclaration à l'affirmatif ne sont jamais suivis du subjonctif.
   *Il **paraît** que vous **êtes** de Vancouver.*
   *J'**ai dit** que cette fois-ci on **éviterait** ce problème.*

| 2. *Que personne ne **sorte** !*
***Vive** le prince André !*
*Que Dieu **soit** avec toi !*
*Bon, bon, qu'il **vienne** !*
*Qu'elles le **fassent** !* | On emploie le subjonctif dans des propositions indépendantes (sans verbes ou expressions qui précèdent) pour exprimer un souhait d'une manière formelle ou pour exprimer un ordre ou une suggestion à la troisième personne. |

Mise en pratique 17 (emploi du subjonctif)

Mettez chaque verbe entre parenthèses au mode et au temps qui conviennent.

1. Qu'il (sortir) tout de suite !

2. Il a déclaré qu'il ne (participer) pas à cette réunion.

3. Affirmez-vous qu'il (être) chez vous ce soir-là ?

4. Penses-tu qu'un jour il n'y (avoir) plus de guerres ?

5. J'espère que tout (se passer) bien.

6. Nous ne sommes pas certains que tu (avoir) tort.

7. Nous trouvons que le subjonctif (être) difficile à apprendre.

8. (advenir) que pourra. (= *Come what may.*)

Tableau 5.18   **Quand employer le subjonctif (suite) (divers autres emplois)**

contexte	explication
1. *Je cherche **une** secrétaire qui **sache** traduire du français à l'anglais.* (On ne sait pas si l'on va trouver une personne qui possède cette compétence.)	On emploie le subjonctif dans une subordonnée relative (c'est-à-dire qui commence par un pronom relatif) si l'information n'est pas confirmée ou lorsqu'il y a un élément de **doute**.

Attention !   Lorsqu'on est sûr des faits, on utilise l'indicatif.
> *Je cherche **la** secrétaire qui **sait** traduire du français à l'anglais.*
> (Cette secrétaire travaille au bureau et je la cherche.)

2. *C'est **la pire** insulte qu'on **puisse** lui faire.* (D'après ce qu'on sait, c'est la pire insulte ; mais on ne peut pas en être complètement certain.)	On emploie le subjonctif dans une subordonnée qui qualifie le superlatif lorsqu'il y a un élément de **doute** quant à la véracité de ce qu'on dit. Cela sert à atténuer le ton absolu du superlatif.

Attention !   Lorsqu'on est absolument sûr du fait exprimé par le superlatif, on utilise l'indicatif.
> *C'est la pire insulte qu'on **peut** me faire.* (Je me connais et je sais que c'est vraiment la pire insulte qu'on peut me faire.)

3. *Paul est probablement **le seul** qui **puisse** l'aider.* (En vérité, il y a peut-être d'autres personnes dans le monde qui pourraient l'aider.)	On emploie le subjonctif dans une subordonnée qui qualifie un restrictif (c'est-à-dire les expressions telles que *le seul*, *l'unique*, etc.) quand il y a le moindre élément de **doute** dans ce qu'on dit.

Attention !   a) Si l'on est absolument sûr du fait exprimé par le restrictif, on utilise l'indicatif.
> *Paul est **la seule personne** au bureau qui **va** pouvoir résoudre ce problème.*
> (Je connais tous mes collègues au bureau et il est évident que Paul est la seule personne qui pourra résoudre ce problème.)

b) *Le seul/la seule* peut être suivi(e) de la préposition *à* et un infinitif.
> *Vous n'êtes pas le seul **à vous plaindre**.*

Mise en pratique 18 (emploi du subjonctif)

Indiquez la forme du verbe (subjonctif ou indicatif) qui complète correctement chaque phrase en choisissant une option.

1. Nous cherchons une gardienne qui _____ parler français et italien. On ne sait pas si on va en trouver une.
   (A puisse ; B peut)

2. Nous avons essayé de retrouver la gardienne qui _____ parler français et italien.
   (A puisse ; B pouvait)

3. C'est la meilleure école bilingue qu'on _____, mais on n'en est pas certain.
   (A a trouvé ; B ait trouvé)

4. D'après le programme, ce n'est pas la seule langue qu'on _____ étudier.
   (A doive ; B doit)

5. Ce n'est probablement pas la seule secrétaire qui _____ capable de traduire du français à l'anglais.
   (A est ; B soit)

Mise en pratique 19 (emploi du subjonctif)

Mettez chaque verbe entre parenthèses au mode et au temps qui conviennent.

1. Nous cherchons la maison qui (être) à vendre dans ce quartier.
2. Ce n'est pas le seul étudiant qui (pouvoir) réussir.
3. C'est probablement la chose la plus difficile qu'il (devoir) faire.
4. Vancouver est la ville la plus agréable que je (connaitre).
5. C'est certainement le devoir le plus difficile que nous (avoir) à faire cette année.

Subjonctif, infinitif ou indicatif ?

Tableau 5.19

Récapitulation : quand employer le subjonctif, l'infinitif ou l'indicatif

1. QUAND LE VERBE DE LA PROPOSITION PRINCIPALE EXPRIME LA VOLONTÉ, LA POSSIBILITÉ OU LE DOUTE

subjonctif	infinitif	indicatif
(sujets différents)	(sujets identiques)	espérer que
*Nous tenons à ce qu'elle **vienne**.*	*Nous tenons à **venir**.*	*J'espère qu'elle **viendra**.*
*Il est possible qu'elle le **fasse**.*	*Il est possible de le **faire**.*	il parait que
*Il est peu probable que nous y **allions**.*	*Il est impossible de **s'ennuyer** ici.*	*Il parait que vous **êtes** français.*
		il est probable que
		*Il est probable qu'elle **viendra**.*
		se douter que
		*Je me doute que **c'est** vrai.*

2. QUAND LE VERBE DE LA PROPOSITION PRINCIPALE EXPRIME LA NÉCESSITÉ OU LE SENTIMENT

subjonctif	infinitif
(sujets différents)	(sens général)
*Il faut que vous y **résistiez**.*	*Il faut y **résister**.* (Tout le monde doit y résister.)
*Il est triste que vous **partiez**.*	*Il est triste de **partir**.*

3. QUAND LE VERBE DE LA PROPOSITION PRINCIPALE EXPRIME LA CERTITUDE

indicatif

être certain que
être sûr que
être convaincu que
*Je suis sûr que vous **avez** raison.*

4. QUAND LE VERBE DE LA PROPOSITION PRINCIPALE EXPRIME UNE OPINION OU UNE DÉCLARATION

subjonctif	infinitif	indicatif
(au négatif ou à l'interrogatif ; sujets différents)	(à l'affirmatif, au négatif ou à l'interrogatif ; sujets identiques)	(à l'affirmatif ; sujets différents)
*Je ne pense pas qu'il **puisse** le faire.*	*Je pense **pouvoir** le faire.*	*Je pense qu'il **peut** le faire.*
*Pensez-vous qu'il **puisse** le faire ?*	*Je ne pense pas **pouvoir** le faire.*	*Penses-tu **pouvoir** le faire ?*

on peut aussi dire :
Penses-tu qu'il viendra ?

5. QUAND LA PROPOSITION SUBORDONNÉE EST INTRODUITE PAR CERTAINES CONJONCTIONS OU PRÉPOSITIONS

subjonctif	infinitif	indicatif
(conjonctions)	(prépositions équivalentes)	(conjonctions)
(Tableau 5.16)	*(Tableau 5.16)*	après que, aussitôt que, dès que, lorsque, si, pendant que, tandis que
*Je vous donnerai mon adresse avant que vous ne **partiez**.*	*Il est parti sans nous **dire** au revoir. Je l'ai remercié avant **son départ**.*	*Dès que tu le pourras, **téléphone**-moi.*

6. QUAND LA PROPOSITION SUBORDONNÉE EST UNE RELATIVE

subjonctif	indicatif
(faits incertains)	(faits certains)
*Y a-t-il quelqu'un qui **puisse** l'aider ?* (La personne n'existe peut-être pas.)	*J'ai trouvé quelqu'un qui **peut** faire ce travail.* (La personne existe.)

Mise en pratique 20 (emploi du subjonctif)

Indiquez la forme du verbe (subjonctif, indicatif ou infinitif) qui complète correctement chaque phrase en choisissant parmi les options.

1. Nous serons bilingues avant _____ nos études.
   (A que nous finirons ; B de finir ; C que nous finissons)

2. Y a-t-il un professeur qui _____ aider cet étudiant avec sa traduction ?
   (A puisse ; B a pu ; C pouvoir)

3. Il faut absolument _____ à apprendre une autre langue dès que possible.
   (A se met ; B se mettre ; C se mettra)

4. J'espère _____ l'occasion de parler français lors de votre voyage au Moyen Orient.
   (A que vous ayez ; B que vous aurez ; C d'avoir)

5. Il est certain que les enfants _____ apprendre deux langues simultanément.
   (A puissent ; B peuvent ; C pouvoir)

6. Il est peu probable que ces émigrés _____ en mesure d'apprendre deux langues en plus de leur langue maternelle.
   (A soient ; B être ; C seront)

7. S'il y a encore des places et que vous _____ votre fille à temps, il ne devrait pas y avoir de problèmes à la placer en immersion.
   (A inscriviez ; B inscrirez ; C inscrire)

8. Il parait que vous _____ trilingue.
   (A soyez ; B être ; C êtes)

9. Pensez-vous qu'il _____ apprendre le russe ?
   (A peut ; B puisse ; C pouvoir)

10. Lorsqu'on est à l'âge adulte, on ne peut pas apprendre une langue seconde sans _____ beaucoup d'effort.
    (A fasse ; B faire ; C fera)

Présent ou passé du subjonctif ?

Tableau 5.20

Quand employer le présent ou le passé du subjonctif

contexte	explication
1. *Je ne crois pas qu'il **soit** ici.* (actions simultanées) *Je ne crois pas qu'il **vienne**.* (*vienne* → action postérieure = qui arrive après)	On emploie le présent du subjonctif dans la subordonnée quand l'action du verbe est simultanée ou postérieure à celle de la proposition principale.
2. *Je ne crois pas qu'il **ait plu**.* (*ait plu* → action antérieure = qui est arrivée avant)	On emploie le passé du subjonctif dans la subordonnée quand l'action du verbe est antérieure à celle de la proposition principale.
3. *Je ne crois pas qu'il **ait fini** ce travail jeudi prochain.* (*ait fini* → action antérieure dans le futur)	On emploie le passé du subjonctif dans la subordonnée quand l'action du verbe est antérieure à un moment mentionné dans l'avenir.

Mise en pratique 21 (passé du subjonctif)

Faites une phrase à partir des éléments donnés.

1. Je ne crois pas/il est venu au cours de français
2. Elle est très contente/vous êtes venu hier
3. C'est le meilleur compliment/tu as pu lui faire
4. Il est possible/elle s'est trompée
5. Il est peu probable/nous aurons terminé avant demain

Problèmes de traduction

Tableau 5.21

Comment traduire

1. I doubt he'll come. → *Je doute **qu'**il vienne.*
   I am afraid you missed your appointment. → *Je crains **que** vous n'ayez manqué votre - rendez-vous.*

   En anglais, on peut souvent omettre la conjonction *that* pour introduire une proposition subordonnée. En français, l'emploi de la conjonction *que* est obligatoire.

2. It is possible that he had an accident. → *Il est possible qu'il **ait eu** un accident.*

   Le subjonctif anglais est relativement peu usité (ex. *May the force be with you!*, *Long live the Queen!*, *So be it!*). En français, par contre, l'emploi du subjonctif est très fréquent.

3. She wants to leave. → *Elle veut **partir**.*
   She wants you to leave. → *Elle veut que vous **partiez**.*

   La construction anglaise avec l'infinitif peut présenter un problème de traduction puisqu'en français, lorsque les sujets des deux propositions sont différents, on utilise le subjonctif avec de nombreux verbes.

4. We'll wait until you get here. → *Nous attendrons (jusqu'à ce) que vous **arriviez**.*
   We won't decide until you get here. → *Nous ne prendrons pas de décision avant que vous **n'arriviez**.*

   La conjonction anglaise *until* se traduit souvent en français par *jusqu'à ce que* ou *que*, mais quand *until* signifie *before*, on utilise la conjonction française *avant que*.

5. I don't think he'll come.   →   *Je ne crois pas qu'il **vienne**.*

    I am pleased you came.   →   *Je suis content que vous **soyez venu**.*

Le subjonctif français peut exprimer le présent, le futur et le passé.

Mise en pratique 22 (traduction)

Traduisez les phrases suivantes en français.

1. I am glad you immigrated to this country.

2. It is surprising that they travelled by boat.

3. He believed that finding a job would be easier.

4. We won't leave until you get here.

Expression écrite

Les phrases complexes

1. Une **phrase** est un ensemble de mots ayant un sens complet. Il y a des **phrases simples** et des **phrases complexes**.

2. La **phrase simple** peut être :

     a)   un groupe nominal seul
        Tremblement de terre au Mexique

     b)   un groupe verbal seul
        Partons !

     c)   un groupe nominal + un groupe verbal
        Le directeur démissionne.

     d)   un groupe nominal + un groupe verbal + des compléments/attributs
        Il descendit avec sa fille à l'hôtel Beauvau.
        Elle semblait tout à fait désemparée.

La **phrase simple** peut comprendre plusieurs verbes reliés soit par la ponctuation, soit par des conjonctions de coordination (*car, donc, et, mais, ni, or, ou*).

3. Une **proposition** est un groupe de mots qui comprend un verbe, et dont les termes sont étroitement liés par le sens.

Ils ont dîné dans leur restaurant favori et ils sont allés au cinéma.
La phrase simple ci-dessus se compose de deux **propositions indépendantes** reliées par la conjonction *et*.

4. La **phrase complexe**, par contre, incorpore une **proposition principale** et une ou plusieurs **propositions subordonnées**. La proposition subordonnée dépend de la proposition principale ou d'un élément de cette proposition.

J'ai rencontré le jeune homme   *avec qui elle est sortie.*
(proposition principale)   (proposition subordonnée)

Dans la phrase ci-dessus, la proposition principale est indépendante (l'idée est complète), tandis que la proposition subordonnée relative dépend de la proposition principale (l'idée n'est pas complète sans la proposition principale).

5. Dans l'ensemble d'une phrase, les propositions subordonnées ont souvent une fonction semblable à celle du nom. Comparez, par exemple :

*Il admire la robe **que porte sa fiancée**.* (subordonnée)
*Il admire la robe **de sa fiancée**.* (préposition + nom)

*Je voudrais savoir **comment s'est produit l'accident**.* (subordonnée)
*Je voudrais savoir **la cause de l'accident**.* (complément d'objet direct)

*Il attendait **qu'elle revienne**.* (subordonnée)
*Il attendait **son retour**.* (complément d'objet direct)

6. On relève deux groupes de subordonnées :

a) Celles qui déterminent ou qualifient un nom ou un pronom : ce sont les subordonnées **relatives**. Il faut noter que les mots de subordination qui introduisent les subordonnées relatives sont les pronoms relatifs.

b) Celles qui complètent un verbe : ce sont les subordonnées **conjonctives**. Il faut noter que les mots de subordination qui précèdent les subordonnées conjonctives sont les conjonctions.

7. Parmi les propositions subordonnées **conjonctives**, il faut citer deux groupes :

a) les propositions qui ont la valeur d'un complément d'objet (subordonnées **complétives**)

*Je sais **que c'est vrai**.* (subordonnée complément d'objet direct)
*Je sais **cela**.* (complément d'objet direct)

*Il attendait **qu'elle arrive**.* (subordonnée complément d'objet direct)
*Il attendait **son arrivée**.* (complément d'objet direct)

b) les propositions qui ont la valeur d'un complément circonstanciel (subordonnées **circonstancielles**)

*Il lui a téléphoné **avant qu'elle ne parte**.* (subordonnée complément circonstanciel de temps)
*Il lui a téléphoné **avant son départ**.* (complément circonstanciel de temps)

Les propositions subordonnées

Tableau 5.22

Types de propositions subordonnées

type	mot de subordination	exemple
1. relative	pronom relatif	*Je connais un restaurant **dont** le propriétaire est français.*
2. complétive	conjonction *que*, un mot interrogatif ou une préposition (devant un infinitif)	*Je sais **que** vous avez raison.* *Elle ne savait pas **comment** il avait fait cela.* *Je regrette **de** le dire.*
3. circonstancielle		
a) temps	antériorité *avant que, en attendant que, jusqu'à ce que* (+ subjonctif)	*Téléphone-moi **avant que** je ne parte.*
	simultanéité *alors que, à mesure que, aussi longtemps que, chaque fois que, comme, en même temps que, lorsque, pendant que, quand, tant que, tandis que* (+ indicatif)	*Il rougit **chaque fois qu'**elle le regarde.*
	postériorité *à peine que, après que, aussitôt que, dès que, lorsque, quand, une fois que* (+ indicatif)	***Lorsqu'il** arrivera, nous mangerons.*

b)	cause	*comme, du moment que, parce que, puisque, sous prétexte que, vu que, étant donné que, sous prétexte que* (+ indicatif)	*Il y est allé **parce qu'**il le voulait bien.*
c)	but	*afin que, de crainte que, de façon (à ce) que, de manière (à ce) que, de peur que, de/en sorte que, pour que* (+ subjonctif)	*Elle l'a fait **afin qu'**il soit heureux.* *Ils retenaient le suspect **de peur qu'**il ne s'échappe.*
d)	conséquence	*de façon que, de manière que, de/en sorte que* (+ indicatif ou subjonctif)*, *si... que, tant... que, tellement... que* (+ indicatif)	*Je ferai **en sorte qu'**elle soit satisfaite.* *La chaleur était **si** accablante **qu'**ils ont été obligés d'annuler le match de football.*
e)	concession	*bien que, malgré le fait que, quelque... que, quoique, si... que, tant que, sans que, soit... que... soit... que* (+ subjonctif)	***Bien qu'**le soleil fût couché, des baigneurs s'attardaient sur la plage.* ***Quelque** violente **qu'**ait été la tempête, on espérait le retour au port des bateaux de pêche.*
f)	comparaison	*ainsi que, aussi... que, autre... que, autant... que, autrement... que, comme, d'autant plus que, de même que, tel que, le/la même... que, moins... que, plus... que* (+ indicatif)	***De même qu'**il prend soin de ses affaires, il devrait faire attention à celles des autres.* *Je ne leur écris pas, **d'autant plus qu'**ils ne nous écrivent jamais non plus.*
g)	condition	*si, à condition que, à supposer que, pourvu que* (+ subjonctif)	*Je te prête ma voiture, **à condition que** tu ne l'abîmes pas.*

Attention !   Il est essentiel de vérifier le bon usage des conjonctions dans un dictionnaire.

* **Voir dans le chapitre 9 l'***Attention* ! à la fin du *Tableau 9.15.*

Mise en pratique 23

Analysez les phrases de l'exercice ci-dessous en répondant aux questions suivantes :

a) S'agit-il d'une phrase simple ou complexe ? N'oubliez pas de compter le nombre de verbes dans la phrase.

b) Si la phrase est simple, indiquez le nombre de propositions (1, 2 ou 3) et la façon dont ces propositions sont liées (ponctuation ou conjonction de coordination).

c) Si la phrase est complexe, soulignez d'abord la proposition principale, puis identifiez la (ou les) proposition(s) subordonnée(s). Ensuite, identifiez le type de subordonnée (relative, complétive ou circonstancielle).

1. Les avantages du bilinguisme précoce sont désormais bien établis.

2. Dans les écoles européennes de Bruxelles, le bilinguisme est instauré dès l'école primaire afin que l'élève puisse sortir du secondaire en maitrisant quatre langues.

3. Il faudrait qu'on puisse étudier la possibilité de mettre sur pied quelques véritables écoles bilingues.

4. La Belgique a une histoire riche de diversité linguistique, une histoire parfois troublée de conflits politiques, car diversité n'implique pas nécessairement égalité.

5. Si l'on veut atteindre les objectifs de l'Union européenne, c'est-à-dire l'apprentissage de deux langues européennes en plus de la langue maternelle, il faut qu'on s'y prenne dès le plus jeune âge.

Tableau 5.23

Le coin du correcteur

Correction des formes verbales

Terminaisons verbales en *er* et en *é*

Il s'agit de bien distinguer la forme du participe passé en *é* des temps composés (passé composé, plus-que-parfait, etc.) de la forme de l'infinitif en *er* qui suit certaines prépositions ou certains verbes d'introduction tels qu'*aller*, *pouvoir*, *venir de*, etc.

> Ex. Personne ne sait pourquoi il s'est expatri<u>é</u>.
> Personne ne sait pourquoi il a dû s'expatri<u>er</u>.

Terminaisons verbales en *s* et *e*

Dans le cas de nombreux verbes irréguliers, il s'agit de rappeler que la forme de la première personne du singulier du présent de l'indicatif se termine en *s* alors que la forme de la première personne du singulier du présent du subjonctif se termine en *e*.

Il faut aussi noter que le mot *que* n'introduit pas nécessairement le subjonctif présent.

> Ex. Ce que je di<u>s</u>, c'est qu'il faut toujours relire ce qu'on écrit.
> Il faut que je lui dis<u>e</u> de mieux se corriger.

Homonymes

Attention aux homonymes associés aux formes verbales !

	Ex.	vœux	—	veux, veut	peu	—	peux, peut
		son	—	sont	fond	—	font
		ton	—	tonds, tond	on	—	ont

Mise en pratique 24 (correction des fautes)

Choisissez la forme qui complète correctement la phrase.

1. Il est vraiment difficile de _____ plusieurs langues. (maitriser/maitrisé)

2. Il n'essaie pas de me convaincre vu qu'il sait que je ne le _____ plus. (croie/crois)

3. Cet auteur s'était _____ aux États-Unis afin de ne point être persécuté. (exiler/exilé)

4. Bien que je les _____ rarement, nous sommes restés amis. (vois/voie)

5. Nous pouvons les _____ s'ils nous le demandent. (aider/aidé)

6. Mon père _____ le gazon du jardin tous les samedis. (ton/tond)

Synthèse

Exercice 1 En ce qui me concerne (infinitif présent)

oral ou écrit Faites l'exercice suivant selon le modèle. Donnez votre propre opinion.

Modèle : aimer/nager
→ *J'aime nager.*
ou → *Je n'aime pas nager.*

1. souhaiter/se marier dès que possible

2. arriver/comprendre parfaitement bien le français

3. hésiter/faire des achats dans ce magasin

4. travailler/obtenir de bonnes notes

5. oser/poser des questions

6. essayer/plaire à tout le monde

7. songer/partir en Europe

8. s'appliquer/maitriser la grammaire française

9. vouloir/avoir plus de temps libre

10. avoir besoin/sortir tous les weekends

Exercice 2 C'est bien ou c'est dommage (infinitif présent)

oral ou écrit Faites l'exercice suivant selon le modèle. Indiquez si c'est bien ou si c'est dommage.

Modèle : Tu travailles. Tu obtiens de bons résultats. (pour)
→ *Tu travailles pour obtenir de bons résultats. C'est bien.*

1. Il fait les exercices. Il ne réfléchit pas. (sans)

2. Elle sort le soir. Elle n'étudie pas. (au lieu de)

3. Ils font des économies. Ils peuvent immigrer au Canada. (afin de)

4. Il utilise son dictionnaire. Il corrige ses fautes. (de façon à)

5. Tu réfléchis beaucoup. Tu prends une décision. (avant de)

Synthèse

Exercice 3 Et après ! (infinitif passé)

oral ou écrit   Faites l'exercice suivant selon le modèle.

Modèle :   Il a mangé et il est sorti.
→   *Après avoir mangé, il est sorti.*

1. Elle a visité l'Italie et elle est allée en France.

2. Je consulterai mes parents et je prendrai ma décision.

3. Elle a fait sa toilette et elle s'est habillée.

4. Ils se sont excusés et ils sont partis.

5. Nous avons regardé le bulletin d'informations et nous nous sommes couchés.

6. Il s'est disputé avec eux et il ne les a pas revus.

7. Vous préparerez le compte rendu et vous le lui soumettrez.

8. Elles sont allées au cinéma et elles sont rentrées chez elles.

9. Vous avez consulté un dictionnaire et vous avez traduit cette phrase.

10. On mangera de la langouste et on prendra un dessert.

Exercice 4 Préposition ou pas ? (préposition + infinitif)

oral ou écrit   Remplacez les mots en italique par les termes indiqués en mettant, s'il y a lieu, la préposition qui convient.

Modèle :   Je *veux* aller à Montréal. (ai l'intention)
→   *J'ai l'intention d'aller à Montréal.*

1. Il *désire* y aller.
   a) voudrait
   b) est décidé
   c) se prépare
   d) espère

2. Elle *devait* m'en parler.
   a) espérait
   b) lui a interdit
   c) évite
   d) a failli

3. On *le blâme* d'être comme ça.
   a) l'encourage
   b) lui interdit
   c) le soupçonne
   d) lui reprochera

4. Il *veut* voir un médecin.
   a) me conseille
   b) s'agit
   c) tient
   d) pensait

5. J'*aime* voyager.
   a) déteste
   b) souhaiterais
   c) ai choisi
   d) l'ai encouragé(e)

Exercice 5 Objections (subjonctif présent)

oral ou écrit   Il y a des objections à ce que différentes personnes veulent faire.

Modèle :   Je veux prendre la voiture. (mon père)
   →   *Mon père ne veut pas que je prenne la voiture.*

1. Nous voulons faire de la moto. (nos parents)

2. Je veux m'assoir sur son beau divan neuf. (ma tante)

3. Elle veut prendre des vacances sans lui. (son mari)

4. Nous voulons emprunter sa tondeuse à gazon. (le voisin)

5. Je veux vivre à l'étranger. (mes parents)

6. Nous voulons nous acheter un chien. (mon père)

7. Mon frère veut boire du vin. (ma mère)

8. Robert veut payer l'addition. (je)

9. Je veux conduire sa voiture. (mon frère)

10. Jacqueline veut vivre seule. (ses parents)

Exercice 6 Beaucoup de choses à faire (subjonctif présent)

oral ou écrit   Cette discussion de famille porte sur ce qu'il y a à faire cette semaine. En suivant le modèle, formez des phrases avec les groupes de mots ci-dessous.

Modèle :   il faut/je/aller chez le coiffeur
   →   *Il faut que j'aille chez le coiffeur.*

1. il est temps/Paul/prendre rendez-vous chez le dentiste

2. je veux/tu/venir avec moi au supermarché aujourd'hui

3. il vaut mieux/nous/partir assez tôt demain pour aller en ville

4. je ne crois pas/Jeannette/pouvoir nous accompagner

5. il faut absolument/nous/acheter un cadeau d'anniversaire pour Marc

6. Papa tient à ce que/nous/laver la voiture samedi

7. il serait bon/on/faire la vaisselle pour Maman ce soir

8. Maman préfère/tu/mettre de l'ordre dans ta chambre

9. il est nécessaire/tu/écrire à ta tante

10. j'ai peur/nous/ne pas avoir le temps de tout faire

Exercice 7 L'avenir (subjonctif présent)

oral ou écrit   Faites l'exercice suivant selon le modèle. Vous parlez de votre avenir.

Modèle :   finir ses études (important/peu important)
→   *Il est important que je finisse mes études.*
ou   →   *Il est peu important que je finisse mes études.*

1. suivre des cours d'informatique (utile/inutile)

2. savoir conduire une voiture (utile/peu utile)

3. faire la grasse matinée le weekend (rare/pas rare)

4. avoir plus de temps à ma disposition (nécessaire/pas nécessaire)

5. mettre de l'argent de côté (indispensable/inutile)

Exercice 8 Vrai ou douteux ? (subjonctif ou indicatif)

oral ou écrit   Chaque énoncé provoque une réaction de votre part. Formulez votre réponse en utilisant soit *il est vrai que,* soit *je ne crois pas que* dans votre phrase.

Modèle :   Tout le monde peut devenir bilingue.
→   *Il est vrai que tout le monde peut devenir bilingue.*
ou   →   *Je ne crois pas que tout le monde puisse devenir bilingue.*

1. Les parents comprennent toujours leurs enfants.

2. On parle français au Québec et on est fier de garder sa langue.

3. Les chats sont plus intelligents que les chiens.

4. La terre est ronde.

5. Les journaux disent toujours la vérité.

6. Parler une langue étrangère est utile.

7. Un diplôme universitaire est essentiel dans la vie.

8. On peut vivre sans problèmes.

9. Les professeurs sont toujours justes.

10. On parle allemand en Autriche.

Exercice 9 À mon avis... (subjonctif ou indicatif)

oral ou écrit   Exprimez votre opinion sur les sujets suivants en utilisant les expressions ci-dessous.

J'approuve que   *Il est temps que*
Je pense que   *Je trouve que*
Il est inadmissible que   *Il faut absolument que*
Je ne pense pas que   *Je suis certain(e) que*

Modèle :   Il y a assez d'emplois pour les jeunes.
→   *Je trouve qu'il y a assez d'emplois pour les jeunes.*
ou   →   *Je ne pense pas qu'il y ait assez d'emplois pour les jeunes.*

1. Les émissions à la télévision sont toujours de très bonne qualité.

2. Les frais d'assurance automobile sont trop élevés.

3. Les femmes reçoivent les mêmes salaires que les hommes.

4. On fait assez d'efforts dans le domaine du désarmement.

5. Les hommes et les femmes politiques sont toujours honnêtes.

Exercice 10 Entre amis (subjonctif présent/passé)

oral ou écrit Vous parlez avec un(e) camarade qui vous raconte ce qui se passe dans sa vie. Réagissez à ce qu'il/elle dit en utilisant l'une des expressions ci-dessous.

Je suis content(e) que	*Je regrette que*
Il est dommage que	*Je suis surpris(e) que*
Je suis déçu(e) que	*Je suis fâché(e) que*

Modèle :   Je ne peux pas venir à cette soirée.
→   *Il est dommage que tu ne puisses pas venir à cette soirée.*

1. Je n'ai pas encore fait mes devoirs de français.

2. Mes parents m'emmènent en vacances en Italie.

3. Je suis souvent malade.

4. J'ai oublié de rapporter tes livres.

5. J'ai reçu une mauvaise note en mathématiques.

6. Je ne sais pas quels cours choisir l'an prochain.

7. Je n'ai pas encore acheté les billets pour le concert.

8. Je ne me sens pas bien ces temps-ci.

9. Nous allons au cinéma ce soir.

10. Je n'ai pas fait ce que tu m'as demandé.

Exercice 11 Avis contraire (subjonctif présent/passé)

oral ou écrit Donnez une opinion contraire.

Modèle :   Je pense que c'est vrai.
→   *Moi, je ne pense pas que ce soit vrai.*

1. Je suis certain(e) qu'elle viendra.

2. Je pense que Paul est paresseux.

3. Je trouve qu'ils sont mesquins.

4. Je crois que son patron a trop d'influence.

5. Je suis certain(e) qu'il a eu un empêchement.

6. Je pense que le premier ministre a oublié les promesses de sa campagne électorale.

7. Je suis sûr(e) qu'il peut mener à bien ce projet.

8. Je pense qu'ils ont dit la vérité.

9. Je suis certain(e) qu'elle s'est trompée.

10. Je trouve qu'il a beaucoup maigri.

Synthèse

Exercice 12 Et moi donc ! (subjonctif → infinitif)

oral ou écrit   Faites l'exercice suivant selon le modèle.

Modèle :   Nous tenons à ce qu'elle vienne.
→   *Et moi, je tiens à venir aussi.*

1. Nous nous attendons à ce qu'elle le rencontre.   4. Nous voulons qu'elle participe.

2. Nous avons peur qu'elle échoue.   5. Nous désirons qu'elle lui parle.

3. Nous doutons qu'elle ait le temps d'y aller.

Exercice 13 Quel mode ? (subjonctif/infinitif/indicatif)

oral ou écrit   Substituez au verbe de la proposition principale les verbes indiqués.

Modèle :   Je ne pense pas qu'on soit d'accord. (Il est bon de…)
→   *Il est bon d'être d'accord.*

1. Je crois que tu es d'accord.
   a) Je suis surpris(e) que…
   b) Elle est sûre que…
   c) Il parait que…
   d) Il est important de…

2. Il espère que vous ferez la paix.
   a) Ils désirent que…
   b) Je veux que…
   c) Il est temps de…
   d) Il serait bon de…

3. Il faut que les femmes soient aussi bien payées que les hommes.
   a) Il est désirable que…
   b) Je souhaite que…
   c) Il n'est pas vrai que…
   d) J'espère que…

4. Je ne pense pas que vous ayez compris.
   a) Je pense que…
   b) Il est clair que…
   c) Elle a dit que…
   d) Il est surprenant que…

5. J'ai dit qu'il a gagné.
   a) J'espère que…
   b) Je ne suis pas certain(e) que…
   c) Il est peu probable que…
   d) J'ai déclaré que…

Exercice 14 Mode d'emploi (subjonctif/infinitif/indicatif)

écrit Faites des phrases avec les éléments suivants. Déterminez si vous devez utiliser le subjonctif, l'infinitif ou l'indicatif dans la subordonnée.

Modèle :   Elle tient/vous partez avec elle.
  →   *Elle tient à ce que vous partiez avec elle.*
ou   Elle veut/elle part avec toi.
  →   *Elle veut partir avec toi.*
ou   Elle croit/tu pars sans elle.
  →   *Elle croit que tu pars sans elle.*

1. Je me réjouis/je pars en vacances.

2. Attends/nous te téléphonons.

3. Nous aimons mieux/vous le lui dites vous-même.

4. Il est probable/il fait beau demain.

5. Il se peut/on va en Europe cet été.

6. Crois-tu/ils déjeunent avant de venir ?

7. Il nie/il a triché.

8. Il est peu probable/nous sortons ce soir.

9. Il me semble/il a grossi.

10. Elle affirme/elle s'est trompée.

Exercice 15 Combinons (phrases complexes)

écrit Combinez les phrases suivantes en utilisant le mot entre parenthèses pour introduire la subordonnée.

Modèle :   Change-toi/tu pars (avant)
  →   *Change-toi avant de partir.*
ou   Elle s'est changée/vous arrivez (avant)
  →   *Elle s'est changée avant que vous n'arriviez.*
ou   Elle s'est changée/ton arrivée (avant)
  →   *Elle s'est changée avant ton arrivée.*

1. Il s'est acheté une voiture/elle le sait (sans)

2. Il est prêt à faire ce travail/c'est bien payé (pourvu)

3. Je lui ai téléphoné/ton départ (après)

4. Je t'aiderai à déménager/ce n'est pas pendant la semaine (à condition)

5. Elle a pu sortir/elle le réveille (sans)

Exercice 16 Moulin à phrases (divers éléments)

écrit Selon le cas, complétez la phrase ou incorporez l'élément donné dans une phrase de votre choix.

1. … jusqu'à ce que…

2. … à moins que…

3. C'est le meilleur compliment que vous…

4. Je suis désolé(e) de…

5. Nous cherchons un associé qui…

Exercice 17 Rédaction (divers éléments)

écrit **Sujet**   Choisissez deux des trois sujets ci-dessous et, pour chacun, rédigez un paragraphe en tenant compte des indications données.

1. On vous demande de répondre à la question suivante : Que doit-on faire pour devenir bilingue ? (Utilisez *il faut que…, on doit…, il est utile de…, afin que vous…,* etc.)
2. Pensez à votre avenir et décrivez deux choses qui auront définitivement lieu et deux choses qui pourront avoir lieu. (Utilisez *il est probable que/il se peut que.*)
3. Vous planifiez un séjour linguistique. Où voulez-vous aller ? Quand ? Pour combien de temps ? Quels sont vos objectifs ? Avec qui partez-vous ? (Utilisez *je voudrais/il serait bon/il serait avantageux de/je pourrais/il faudrait/on devrait,* etc.)

Consignes   Ne dépassez pas les 50 mots par paragraphe.

Suggestions
1. Consultez la section *Expression écrite* de ce chapitre.
2. À l'aide des dictionnaires qui sont à votre disposition, essayez d'améliorer votre vocabulaire.
3. En consultant le *Tableau 5.22*, intégrez dans votre texte des phrases complexes qui comprennent des propositions subordonnées.
4. Utilisez des mots charnières comme *et, mais, pourtant, or, c'est pourquoi, de plus, en dépit de, en conclusion.*
5. Relisez-vous plusieurs fois afin d'éliminer le plus de fautes possible.
6. Continuez à noter vos erreurs dans votre carnet de correction.

© Doug Menuez/Thinkstock/Getty Images RF.

CHAPITRE 6
Le cinéma

Lecture

Entretien avec Thierry Frémaux
Le Festival de Cannes en questions 198

Article du magazine de référence en ligne *slate.fr*
*Les livres cultes qui résistent au
cinéma* de Pierre Ancery et Clément Guillet 205

Vocabulaire
Le cinéma *201*

Grammaire
Les pronoms personnels *209*

Expression écrite
Le résumé *227*

Les techniques de résumé *228*

Le coin du correcteur *231*

Synthèse
Exercice 1 à 12 *232*

 Visitez le site Web de *Mise en pratique*, **www.pearsoncanada.ca/favrod**,
où vous trouverez :

- des exercices de grammaire supplémentaires
- des activités complémentaires basées sur des sites Web francophones
- des exercices d'écoute

Lecture et vocabulaire

Dossier 1 *Le Festival de Cannes en questions*

Introduction à la lecture

C'est le 28 décembre 1895, à Paris, que *les frères Lumière* ont fait leur première séance cinématographique publique. Au début du XXe siècle, les Français, suivis des Américains, étaient les plus grands exportateurs de cette nouvelle invention. Il va sans dire que la France a une place importante dans l'histoire du cinéma. Aujourd'hui, ce pays tient à préserver la richesse culturelle que représente son cinéma contemporain et lutte donc contre l'invasion des exportations hollywoodiennes.

Dans ce chapitre, vous allez découvrir le plus grand festival de cinéma du monde, le Festival de Cannes, et vous allez aborder le phénomène des adaptations littéraires au cinéma.

Créé en 1937, le Festival de Cannes est un des festivals de cinéma les plus prestigieux du monde. Ce rendez-vous annuel a lieu au mois de mai dans la ville de Cannes en France et il attire les plus grandes vedettes du 7e art. Le prix accordé au meilleur film s'appelle la Palme d'Or.

Activités de pré-lecture

1. Allez-vous souvent au cinéma ? Expliquez. Préférez-vous regarder un film à la télé ou sur votre ordinateur ? Justifiez votre réponse.

2. Quelles sortes de films préférez-vous ? Pourquoi ?

3. Connaissez-vous des films, des acteurs ou des cinéastes français ou francophones ? Lesquels ?

4. Avez-vous déjà entendu parler du Festival de Cannes ? Expliquez.

Lecture

Lisez le texte ci-dessous et faites l'exercice de compréhension qui suit le texte.

Lecture	*Le festival de Cannes en questions*
1	**Quelle est la mission du Festival de Cannes ?**
	Depuis ses origines, le Festival de Cannes est fidèle à sa vocation fondatrice : révéler et *mettre en valeur* des œuvres pour servir l'évolution du cinéma, favoriser le développement de l'industrie du film dans le monde et célébrer le 7e art à l'international.
5	**C'est quoi la « Sélection officielle » ?**
	Elle met en valeur la diversité de la création cinématographique à travers différents *volets* tels que la **Compétition** et **Un Certain Regard**. Des films qui illustrent le « cinéma d'auteur grand public » sont présentés en **Compétition** et **Un Certain Regard** met l'accent sur des œuvres originales dans leur propos et leur esthétique. La Sélection officielle repose aussi sur
10	les films *Hors Compétition*, les **Séances Spéciales** et les **Séances de minuit, Cannes Classics** et la sélection Cinéfondation de films d'école.

Que représentent aujourd'hui les « Marches rouges » ?
C'est un des aspects de la manifestation et bien sûr la partie la plus médiatique de l'événement.
Pour l'organisation, c'est d'abord l'opportunité d'accueillir pour la première fois et avec
les *mêmes égards*, les plus grands artistes du cinéma mondial et les talents émergents.
C'est également l'occasion d'honorer la créativité des artistes sur laquelle repose le prestige
du Festival.

En quoi consistent les sélections non compétitives ?
Les films ***Hors Compétition*** sont souvent des films-événements qui marquent l'année de
cinéma et les ***Séances Spéciales*** et ***Séances de minuit*** offrent une exposition sur mesure à
des œuvres plus personnelles. Les films du patrimoine en copies restaurées sont mis en valeur
à ***Cannes Classics*** qui accueille également *des hommages* et des documentaires sur le cinéma.

Quelle place est réservée au court-métrage à Cannes ?
À Cannes, le court métrage est représenté par la Compétition, *à l'issue* de laquelle le
Jury des courts métrages remet une Palme d'or et par le Short Film Corner, un espace
professionnel dédié aux rencontres, aux échanges, à la promotion des films.
En 2010, le Festival a créé « Cannes Court Métrage » qui réunit ces deux entités dans
une dynamique complémentaire pour offrir un panorama complet de la création mondiale au
format court et stimuler la créativité de ses auteurs.

Quelles sont les initiatives du Festival en faveur de la création ?
Le Festival est très attentif à découvrir de nouveaux talents et à servir de *tremplin* à la création.
Le développement de « Cannes Court Métrage » va dans ce sens. Plusieurs actions destinées
à soutenir les talents du futur ont déjà été mises en œuvre : la Caméra d'Or récompense le
meilleur premier film présenté, soit en Sélection officielle, soit à la Quinzaine des Réalisateurs
ou à la Semaine de la Critique.
Quant à la Cinéfondation, qui présente des films d'écoles de cinéma dans le cadre de la
Sélection officielle et organise également la Résidence et l'Atelier, elle est un observatoire
sur les tendances du cinéma de demain.

Comment entretenez-vous la dimension internationale de la manifestation ?
Les films sélectionnés et les professionnels accrédités au Festival viennent du monde entier
et la couverture médiatique de l'événement est internationale. Le Festival de Cannes offre
par ailleurs à tous les pays producteurs de cinéma la possibilité de présenter la richesse de
leur cinématographie dans le cadre du Village international, qui comptait plus de 40 pays
en 2010. Pour continuer d'encourager cette dimension, 6 nouvelles langues ont été ajoutées
au site officiel en 2010. En plus du français et de l'anglais, les internautes peuvent désormais
suivre la manifestation en espagnol, portugais, chinois, japonais, arabe et russe. [...]

Que fait le Festival pour le grand public ?
La carrière d'un film et la réputation d'un auteur reposent avant tout sur *son accueil* en salles.
Bien qu'il soit réservé aux professionnels, le Festival est attentif à cette réalité et se prépare
d'ailleurs à mieux adapter son accueil des cinéphiles.
Cette année, le film d'ouverture sort en salles en France le jour de sa présentation à
Cannes et la cérémonie d'Ouverture sera *diffusée* dans les cinémas afin que les spectateurs
puissent vivre en direct la soirée de lancement du Festival.

55   À Cannes, le Cinéma de la Plage, salle hors les murs, propose chaque soir un film et depuis 2010 parfois *en avant-première mondiale*, dans le cadre d'une programmation thématique. Ce sont des projections en plein air ouvertes à tous qui représentent un lien fort avec le public.

Le Festival va avoir 64 ans, quel est le secret de sa longévité ?

60   Le Festival est solidement *ancré* dans son histoire, mais il est aussi très attentif à accueillir la nouveauté et l'originalité. Au fil des années, il a évolué en cherchant à préserver ses valeurs essentielles : la cinéphilie, la découverte de nouveaux talents, l'accueil des professionnels et des journalistes venus du monde entier pour contribuer à la naissance et à la diffusion des films.

65   Pendant la 64ᵉ édition, du 11 au 22 mai prochain, des projets vont naître, des expériences vont se transmettre, des cultures vont se rencontrer : c'est aussi cette effervescence qui fait du festival de Cannes le reflet de son époque.

Tiré du site Web du Festival de Cannes

l.3   **mettre en valeur** — *to highlight*
l.6   **volets** : les différentes parties du festival — *sections*
l.10   **Hors Compétition** : qui n'est pas en compétition pour un prix (Palme d'Or)
l.15   **mêmes égards** — *same considerations*
l.22   **des hommages** — *special tributes*
l.24   **à l'issue** : à la fin (de laquelle)
l.31   **tremplin** — *stepping stone*
l.48   **son accueil** : la réception du film, la façon dont le public réagit au film (positivement, par exemple)
l.52   **diffusée** — *to be broadcast*
l.55   **en avant-première mondiale** — *world preview*
l.59   **ancré** — *to be rooted*

Compréhension globale

Dites si les affirmations suivantes sont vraies (V) ou fausses (F).

1. Le Festival met en valeur surtout des films pour le grand public.

2. La mission du Festival de Cannes est plutôt globale : celle-ci veut encourager l'évolution du domaine du cinéma et célébrer cet art.

3. Le choix des films est international, ainsi que la couverture médiatique.

4. La Sélection officielle comprend des films qui ne sont pas en compétition.

5. Il n'y a pas de prix pour les films hors compétition ni pour les courts-métrages.

6. Le Festival offre des activités intéressantes pour le grand public.

7. Le Festival de 2010 était plus original et nouveau que les festivals précédents.

8. La créativité joue un rôle important dans le Festival et dans sa programmation.

Vocabulaire

Le cinéma

- la cinématographie (cinématographique) : l'art de faire du cinéma (qui se rapporte au cinéma)
- une œuvre, un chef-d'œuvre—*a work of art, a masterpiece*
- le 7ᵉ art : expression qui veut dire le cinéma (d'autres formes d'expression artistiques étant l'architecture, la sculpture, la musique, la peinture, etc.)
- un film muet/parlant—*a silent movie/a talking movie (a talkie)*
- un film en noir et blanc/en couleurs—*a black and white movie/colour movie*
- un film en version originale (v.o.)—*original version* ; un film sous-titré—*a subtitled movie* ; un film doublé—*a dubbed movie*
- un long/court métrage—*a feature film/a short film*
- le grand écran *(big screen)* : le cinéma/le petit écran : la télévision
- un film policier, un film de fiction, un film de science-fiction—*a detective film, a drama, a science-fiction film*
- un film à suspense—*a thriller*
- un film d'épouvante—*a horror film*
- un film historique, épique, un documentaire—*an historical film, an epic, a documentary*
- une comédie, une comédie dramatique, une comédie amoureuse—*a comedy, a dramatic comedy, a romantic comedy*
- une comédie musicale—*a musical*
- un dessin animé—*a cartoon*
- l'animation—*animation*

- la réalisation d'un film—*the making of a movie*
- un cinéaste—*a filmmaker*
- un distributeur, distribuer un film—*a distributor, to distribute a movie*
- un producteur, produire un film—*a producer, to produce a movie*
- un(e) réalisateur(trice), un metteur en scène—*a director*
- réaliser un film, mettre en scène un film—*to direct a movie*
- une réalisation, une coréalisation—*a production, a coproduction*
- une adaptation cinématographique—*a film or screen adaptation*
- un(e) scénariste—*a scriptwriter* ; un scénario—*a script*
- une scène—*a scene*
- l'intrigue du film—*the story, the plot*
- un(e) cadreur(euse), un(e) opérateur(trice), un caméraman—*a cameraman*
- les décors—*settings*
- les effets spéciaux, les trucages—*special effects*
- le montage—*editing*

- porter (un roman) à l'écran, être porté à l'écran : (en) tirer un film, être transformé en film
- le tournage d'un film—*the shooting, filming of a movie*
- tourner un film (dans un pays)—*to shoot, make a film*
- un(e) acteur(trice), un(e) interprète, un(e) comédien(ne)—*an actor, an actress*
- un(e) figurant(e)—*an extra*
- un(e) cascadeur(euse)—*a stuntman/woman* ; une cascade—*a stunt*
- incarner, interpréter (un personnage)—*to play (a character)*
- le casting—*casting*

- un personnage principal / secondaire—*a main /secondary character*
- une vedette (de cinéma)—*a (film) star*
- être la vedette / partager la vedette ou l'affiche—*to star / co-star (in a movie)*
- jouer le rôle de, tenir le rôle de—*to play or have the role of*
- un rôle principal, secondaire—*a lead role, a supporting role*
- un grand/petit rôle—*a major/minor role*
- une bonne/mauvaise interprétation—*a good/bad performance*

- l'exploitation d'un film—*the release of a movie*
- censurer—*to censor* ; couper—*to cut*
- sortir en salle, sur les écrans—*to come out in the movie theatres*
- l'avant-première : une présentation en avance—*a film preview*
- la première—*the opening night*
- une salle de cinéma—*a movie theatre, a cinema*
- un ciné-club—*a film society or club*
- une cinémathèque—*a film library or a film theatre*
- un cinéphile : quelqu'un qui aime le cinéma—*a film buff, movie buff*
- la cinéphilie : l'amour, la passion du cinéma
- les fans, les adeptes du cinéma—*movie fans, moviegoers*
- le cinéma grand public : le cinéma qui attire les masses—*mainstream cinema*
- une séance—*a screening* ; un billet—*a ticket*

- la réception et l'accueil d'un film—*critical reaction to a film*
- primer un film : le récompenser, lui donner un prix
- la critique d'un film—*film review*
- un succès/un échec—*a hit/failure* ; un four ou un navet (fam.)—*a flop*
- faire un tabac : avoir un succès énorme
- faire salle comble—*a sold-out theatre* ; rapporter gros au box-office—*to be a box-office hit*
- louer un film, un acteur, ou faire l'éloge d'un film, d'une actrice—*to say good things about a movie or an actor*
- dire du mal d'un film, d'une interprétation—*to say bad things about a movie or someone's performance*

- les grands festivals de cinéma—*major film festivals*
- le Festival de Cannes : le plus grand festival du film se tient à Cannes au mois de mai
- le Festival de Venise : un festival international très réputé, il a lieu à la fin du mois d'aout
- le Festival international du film de Toronto (TIFF) : l'un des festivals les plus importants du monde, il a lieu en septembre
- Le Festival de film Sundance : le principal festival américain de cinéma indépendant (il se tient au Utah au mois de janvier et il a été créé par Robert Redford)
- Palme d'Or (n. f.) : prix décerné au Festival de Cannes
- Jutra (n. m.) : prix cinématographique décerné au Québec (hommage à Claude Jutra, réalisateur du film célèbre *Mon oncle Antoine*)

Exploitation lexicale

1. Qui fait quoi dans le cinéma ? Lisez les définitions ci-dessous et indiquez le nom de la personne qui est responsable de la tâche indiquée.

a) J'ai gagné plusieurs prix d'interprétation ; tout le monde adore mes films.

b) Je participe à de nombreux festivals et je choisis les films qui vont sortir sur les écrans.

c) Je remplace l'acteur dans les scènes dangereuses.

d) J'écris le scénario du film.

e) Je mets en scène le film et choisis les acteurs.

f) Je ne joue pas de rôle principal, mais je suis dans le film.

g) C'est moi qui m'occupe du financement du film.

h) Moi, j'adore le cinéma. J'y vais deux fois par semaine.

i) J'aime interpréter différents rôles masculins.

j) Je suis la personne chargée du maniement de la caméra.

2. Êtes-vous cinéphile ? Testez vos connaissances en reliant les noms ou les titres de la colonne A aux explications de la colonne B.

Colonne A	Colonne B
1. *Titanic* _____	a) personnage des romans de l'auteur britannique Ian Flemming qui ont été adaptés à l'écran
2. Walt Disney _____	b) film français qui a gagné de nombreux prix
3. James Bond _____	c) cinéaste torontois, a réalisé *The Sweet Hereafter*
4. Humphrey Bogart _____	d) grand succès du réalisateur canadien James Cameron
5. Atom Egoyan _____	e) a joué le rôle de Viking Hiccup dans le film *How to train your dragon*
6. *Le fabuleux destin d'Amélie Poulain* _____	f) cet acteur américain a joué le rôle de *Rick* dans *Casablanca*
7. Audrey Tautou _____	g) film culte des années 1970 avec Susan Sarandon
8. Jay Baruchel _____	h) actrice française qui a été nominée au moins trois fois pour la meilleure interprétation féminine en France
9. Rachel McAdams _____	i) actrice canadienne qui a fait ses études à l'Université York (Toronto) et qui a joué dans le film *Sherlock Holmes*
10. *The Rocky Horror Picture Show* _____	j) réalisateur américain de dessins animés

3. Décrivez un film que vous avez vu récemment. Notez le réalisateur, l'année, le type de film et les acteurs principaux. Résumez l'histoire du film et parlez de sa réception par le public. Attention aux faux-amis (voir *Approfondissement lexical*, p. 208.) Suivez l'exemple ci-dessous. Nous avons choisi un film québécois qui a connu un grand succès.

Monsieur Lazhar

Réalisateur : Philippe Falardeau (Québec, Canada)
Année : 2011
Genre : drame adapté de la pièce de théâtre *Bashir Lazhar* d'Évelyne de la Chenelière
Durée : 94 minutes

Acteurs principaux :
Mohammed Fellag
Sophie Nélisse
Emilien Néron
Danielle Proulx

Nominations et prix :
- deux prix au Festival de Locarno (2011) : le prix du public et le prix de la critique
- le prix du meilleur film canadien au TIFF (2011)
- deux prix au Festival International du Film Francophone de Namur (2011) : le prix Spécial du Jury et le prix du Public Long métrage Fiction de la Ville de Namur
- sept prix à la 14e Cérémonie des Jutra en 2012 : meilleur film, meilleure réalisation, meilleur scénario, meilleur acteur de soutien, meilleure actrice de soutien, son, musique originale
- une nomination aux Oscar en 2012 pour meilleur film en langue étrangère

Synopsis :
Ce film raconte l'histoire de Bashir Lazhar, un immigré algérien qui est embauché dans une école primaire montréalaise pour remplacer une institutrice qui s'est suicidée. La mort de Martine Lachance a bouleversé les élèves de 5e année, particulièrement Simon et Alice, qui éprouvent de la difficulté à oublier et à surmonter cette tragédie.

De son côté, Bashir Lazhar doit s'adapter à la culture de son nouveau pays. Cela s'avère être un véritable défi pour ce réfugié qui a aussi vécu une tragédie et qui cache un secret. Petit à petit, même avec des méthodes pédagogiques traditionnelles, Monsieur Lazhar réussit à apaiser ses élèves et à vaincre son propre passé douloureux.

Compréhension détaillée

1. Expliquez comment aujourd'hui, 64 ans après ses débuts, le festival de Cannes demeure fidèle à sa mission.

2. On dit que les « Marches rouges » attirent beaucoup d'attention médiatique. Pour quelles raisons ?

3. À quelle réalité le festival de Cannes est-il attentif ? Comment fait-il pour l'être?

4. Mentionnez trois éléments qui démontrent le caractère international du Festival.

Réflexion et discussion

1. Connaissez-vous le réalisateur (et le nom du film) qui a gagné la Palme d'Or cette année ? De quel genre de film s'agissait-il ?

2. Quels sont les grands festivals de films de l'Amérique du Nord ?

Dossier 2 *Les livres cultes qui résistent au cinéma*

Introduction à la lecture

Une poignée d'œuvres littéraires ont connu leur première adaptation au cinéma ces dernières années. Mais certains chefs-d'œuvre restent inexplorés. Pourquoi ? L'article qui suit propose une réflexion sur le sujet en identifiant quelques œuvres qui résistent au cinéma, de nombreuses décennies après leur publication.

Activités de pré-lecture

1. Pouvez-vous citer des chefs-d'œuvre de la littérature qui ont été adaptés au grand écran ? Lesquels ?
2. Avez-vous déjà lu une œuvre littéraire qui a été portée à l'écran ? Comment avez-vous trouvé l'adaptation ?

Lecture

Lisez le texte ci-dessous.

1. Dans les paragraphes 4 et 5, relevez tous les pronoms personnels (sujet, objet direct, objet indirect, etc.).
2. Répondez aux questions qui suivent le texte.

Lecture

Les livres cultes qui résistent au cinéma

1   Pour la première fois, **Belle du Seigneur**, le célèbre roman d'Albert Cohen publié en 1968, vient d'être porté à l'écran, avec dans les rôles principaux les très chic Jonathan Rhys-Meyer et Natalia Vodinova. Sorti en salles en France le 19 juin 2014, le film rejoint d'autres adaptations qui ont fleuri sur grand écran récemment aussi bien en Europe qu'en Amérique

5   du Nord comme, par exemple, « On the road » (Sur la route) d'après *Jack Kerouac*, une réalisation française de Walter Salles mettant en vedette Amy Adams, Viggo Mortensen et Kristen Stewart.

Les œuvres littéraires reconnues sont *prisées* des réalisateurs. Une histoire déjà testée et validée auprès du public, la *caution* d'un grand romancier et une aura toute prête de « chef

10   d'œuvre », autant d'éléments qui peuvent favoriser le succès du film. Mais l'exercice est toujours périlleux : l'attention du public est proportionnelle à la notoriété du livre et les fans comme les critiques sont d'autant plus *impitoyables* avec toute adaptation *ratée*.

Est-ce pour cette raison que nombre de classiques de la littérature n'ont jamais été portés à l'écran ? Alors que **Les Trois mousquetaires** a été adapté pas loin de 30 fois et

15   **Roméo et Juliette** environ 80 fois, il reste encore quelques livres cultes – pas beaucoup – qui n'ont jamais eu droit à une version cinématographique. Zoom sur deux d'entre eux, accompagnés de nos propositions d'acteurs et réalisateurs pour chacun.

Catcher in the Rye (L'Attrape-cœurs) de J. D. Salinger
Lorsque l'écrivain américain J.D. Salinger voit l'adaptation de sa nouvelle **Uncle Wiggily**

20   **in Connecticut**, il est *consterné* par le résultat. Du coup, jusqu'à sa mort en 2010, il refuse catégoriquement de vendre les droits de **Catcher in the Rye**, *roman initiatique* vendu à 65 millions d'exemplaires et le *livre de chevet* de plusieurs générations d'adolescents.

Nombreux sont les réalisateurs et producteurs qui ont essayé de se l'approprier : citons les noms de Steven Spielberg ou Billy Wilder. Tous *se sont heurtés* à un refus obstiné. *Idem* pour les acteurs : Jack Nicholson, John Cusack Tobey Maguire, Leonardo di Caprio ont tous, au début de leur carrière, rêvé d'interpréter le mythique personnage de Holden Caulfield.

Salinger estimait que la narration spécifique qui fit l'originalité du roman, c'est-à-dire la voix intérieure du personnage, ne serait pas adaptable au cinéma.

Cependant, dans une lettre écrite en 1957, il expliquait qu'il était probable que les droits au roman seraient vendus un jour. Il pensait très sérieusement laisser ces droits à sa femme et à sa fille comme une sorte de police d'assurance-décès.

Il n'est donc pas tout à fait improbable que cette adaptation voie le jour avant 2046, date d'expiration du copyright de **Catcher in the Rye**, même si pour l'instant rien n'a filtré du côté des *ayant-droits*.

Nos suggestions :

L'acteur : Justin Bieber incarnera à merveille la rébellion adolescente du jeune Holden Caulfield.

Le réalisateur : *Jim Jarmusch,* pour rattraper le jeu de Justin Bieber. Prévoir une bande-son à base de hip-hop et de rock lo-fi.

La condition humaine d'André Malraux

Aucun projet d'adaptation du chef d'œuvre de l'ancien ministre de la Culture n'a jamais abouti. Le réalisateur américain Fred Zinneman avait passé trois ans à préparer une version cinéma mais la Metro-Goldwyn Mayer annula la production une semaine avant le début du tournage, en novembre 1969. Le cinéaste italien Bernardo Bertolucci proposa au gouvernement chinois une adaptation, mais celui-ci préféra son projet alternatif, **The Last Emperor** (1988).

Il y a pourtant un réalisateur qui n'a jamais lâché le morceau : Michael Cimino. Pour l'auteur du film **The Deer Hunter** (1978), qui y pense depuis toujours, adapter **La Condition humaine** est le projet d'une vie. Il a écrit un premier scénario dans les années 1990, qu'il n'a depuis pas cessé de retravailler.

En 2001, il annonce que le gouvernement chinois lui a donné l'autorisation de tourner et que le casting est prêt : au programme, les participations de Johnny Depp, Daniel Day-Lewis, John Malkovich ! Malheureusement, le projet avorte. Quelques années après, on entend vaguement parler d'un projet d'adaptation signé Lou Ye, le réalisateur chinois de **Spring Fever** (2009), mais l'affaire est classée sans suite.

Mais en mars 2014, coup de théâtre, Cimino annonce qu'il va enfin tourner **La Condition humaine,** malgré les difficultés de l'adaptation. Cimino déclare que ce livre de philosophie n'a pas de trame narrative : « On est dans la tête d'un jeune type qui se débat avec des idées. »

Pas de casting annoncé pour l'instant. Reste à savoir si les producteurs vont suivre : Cimino reste célèbre pour avoir précipité la chute du légendaire studio United Artists, au début des années 1980, avec son sublime et très coûteux **Heaven's Gate** (1980).

Nos suggestions :

Le réalisateur : Michael Cimino, pour sa persévérance, mérite de le faire. Son sens de la tragédie épique et son talent pour les reconstitutions en font le candidat idéal.

L'acteur : Pour incarner Tchen, le jeune communiste chinois qui *poignarde* un *trafiquant d'armes,* il faut un révolutionnaire au *tempérament d'acier* et au *regard tranchant* comme une lame. *Olivier Besancenot* sera parfait.

Article par de Pierre Ancery et Clément Guillet, tiré du magazine de référence en ligne slate.fr

l.5 Jack Kerouac : romancier américain (1922-1969)—*On the road (1957) et The Dharma Bums (1958)*

l.8 prisées (être prisé) : estimé ou apprécié

l.9 caution (n. f.) : assurance

l.12 impitoyables (adj.) : sans pitié—*unforgiving*

l.12 ratée (adj.) : manquée—*a flop*

l.20 consterné (adj.) : navré, stupéfié—*dismayed*

l.21 roman initiatique (adj)—*a coming of age story (novel)*

l.22 livre de chevet—*bedside reading*

l.24 se sont heurtés (se heurter à)—*to come up against (a refusal)*

l.24 Idem—*ditto*

l.34 ayants-droits—*party (people) entitled to (the rights)*

l.38 Jim Jarmusch : cinéaste américain (*Down by law, 1984 ; Broken Flowers,* 2005)

l.60 poignarde (poignarder)—*to stab*

l.60 un trafiquant d'armes—*an arms dealer*

l.61 tempérament d'acier—*nerves of steel*

l.61 regard tranchant—*piercing look*

l.62 Olivier Besancenot : personnalité politique française d'extrême gauche

Compréhension globale

Répondez aux questions suivantes.

1. L'article laisse entendre que les adaptations d'œuvres littéraires…
   a) coutent cher, car il faut d'abord obtenir la permission des auteurs ou écrivains.
   b) sont difficiles à réaliser et peu nombreuses.
   c) sont populaires de nos jours même si certains classiques y résistent.

2. Selon le texte, quels éléments peuvent favoriser le succès d'une adaptation littéraire au cinéma ?
   a) de bons acteurs et de bonnes actrices aimés des fans
   b) la célébrité du réalisateur qui fait l'adaptation
   c) une histoire ayant fait ses preuves auprès du public

3. Pourquoi l'exercice de porter un livre culte au grand écran peut-il être dangereux ?
   a) Si l'adaptation n'est pas à la hauteur du livre, les gens la critiqueront sans pitié.
   b) Si le roman est trop long, on aura de la difficulté à en faire un film.
   c) Si le livre n'est pas bien connu, les gens y feront plus attention.

4. On dit que l'auteur du célèbre roman *Catcher in the Rye* . . .
   a) est mort sans avoir vu son rêve d'une adaptation de son chef-d'œuvre se réaliser.
   b) a refusé toute permission d'adapter l'œuvre de son vivant.
   c) a accepté de donner la permission à partir de 2046.

5. *La Condition humaine* d'André Malraux…
   a) n'a pas encore été portée à l'écran.
   b) a été portée à l'écran au moins une fois en Chine.
   c) sera portée à l'écran en 2015.

Approfondissement lexical

Les faux-amis

Comme vous l'avez sans doute remarqué, le français et l'anglais partagent un grand nombre de mots de vocabulaire. Dans la plupart des cas, ces mots veulent dire la même chose dans les deux langues. Cependant, il y a des exceptions auxquelles il faut faire attention. On appelle ces exceptions des faux-amis (*false cognates*) ; ce sont des mots qui se ressemblent mais qui, en fait, ont des sens très différents. Le vocabulaire du cinéma nous donne les exemples suivants :

A *film director* = un réalisateur, un cinéaste
— on ne dit pas directeur, car ce mot veut dire *manager* ou *school principal*

A *character in a movie* = un personnage
— on ne dira pas caractère, car ce mot s'emploie pour décrire la personnalité de quelqu'un (elle a bon caractère)

A *camera* = un appareil photo
— Une caméra is a *movie camera*
Voici d'autres faux-amis que vous pourriez rencontrer :

actually : en réalité, vraiment
actuellement : *presently, at this moment*

deceive : tromper
décevoir : *to disappoint*

to *support* (someone) : soutenir, appuyer
supporter (quelqu'un) : *to endure, to accept, to put up with*

sympathetic : compatissant(e)
sympathique : *nice, pleasant*

sympathy : compassion
sympathie : *friendship*

Traduisez les phrases suivantes en anglais ou en français selon le cas.

1. This French actress always plays interesting characters.
2. The director disappeared during the shooting of the film.
3. They actually felt little sympathy for us.
4. Dans ce film, les personnages principaux ne sont pas du tout sympathiques.
5. Mes parents ne pouvaient plus supporter les caprices de ma petite soeur.

Compréhension détaillée

1. Pour quelles raisons les œuvres littéraires sont-elles généralement estimées par les cinéastes ?
2. On souligne qu'il y a des chefs d'œuvres de la littérature contemporaine qui résistent aux adaptations cinématographiques. Expliquez pourquoi en présentant d'abord quelques raisons exposées dans la première partie du texte puis en vous appuyant sur l'exemple du roman *Catcher in the Rye* de J. D. Salinger pour illustrer vos propos.
3. La possibilité d'adapter *La condition humaine* repose-t-elle sur l'autorisation de son auteur, André Malraux ? Expliquez.

Réflexion et discussion

1. Les auteurs de l'article proposent de donner le rôle principal de *La condition humaine* à Olivier Besancenot, une personnalité politique française. Pouvez-vous expliquer pourquoi ? Renseignez-vous sur lui et dites pourquoi il serait parfait pour incarner le rôle d'un jeune communiste.

2. Pensez à une œuvre littéraire qui n'a pas encore été adaptée au cinéma.

   a) Citez quelques raisons qui pourraient expliquer cela.

   b) Proposez un réalisateur et au moins deux acteurs (actrices) pour jouer les rôles principaux.

Grammaire et expression écrite

Grammaire

Les pronoms personnels

1. Un pronom personnel peut remplacer un nom ou un autre élément de la phrase.

   Exemple :　　— *Est-ce que **Pierre** aime **Monique** ?*
   　　　　　　 — *Oui, **il** l'aime.*
   　　　　　　　(le pronom *il* remplace *Pierre* et *l'* remplace *Monique*)

2. Un pronom personnel peut remplacer un nom, un autre pronom, un adjectif, une proposition, un autre élément de phrase ou même toute une phrase.

   Exemple A　　　**Paul** *est arrivé vers huit heures et **il** s'est tout de suite mis au travail.*
   　　　　　　　(*il* remplace le nom propre *Paul*)

   Exemple B　　　— *Es-tu **prête à partir** ?*
   　　　　　　　— *Non, je ne **le** suis pas.*
   　　　　　　　(*le* remplace les mots *prête à partir*)

   Exemple C　　　**Le film dont tu parlais**, *je ne **l'**ai pas vu.*
   　　　　　　　(*l'* remplace les mots *le film dont tu parlais*)

3. Quand un pronom personnel remplace un nom ou un autre pronom, il prend le genre et le nombre du nom ou du pronom. Ceci peut bien sûr occasionner d'autres changements dans la phrase.

   Exemple A　　　— **Jacqueline** *est fatiguée ?*
   　　　　　　　— *Oui, **elle** est très fatiguée aujourd'hui.*

   Exemple B　　　— *Va-t-il conduire **sa sœur** à l'école ?*
   　　　　　　　— *Non, il ne va pas **la** conduire à l'école.*

   Exemple C　　　— *As-tu compris **les indications** ?*
   　　　　　　　— *Oui, je **les** ai comprises.*

   Exemple D　　　— *Où est-ce que **vous** êtes allées hier ?*
   　　　　　　　— **Nous** *sommes allées en ville.*

4. Quand un pronom personnel remplace un adjectif, une proposition ou un élément de phrase, il est invariable, c'est-à-dire qu'il reste au masculin singulier.

   　　　　　　　— *Sont-elles **fatiguées** ?*
   　　　　　　　— *Je crois qu'elles **le** sont.*

5. Le pronom *il* peut être impersonnel, c'est-à-dire qu'à ce moment-là, il ne se rapporte à aucune personne et ne remplace aucun mot.

   　　　　　　　Il *fait beau aujourd'hui.*
   　　　　　　　Il *y avait beaucoup de monde à la première de ce film.*

Mise en pratique 1 (éléments remplacés)

Identifiez l'élément qui est remplacé par le pronom en italique.

1. Ce nouveau film de science-fiction, tu *l'*as déjà vu ?
2. Tu es fatigué, mais moi je ne *le* suis pas.
3. Et au cinéma Paramount, qu'est-ce qu'on *y* joue ?
4. Je pense à Charles. Tu *lui* as téléphoné ?
5. Paul, il faut que *tu* voies ce film.

Analyse grammaticale des pronoms personnels

Les pronoms personnels varient selon la personne grammaticale (par ex. *je* ou *tu*), le genre (par ex. *le* ou *la*), le nombre (par ex. *eux* ou *elles*) ou un antécédent personne ou chose (par ex. *lui* ou *y*). Les pronoms personnels varient également selon leur fonction grammaticale (par ex. *sujet, complément d'objet direct*, etc.).

Tableau 6.1

Analyse grammaticale de trois phrases modèles

PHRASE MODÈLE A :   *Paul a demandé la permission à ses parents.*
→   *Il la leur a demandée.*

élément	fonction	question de vérification	pronom qui remplace le nom
Paul	sujet du verbe *demander*	Qui a demandé la permission ?	Il
la permission	COD (complément d'objet direct) du verbe *demander*	Il a demandé **quoi** ?	la
à ses parents	COI (complément d'objet indirect) du verbe *demander*	Il a demandé la permission **à qui** ?	leur

PHRASE MODÈLE B :   *Renée est allée au cinéma avec Paul et Robert.*
→   *Elle y est allée avec eux.*

élément	fonction	question de vérification	pronom qui remplace le nom
Renée	sujet du verbe *aller*	**Qui** est allé au cinéma ?	Elle
au cinéma	complément circonstanciel de lieu du verbe *aller*	Elle est allée **où** ?	y
avec Paul et Robert	complément circonstanciel d'accompagnement du verbe *aller*	Elle y est allée **avec qui** ?	eux

PHRASE MODÈLE C :   *La vedette, **elle**, ne sait pas encore que c'est **lui** le réalisateur.*

élément	fonction	explication
elle	en apposition au nom *vedette*	sert à la mise en relief du sujet *vedette*
lui	attribut du pronom *c'*	qualifie le pronom *c'*

Mise en pratique 2 (fonctions grammaticales)

Indiquez la fonction grammaticale des mots soulignés.

1. Ce court-métrage m'a beaucoup plu.
2. Cet acteur, lui, est très sympa ; il sourit toujours.
3. Elle n'est jamais allée en Italie avec eux.
4. Il lui a offert un abonnement au théâtre pour son anniversaire.

Fonctions grammaticales des pronoms

Tableau 6.2

Fonctions grammaticales

fonction grammaticale	exemple	analyse
sujet	*Il est avocat.*	Il = sujet du verbe *être*
apposition	*Paul, lui, ne sait pas.*	lui = en apposition au nom **Paul**
complément d'objet direct (COD)	*Je ne les ai pas vus.*	les = COD du verbe *voir* (voir quelqu'un ou quelque chose)
	Paul se lave.	se = COD du verbe *laver* (laver quelqu'un)
	Elle va en acheter.	en = COD du verbe *acheter*
complément d'objet indirect (COI)	*Nous lui avons répondu.*	lui = COI du verbe *répondre* (répondre à quelqu'un)
	Marie et Jacqueline se parlent souvent.	se = COI du verbe *parler* (parler à quelqu'un)
complément circonstanciel	*Nous sortons avec eux.*	avec eux = complément circonstanciel d'accompagnement du verbe *sortir*
attribut	*C'est moi.*	moi = attribut du pronom *c'*

Mise en pratique 3 (fonctions grammaticales)

Analysez l'élément souligné et indiquez si c'est :

a) un pronom sujet
b) un complément d'objet direct
c) un complément d'objet indirect
d) un attribut
e) un mot en apposition
f) un complément circonstanciel

1. Marie-Claude n'est pas allée chez eux. _____
2. Robert ne leur a pas téléphoné. _____
3. Toi, tu ne te gênes pas ! _____
4. Mon frère ne m'écoute pas. _____
5. Je pensais justement à vous. _____
6. Elles y sont allées sans lui. _____
7. Ce sont elles qui l'ont dit. _____
8. Nous y avons pensé. _____
9. Je ne les ai pas retrouvés. _____
10. Ils en ont pris deux. _____

Tableau 6.3

Pronoms personnels sujets

Formes des pronoms personnels sujets

personne	singulier	pluriel
1re	je (j')	nous
2^{e}	tu	vous
3^{e}	il	ils
	elle	elles
	on	

1. Le pronom *vous* représente un sujet singulier quand il correspond à la forme polie de la deuxième personne. La forme verbale utilisée avec le pronom *vous* est toujours la forme de la deuxième personne du pluriel.

    > *Madame, **vous** avez oublié votre monnaie.* (*vous* singulier)
    > *Alors, les enfants, **vous** êtes prêts ?* (*vous* pluriel)

2. Le pronom *on* est un pronom indéfini utilisé comme sujet du verbe. Il peut prendre la place de certains pronoms personnels sujets tels *nous* ou *ils*. Le pronom *on* peut aussi désigner *quelqu'un, certains, les gens, l'être humain en général* ou même *un groupe de personnes.* La forme verbale utilisée avec le pronom *on* est toujours la forme de la troisième personne du singulier. Lorsqu'un adjectif modifie le pronom *on*, l'accord se fait avec la ou les personne(s) représentée(s).

    > ***Jean-Claude et moi**, on était bien fatigués.*
    > (*on = Jean-Claude et moi* → masculin pluriel)
    > *Alors, **mon ami**, on est fatigué ?* (*on = mon ami*)

    Le pronom *on* est très usité dans la langue parlée.

3. Le pronom *on*, autrefois un substantif, peut garder son ancien article *l'* selon les règles de l'harmonie euphonique (après une voyelle et après *ou, où, et, si* et *que*).

    > *Savez-vous où **l'on** va ?*

    Attention !   On n'utilise pas *l'on* si le mot qui suit commence par la lettre *l*.
    > *Je ne sais pas si **on** lave cela.*

Mise en pratique 4 (pronoms personnels sujets)

Complétez les phrases suivantes avec le mot ou l'accord approprié.

1. Connais-tu un cinéma où _____ on peut voir des films en français ?

2. Mes camarades et moi, on était tous passionné _____ de cinéma quand on était à la fac*.

3. Mesdames, vous vous êtes trompé _____.

*la fac (familier) = la faculté/l'université

Mise en pratique 5 (pronoms personnels sujets)

Dans les phrases suivantes, identifiez le pronom personnel sujet qui remplace les mots soulignés.

1. Lorsque l'écrivain américain J.D. Salinger voit l'adaptation au cinéma de sa nouvelle *Uncle Wiggily in Connecticut*, il est consterné par le résultat.

2. Quant à <u>la Cinéfondation</u>, qui présente des films d'écoles de cinéma dans le cadre de la sélection officielle et organise également *La Résidence* et *L'Atelier*, elle est un observatoire sur les tendances du cinéma de demain.

Dans la phrase suivante, repérez le/les mot(s) remplacé(s) par le pronom sujet qui est souligné.

3. Bien qu'<u>il</u> soit réservé aux professionnels, le festival est attentif à cette réalité et se prépare d'ailleurs à mieux adapter son accueil aux cinéphiles.

Place des pronoms personnels sujets

Tableau 6.4

Où placer le pronom sujet

1. D'habitude, le pronom personnel sujet précède le verbe.
   > ***Elle*** *gagne un bon salaire.*
   > *Tiens,* ***tu*** *t'es fait couper les cheveux.*

2. Le pronom sujet suit le verbe :
   a) dans les phrases où l'interrogation se fait par l'inversion du sujet ;
      > *Voudrais-**tu** y aller ?*
      > *Y a-t-**il** pensé ?*
      > *Paul y est-**il** allé ?*

   b) dans les phrases interrogatives qui commencent par un mot interrogatif ;
      > ***Où*** *est-**elle** allée ?*
      > ***Comment*** *allez-**vous** ?*

   c) dans une proposition incise (petite phrase qui comprend un verbe de communication suivi de son sujet et qui est placée après une citation ou entre deux citations) ;
      > *« J'en ai assez ! » s'exclama-t-**elle**.*
      > *« C'est malheureux, dit-**il**, mais mon père ne m'a jamais compris. »*

   d) après les mots *peut-être*, *aussi*, *sans doute* et *à peine... que*, lorsque ceux-ci sont utilisés en tête de phrase ou de proposition.
      > ***Peut-être*** *aurez-**vous** la chance de le rencontrer.* (= Vous aurez peut-être la chance...)
      > ***À peine*** *ma grand-mère était-**elle** arrivée **que** les enfants se précipitaient pour l'embrasser.*
      > (= Ma grand-mère était à peine arrivée que...)

   Attention ! *Peut-être que* et *sans doute que* n'entrainent pas l'inversion du sujet.
      > ***Peut-être que je*** *ne pourrai pas venir.*

Mise en pratique 6 (place du pronom sujet)

Complétez les phrases suivantes avec la forme correcte du pronom sujet. Mettez le pronom à la bonne place et insérez le trait d'union, s'il y a lieu.

1. Quand y _____ êtes _____ allés ?
2. Hélas, _____ dit _____, je me suis trompée.
3. Eux, _____ sont _____ toujours en voyage !
4. Sans doute _____ s'est _____ perdu.
5. _____ n'avions _____ pas du tout cette impression.
6. Peut-être que _____ auriez _____ accepté l'offre du producteur.

Pronoms personnels compléments d'objet direct et indirect

Tableau 6.5

Pronoms personnels compléments d'objet direct

personne	singulier	pluriel
1re	me (m')	nous
	moi*	
2^e	te (t')	vous
3^e	le (l')	les
	la (l')	

*forme utilisée seulement à l'impératif affirmatif

*Attends-**moi** !*

Attention ! Le pronom *en* peut aussi être un complément d'objet direct. Voir *Tableau 6.9.*

1. À la troisième personne du singulier, le pronom personnel complément d'objet direct a deux formes :
le masculin *le* et le féminin la.

> *Le dictionnaire, il te **le** donne.*
> *La calculatrice, il te **la** donne.*

2. Les pronoms personnels compléments d'objet direct de la troisième personne ont les mêmes formes
que l'article défini (*le, la, les*).

> *A-t-il visité **le** golfe d'Ajaccio ? (le* = article*)*
> *Il va **le** voir demain. (le* = pronom*)*

3. Après un impératif affirmatif, on utilise la forme *moi* au lieu de *me/m'*.

> *Aide-**moi**.* (mais : *Il **m'**aide.*)

4. On utilise les formes *m'* et *t'* devant les pronoms *en* et *y*.

> *Il **m'**y emmène.*

Mise en pratique 7 (formes des pronoms compléments d'objet direct)

Complétez chaque phrase en choisissant le pronom approprié.

1. Moi, j'aime les films d'épouvante, mais ma fiancée _____ a en horreur. (*la/les*)

2. Je vais te montrer comment _____ inscrire. (*toi/t'*)

3. Rosa ? Je ne _____ ai pas vue ce matin. (*l'/la*)

4. On dit que ce film est génial, je vais donc aller _____ voir. (*le/l'*)

5. Ne _____ contredis pas. (*me/moi*)

Tableau 6.6

Pronoms personnels compléments d'objet indirect

personne	singulier	pluriel
1re	me (m')	nous
	moi*	
2^e	te (t')	vous
3^e	lui	leur

*forme utilisée seulement à l'impératif affirmatif

*Téléphone-**moi**.*

Attention ! Le pronom *y* peut aussi être un complément d'objet indirect. Voir *Tableau 6.8.*

1. Les pronoms personnels compléments d'objet indirect ont les mêmes formes au masculin et au féminin.

> *Jacqueline, je **lui** téléphone souvent.*
> *Paul, je **lui** téléphone de temps en temps.*

2. *Lui* et *leur* ne s'emploient qu'en parlant de personnes. En parlant de choses, on emploie le pronom *y*.

> *Il a obéi **à ses parents**. → Il **leur** a obéi.*
> *Il a obéi **aux ordres du capitaine**. → Il **y** a obéi.*

3. Après un impératif affirmatif, on utilise la forme *moi* au lieu de *me*.

> *Écris-**moi**. (mais : Elle **m'**écrit.)*

4. On utilise les formes *m'* et *t'* devant les pronoms *en* et *y*.

> *Elle **m'**en a déjà parlé.*
> *Il ne **t'**en a pas donné.*
> *Quand on sera à Montréal, on **t'**y achètera le livre dont tu as besoin.*

Mise en pratique 8 (formes des pronoms personnels compléments d'objet indirect)

Complétez chaque phrase en choisissant le pronom approprié.

1. Les étudiants apprécient ce professeur parce qu'il _____ parle clairement. (*lui/leur*)

2. N'oublie pas de _____ téléphoner demain matin. (*me/m'*).

3. Paolo, si tu parles à ton frère, dis-_____ qu'il est aussi invité à notre soirée. (*leur/lui*)

4. Envoie-_____ un texto quand tu seras au festival de Cannes. (*le/lui*).

5. Ali et Fatima vont _____ répondre. (*toi/te*).

Mise en pratique 9 (formes des pronoms personnels compléments d'objet direct et indirect)

Remplacez les mots soulignés par des pronoms.

1. Ce metteur en scène parle lentement <u>aux acteurs</u>.

2. Le conducteur a refusé <u>les voyageurs qui n'avaient pas réservé leur place</u>.

3. Vas-tu me donner <u>cette photo</u> ?

4. Nous n'avons pas envoyé de courriel <u>à Julie</u>.

5. Je suis canadienne, et vous, vous êtes <u>canadienne</u> aussi ?

Place des pronoms personnels compléments d'objet direct ou indirect

1. Les pronoms personnels compléments d'objet précèdent le verbe conjugué au présent, au passé simple, à l'imparfait, au futur, au conditionnel et aux autres temps simples, ainsi que les expressions *voici* et *voilà*.

> *Ils **le** regardent avec mépris.*
> *Elle **leur** demanda de ne plus jamais revenir.*
> *Jacques **lui** faisait la cour depuis longtemps.*
> *Il ne **vous** dira rien.*

> *Si on pouvait, on **les** emmènerait avec nous.*
> *Tiens, **la** voilà.*
> ***Les** veux-tu ?*
> *Bon, je **te** laisse faire.*

2. Les pronoms personnels compléments d'objet précèdent le verbe auxiliaire à un temps composé (passé composé, plus-que-parfait, etc.).

> *On **nous** a invités.*
> *Je **leur** avais pourtant écrit.*
> ***Vous** ont-ils répondu ?*

3. Les pronoms personnels compléments d'objet précèdent le verbe à l'impératif négatif.

> *Ne **lui** prête jamais d'argent.*
> *Ne **les** écoute pas.*
> *Ne **la** laissez pas tomber.*

4. Les pronoms personnels compléments d'objet suivent le verbe à l'impératif affirmatif. Ils sont rattachés au verbe à l'aide d'un trait d'union.

> *Donne-**moi** la main !*
> *Téléphonons-**lui**.*
> *Saluez-**le** de ma part.*

5. Les pronoms personnels compléments d'objet précèdent l'infinitif si le pronom est l'objet direct ou indirect de cet infinitif.

> *Il va **te** raccompagner.*
> *Nous voulons **le** faire.*
> *Tu vas **me** téléphoner ?*

6. Chaque pronom personnel complément d'objet précède la forme verbale dont il est l'objet (sauf à l'impératif affirmatif).

> *J'envoie **Jacques** chercher **le journal**.*
> → *Je **l'**envoie **le** chercher.*
> (*Jacques* = complément d'objet direct du verbe *envoyer*)
> (*le journal* = complément d'objet direct du verbe *chercher*)

mais
> *Envoyez **Jacques** chercher **le journal**.*
> → *Envoyez-**le le** chercher.*
> (*Jacques* = complément d'objet direct du verbe *envoyer*)
> (*le journal* = complément d'objet direct du verbe *chercher*)

7. Quand les verbes *écouter, entendre, laisser, regarder, sentir* et *voir* sont suivis d'un infinitif, le pronom personnel complément d'objet précède le premier verbe, car il en est l'objet.

> *Nous écoutons **le rossignol** chanter.*
> → *Nous **l'**écoutons chanter.*
> *le rossignol* = complément d'objet direct du verbe *écouter*
> *Elle laisse **son mari** fumer.*
> → *Elle **le** laisse fumer.*
> *son mari* = complément d'objet direct du verbe *laisser*

8. Quand le verbe *faire* est suivi d'un infinitif (*faire* causatif), les pronoms personnels compléments d'objet précèdent le verbe *faire*. Le participe passé du verbe *faire* (*fait*) dans sa construction causative (suivi d'un infinitif) est invariable.

> *Elle a fait réciter **les élèves**.*
> → *Elle **les** a fait réciter.*
> (*les élèves* = objet direct)

*Elle a fait réciter **la leçon** aux élèves.*
→ *Elle **l'**a fait réciter aux élèves.*
(*la leçon* = objet direct)
*Elle a fait réciter **la leçon aux élèves**.*
→ *Elle **la leur** a fait réciter.*
(*aux élèves* = object indirect)
(*la leçon* = objet direct)

Mise en pratique 10 (place des pronoms personnels compléments d'objet)

Remplacez les mots soulignés par des pronoms.

1. Nous n'avons pas encore reçu <u>la facture</u>.
2. Corrigez <u>vos fautes</u>.
3. Parlons <u>au patron</u>.
4. On regardait passer <u>les gens</u>.
5. Il a fait répéter <u>la pièce</u> aux comédiens.
6. Jacqueline va rendre visite <u>à ses parents</u>.
7. Avez-vous remis votre dissertation <u>au professeur</u> ?
8. Elle embrassa <u>le prince</u> une dernière fois.
9. Regarde, voilà <u>les coureurs</u> !
10. Est-ce que tu as aimé conduire <u>ma voiture</u> ?

Pronoms personnels réfléchis

Tableau 6.7

Formes des pronoms personnels réfléchis

personne	singulier	pluriel
1re	me (m')	nous
2^e	te (t') toi*	vous
3^e	se (s')	se (s')

*forme utilisée seulement à l'impératif affirmatif
*Lève-**toi** !*

1. À la troisième personne, les pronoms personnels réfléchis ont les mêmes formes pour le masculin et le féminin, que ce soit au singulier ou au pluriel.

   *Il **se** lave.*   *Elle **se** lave.*
   *Ils **se** préparent.*   *Elles **se** préparent.*

2. À l'impératif affirmatif, on utilise la forme *toi* au lieu de *te (t')* tant qu'il n'y a pas de pronom après cette forme.

   *Rase-**toi**.*

   Attention ! S'il y a un autre pronom qui suit (par ex. *s'en aller*), on utilise la forme *t'*.
   *Va-**t'**en.*

Mise en pratique 11 (formes des pronoms réfléchis)

Complétez les phrases suivantes avec la forme appropriée du pronom réfléchi.

1. Nous _____ sommes bien amusés hier soir au festival TIFF à Toronto.
2. Dépêche-_____, le film commence à 19 heures.
3. Bien que la critique ait chanté les louanges de ce film, moi, je _____ suis vraiment ennuyé.
4. _____ souviens-tu de ce film qu'on a vu ensemble à Montréal ?

Place des pronoms réfléchis

1. Les pronoms personnels réfléchis précèdent toujours le verbe, excepté à l'impératif affirmatif. (Voir n° 3 ci-dessous.)

    *Ils ne **se** trompent jamais.*
    ***Se** lève-t-il tôt ?*
    *Ne **te** perds pas.*

2. Les pronoms personnels réfléchis précèdent le verbe auxiliaire conjugué à un temps composé (passé composé, plus-que-parfait, etc.).

    *Nous **nous** sommes excusés.*

3. Les pronoms personnels réfléchis suivent le verbe à l'impératif affirmatif. Ils sont rattachés au verbe à l'aide d'un trait d'union.

    *Amusez-**vous** bien.*
    *Dépêchons-**nous**.*
    *Assieds-**toi**.*

Mise en pratique 12 (place des pronoms réfléchis)

Mettez chaque verbe à la forme et au temps ou mode indiqués. Mettez le pronom réfléchi à la bonne place.

1. (s'excuser/passé composé) Elles _____ .

2. (se sentir/présent) Comment _____, Paul ?

3. (se couper/impératif) Attention, Jacques, ne _____ pas !

4. (se demander/imparfait) Je _____ pourquoi.

Pronoms y *et* en

Les pronoms *y* et *en* sont invariables.

Tableau 6.8

Comment employer *y*

contexte	explication
1. — *Allons-nous **au cinéma** ?* — *Oui, nous **y** allons.*	Le pronom *y* remplace les compléments circonstanciels de lieu, surtout les compléments précédés de la préposition *à*.
— *Les clés sont **dans le tiroir** ?* — *Oui, elles **y** sont.* — *Il habite toujours **rue Saint-Denis** ?* — *Non, il n'**y** habite plus.*	Autres prépositions : *devant, derrière, dans, en, sur, sous, au-dessus de, au-dessous de, à côté de*
Attention !	
— *Les Dupont reviennent **du Mexique** ?* — *Oui, ils **en** reviennent.*	Le complément circonstanciel de lieu précédé par *de, d', du, de la* ou *des* est remplacé par le pronom *en*.
2. — *A-t-il répondu **à la question** ?* — *Oui, il **y** a répondu.* — *Joues-tu **au tennis** ?* — *Oui, j'**y** joue.*	Le pronom *y* remplace un objet indirect désignant des choses.

3. — *Faisais-tu attention à ce qu'il disait ?*
    — *Oui, j'y faisais attention.*
    — *Tenez-vous à ce que ce soit lui qui*
      le fasse ?
    — *Oui, j'y tiens beaucoup.*

Le pronom *y* remplace une proposition complément d'objet indirect.

Attention !

— *Iras-tu chez le dentiste ?*
— *Non, je n'irai pas.*

Pour des raisons d'euphonie, on omet le pronom *y* devant le futur et le conditionnel du verbe *aller*.

Mise en pratique 13 (pronom *y*)

Répondez aux questions en remplaçant les mots soulignés par des pronoms, s'il y a lieu.

1. Cette actrice, vient-elle <u>de Hollywood</u> ? (oui)

2. Était-elle habituée <u>à cela</u> ? (non)

3. Réfléchit-elle <u>à son nouveau projet de film</u> ? (oui)

4. Allons-nous <u>au cinéma</u> après le restaurant ? (oui)

5. Tiens-tu absolument <u>à ce qu'on aille voir ce film policier</u> ? (non)

Tableau 6.9

Comment employer *en*

contexte	explication

1. — *Veut-il du riz ?*
  — *Non, il n'en veut pas.*
  — *Tu prends de la soupe ?*
  — *Oui, ce soir j'en prends.*
  — *N'a-t-il pas mis d'ail ?*
  — *Si, il en met toujours.*
	Le pronom *en* remplace un complément d'objet direct précédé d'un article partitif (*du*, *de la*, *de l'*, *de* et *d'*).

2. — *As-tu besoin de ma calculatrice ?*
  — *Oui, merci, j'en ai besoin.*
  — *Est-ce que tu es content de partir*
   en vacances ?
  — *Oui, j'en suis très content.*
  — *As-tu entendu parler de ce qu'il a fait ?*
  — *Non, je n'en ai pas entendu parler.*
	Le pronom *en* remplace un complément (qui ne se rapporte pas à une personne) précédé de la préposition *de*. Ce complément peut être un nom, un verbe ou une proposition.

Attention !
  — *Est-elle tombée amoureuse d'Alain ?*
  — *Oui, elle est tombée amoureuse de lui.*
	S'il s'agit d'une personne, on emploie en général *de* + un pronom disjoint.

3. — *A-t-il acheté un ou deux billets ?*
  — *Il en a acheté un.*
  — *A-t-il beaucoup d'amis ?*
  — *Oui, il en a beaucoup.*
  — *C'est vrai qu'elle n'a fait aucune faute ?*
  — *Oui, c'est vrai. Elle n'en a fait aucune.*
	Le pronom *en* remplace un complément précédé d'un nombre (*un/une*, *deux*, *trois*, *quatre*, etc.), d'une expression de quantité ou d'un article indéfini. Les expressions de quantité les plus courantes sont : *beaucoup de*, *peu de*, *trop de*, *assez de*, *plusieurs*, *quelques-uns* et *aucun*.

4. — *Il y a **cinq filles** dans l'équipe ?*
   — *Oui, il y **en** a **cinq**.*

   Lorsque le pronom *en* remplace un nom précédé d'un nombre ou d'une expression de quantité, on maintient ce nombre ou cette expression après le verbe.

5. — *Est-ce que tu veux **des oranges** ?*
   — *Non, je n'**en** veux pas.*

   L'article indéfini *des* n'est pas répété.

6. — *Est-elle la propriétaire **de cette maison** ?*
   — *Oui, elle **en** est la propriétaire.*

   Le pronom *en* remplace un complément désignant la possession. On maintient le nom représentant le possesseur après le verbe.

7. — *Revient-il **d'Europe** ?*
   — *Oui, il **en** revient.*

   Le pronom *en* remplace un complément circonstantiel de lieu désignant la provenance.

8. — *Es-tu satisfait **de ton travail** ?*
   — *Oui, j'**en** suis satisfait.*

   Le pronom *en* remplace un complément d'adjectif précédé de la préposition *de*.

9. — *As-tu acheté **de la crème fraiche** ?*
   — *Oui, j'**en** ai acheté aujourd'hui.*

   Il n'y a jamais d'accord entre le participe passé et le pronom *en* placé avant le verbe.

   Attention !

   — *As-tu jeté **la crème qui restait** ?*
   — *Oui, je **l'**ai jetée hier.*
   (accord avec le pronom *l'*)

   Le participe passé s'accorde avec les autres pronoms compléments d'objet direct placés avant le verbe (voir le Chapitre 2).

10. — *Va à la poste.*
    — *Non, vas-y, toi !*
    — *Ouvre une fenêtre.*
    — *Ouvres-en plusieurs.*

    La deuxième personne du singulier de l'impératif des verbes en *er* (y compris *aller*) et des verbes comme *ouvrir* prennent un *s* devant les pronoms *y* et *en*.

Mise en pratique 14 (pronom *en*)

Répondez aux questions en remplaçant les mots soulignés par des pronoms.

1. Avez-vous déjà entendu parler de ce cinéaste belge ? (oui)
2. As-tu vu plusieurs de ses films ? (oui)
3. Le nouveau producteur va-t-il prendre des calmants ? (non)
4. Est-il satisfait de ce gros plan ? (non)
5. Le producteur va-t-il avoir assez d'argent ? (oui)
6. Est-il le propriétaire de cette maison ? (oui)

Pronoms personnels disjoints

Tableau 6.10

Formes des pronoms personnels disjoints

personne	singulier	pluriel
1re	moi	nous
2e	toi	vous
3e	lui	eux
	elle	elles
	soi	

1. Les pronoms disjoints *moi, toi, nous* et *vous* peuvent être masculins ou féminins.

> *Ce paquet est pour **vous**, Monsieur.*
> *Ce paquet est pour **vous**, Madame.*

2. À la troisième personne du singulier, il y a une forme pour le masculin (*lui*) et une forme pour le féminin (*elle*).

> ***Lui**, il ne sait rien.*
> ***Elle**, elle ne sait rien.*

3. À la troisième personne du pluriel, il y a une forme pour le masculin (*eux*) et une forme pour le féminin (*elles*).

> *Ils vont au cinéma avec **eux**.*
> *Ils vont au cinéma avec **elles**.*

4. Le pronom *soi* se rapporte à un sujet indéterminé. Il est utilisé avec une expression impersonnelle (*il faut, il est préférable*, etc.) ou avec un pronom indéfini (*on, chacun*, etc.).

> *Il faut avoir confiance en **soi**.*
> *Après le travail, on rentre chez **soi**.*
> *Chacun pour **soi**.*

Mise en pratique 15 (formes des pronoms disjoints)

Complétez chaque phrase avec la forme du pronom disjoint qui convient et qui traduit le pronom anglais entre parenthèses.

1. C'est _____ (her) seule qui a fait les trucages pour ce film de science-fiction.

2. _____ (Him), il n'aime pas les films d'épouvante.

3. Ces fleurs sont pour _____ (you/familier), ma chérie.

4. Jennifer Lawrence a partagé la vedette avec Bradley Cooper dans le film *Serena*, elle avait déjà travaillé avec _____ (him).

5. Mes deux copains sont cinéphiles comme _____ (me), mais je vais souvent au cinéma sans _____ (them).

Emploi des pronoms personnels disjoints

Tableau 6.11

Comment employer les pronoms personnels disjoints

contexte	explication
1. *Elle rentre chez **elle**.* *On ne travaille que pour **soi**.*	Un pronom disjoint peut être un complément circonstanciel après une préposition.
2. — *T'es-tu adressé **au directeur** ?* — *Oui, je me suis adressé **à lui**.*	Un pronom disjoint peut être un complément d'objet indirect (remplaçant une/des personne(s)) après certains verbes suivis de la préposition *à*.
— *Penses-tu **à Éliane** ?*	Parmi ces verbes, il faut noter :

— *Oui, je pense souvent **à elle***.

avoir affaire à	*rêver à*
s'adresser à	*être à*
être habitué à	*se fier à*
faire attention à	*penser à*
s'intéresser à	*songer à*
s'habituer à	*renoncer à*
prendre garde à	*tenir à*

Attention !

— *As-tu parlé **à Paul** ?*

— *Oui, je **lui** ai parlé.*

En général, le complément d'objet indirect (également introduit par certains verbes suivis de la préposition *à*) est remplacé par un pronom complément d'objet indirect. Parmi ces verbes, il faut noter :

appartenir à	*envoyer à*
apprendre à	*offrir à*
conseiller à	*permettre à*
demander à	*promettre à*
dire à	*proposer à*
donner à	*reprocher à*
écrire à	*téléphoner à*

*Ce stylo est **à moi**.*

On utilise un pronom disjoint après l'expression *être à* qui indique la possession. On pourrait dire aussi :

    C'est mon stylo.

    Ce stylo m'appartient.

3.   — *On parle encore **de Robert** ?*

    — *Bien sûr, on parle beaucoup **de lui**.*

    — *As-tu eu des nouvelles **de ta cousine** ?*

    — *Oui, j'ai reçu deux lettres **d'elle**.*

Un pronom disjoint peut remplacer un nom de personne bien défini et précédé de la préposition *de*.

Attention !

*On parle **du professeur Dupuis**.*

→ *On parle **de lui**.*

On parle d'une personne bien définie.

*On parle **des professeurs**.*

→ *On **en** parle.*

ou *On parle **d'eux**.*

On parle d'un groupe de personnes (sens collectif).

*On parle de son **caractère**.*

→ *On **en** parle.*

On parle d'une chose.

*Pierre est le frère **d'Hélène**.*

→ *Pierre **en** est le frère.*

Lorsqu'il s'agit de liens de parenté, ou de relations d'amitié ou d'affaires, on peut utiliser le pronom *en*. Cette tournure est cependant assez rare ; on a plutôt tendance à utiliser le possessif, c'est-à-dire :

    *Pierre est **son** frère.*

4. *C'est **elle** qui a gagné.*
*Ce n'est pas **moi** qui ai fait cela.*
*Ce sont **eux**, j'en suis sûr.*

Un pronom disjoint peut être attribut après *c'est* ou *ce sont.*

5. — *Qui est là ?*
— ***Moi** !*
— *Qui a déchiré ce rideau ?*
— *Pas **nous** !*

On peut utiliser un pronom disjoint seul dans une réponse où il y a ellipse du verbe (le verbe est sous-entendu). Cet usage est limité à la langue parlée.

Mise en pratique 16 (emploi des pronoms disjoints)

Remplacez les mots en italique par un pronom.

1. Le cinéaste n'a pas eu affaire à *cette actrice*.

2. Ils ont été invités chez *le producteur*.

3. *Paul*, c'est un vrai cinéphile.

4. On parle *des metteurs en scène des années 80*.

Tableau 6.12

Comment employer les pronoms personnels disjoints (suite)

contexte	explication
1. ***Vous seul** pouvez m'aider.* ***Lui seul** en est capable.*	Un pronom disjoint peut être sujet avec l'adjectif *seul.*
2. ***Toi** et **moi**, nous serons toujours copains.* ***Vous** et **lui**, vous vous ressemblez beaucoup.* *Nous sommes tous blonds, mes frères et **moi**.* ***Eux** et leurs enfants sont bilingues,* *n'est-ce pas ?*	Un pronom disjoint peut être un élément de sujets multiples.

Attention !

Lorsqu'on utilise plusieurs pronoms sujets, le verbe s'accorde de la manière suivante :

pronoms des 1re, 2e et 3e personnes	=	*nous*
pronoms des 2e et 3e personnes	=	*vous*
pronoms de la 3e personne	=	*ils* ou *elles*

Avec la négation *ni... ni...*, on utilise également des pronoms disjoints.

*Ni **toi** ni **elle** n'avez de bons résultats.*

3. *Jean-Pierre est plus patient que **lui**.* *On a souvent besoin d'un plus petit* *que **soi**.* *Il ne pense qu'à **elle**.*	Un pronom disjoint peut être complément circonstanciel de comparaison. On utilise le pronom disjoint après le *que* de *plus... que, moins... que, aussi... que, autant... que* ou dans une restriction (*ne... que*).
4. *Faites-le **vous-même** !* *Tu as fait tes devoirs, **toi** ?*	Un pronom disjoint peut être utilisé pour la mise en relief, avec ou sans le mot *même.*
5. ***Moi**, je n'y comprends rien.* *Il t'aime, **toi**.*	Un pronom disjoint peut être en apposition à un pronom sujet ou à un pronom complément d'objet.

Mise en pratique 17 (emploi des pronoms disjoints)

Remplacez les mots soulignés par un pronom et mettez ce pronom à la place qui convient.

1. Ils sont allés diner chez les Dupont.
2. Chantal pense à son fiancé.
3. La directrice est fière de son adjoint.
4. La patronne est contente de notre collègue.
5. Les copains et moi sortons ce soir.
6. Ni Paul ni Sandra n'y ont pensé.
7. Dieu seul a le droit de nous juger.
8. C'est notre député qui a proposé ce projet de loi.

Ordre des pronoms personnels

Lorsqu'il y a plus d'un pronom complément avant le verbe, l'ordre du schéma 1 (ci-dessous) s'applique.

Tableau 6.13

Schéma 1 : ordre des pronoms avant le verbe

me (m')				
te (t')	*le (l')*	*lui*		
se (s') →	*la (l')* →	*leur* →	*y* →	*en* + **verbe**
nous	*les*			
vous				

1. Les pronoms *me, te, se, nous* et *vous* précèdent les pronoms *le, la* et *les,* ainsi que les pronoms *y* et *en.*

   *Il **me le** disait souvent.*   *Jacques va **vous les** prêter.*
   ***Te** l'a-t-il donné ?*   *Ils **nous en** ont servi.*
   *Elle ne **se** l'est pas acheté.*   *Elle **nous y** emmène.*
   *Ne **nous le** demande pas !*

2. Les pronoms *le, la* et *les* précèdent les pronoms *lui* et *leur,* ainsi que le pronom *y.*

   *Je **les lui** remettrai.*
   *Tu vas **le leur** dire.*
   *Nous **les y** avons cherchés.*

3. Les pronoms *y* et *en* suivent toujours les autres pronoms compléments. L'ordre est toujours *y* avant *en.* On emploie les formes élidées *l', m', t'* et *s'* avant les pronoms *y* ou *en.*

   *Il **m'en** a donné.*
   *Elle **s'y** est rendue.*

4. Pour des raisons d'euphonie, on évite la combinaison *lui y.*

   *Je le **lui y** ai envoyé. (maladroit)*
   (dites plutôt : *Je le lui ai envoyé en France.*)

Mise en pratique 18 (pronoms personnels avant le verbe)

Remplacez les mots soulignés par des pronoms. Mettez ces pronoms à la bonne place et dans le bon ordre. Faites l'accord du participe passé, s'il y a lieu.

1. Il a posé <u>cette question</u> <u>au metteur en scène</u>.
2. Elle t'a apporté <u>un café</u> ? Comme c'est gentil !
3. Vas-tu chercher <u>Simone</u> <u>à la gare</u> ?
4. Quand a-t-il montré <u>ces lettres</u> <u>à l'avocat</u> ?
5. Il a projeté le film <u>dans l'amphithéâtre</u>.

Lorsqu'il y a plus d'un pronom complément après le verbe, l'ordre du schéma 2 (ci-dessous) s'applique.

Tableau 6.14

Schéma 2 : ordre des pronoms après le verbe (impératif affirmatif)

verbe	+	le (l') la (l') les	→	moi (m') toi (t') lui leur nous vous	→	y	→	en

1. À l'impératif affirmatif, les pronoms compléments d'objet direct *le, la* et *les* précèdent les pronoms compléments d'objet indirect *moi, toi, lui, leur, nous* et *vous*.
   *Dis-**le-nous** !*
   *Apporte-**les-moi** !*

2. On emploie les formes élidées *l', m'* et *t'* devant les pronoms *y* ou *en*.
   *Donne-**m'en** !*
   *Va-**t'en** !*

3. Il faut bien noter que, à l'impératif négatif, les pronoms se mettent avant le verbe (schéma 1).
   *Ne **nous le** dis pas !*
   *Ne **m'y** téléphone jamais !*
   *Ne **la lui** donne pas !*
   *Ne **t'en** fais pas !*

Mise en pratique 19 (pronoms personnels après le verbe)

Remplacez les mots soulignés par des pronoms. Mettez ces pronoms à la bonne place et dans le bon ordre. N'oubliez pas les traits d'union.

1. Raconte <u>cette histoire</u> <u>à ta sœur</u>.
2. Emmène <u>tes parents</u> <u>au restaurant</u>.
3. Attendons <u>le metteur en scène</u> <u>à la réception</u>.
4. Récite-moi <u>ce poème</u>.

Problèmes de traduction

Tableau 6.15

Comment traduire

1. Listen to him.   →   *Écoute-le.* (*le* = COD)

   I looked for them.   →   *Je les ai cherchés.* (*les* = COD)

   Ask him for it.   →   *Demande-le-lui.* (*lui* = COI)

   He values it.   →   *Il y tient.* (*y* = COI)

Certains verbes anglais qui introduisent leur complément avec une préposition se traduisent par des verbes français qui prennent un complément d'objet direct. D'autres verbes anglais qui sont suivis d'un objet direct ont des équivalents français qui prennent un objet indirect.

2. Here I am.   →   *Me voici.*

   There they are.   →   *Les voilà.*

   Here are some.   →   *En voici.*

Le pronom sujet dans cette construction anglaise est rendu en français par un pronom objet direct suivi de *voici* ou de *voilà*.

3. several of them   →   *plusieurs d'entre eux*

   many of us   →   *beaucoup d'entre nous*

   a few of you   →   *quelques-uns d'entre vous*

La notion exprimée par la construction anglaise qui comprend une expression de quantité + *of* + un pronom personnel est rendue en français par l'expression de quantité équivalente + *d'entre* + le pronom disjoint équivalent.

4. Do it yourself!   →   *Faites-le vous-même !*

   Do it by yourself!   →   *Faites-le tout seul !*

Il faut distinguer les deux constructions ci-dessus en anglais et en français.

5. Ask him (for it).   →   *Demandez-le-lui.*

   She knows (it).   →   *Elle le sait.*

   I am telling you (it).   →   *Je vous le dis.*

On fait très souvent l'ellipse du pronom en anglais. En français, il faut que la chose dont on parle soit toujours représentée par un pronom.

6. My wallet was stolen.   →   *On m'a volé mon portefeuille.*

   French is spoken here.   →   *Ici, on parle français.*

Le passif anglais se traduit souvent par le pronom *on* et la forme active du verbe.

7. — Are the keys in the drawer?   →   — *Est-ce que les clés sont dans le tiroir ?*

   — Yes, they are.   — *Oui, elles y sont.*

   — How many pages are there?   →   — *Il y a combien de pages ?*

   — There are twenty.   — *Il y en a vingt.*

Lorsqu'on répond à une question en français, il est absolument nécessaire d'utiliser un pronom pour représenter les éléments mentionnés dans la question. En anglais, on omet souvent le pronom. Si l'on répond à la question du premier exemple : *Yes, they are there*, le *there* est redondant.

8. — Why didn't they go to Mexico?   →   — *Pourquoi ne sont-ils pas allés au Mexique ?*

   — They already went there.   — *Ils y étaient déjà allés.*

   Sit there.   →   *Assieds-toi là.*

   Is your boss there?   →   *Votre patron est là ?*

L'adverbe de lieu anglais *there* peut se traduire en français par *y*, si le lieu a déjà été mentionné, et par *là*, si le lieu n'a pas encore été mentionné.

9. I'll buy it **myself**. → *Je vais l'acheter **moi-même**.*

Quand les pronoms anglais *myself, yourself*, etc., sont utilisés pour mettre le sujet en relief, le français emploie *moi-même, toi-même*, etc.

10. I'll buy **myself** a sailboat. → *Je vais **m'acheter** un voilier.*
He's making **himself** useful. → *Il **se rend** utile.*

Quand les pronoms anglais *myself, yourself*, etc., sont compléments d'objet direct ou indirect, le français utilise un verbe pronominal.

11. I'm ready. (neutral intonation) → *Je suis prêt(e).*
I'm ready! (stressed) → ***Moi**, je suis prêt(e) !*
ou
→ *Je suis prêt(e), **moi** !*
I won! (strong stress) → ***C'est moi** qui ai gagné.*

En anglais, l'intonation joue un rôle important pour marquer la mise en relief. Le français obtient ce résultat par l'entremise des pronoms disjoints ou de la construction *c'est* + pronom.

Mise en pratique 20 (traduction)

Traduisez les phrases suivantes en français.

1. The children obey him.
2. The tourist hurt himself when he fell.
3. I'll do it myself.
4. This magazine is not sold there.
5. She can't go there by herself.

Expression écrite

Le résumé

1. Selon le dictionnaire, résumer veut dire : « rendre en moins de mots ». Le résumé, travail qui consiste à rapporter l'essentiel d'un texte, est donc l'abrégé, le condensé d'un livre, d'un article, d'un discours ou de tout autre document.

2. Savoir résumer un texte est en effet d'une très grande utilité, car c'est une démarche qui pourrait vous être fréquemment imposée, que ce soit dans le cadre des études ou de la vie professionnelle.

3. Pour bien réussir un résumé, il faut :
a) comprendre et assimiler la pensée de l'auteur du texte à résumer ;
b) discerner ce qui est le plus significatif ;
c) faire un compte rendu fidèle, clair et concis ;
d) s'assurer que le résumé est un texte original et cohérent qui distille bien les idées de l'auteur sans employer ses mots.

Mise en pratique 21 (résumé)

Répondez aux questions suivantes.

1. Quels types d'ouvrages avez-vous eu à résumer dans le cadre de vos études et de votre vie professionnelle ?
2. Dans quelles autres circonstances peut-on avoir besoin de préparer un résumé ?

Les techniques de résumé

Tableau 6.16

Techniques de résumé

Étape 1   lecture et compréhension du texte à résumer (TR)

- Lisez deux ou trois fois le TR pour en avoir une compréhension globale (dégagez l'idée principale du texte).
- Situez le TR. (Quand ce texte a-t-il été écrit ? Qui en est l'auteur ? Dans quel but l'auteur a-t-il écrit ce texte ? Y a-t-il un contexte historique ou politique ?)
- Vérifiez le sens des mots que vous ne connaissez pas ou dont vous n'êtes pas tout à fait sûr(e).

Étape 2   planification du résumé

- Soulignez ce qui semble essentiel et repérez les idées importantes.
- Identifiez les éléments complémentaires.
- Établissez une hiérarchie des idées.
- Prévoyez le nombre de paragraphes dont vous aurez besoin (d'habitude, une idée-clé par paragraphe).
- Rédigez un plan (ce que vous allez écrire dans le paragraphe d'introduction, dans les paragraphes de développement et dans le paragraphe de conclusion).

Étape 3   rédaction du résumé

- Utilisez des formules de transition pour lier et juxtaposer les paragraphes, les idées (adverbes, conjonctions, prépositions, mots charnières, etc.).
- Assurez-vous que, dans la mesure du possible, vous avez reformulé le TR en utilisant vos propres mots.
- Assurez-vous que vous êtes resté(e) fidèle au contenu du TR (on ne doit pas interpréter ou commenter le TR).
- Travaillez le style (évitez les répétitions, variez les types de phrases utilisées, etc.).

Attention !

Le résumé n'est pas :
- un texte en style télégraphique (*text in point form*).
- une sélection de phrases tirées du TR.
- un texte aussi long que le TR.
- un texte dans lequel vous insérez des opinions personnelles.

Texte à résumer

Le siècle du cinéma

1   Le cinéma est vraiment né le 28 décembre 1895, lors de la première projection publique au Grand Café à Paris. L'ère de l'image commence.

Pendant des siècles, les seules images avaient été les créations picturales de sujets essentiellement religieux, mythologiques ou allégoriques. Puis la photographie *a bouleversé*
5   l'œil du peintre. La technique de l'image animée s'est ensuite développée *de prouesse en prouesse* : le cinéma parlant, la couleur, la vision panoramique. Puis d'autres formes de maîtrise de l'image ont fait leur apparition : la télévision, la vidéocassette, le CD-ROM.

Le cinéma ou *le septième art*, éminent moyen d'expression, couvre tous les genres d'intérêts et tous les types de récits. Ce moyen d'expression, créé par l'homme pour
10   l'homme, est *polyvalent* et universel. Toutes les formes de messages peuvent être

communiquées. Le cinéma est un outil à faire rêver, à faire oublier, à transmettre, à témoigner, à rappeler.

L'impact du cinéma sur les individus et sur les représentations sociales tient à sa puissance de conviction et aux phénomènes qu'il autorise. Avant le cinéma, seul le livre pouvait *agir sur* le temps et sur les distances. Mais le livre *fait appel à* l'imaginaire. Le cinéma, lui, donne à voir et *façonne* ainsi les représentations. Il abolit l'espace et les distances, rend familier le lointain, télescope *l'éloignement.* L'autre dimension de notre vie, le temps, est également manipulée et maîtrisée. On peut voyager dans le passé ou l'avenir. Mais cela n'est que *broutille.* Même les *trucages* qui mystifient notre crédulité et alimentent la propagande et la publicité ne sont rien à côté du pouvoir le plus impressionnant du cinéma : la dépersonnalisation.

Pendant une heure et demie, nous serons quelqu'un d'autre. *Cette vie par procuration s'effectue* dans le noir, l'isolement et sans autre expérience sensorielle que la vision et l'audition. La véritable abolition du temps vécu, c'est cela. Après ce contact, le retour à la réalité est parfois difficile, surtout quand l'image a remplacé l'imagination.

Comme loupe de la société mais aussi modificateur de celle-ci, le cinéma a façonné plusieurs représentations sociales en caricaturant la réalité. Par exemple, pour rester dans mon domaine de compétence, la psychologie, les troubles psychiques n'existent au cinéma que sous la forme de la folie, dangereuse ou abusivement *réprimée,* dans une perspective toujours *péjorative* qui va de *Massacre à la tronçonneuse* à *Vol au-dessus d'un nid de coucou.*

Le cinéma est par définition un plaisir solitaire. La télévision, qui a sa propre histoire, est intégrée aux lieux de vie, elle permet le changement de programmes et les émotions en commun. Dans les salles obscures, le spectateur est en situation de solitude et de passivité tout en étant totalement mobilisé par le spectacle. *Le partage,* s'il existe, ne se fait que *dans l'après-coup.* Le cinéma a tué le plaisir collectif du cirque, du théâtre en plein air, de la fête partagée. Le théâtre d'aujourd'hui imite le cinéma en plongeant *dès les trois coups* les spectateurs dans l'isolement et l'obscurité.

La civilisation de l'image *se veut* outil de communication, mais elle a aboli les valeurs traditionnelles de la transmission orale. Le « Alors, raconte quand tu étais petit… » ou le « Il était une fois… » n'existent plus. Le roman n'est connu que grâce à sa transposition ou à sa déformation cinématographique. Plus on raffine la technique de l'image et les outils de communication, plus on diminue les échanges interpersonnels. Certains vivent seuls et entourés d'images réelles ou virtuelles qui remplacent les contacts humains. Le cinéma et ses dérivés ne doivent pas devenir, au nom de la communication, des barrages aux échanges directs entre les hommes. L'écran doit servir à la projection, pas à la séparation. Souhaitons longue vie au *cinéma « d'art et d'essai »,* au « ciné-club » qui permettent le partage et restaurent la parole.

Adapté de l'article « Le siècle du cinéma » d'Édouard Zarifian, *Le Monde,* janvier 1995

l.4   bouleverser : provoquer une réaction violente, déranger—*to upset*
l.5   de prouesse en prouesse—*from one achievement to another*
l.8   le septième art : on dit du cinéma qu'il est le 7ᵉ art après la musique, la danse, la peinture, etc.
l.10   polyvalent : qui peut avoir différents usages
l.15   agir sur : avoir un effet sur

l.15   faire appel à : inviter, susciter

l.16   façonner : modifier, transformer

l.17   l'éloignement : la distance

l.19   une broutille : chose insignifiante

l.19   les trucages : procédés employés au cinéma pour créer l'illusion d'une réalité impossible, fantastique—*special effects*

l.22   cette vie par procuration s'effectue—*this vicarious life takes place*

l.26   comme loupe de la société—*as society's magnifying glass*

l.29   réprimé(e)—*repressed*

l.30   péjorative : négative

l.30   *Massacre à la tronçonneuse*—The Texas Chainsaw Massacre

l.30   *Vol au-dessus d'un nid de coucou*—One Flew over the Cuckoo's Nest

l.34   le partage : l'échange

l.35   dans l'après-coup : plus tard—*after the event*

l.36   dès les trois coups—*from the moment the play starts*

l.38   se veut (v. se vouloir)—*is meant to be*

l.46   le cinéma d'art et d'essai—*avant-garde or experimental films*

Tableau 6.17   Modèle de résumé

Le siècle du cinéma

Le cinéma est né en 1895 lors d'une première projection publique à Paris. Jusqu'à ce moment-là, les seules images avaient été les créations picturales de sujets religieux et mythologiques. Depuis l'invention de la photographie, la technique de l'image s'est développée et d'autres formes, telles que le cinéma parlant, la télévision et le CD-ROM, se sont développées.

Entre-temps, le cinéma est devenu le septième art. Outre ses usages multiples, il est universel, et son impact sur nous et sur la société est énorme. Contrairement au livre, qui fait appel à notre imagination, le cinéma façonne les représentations. Il joue sur l'espace et le temps en les manipulant.

Cela dit, le plus grand pouvoir du cinéma est celui de la dépersonnalisation. Pendant une heure et demie, dans le noir, on devient quelqu'un d'autre. On vit cette expérience dans l'isolement et sans autre expérience que la vision et l'audition. L'image remplace l'imagination.

Par ailleurs, le cinéma, qui peut très bien être la loupe de la société, est aussi modificateur de celle-ci en caricaturant la réalité. Les troubles psychiques, par exemple, sont souvent représentés sous la forme de folie dangereuse, comme en témoigne le film *Massacre à la tronçonneuse*.

Contrairement à la télévision, qui s'intègre à notre vie, le cinéma est, par définition, un plaisir solitaire. Dans les salles obscures, les spectateurs sont en situation de solitude et de passivité. Ainsi, le cinéma a tué le plaisir collectif du cirque ou de la fête.

Au fond, la civilisation de l'image, qui se veut outil de communication, a aboli les valeurs traditionnelles de la transmission orale. On ne raconte plus d'histoires et on ne connait certains romans que par leur adaptation au cinéma. En améliorant la technique de l'image, on réduit les possibilités d'échanges entre les individus. Il ne faut pas que le cinéma nous sépare ou qu'il décourage la communication directe.

Mise en pratique 22 (résumé)

Analysez le résumé ci-dessus et identifiez les idées principales. Dressez également la liste des formules de transition utilisées.

Le coin du correcteur

Tableau 6.18

La reprise pronominale

Quand on parle ou quand on écrit, on doit souvent citer la même personne ou la même chose. Afin de ne pas avoir à répéter le même mot, on peut remplacer celui-ci par un pronom, ce qui nous permet d'éviter des répétitions parfois maladroites. C'est un processus qui s'appelle *la reprise pronominale*.

En français, il faut donc faire attention à ce que la forme du pronom reflète bien le genre et le nombre du mot qui est remplacé (*l'antécédent*).

A) Vérification du pronom sujet

Exemple de faute :	*On demande aux personnes ayant rendez-vous avec les médecins de la clinique de remplir un formulaire avant la consultation. Ils doivent se présenter à la réception dès leur arrivée.*
Correction :	*On demande aux personnes ayant rendez-vous avec les médecins de la clinique de remplir un formulaire avant la consultation.* **Elles** *doivent se présenter à la réception dès leur arrivée.*
Explication :	Le pronom personnel sujet de la deuxième phrase remplace le mot *personnes* qui est féminin, donc *elles*.

B) Est-ce *lui* ou *leur* ?

Exemple de faute :	*Nous lui avions dit que nous étions malades, mais Renée et Yves sont quand même venus nous rendre visite.*
Correction :	*Nous* **leur** *avions dit que nous étions malades, mais Renée et Yves sont quand même venus nous rendre visite.*
Explication :	Le pronom personnel complément d'objet indirect de la première phrase remplace *Renée et Yves* qui est pluriel, donc *leur*.

Mise en pratique 23 (correction des fautes)

Dans chacune des phrases suivantes, trouvez la faute, corrigez-la et expliquez votre correction.

1. On a transporté à l'hôpital les victimes de l'accident qui a eu lieu ce matin devant l'église. Heureusement, ils ont pu regagner leur domicile peu après.

2. Jean-Marc n'a pas protesté quand on leur a annoncé que son contrat ne serait pas renouvelé.

3. Ils la connaissent depuis qu'il a commencé à travailler avec eux.

4. Tous les étudiants étaient là ce matin, mais on ne lui avait pas dit que le professeur était absent.

5. Il y a trois fautes dans votre rédaction mais ils ne sont pas graves.

Synthèse

Exercice 1 Conversation (pronoms sujets)

oral ou écrit   Complétez le dialogue suivant en utilisant les pronoms sujets appropriés. Ensuite, avec un(e) partenaire, créez votre propre conversation concernant les sorties au cinéma.

Deux étudiantes, Jamila et Susan, se parlent juste avant le début de leur cours.

Susan :   Est-ce que _____ vas souvent au cinéma ?

Jamila :   Ça dépend. Si _____ n'ai pas trop de devoirs et s'_____ y a un bon film à voir, _____ aime bien sortir au cinéma en fin de semaine. Ma camarade de chambre est férue* de cinéma et _____ veut toujours m'emmener, alors _____ y va ensemble. Et toi ?

Susan :   Moi, c'est pareil. Mais maintenant, c'est plutôt avec mon petit ami que _____ sors, et lui, _____ préfère sortir en boite, alors très souvent _____ allons au cinoche* le vendredi et à une disco le samedi.

Jamila :   Dis donc, _____ sortez beaucoup. Quand as-_____ le temps d'étudier ?

Susan :   Eh bien, _____ essaie de tout faire pendant la semaine, comme ça le weekend, _____ sommes plus libres. Tiens, voilà le prof, _____ se parle après la classe ?

Jamila :   D'accord.

*féru(e) de = passionné(e) de
*le cinoche (familier) = le cinéma

Exercice 2 Autre façon (inversion du pronom sujet)

oral ou écrit   Utilisez l'inversion du verbe et du sujet pour poser les questions ci-dessous d'une autre façon.

Modèle :   Qu'est-ce qu'il a fait ?
    →   *Qu'a-t-il fait ?*

1. Est-ce qu'on part demain ?

2. Il n'y est pas allé ?

3. Quand est-ce que vous l'avez vu ?

4. Où est-ce que tu vas ?

5. Vous vous êtes trompé ?

6. Est-ce qu'il y a encore des billets ?

7. Pourquoi est-ce qu'ils se sont cachés ?

8. Elle n'a pas reçu notre lettre ?

9. Comment est-ce qu'elle l'a fait ?

10. Est-ce que tu l'as vu ?

Exercice 3 Vas-y ! (pronoms compléments d'objet direct)

oral ou écrit   Faites l'exercice suivant selon le modèle.

Modèle :   J'aime ces chaussures. (acheter)
    →   *Alors, achète-les.*

1. J'ai besoin de ton dictionnaire. (emprunter)

2. J'ai écrit plusieurs cartes postales. (mettre à la poste)

3. Je n'ai pas encore fait mes devoirs. (commencer)

4. J'ai perdu mes clés. (chercher)

5. Je veux voir Paul et Jeanne. (inviter)

Exercice 4 Oui, bien sûr (pronoms compléments d'objet indirect)

oral ou écrit   Faites l'exercice suivant selon le modèle.

Modèle :   Tu as donné un pourboire à la serveuse ?
→   *Oui, bien sûr, je lui en ai donné un.*

1. Tu as écrit à ta sœur ?

2. Tu as parlé à la directrice ?

3. Tu as répondu au professeur ?

4. Tu as obéi à tes parents ?

5. Tu as annoncé la nouvelle aux collègues ?

Exercice 5 Réactions (pronoms sujets et objets)

oral ou écrit   Vous êtes d'accord avec ce que dit un(e) ami(e) et vous enchainez.

Modèle :   *Paul* n'aime pas du tout *Robert.* (éviter le plus possible)
→   *C'est vrai, il l'évite le plus possible.*

1. *Charles* adore *ses chiens.* (emmener partout avec lui)

2. *Robert* est très amoureux de *Brigitte.* (apporter toujours des roses à)

3. *Sylvie* adore *les Beatles.* (écouter à longueur de journée)

4. *Jacqueline* n'aime pas *son nouveau poste.* (ne pas s'habituer à)

5. *Jean* est fâché contre *son frère.* (ne plus parler à)

Exercice 6 Les responsabilités (pronoms disjoints)

oral ou écrit   Faites l'exercice suivant selon le modèle.

Modèle :   Georges/faire la vaisselle
→   *Lui, il fait la vaisselle.*

1. Paul/passer l'aspirateur

2. nous/faire la cuisine

3. Jacqueline et Sylvie/donner à manger au chien

4. Robert et Yves/s'occuper du jardin

5. moi/arroser les plantes d'intérieur

Exercice 7 Échanges (divers pronoms)

oral ou écrit   Remplacez les pronoms soulignés par des noms de votre choix.

Modèle :   Elle <u>la lui</u> a prêtée.
→   *Elle a prêté sa voiture à son frère.*

1. J'<u>y</u> vais souvent.

2. Nous <u>l</u>'avons achetée.

3. Elle <u>leur</u> a téléphoné.

4. <u>Les</u> as-tu vendus ?

5. Il faut que je me <u>les</u> fasse couper.

6. On va la <u>lui</u> donner.

7. Elles s'adressent à <u>lui</u>.

8. Il l'a faite pour <u>elle</u>.

9. Nous y allons avec <u>lui</u>.

10. Je vais <u>l'</u>écouter chanter.

Exercice 8 Questions (pronom *en*)

oral ou écrit   Répondez aux questions de votre camarade en utilisant, selon le cas, les formules *trop, beaucoup, assez, ne... pas assez, un peu, un tout petit peu* ou *ne... pas du tout.*

Modèle :   Est-ce que tu fais du sport ?
→   *J'en fais un peu.*

1. Est-ce que tu écris des dissertations ?

2. Est-ce que tu bois du café ?

3. Est-ce que tu joues du piano ?

4. Est-ce que tu as du temps libre ?

5. Est-ce que tu lis des magazines français ?

Exercice 9 Repérage (divers pronoms)

oral ou écrit   Identifiez les pronoms qui remplacent les mots soulignés.

1. Quand on parle d'<u>un film</u> qui serait l'adaptation au cinéma du chef d'œuvre d'André Malraux, Michael Cimino, pour sa persévérance, mérite de <u>le</u> faire.

2. À quelle réalité <u>le festival de Cannes</u> est-il <u>attentif</u> ? Comment fait-il pour l'être ?

3. Il paraît que <u>le festival des films du monde de Montréal</u> a eu beaucoup de succès cette année. On aurait dû y aller.

Et maintenant, identifiez le/les mot(s) remplacé(s) par le pronom qui est souligné.

4. Pas moins de quinze adaptations ont été réalisées depuis 1932 à partir de l'œuvre de Gustave Flaubert. Aujourd'hui il y <u>en</u> a une seizième.

5. L'impact du cinéma sur les individus et sur les représentations sociales tient à sa puissance de conviction et aux phénomènes qu'<u>il</u> autorise.

Exercice 10 Le monde du cinéma (divers pronoms)

oral ou écrit   Répondez avec une phrase complète en utilisant des pronoms et l'élément entre parenthèses.

Modèle :   <u>Ce metteur en scène</u> a réalisé combien de <u>films</u> ? (trois)
→   *Il en a réalisé trois.*

1. Aime-t-il <u>les trucages</u> ? (oui)

2. Va-t-elle tourner <u>ce film</u> <u>à Vancouver</u> ? (oui)

3. Y a-t-il <u>une réduction pour les étudiants au cinéma</u> ? (non)

4. <u>Le scénariste</u> a dû récrire cette <u>scène</u> combien de fois ? (trois fois)

5. Est-elle <u>cinéphile</u> ? (non)

6. A-t-il obtenu <u>le visa de sortie</u> ? (non)

7. Où peut-on voir <u>ce film en version originale</u> ? (au cinéma Rex)

8. A-t-on utilisé <u>des effets spéciaux</u> ? (oui/beaucoup)

9. S'attendait-elle <u>à ce que le metteur en scène lui donne le rôle</u> ? (oui)

10. Pensait-il <u>que ce film sortirait sur les écrans ce mois-ci</u> ? (non)

Exercice 11 Les accords (pronoms/accord du participe passé)

écrit Remplacez les mots soulignés par des pronoms et faites l'accord du participe passé, s'il y a lieu.

1. Il s'est acheté une <u>nouvelle imprimante</u>.

2. La réalisatrice a dit <u>ce qu'elle pensait à ses collaborateurs</u>.

3. C'est Jacqueline qui a donné <u>cette horrible cravate à Paul</u>.

4. Le gouvernement canadien ne s'est pas plié <u>aux demandes des terroristes</u>.

5. Le directeur a chargé <u>ses collaborateurs</u> de régler <u>cette affaire</u> au plus vite.

6. Ils sont <u>épuisés</u>, les pauvres !

7. À la fin du rapport, nous avons formulé une douzaine <u>de recommandations</u>.

8. On n'a jamais vu <u>ces études de marché</u>.

9. Il a fait jouer <u>cette chanson au pianiste</u> quatre fois.

10. Yves Saint Laurent a donné son nom <u>à des produits de beauté</u>.

Exercice 12 Traduction (divers éléments)

écrit Traduisez les phrases suivantes en français.

1. Paul is taller than she. She knows it.

2. Buy yourself the materials and build this house yourself.

3. Neither he nor I want the responsibility for it.

4. People speak French in this region.

5. Here you are! We have been waiting for you for ten minutes.

Exercice 13 Rédaction (résumé)

écrit Sujet   Faites le résumé de la lecture intitulée *Le bilinguisme dès la maternelle* d'Alain Destexhe dans la partie *Lecture* du chapitre 5.

Consignes   1. Entre 200 et 250 mots.

2. Écrivez votre texte à double interligne.

3. Divisez votre texte en paragraphes.

Suggestions 1. Consultez la section *Expression écrite* de ce chapitre. Essayez d'utiliser les techniques présentées dans le *Tableau 6.16*.

2. Utilisez des mots connecteurs comme *et, mais, cependant, toutefois, de plus, car, par ailleurs, finalement,* etc.

3. Relisez-vous plusieurs fois afin d'éliminer le plus de fautes possible et utilisez la grille de correction dans l'*Appendice M* pour vous assurer que vous avez bien corrigé votre texte.

Synthèse

CHAPITRE 7
La nouvelle policière

Lecture

Nouvelle policière

Dernier Casse de Michel de Roy *237* et *242*

Vocabulaire

Le crime *240*

Grammaire

Les pronoms démonstratifs *247*

Distinctions entre *c'est* et *il est* *248*

Les pronoms possessifs *249*

Les adjectifs interrogatifs et exclamatifs *250*

Les pronoms interrogatifs *251*

Les pronoms relatifs *256*

Expression écrite

La ponctuation *267*

Le coin du correcteur *269*

Synthèse

Exercice 1 à 17 *270*

Visitez le site Web de *Mise en pratique*, **www.pearsoncanada.ca/favrod**,
où vous trouverez :

- des exercices de grammaire supplémentaires
- des activités complémentaires basées sur des sites Web francophones
- des exercices d'écoute

Lecture et vocabulaire

Dossier 1 *Dernier Casse*

Introduction à la lecture

Le roman policier et la nouvelle policière sont des genres très populaires dans le monde francophone. Tout le monde connait l'inspecteur Maigret, personnage célèbre créé par Georges Simenon, auteur de centaines de romans policiers (*Le chien jaune, Maigret se fâche*, etc.).

La nouvelle policière que vous allez lire a été écrite par un enquêteur de police français, Michel de Roy. Celui-ci travaillait comme enquêteur à Nîmes depuis plus de dix ans quand il a écrit cette nouvelle. Son premier roman, *Sûreté urbaine* (1986), lui a valu le *Prix du Quai des Orfèvres*. Il a écrit d'autres romans, dont *Banditisme sans frontières*.

Prix du Quai des Orfèvres : le Quai des Orfèvres est le siège de la police judiciaire française à Paris ; le Prix du Quai des Orfèvres est un prix littéraire décerné au meilleur roman policier.

Activités de pré-lecture

1. Aimez-vous les histoires policières (romans, séries télévisées, films) ? Expliquez.
2. Y a-t-il des émissions policières que vous aimez regarder ? Quels sont vos inspecteurs de police favoris ?
3. Le mot « casse » est un mot que vous ne connaissez peut-être pas. Cherchez le sens de ce mot dans un dictionnaire bilingue. Que veut dire le titre de la nouvelle ?

Lecture

Lisez le texte ci-dessous.

1. Dans la première partie (jusqu'à l'astérisque), relevez les phrases interrogatives.
2. Dans la deuxième partie (*Avançant à pas…*), relevez les pronoms relatifs (qui, que/qu', dont, etc.).
3. Faites les exercices de compréhension qui suivent le texte.

Lecture

Dernier Casse

1   Les flashes *crépitaient* dans la pièce. Profitant d'un intermède, l'inspecteur de police *enjamba* le corps de l'homme qui *gisait, recroquevillé sur le sol*, et s'approcha d'un fauteuil où le propriétaire des lieux était prostré.

    Muni d'un calepin, le policier prenait des notes.

5   — … Donc, en entrant chez vous ce soir, vous avez découvert ce *cambrioleur* en action et vous n'avez pas pu le maîtriser ?

    — Oui… il s'est précipité sur moi. J'ai juste eu le temps de prendre le revolver que je laisse habituellement sur la table de nuit… Nous nous sommes battus. Il a voulu s'emparer de mon arme. *Le coup est parti seul.*

10   — Je vois… Je vois, dit l'inspecteur en considérant le désordre qui régnait dans la chambre. Vous allez nous suivre au commissariat, je dois enregistrer votre déposition.

— Ce sera long ?

— Je ne pense pas. Une heure… peut-être deux.

— Mais… le mort, qui va s'occuper de… ?

15 — Ne vous inquiétez pas, les pompes funèbres vont évacuer le cadavre.

L'homme se leva et suivit l'inspecteur.

*

Avançant à pas silencieux aux côtés de Charly, Ted serra frileusement les mains dans ses poches.

Un vent glacial *s'engouffrait* dans la ruelle sombre bordée de hauts murs. Quelques
20 étoiles brillaient, haut dans le ciel de novembre.

— C'est là, chuchota Charly en s'arrêtant devant une bâtisse lugubre.

Ted jeta machinalement un coup d'œil derrière lui et, rassuré, s'engagea à la suite de
Charly dans un étroit couloir. *Il ressentit un délicieux frisson parcourir son échine*, à l'idée du
nouveau cambriolage que lui et Charly allaient encore commettre.

25 Depuis des mois, tous deux « visitaient » chaque nuit des maisons momentanément
inoccupées et *faisaient main basse sur* toutes les richesses les moins encombrantes qu'ils découvraient à l'occasion de leurs intrusions nocturnes.

C'est ainsi que de nombreux bijoux, de l'argent liquide et d'autres biens facilement
acquis et négociables à souhait s'entassaient dans le studio qu'ils n'occupaient ni l'un ni
30 l'autre, mais qui leur servait de *repaire*.

Dernièrement, les deux cambrioleurs avaient eu la bonne fortune de tomber sur un lot
important de pierres précieuses dont la valeur marchande n'allait pas manquer de les mettre
pour longtemps à l'abri du besoin. Lorsqu'il avait ouvert le coffre-fort mural, Ted avait eu le
souffle coupé, découvrant dans le halo de sa lampe de poche *des bijoux amoncelés qui se livraient*
35 *à sa cupidité exacerbée.*

Beaucoup plus pratique, peut-être parce qu'il était plus ancien dans le « métier »,
Charly *avait raflé* le contenu du coffre, le déversant dans un sac de toile. Les deux compères
avaient rapidement quitté les lieux.

— Y'en a pour des millions, avait sourdement murmuré Ted, les yeux rivés sur leur
40 *butin* doucement éclairé par l'ampoule nue, au-dessus de la table de bois où les pierres
jetaient des milliers d'éclats.

— Ouais, tu peux le dire, pour des millions…

— On va pouvoir s'arrêter, avait suggéré Ted, la gorge nouée par l'émotion. Charly
n'avait pas répondu tout de suite, se contentant de hocher la tête.

45 — Encore un coup ou deux comme celui-là et on laisse tout tomber, avait-il fini par
reconnaître. Ted n'avait rien laissé paraître de sa surprise. Il avait gardé le silence, respectant
la décision de l'autre, un chef. Après tout, Charly recensait les appartements « visitables » et
lui, Ted, une fois *à pied d'œuvre, se bornait* à ouvrir les coffres lorsqu'il y en avait, usant d'une
technique qui n'avait plus à faire ses preuves.

50 — Par là, poursuivit à voix basse Charly qui était venu repérer les lieux le jour même, il
y a une cour intérieure. Ensuite, faudra *escalader*.

Quelques mètres plus loin, après avoir gravi deux marches de pierre, Ted sentit, sous ses
pieds chaussés de semelles de crêpe, qu'il marchait effectivement sur de la terre.

Charly venait d'éteindre sa lampe et l'obscurité leur sembla plus dense encore.

55 Résolument, Charly se dirigea vers un angle de la cour, suivi de Ted qui marchait à
tâtons, essayant de se diriger à la faible clarté de la lune.

Un vieil *escabeau*, providentiellement abandonné là, permit aux deux hommes d'accéder au faîte d'un mur. De là, Charly n'eut aucun mal à briser la vitre d'une fenêtre que les deux amis ouvrirent avec précaution, prenant garde de ne pas se blesser. Peu de temps après, ils se retrouvèrent au milieu d'une pièce qui semblait être une cuisine.

Silencieux, ils attendirent. Aucun bruit ne leur parvint des autres pièces.

— C'est bon, on y va, dit à voix basse Charly. Si mes renseignements sont exacts, il doit y avoir un coffre dans une chambre.

À pas lents, les deux hommes se déplacèrent, se retrouvèrent dans un hall. Sur leur droite, deux portes étaient fermées. Charly ouvrit la première. La pièce était vide, complètement vide. Il tourna délicatement la poignée de la seconde porte, poussa le battant, et alors seulement écarta ses doigts qui atténuaient la lueur de sa lampe.

Dans un coin, de l'autre côté du lit, un meuble bas supportait une pile de livres. Ted ne s'attarda pas à leur contemplation. Ses yeux allaient et venaient, cherchant où pouvait être dissimulé le coffre. Il eut soudain un rire étouffé, et s'approcha d'un tableau accroché au mur. Il souleva le cadre et ne put retenir un sifflement admiratif en découvrant le coffre. (à suivre)

Tiré de *Dernier Casse* de Michel de Roy, Lacour/Colporteur, 1988, p. 27–29

l.1   crépitaient (v. crépiter) : faire entendre une succession de bruits secs—*to go off (talking about camera flashes)*

l.1   enjamba (v. enjamber) : sauter—*to step over*

l.2   gisait (v. gésir) : être couché, sans mouvement

l.2   recroquevillé sur le sol : replié sur soi et crispé—*huddled up on the floor*

l.5   un cambrioleur : voleur—*burglar*

l.9   Le coup est parti seul—*The gunshot went off on its own.*

l.19   s'engouffrait (v. s'engouffrer)—*to rush, sweep (talking about the cold wind)*

l.23   Il ressentit un délicieux frisson parcourir son échine—*He felt a delightful shiver running down his spine*

l.26   faisaient main basse sur (v. faire) : s'emparer de—*to take*

l.30   un repaire : un endroit qui sert de refuge—*a hideout*

l.34   des bijoux amoncelés qui se livraient à sa cupidité exacerbée—*the piled-up jewellery that surrendered to his intense greediness*

l.37   avait raflé (v. rafler) : prendre et emporter promptement sans rien laisser—*to grab*

l.40   un butin : le produit d'un vol—*loot*

l.48   à pied d'œuvre—*ready to get down to the job*

l.48   se bornait (v. se borner) : se contenter de—*to content oneself with doing*

l.51   escalader : enjamber, franchir, passer—*to climb (the wall)*

l.57   un escabeau : une petite échelle

Compréhension globale

Dites si les affirmations suivantes sont vraies ou fausses. Corrigez les affirmations qui sont fausses.

1. On ne connait pas l'identité exacte de l'homme qui est mort d'un coup de revolver.

2. Le propriétaire refuse de suivre l'inspecteur de police au commissariat.

3. Ted et Charly sont deux cambrioleurs qui travaillent ensemble depuis au moins dix ans.

4. Après être tombés sur un lot incroyable, les deux cambrioleurs ont décidé de s'arrêter.

5. Ted préfère s'arrêter ; Charly veut faire encore un ou deux coups.

6. Le cambriolage a lieu au printemps.

7. Charly et Ted avaient l'habitude de cambrioler des banques.

8. Ted habitait le studio qui servait de repaire aux cambrioleurs.

Vocabulaire

Le crime

- un crime, un(e) criminel(le), commettre un crime—*a crime, a criminal, to commit a crime*
- un vol, un(e) voleur(se), voler—*a robbery, a robber, to rob or steal*
- un vol à main armée—*an armed robbery*
- un voleur à la tire—*a pickpocket*
- braquer—*to hold up (a bank)*
- un cambriolage (un casse), un(e) cambrioleur(euse), cambrioler—*a burglary or break-in, a burglar, to break and enter*
- un coffre—*a safe*
- un enlèvement, un(e) ravisseur(euse), enlever—*a kidnapping, a kidnapper, to kidnap*
- une prise d'otage(s)—*a hostage taking*
- une agression, un agresseur, agresser—*an attack, an attacker, to attack*
- un viol, un(e) violeur(euse), violer—*a rape, a rapist, to rape*
- un meurtre, un(e) meurtrier(ère), tuer—*a murder, a murderer, to murder*
- un assassinat, un assassin, assassiner—*a murder, an assassin, to assassinate*
- un attentat—*a murder or assassination attempt*
- un acte terroriste—*a terrorist act*

- faire main basse sur : prendre quelque chose qui ne nous appartient pas
- ouvrir un coffre-fort—*to open a safe*
- s'emparer (d'un butin)—*to take, rob (loot)*
- prendre en otage, prendre quelqu'un en otage—*to take hostage, to take someone hostage*
- abattre : tuer—*to shoot down*
- descendre (fam.) : tuer—*to do someone in, bump off*
- dénoncer—*to inform against someone*

- un otage—*a hostage*
- une victime—*a victim*
- un corps—*a body*
- un cadavre—*a corpse*
- les pompes funèbres—*the funeral home*

- le commissariat de police—*the police station*
- un commissaire—*a police chief*
- un inspecteur—*an inspector, detective*
- un policier (un flic)—*a police officer (a cop)*
- retrouver un corps—*to find a body*
- arrêter une personne—*to arrest someone*
- enregistrer une déposition—*to take a deposition*
- mener une enquête—*to lead an investigation*

- résoudre un crime—*to solve a crime*
- trouver des indices, des preuves—*to find clues, evidence*
- chercher des témoins—*to look for witnesses*
- trouver le mobile du crime—*to find the motive for the crime*

- une arme (à feu)—*a weapon (firearm)*
- un revolver (de fort calibre)—*a (high caliber) revolver*
- un fusil—*a gun, rifle*
- un couteau—*a knife*

Exploitation lexicale

1. Souvent, on utilise des verbes comme *avoir*, *être* ou *faire* alors que d'autres verbes, plus précis et liés plus étroitement au contexte de la phrase ou du texte, conviendraient mieux.

   Choisissez, parmi la liste ci-dessous, des synonymes des verbes soulignés dans le texte plus bas. N'oubliez pas de conjuguer les verbes aux temps qui conviennent.

accomplir	mesurer	se trouver
commettre	posséder	tendre
construire	se gêner	souffler

   Marcel ne pouvait pas se faire à l'idée que François allait le descendre. Les deux hommes <u>avaient fait</u> plusieurs crimes ensemble. Pour ce dernier braquage, ils venaient d'escalader un mur qui <u>faisait</u> cinq mètres de haut. Ce jour-là, le vent <u>se faisait</u> plus fort que d'habitude. François <u>avait fait</u> son travail habituel, celui d'ouvrir le coffre-fort de la banque. Pour cela, il <u>avait</u> tous les outils nécessaires. Malheureusement, Marcel et François n'ont pas partagé le butin. François était resté enfermé dans la chambre forte de la banque, car Marcel <u>avait fait</u> un piège *(trap)* en le laissant derrière et en appelant la police.

2. Trouvez le synonyme des mots suivants (veuillez relire le vocabulaire pour la compréhension du texte).

   a) abattre :

   b) un voleur :

   c) rafler :

   d) un meurtre :

   e) faire main basse :

   f) escalader :

3. Remplissez les blancs avec le mot qui convient.

   a) Il est plus facile de résoudre un _____ quand on connaît le _____.

   b) Si on veut parler à un inspecteur de police, il faut aller au _____.

   c) Un _____ est une personne qui entre dans les maisons illégalement et qui _____ d'objets précieux comme des bijoux, des tableaux d'art, etc.

   d) Les deux enfants qui jouaient dans le parc ont trouvé un _____ qui gisait par terre, derrière les buissons.

   e) Il est difficile d'arrêter un suspect si on n'a pas de _____ concrètes.

   f) Hier après-midi, vers 15 h, deux hommes ont _____ la Banque XYZ. Ils ont pris 300 000 dollars.

   g) On a retrouvé _____ du crime : c'était un simple couteau de cuisine.

4. Expliquez, dans vos propres termes, chacun des mots suivants.

   des preuves—un inspecteur—le mobile d'un crime—un cadavre

5. Faites des phrases avec chacun des mots ci-dessous. Chaque phrase doit bien illustrer le sens du mot utilisé. Inspirez-vous des actualités dans votre ville ou votre pays.

un enlèvement—un voleur—agresser—prendre en otage

Compréhension détaillée

1. Pourquoi l'homme doit-il accompagner l'inspecteur au commissariat ?

2. L'auteur de cette nouvelle crée du suspense en utilisant certains mots et expressions (adjectifs, noms, verbes). Relevez dans les lignes 17-27 du texte les mots qui évoquent la peur et qui aident à créer l'ambiance typique que l'on retrouve dans une nouvelle policière.

3. Ted et Charly jouent chacun un rôle important dans les cambriolages. Quel est leur rôle respectif ?

4. Ted et Charly ont-ils de la difficulté à entrer dans l'appartement ? Justifiez votre réponse.

Réflexion et discussion

Pouvez-vous émettre des hypothèses quant à la suite de l'histoire ?

1. Quel serait le contenu du coffre ?

2. Comment les deux hommes vont-ils sortir de l'appartement ?

3. Quel genre de problème pourrait-il leur arriver ?

Dossier 2 *Dernier Casse* (suite et fin)

Lecture

Relisez les deux derniers paragraphes du *Dossier 1* avant de commencer à lire le texte qui suit.

Lecture

Dernier Casse (suite et fin)

— Hmm… Tu le sens ? questionna-t-il en se retournant vers Ted. L'autre s'était approché et regardait lui aussi *le monstre encastré*.

75   — Ouais, mais ça risque d'être long. Les propriétaires ne vont pas rentrer ?

— Non, pas de problème, ils sont partis en congé. Nous sommes tranquilles.

Ted déposa à côté de lui, sur le sol, une trousse de cuir qu'il ouvrit délicatement. Des clés, *des tiges d'acier chromé* de toutes dimensions apparurent. D'une poche de son blouson, il sortit un stéthoscope.

80   — Rien ne vaut les bonnes vieilles méthodes, expliqua-t-il à Charly qui le regardait, immobile.

Puis il entreprit d'*ausculter la paroi luisante* où deux boutons moletés commandaient l'ouverture de la porte pour celui qui en connaissait le code.

Il plaça *les embouts* du stéthoscope à ses oreilles, colla *la ventouse* à la bonne distance entre 85   les deux boutons, et entreprit de les tourner *cran après cran*, l'un après l'autre.

Les yeux fiévreux, indifférent à tout ce qui l'entourait, un sourire *béat* sur les lèvres, il écoutait, retenant sa respiration. Seuls les déclics secs provoqués par le mouvement saccadé de ses doigts captaient son attention.

90 Lorsque Ted avait rencontré Charly, dans un bar, il ne se serait jamais douté que tous deux « travailleraient » ensemble. Certes Ted avait déjà exercé ses talents à de nombreuses reprises, s'aliénant parfois la compagnie d'un, voire de plusieurs complices, mais, par précaution, il préférait agir seul.

95 Les deux hommes avaient lié connaissance, puis en étaient venus à discuter « affaires », s'étaient peu à peu dévoilés l'un à l'autre, et avaient fini par décider de s'associer pour le vol. Le partage des rôles leur convenait parfaitement, et celui du butin ne lésait personne, tous deux trouvant leur compte. De plus, et Ted avait apprécié la sage précaution de Charly, chacun ignorait où l'autre habitait, s'assurant mutuellement de la plus grande discrétion au cas où les choses viendraient à mal tourner.

100 Charly avait rapidement fait figure de chef, ce qui n'était pas pour déplaire à Ted qui ouvrit de plus en plus de coffres-forts, et avec de plus en plus d'aisance, tant la pratique répétée jusqu'à l'excès affine le moindre des mouvements.

*

Assis dans un fauteuil, Charly contemplait Ted qui persévérait. Celui-ci ne capitulerait pas, Charly le savait pour l'avoir souvent vu à l'œuvre. Tôt ou tard, il vaincrait, il viendrait à bout du secret codé. Alors il se retournerait haletant et, les yeux exorbités, regarderait son
105 ami comme s'il ne le voyait pas, puis tirerait la porte vers lui, dévoilant des richesses qui leur appartiendraient dès cet instant.

Ted laissa pendre ses bras le long de son corps et agita ses mains dans une sorte de tremblement volontaire destiné à dégourdir ses muscles ankylosés. Les deux hommes étaient maintenant dans l'obscurité, seulement éclairés par la lueur blafarde provenant de la fenêtre.

110 Des gouttes de sueur perlaient sur le visage de Ted. La bouche sèche, il reprit son activité dans le silence impressionnant qui régnait.

Un faible déclic, un autre, encore un. Ted écouta attentivement, revint d'un cran en arrière, puis poursuivit son exploration. Il sentait la victoire proche. Un sixième sens l'avertit qu'il touchait presque au but.

115 Tout à coup, une violente lumière *le fit cligner des yeux*. Il recula, comme poussé par une force invisible. *Claquant des dents* il se retourna, réalisant que quelqu'un venait d'éclairer la lumière de la chambre.

— Mais… mais… qu'est-ce qui se passe ? parvint-il à articuler.

Charly se tenait derrière lui, souriant, la main gauche négligemment appuyée contre le
120 mur, à côté de *l'interrupteur* qu'il venait d'actionner.

« Mais… » répéta Ted. Dans le même temps il remarqua l'arme que Charly tenait pointée dans sa direction, de l'autre main : un revolver de fort calibre.

— *T'es con*, éteins ! On va se faire repérer…

— Ah oui ? ricana Charly. Et par qui ?

125 — Tu es armé… ? s'étonna Ted *à contretemps*.

Il suspendit sa phrase, semblant comprendre pourquoi Charly agissait ainsi. Ce dernier croyait qu'il avait réussi à ouvrir le coffre et voulait garder pour lui tout seul le trésor.

— Je l'ai pas ouvert, je l'ai pas ouvert, dit-il précipitamment, comme s'il implorait son ami de *lui laisser un sursis*.

130 — T'as rien compris, tu comprendras jamais rien, lâcha Charly. Je vais te descendre ! Tout simplement.

— Non, fais pas ça !... Fais pas ça !...

Tout en parlant, Ted avançait ses mains tremblantes vers Charly.

— Bouge pas ! Bouge surtout pas ! Tu es fini !

135 — Pour... pourquoi ?

— Parce que t'avais raison, après le dernier coup qu'on a fait, celui des pierres précieuses, il est temps de s'arrêter, surtout si on n'a pas à partager...

— Mais on va retrouver mon corps, dit Ted, qu'est-ce que tu feras à ce moment ?

Charly éclata d'un rire sinistre qui résonna longuement dans la pièce. Une lueur étrange
140 brilla dans son regard lorsqu'il reprit son calme.

— Évidemment, qu'on va retrouver ton corps, j'y compte bien, et je vais même te *faire un aveu* : c'est moi qui vais signaler sa présence à la police.

Ted voulut parler, crier, mais aucun son ne franchit ses lèvres.

— Ouais, reprit Charly, tu as bien entendu, c'est moi qui vais dire aux flics qu'il y a un
145 cadavre ici. Mieux encore, je vais attendre qu'ils arrivent. Ouais, je vais les attendre calmement et leur dire que je t'ai descendu.

Ted *déglutit avec peine*. La réalité venait enfin de lui apparaître, *fulgurante, aveuglante*.

Charly dut se rendre compte d'un changement dans la physionomie de son complice et enchaîna :

150 — Eh oui ! mon pauvre vieux, t'aurais pas dû m'écouter, t'aurais jamais dû venir ici, parce que maintenant je vais t'abattre... et me dénoncer. Mais je te rassure, la justice est assez clémente pour que j'aille pas *moisir en prison*.

— Que veux-tu, conclut-il en appuyant sur *la détente*, est-ce que c'est de ma faute si, en rentrant chez moi, j'ai surpris un cambrioleur...

Tiré de *Dernier Casse* de Michel de Roy, Lacour/Colporteur, 1988, p. 30–32

l.74   le monstre encastré : on parle ici du coffre
l.78   des tiges d'acier chromé—*chromed steel bits*
l.82   ausculter la paroi luisante—*to sound the shining surface of the safe (with a stethoscope)*
l.84   les embouts—*the ends (of the stethoscope)*
l.84   la ventouse—*the cupping glass (of the stethoscope)*
l.85   cran après cran—*notch after notch*
l.86   béat : satisfait
l.115 le fit cligner des yeux—*made his eyes blink*
l.116 claquant des dents—*chattering (teeth)*
l.120 l'interrupteur—*the light switch*
l.123 T'es con : t'es stupide
l.125 à contretemps—*at the wrong time, inopportunely*
l.129 lui laisser un sursis—*give him a reprieve, a way out*
l.141 faire un aveu : confesser
l.147 déglutit avec peine—*swallowed with difficulty*
l.147 fulgurante, aveuglante (parlant de la réalité)—*sharp and blinding (reality)*
l.152 moisir en prison—*to rot in jail*
l.153 la détente—*the trigger*

Compréhension globale

Répondez aux questions à choix multiples.

1. Ted...
    a) a beaucoup de difficulté à ouvrir le coffre.
    b) pense que cela va prendre du temps pour ouvrir le coffre.
    c) ouvre le coffre.
    d) ne sait pas comment ouvrir le coffre.

2. Ted et Charly...
    a) se sont rencontrés en prison.
    b) savent exactement où l'autre habite.
    c) partagent toujours leur butin.
    d) faisaient tous les deux figure de chef.

3. Ce dernier cambriolage se passe...
    a) chez Charly.
    b) dans un appartement de personne riche.
    c) dans la maison de l'inspecteur.
    d) chez Ted.

4. Charly descend Ted parce que...
    a) Charly ne veut pas partager le contenu du coffre que Ted essaie d'ouvrir.
    b) Ted lui a menti au sujet d'un cambriolage qu'ils ont fait ensemble.
    c) Charly veut s'arrêter et garder pour lui seul le butin de pierres précieuses.
    d) Ted n'est pas un très bon cambrioleur.

5. Après avoir tué Ted, Charly...
    a) a rapidement quitté le lieu du crime.
    b) a téléphoné à la police puis est parti.
    c) a ouvert le coffre de bijoux et s'est enfui.
    d) est resté là et a attendu la police.

Approfondissement lexical

La polysémie

- Vous avez sans doute remarqué l'usage du mot *coup* dans le texte que vous venez de lire (*coups de feu, un tel coup*).

- En effet, le mot *coup* est ce qu'on appelle un mot **polysémique** (plusieurs sèmes = plusieurs sens), ce qui le rend parfois difficile à traduire en anglais. Si vous devez chercher le mot *coup* dans un dictionnaire bilingue, il faut faire attention de bien lire toutes les définitions proposées par votre dictionnaire.

- Notez, dans le tableau ci-dessous, les différents sens du mot *coup* et certaines expressions formées avec ce nom :

1. donner un **coup** de poing	=	action de frapper quelqu'un
2. échanger des **coups**	=	se battre
3. un **coup** d'épée *(sword)*	=	geste par lequel on tente de blesser son adversaire
4. un **coup** de fusil *(gun)*	=	décharge d'une arme à feu
5. tenir le **coup**	=	résister à la fatigue
6. **coup** de frein	=	*to brake*
7. un **coup** de soleil	=	*a sunburn*
8. un **coup** adroit	=	bien joué (dans le sport)
9. tenter le **coup**	=	risquer quelque chose
10. du premier **coup**	=	*on the first try*

Maintenant, à l'aide d'un dictionnaire bilingue, traduisez les expressions ou les mots soulignés en anglais.

1. Le petit garçon <u>a donné un coup de pied</u> à son frère.
2. <u>Buvons un coup</u> ensemble !
3. <u>Tout à coup</u>, il s'est arrêté.
4. Marie a eu <u>le coup de foudre</u> pour Chris.
5. Elle lui a donné <u>un coup de main</u>.
6. <u>Faire d'une pierre deux coups</u>. (expression idiomatique)
7. Les deux hommes <u>ont échangé des coups</u> !
8. Ils <u>étaient tous dans le coup</u> et maintenant ils sont en prison.
9. Le chat lui <u>a donné un coup de griffe</u>.
10. <u>Donne-moi un coup de fil</u> ce soir.

Compréhension détaillée

1. Pourquoi Charly a-t-il choisi de cambrioler son propre domicile ?

2. Quelle a été la réaction de Ted lorsque Charly a allumé les lumières ?

3. Pouvez-vous expliquer les raisons pour lesquelles Charly a abattu Ted ?

Réflexion et discussion

1. Est-ce que la fin de l'histoire correspond à l'une des hypothèses que vous aviez formulées après avoir lu le *Dossier 1* ?

2. Quels sont les indices, donnés par l'auteur, qui nous permettent de deviner que Charly a tué Ted ? Énumérez-les.

3. Imaginez les étapes suivies par Charly après qu'il a tué Ted.

Grammaire et expression écrite

Grammaire

Les pronoms démonstratifs

Les pronoms démonstratifs servent à désigner, sans les nommer, les êtres, les choses ou les concepts que l'on présente.

*Sur la droite, deux portes étaient fermées, Charly ouvrit **celle** qui était la plus proche.*

Tableau 7.1

Formes des pronoms démonstratifs

A. pronoms variables

	masculin	féminin
singulier	celui	celle
pluriel	ceux	celles

B. pronoms invariables

ce (c')   ça   ceci   cela

1. Les formes du pronom démonstratif variable sont souvent suivies de :

   a) la particule suffixe *-ci* ou *-là*
      *J'aime cette chemise, mais **celle-là** est moins chère.* (= that one)

   b) une préposition avec son complément
      *Il prendra le train de six heures et Marie **celui** de sept heures.* (= the 7 o'clock one)

   c) une proposition relative
      *J'ai vu tous les films de Denis Villeneuve même **celui** qui vient de sortir.* (= the one)

2. Les pronoms variables et le pronom *ce* sont souvent utilisés avec un pronom relatif.

   *Je suis désolé mais, les bijoux que vous me montrez ne sont pas **ceux qui** ont été volés.*
   *Je ne sais pas **ce qu'**il voulait dire.*

3. *C'* et *ça* sont constamment utilisés dans la conversation.

   C'est vrai ?   ***Ça** alors !*   ***Ça** va ?*

Mise en pratique 1

Pour compléter les phrases suivantes, traduisez les mots entre parenthèses.

1. *(It)* _____ est grave, mais *(it)* _____ n'est pas irréversible.
2. *(It)* _____ aurait pu marcher si on s'y était pris différemment.
3. Achète plutôt cette robe-ci parce que *(that one)* _____ ne te va pas du tout.
4. N'écoutez jamais d'autres recommandations que *(those)* _____ que je vous donne.
5. Je crois que c'est *(the one)* _____ que je voulais acheter.

Distinctions entre *c'est* et *il est*

Tableau 7.2

Emplois de *c'est* et *il est*

c'est/ce n'est pas

1. ***C'est** un excellent détective.*

   On utilise *c'est* lorsque le nom indiquant la profession est accompagné d'un article indéfini et d'un adjectif qualificatif.

2. ***C'est** sûr.*
   ***C'est** avec joie qu'on le fait.*

   C'est permet d'insister sur un fait.

3. ***C'est** le 21 janvier.*
   ***C'est** aujourd'hui lundi.*

   On utilise *c'est* pour indiquer la date ou le jour de la semaine.

4. *Exprimer ses sentiments, **ce n'est pas** toujours facile.*

   Avec certaines expressions impersonnelles, *c'est* permet de résumer ce que l'on a dit.

5. ***C'est** Paul ?*
   ***C'est** toi, Paul ?*
   *Vouloir, **c'est** pouvoir.*

   On utilise *c'est* pour introduire un nom propre, un pronom ou un infinitif.

il est/il n'est pas

1. ***Il est** détective.*

   On utilise *il est* lorsque le nom indiquant la profession n'est pas accompagné d'un article indéfini ou d'un adjectif qualificatif.

2. ***Il est** sûr de lui.*

   Le pronom *il* est un pronom personnel qui se réfère à quelqu'un ou quelque chose de spécifique.

3. ***Il est** huit heures.*
   ***Il est** tard.*

   On utilise *il est* pour donner l'heure ou une indication de temps.

4. ***Il n'est pas** toujours facile d'exprimer ses sentiments.*

   Avec certaines expressions impersonnelles, *il est* permet d'annoncer ce que l'on va dire.

Mise en pratique 2 (*c'est* ou *il est*)

Complétez chaque phrase avec *c'est* ou *il est*.

1. _____ quatre heures du matin, _____ tôt.
2. Ce que tu as dit, _____ tout à fait vrai.
3. Le directeur, _____ sur le point de partir.
4. _____ difficile de se rappeler toutes les exceptions.
5. _____ vous, Madame Colin ?
6. _____ kinésithérapeute, mais _____ un bon kinésithérapeute.

Les pronoms possessifs

Les pronoms possessifs servent à désigner non seulement un être, une chose ou un concept, mais aussi son « possesseur ».

> *Prenez votre imperméable et je prendrai le mien.*
> (*le mien* se réfère à *l'imperméable* et au fait que c'est **mon** *imperméable*)

Tableau 7.3

Les formes des pronoms possessifs

	ce qui est possédé est *au singulier*		ce qui est possédé est *au pluriel*	
un possesseur	*masculin*	*féminin*	*masculin*	*féminin*
je	le mien	la mienne	les miens	les miennes
tu	le tien	la tienne	les tiens	les tiennes
il/elle	le sien	la sienne	les siens	les siennes
vous (forme polie)	le vôtre	la vôtre	les vôtres	
plus d'un possesseur				
nous	le nôtre	la nôtre	les nôtres	
vous	le vôtre	la vôtre	les vôtres	
ils/elles	le leur	la leur	les leurs	

Attention ! Le premier mot du pronom possessif étant un article défini, il faut faire attention aux contractions avec les prépositions *à* et *de*.
au mien, aux siennes, du tien, des vôtres

Mise en pratique 3 (les pronoms possessifs)

Remplacez les mots en italique par un pronom possessif.

1. Ma cousine vient de rentrer de Calgary, mais *ta cousine* va y rester encore deux semaines.
2. Notre réponse à cette question est la même que *leur réponse*.
3. Mon père est agriculteur, *son père* aussi.
4. Mon frère ressemble *à ton frère*.
5. Notre hôtel est tout près, où se trouve *votre hôtel* ?
6. Notre chien n'est pas méchant, mais *le chien de nos voisins* est féroce.

Les adjectifs interrogatifs et exclamatifs

Remarques préliminaires

1. L'adjectif interrogatif sert à poser une question portant sur le nom auquel il se rapporte.

   Quel poste veut-elle obtenir ?
   (l'interrogation porte sur le mot *poste*)

   Quelles sont ses ambitions ?
   (l'interrogation porte sur le mot *ambitions*)

2. Les formes de l'adjectif interrogatif sont aussi utilisées comme **adjectifs exclamatifs**. Ceux-ci servent à exprimer l'étonnement que l'on éprouve devant l'être, l'idée ou l'objet modifié(e).

   Quelle surprise !

3. L'adjectif interrogatif et exclamatif s'accorde en genre et en nombre avec le nom auquel il se rapporte, même s'il est séparé du nom par le verbe *être*.

   Quelle émission vas-tu écouter ?
   De quelle arme le criminel s'est-il servi ?
   Quels sont les avantages d'un tel projet ?
   Quelle est votre opinion sur le féminisme ?
   Quelle ambition !

4. Étant donné le fait qu'un nom précédé d'un adjectif interrogatif ou exclamatif peut être un complément d'objet direct (COD) précédant le verbe, il faut se rappeler que le participe passé s'accorde en genre et en nombre avec ce COD.

   Quelle chemise s'est-il achetée ?
   Quelle chance tu as eue !

5. L'adjectif interrogatif peut s'utiliser dans une phrase au style indirect (quand on rapporte les propos de quelqu'un).

   L'inspecteur a dit qu'il ne savait pas quelle sorte d'arme à feu l'assassin avait utilisée.

Formes des adjectifs interrogatifs et exclamatifs

Tableau 7.4

Adjectifs interrogatifs et exclamatifs

	singulier	pluriel
masculin	quel	quels
féminin	quelle	quelles

Mise en pratique 4 (adjectifs interrogatifs et exclamatifs)

Complétez chaque phrase avec la traduction française du mot ou des mots entre parenthèses.

1. _____ (Which) sorte de film préfères-tu ?
2. _____ (What a) voyage !
3. _____ (Which) exercices as-tu faits ?

4. Les inspecteurs ne savent pas _____ (which) enquête le commissaire Maigret va mener à son retour de vacances.

5. _____ (What) indices ont-ils trouvés ?

6. _____ (What) est votre nationalité ?

7. _____ (What an) aventure !

8. Je ne sais pas _____ (which) autobus il faut prendre.

9. _____ (What) sont vos préférences ?

10. _____ (What a) désordre !

Les pronoms interrogatifs

Remarques préliminaires

1. Le pronom interrogatif permet de questionner.

   > *Qui a le droit de vote dans cette assemblée ?*
   > (= Quelles sont les personnes qui ont le droit de vote ?)
   > *Il y a du camembert et du brie, lequel veux-tu ?*
   > (= Quel fromage veux-tu ?)

2. Il existe deux catégories de pronoms interrogatifs : les pronoms interrogatifs variables (*lequel*, *laquelle*, etc.) et les pronoms interrogatifs invariables (*qui*, *que*, etc.).

   > *Lequel veux-tu ?*
   > *Qui a gagné ?*

Pronoms interrogatifs variables

Tableau 7.5

Formes des pronoms interrogatifs variables

	singulier	pluriel
masculin	lequel	lesquels
féminin	laquelle	lesquelles

1. Le pronom interrogatif variable comprend la forme de l'article défini suivie de la forme de l'adjectif interrogatif.

   > *laquelle = la + quelle*

2. Le pronom interrogatif variable prend le genre et le nombre du nom qu'il représente.

   > *De toutes ces chemises, laquelle vas-tu acheter ?*
   > (*chemise* → féminin → *laquelle*)

3. Le pronom interrogatif variable remplace parfois un nom qui est sous-entendu.

   > *Lesquelles préférez-vous, les grandes ou les petites ?*
   > (*lesquelles* → se rapporte à quelque chose de féminin pluriel dont on a déjà parlé ou que l'on montre du doigt)

4. Le participe passé s'accorde en genre et en nombre avec le pronom interrogatif complément d'objet direct qui le précède.

   > *De toutes ces chemises, laquelle a-t-il achetée ?*

Mise en pratique 5 (pronoms interrogatifs variables)

Pour chaque réponse, composez une question en utilisant un pronom interrogatif variable et le pronom sujet entre parenthèses.

1. Elle a choisi la robe bleue. (elle)
2. Nous avons pris le train de 7 heures. (vous)
3. Je préfère les romans policiers. (tu)
4. Ils recherchent les preuves les plus convaincantes. (ils)

Mise en pratique 6 (pronoms interrogatifs variables)

Complétez chaque phrase avec la forme correcte du pronom interrogatif variable. Faites l'accord du participe passé, s'il y a lieu.

1. Parfois, les femmes doivent choisir entre la vie professionnelle et la vie au foyer ; _____ avez-vous choisi _____ ?
2. En classe, on a vu deux documentaires sur l'environnement ; _____ as-tu préféré ?
3. _____ de ces deux vieilles photos veux-tu garder ?
4. Pour _____ de vos deux fils essayez-vous de trouver un cadeau ?
5. Parmi vos anciennes camarades d'université, _____ ont vraiment réalisé _____ leurs ambitions ?

Pronoms interrogatifs variables avec à ou de

Les pronoms interrogatifs variables utilisés avec la préposition *à* ou *de* ont une forme contractée au masculin singulier et au pluriel.

*Il y a un inspecteur français et un inspecteur anglais ; **auquel** voulez-vous parler ?*
*Il y a plusieurs dictionnaires sur l'étagère ; **desquels** as-tu besoin ?*

Tableau 7.6

Formes des pronoms interrogatifs variables utilisés avec les prépositions *à* et *de*

		singulier	pluriel
masculin	(de)	duquel	desquels
	(à)	auquel	auxquels
féminin	(de)	de laquelle	desquelles
	(à)	à laquelle	auxquelles

Mise en pratique 7 (pronoms interrogatifs variables avec à ou de)

Complétez chaque phrase avec la forme correcte du pronom interrogatif variable.

1. _____ des deux inspecteurs a-t-il téléphoné ?
2. J'en ai des jaunes et des bleues ; _____ avez-vous besoin ?
3. Il y a deux boutiques tout près ; _____ est-elle allée ?
4. Entre ces deux clubs, _____ voudrais-tu être membre ?

Pronoms interrogatifs invariables

Remarques préliminaires

1. Les formes des pronoms interrogatifs invariables ne reflètent ni le genre ni le nombre ; un verbe dont le sujet est *qui, qui est-ce qui* ou *qu'est-ce qui* se met à la troisième personne du singulier.

    ***Qui a** gagné le match ?* (un homme ? une femme ? une équipe ?)

2. Tous les pronoms interrogatifs invariables (sauf *qu'est-ce qui*) ont une forme courte et une forme longue.

    ***Qu'**ont-ils décidé ?*   ***Qu'est-ce qu'**ils ont décidé ?*

3. La forme du pronom interrogatif invariable dépend de la fonction grammaticale du pronom.

    ***Qui** veut répondre ?* (sujet du verbe *répondre*)
    ***Qu'**as-tu dit ?* (complément d'objet direct du verbe *dire*)

Formes et fonctions des pronoms interrogatifs invariables

Tableau 7.7   Pronoms interrogatifs invariables

1. le pronom se rapporte à une ou plusieurs personne(s)

fonctions	formes	exemples
sujet	qui	***Qui** vient avec nous ?*
	qui est-ce qui	***Qui est-ce qui** vient avec nous ?*
objet direct	qui	***Qui** cherches-tu ?*
	qui est-ce que	***Qui est-ce que** tu cherches ?*
objet précédé d'une préposition	prép. + qui	*À **qui** as-tu parlé ?*
	prép. + qui est-ce que	*À **qui est-ce que** tu as parlé ?*

2. le pronom se rapporte à une ou plusieurs chose(s)

fonctions	formes	exemples
sujet	qu'est-ce qui	***Qu'est-ce qui** cause ce problème ?*
objet direct	que (qu')	***Que** fais-tu ?*
	qu'est-ce que	***Qu'est-ce que** tu fais ?*
objet précédé d'une préposition	prép. + quoi	*À **quoi** songes-tu ?*
	prép. + quoi est-ce que	*À **quoi** est-ce que tu songes ?*

Attention !   a)   À part le pronom interrogatif *qui*, sujet, les formes courtes entrainent toujours l'inversion du sujet.

   *À **qui** veux-tu téléphoner ?*

b)   Avec les verbes impersonnels, on peut utiliser une forme courte (*que, qu'*).

   ***Qu'est-ce qui** est arrivé ?*
   ***Qu'**est-il arrivé ?*

Analyse grammaticale des pronoms interrogatifs invariables

Tableau 7.8

Analyse grammaticale

formes courtes	formes longues
Qui a dit cela ? (sujet du verbe → personne)	*Qui est-ce qui a dit cela ?* (sujet du verbe → personne)
Pas de forme courte (sujet du verbe → chose)	*Qu'est-ce qui vous empêche de le faire ?* (sujet du verbe → chose)
Qui as-tu appelé ? (objet direct du verbe → personne)	*Qui est-ce que tu as appelé ?* *Qui est-ce qu'il a appelé ?* (objet direct du verbe → personne)
Que fais-tu ? *Qu'aime-t-il ?* (objet direct du verbe → chose)	*Qu'est-ce que tu fais ?* *Qu'est-ce qu'il aime ?* (objet direct du verbe → chose)
Avec qui y es-tu allé ? (objet précédé de la préposition *avec* → personne)	*Avec qui est-ce que tu y es allé ?* *Avec qui est-ce qu'il y est allé ?* (objet précédé de la préposition *avec* → personne)
À quoi pensais-tu ? (objet précédé de la préposition *à* → chose)	*À quoi est-ce que tu pensais ?* *À quoi est-ce qu'elle pensait ?* (objet précédé de la préposition *à* → chose)

Remarques complémentaires

1. La forme courte *qui* représente toujours une personne.

    Qui est là ? (= *Quelle personne est là ?*)

2. Les formes courtes *que*, *qu'* et *quoi* représentent quelque chose d'autre qu'une personne.

    Que dites-vous ? (= *Quelles paroles dites-vous ?*)

3. La forme *qui* au début d'une forme longue représente toujours une/des personne(s). La forme *qui* à la fin d'une forme longue représente toujours le sujet du verbe.

    Qui est-ce qui a commis ce crime ?
    → le premier *qui* = personne(s)
    → le deuxième *qui* = sujet du verbe

4. La forme *qu'* au début d'une forme longue représente une chose.

    Qu'est-ce que vous dites ?
    Qu'est-ce qui ne marche pas ?

Mise en pratique 8 (pronoms interrogatifs invariables)

Pour chaque réponse, composez une question en utilisant un pronom interrogatif invariable et en suivant l'indication entre parenthèses. (fc = forme courte; fl = forme longue)

1. C'est l'inspecteur de police qui a téléphoné. (fc)

2. C'est le médecin qui lui a conseillé de faire ça. (fl)

3. Je me suis adressé au commissaire. (tu + fl)

4. Nous n'avons parlé qu'à des témoins. (vous + fc)

5. Je pense à mes vacances. (tu + fc)

6. Ce réfrigérateur-là ne marche plus. (fl)

7. J'y suis allé avec mes cousins. (tu + fc)

8. Je fais la vaisselle. (tu + fl)

Mise en pratique 9 (pronoms interrogatifs invariables)

Complétez chaque phrase avec la forme correcte du pronom interrogatif invariable. (Il y a parfois plus d'une réponse possible.)

1. _____ vous avez dit ?

2. Pour _____ as-tu voté ?

3. À _____ veux-tu jouer ?

4. _____ l'intéresse ?

5. _____ veut prendre cette responsabilité ?

6. _____ es-tu allé chercher ?

7. À _____ doit-il téléphoner ?

8. _____ aime-t-elle faire le samedi ?

Emploi des adjectifs et pronoms interrogatifs

Tableau 7.9

Quand employer les adjectifs et pronoms interrogatifs

contexte	explication
1. *Quel exercice voulez-vous que l'on fasse ?* *Quelle est votre adresse ?* *Pour quelles raisons doit-on faire cela ?*	On emploie l'adjectif interrogatif pour poser une question au sujet d'une personne ou d'une chose. La question peut être une demande de choix ou d'information.
2. *L'inspecteur ne savait pas quelle piste suivre.*	On emploie l'adjectif interrogatif au style indirect.
3. *Laquelle de tes robes vas-tu mettre ?* *Parmi tous les exercices sur le subjonctif, lesquels as-tu trouvés difficiles ?* *Voici mes deux dictionnaires. Duquel as-tu besoin ?*	On emploie le pronom interrogatif variable pour proposer le choix d'une personne ou d'une chose parmi plusieurs du même type. Ce groupe peut être mentionné dans la proposition même, ou dans la phrase ou l'élément de phrase qui précède.
4. *Qui t'a dit cela ?* *À quoi est-ce qu'il faisait allusion ?*	On emploie le pronom interrogatif invariable pour poser une question sur une personne ou une chose inconnue.

Mise en pratique 10 (adjectifs et pronoms interrogatifs)

Complétez les phrases suivantes avec l'adjectif ou le pronom interrogatif approprié. (Il y a parfois plus d'une réponse possible.)

1. Il y a deux exercices, _____ veux-tu faire ?

2. À _____ penses-tu ?

3. _____ verbe doit-on employer ?

4. _____ est ce vin ?

5. Il y a deux méthodes possibles ; _____ vas-tu te servir ? (*se servir de*)

6. De ces trois problèmes, _____ allons-nous faire face en premier ? (*faire face à*)

Les pronoms relatifs

Explications préliminaires

Tableau 7.10

Analyse 1   Les propositions relatives

Phrase modèle avec un pronom relatif :

> *Les voleurs se retrouvèrent au milieu d'une pièce **qui** semblait être une cuisine.*
>
> (A)   (B)

Analyse :

1. La phrase ci-dessus est une **phrase complexe** (*compound sentence*) composée :

   (A) d'une **proposition principale** (*main clause*) et

   (B) d'une **proposition subordonnée** (*subordinate clause*)

2. La proposition subordonnée est introduite par le pronom relatif ***qui***. On nomme donc celle-ci **proposition subordonnée relative**.

3. Le pronom relatif *qui* permet d'établir une relation entre le nom (→ *une pièce*) et la proposition subordonnée qui fournit un supplément d'information (→ *qui semblait être une cuisine*).

4. Le pronom relatif ***qui*** remplace le nom *pièce* que l'on dénomme **antécédent** (mot représenté par un pronom).

5. Le pronom relatif ***qui*** évite ainsi la répétition du nom *pièce*. Cette démarche aide donc à améliorer son style en utilisant une phrase complexe qui permet d'éviter la redondance ou le morcellement du texte en phrases courtes.

> *Ils se retrouvèrent au milieu **d'une pièce**. **La pièce** semblait être une cuisine.*
>
> *Ils se retrouvèrent au milieu **d'une pièce**. **Elle** semblait être une cuisine.*

Mise en pratique 11 (propositions, pronoms relatifs et antécédents)

Analysez les phrases ci-dessous en indiquant : a) la proposition principale, b) la proposition subordonnée relative, c) le pronom relatif et d) l'antécédent.

1. Charly est un cambrioleur qui tue Ted, son ami et complice.

2. Ted était un spécialiste technique que Charly avait rencontré dans un bar.

3. Charly n'eut aucun mal à briser la vitre d'une fenêtre que les deux amis ouvrirent avec précaution.

4. Par là, poursuivit à voix basse Charly qui était venu repérer les lieux le jour même.

Tableau 7.11

Analyse 2   Facteurs influençant le choix de la forme du pronom relatif

Phrase modèle 1 : *C'est le mobile du crime **qui** manque.*

Analyse : Pourquoi ***qui***, non pas ***que*** ?

> → Parce que la forme du pronom relatif dépend de sa fonction grammaticale dans la phrase.

> Explication : Dans la phrase ci-dessus, le pronom *qui* (représentant *le mobile du crime*) est le sujet du verbe *manquer*. Le pronom *qui* est le pronom relatif sujet. Le pronom *que* est un pronom relatif complément d'objet direct.

Phrase modèle 2 : *Il y a des indices sans **lesquels** on ne peut pas résoudre une enquête.*

Analyse : Pourquoi *lesquels*, non pas *lequel, laquelle* ou *lesquelles* ?

→ Parce que la forme du pronom relatif peut aussi être influencée par le genre et le nombre de son antécédent.

Explication : L'antécédent *indices* est ici un nom masculin/pluriel. Le pronom *lesquels* est la forme du pronom relatif masculin/pluriel qu'on utilise après une préposition telle que *sans*.

Phrase modèle 3 : *C'est un complice **à qui** il se fie et c'est une méthode **à laquelle** il se fie.*

Analyse : Pourquoi *à qui* dans la 1re proposition mais *à laquelle* dans la 2e ?

→ Parce que la forme du pronom relatif peut aussi être influencée par la nature (personne ou chose) de son antécédent.

Explication : Dans la 1re proposition, l'antécédent *complice* est une personne, donc le pronom relatif *qui* est utilisé après la préposition *à*. Dans la 2e proposition, l'antécédent *méthode* est une chose, donc on utilise le pronom relatif *laquelle* après la préposition *à*.

Phrase modèle 4 : *Le cambrioleur ne sait pas **ce que** son complice veut faire.*

Analyse : Pourquoi *ce que*, non pas *que* ?

→ Parce que s'il n'y a pas d'antécédent précis, on utilise le mot *ce* avant le pronom relatif.

Explication : Après le verbe de la proposition principale (*Le cambrioleur ne sait pas…*), il n'y a pas d'antécédent précis, ainsi le mot *ce* devient l'antécédent de remplacement.

Phrase modèle 5 : *Ce cambrioleur, dont on ne connaissait pas le nom, a été arrêté.*

Analyse : Pourquoi la proposition subordonnée relative est-elle en début de phrase ?

→ Parce que la proposition subordonnée relative doit suivre directement l'antécédent qui n'est pas toujours à la fin de la proposition principale.

Explication : La proposition subordonnée relative (*… dont on ne connaissait pas le nom*) suit l'antécédent (*Ce cambrioleur*). Il fallait donc insérer celle-ci au milieu de la proposition principale (*Ce cambrioleur… a été arrêté.*).

Mise en pratique 12 (facteurs influençant le choix de la forme du pronom relatif)

Indiquez le ou les facteur(s) ayant influencé le choix de la forme du pronom relatif : a) la fonction grammaticale, b) la nature de l'antécédent (personne ou chose), c) le genre ou le nombre de l'antécédent et d) la présence ou l'absence d'un antécédent nom.

Modèle : Je ne sais pas *ce qu*'il faut faire. (→ a et d)

1. C'est un travail bien payé *qu*'il cherche.
2. Je n'ai pas compris *ce qu*'elle disait au sujet du sexisme.
3. Voilà un projet *auquel* il faudra penser.
4. C'est un commissaire pour *qui* ses inspecteurs feraient n'importe quoi.

Formes des pronoms relatifs et leurs fonctions grammaticales

Tableau 7.12

Les pronoms relatifs *qui/ce qui* **et** *que/ce que*

QUI, CE QUI → pronoms relatifs sujets

a) *qui* (avec antécédent personne ou chose)

    J'aime les gens **qui** *disent ce qu'ils pensent.*

        (antécédent personne = *gens* ; **qui** = sujet du verbe *dire*)

    J'aime les plats **qui** *ne prennent pas beaucoup de temps à préparer.*

        (antécédent chose = *plats* ; **que** = sujet du verbe *prendre*)

b) *ce qui* (sans antécédent nom)

    Je me demande **ce qui** *s'est passé.*

        (pas d'antécédent ; **ce qui** = sujet du verbe *se passer*)

QUE, CE QUE → pronoms relatifs compléments d'objet direct (COD)

a) *que* (avec antécédent personne ou chose)

    J'ai bien aimé les professeurs **que** *j'ai eus cette année.*

        (antécédent personne = *professeurs* ; **que** = COD du verbe *avoir*)

    J'aime la robe **qu'**elle a achetée.*

        (antécédent chose = *robe* ; **que** = COD du verbe *acheter*)

b) *ce que* (sans antécédent nom)

    Je ne comprends pas **ce que** *vous dites.*

        (pas d'antécédent ; **ce que** = COD du verbe *dire*)

Attention ! *qu'* remplace *que* devant une voyelle ou un *h* muet, mais la forme *qui* ne change pas.

        Exemple : *C'est un geste* **qu'**on apprécie.*

Mise en pratique 13 (les pronoms relatifs sujets et compléments d'objet direct)

Choisissez la forme correcte du pronom relatif.

1. Je ne sais pas _____ (que, ce que) tu veux.

2. Comprends-tu _____ (ce que, ce qu') elle dit ?

3. L'assassin _____ (qui, que) a tué le dictateur n'a jamais été retrouvé.

4. On voudrait savoir _____ (ce qui, ce que) le dérange.

5. Il a un frère _____ (qui, que) est architecte.

Tableau 7.13

Les pronoms relatifs *dont, duquel, de laquelle, desquels, desquelles*

DONT, CE DONT, DUQUEL/DE LAQUELLE/DESQUELS/DESQUELLES

→ pronoms relatifs compléments de la préposition *de*

a) *dont* → avec antécédent personne ou chose

    On a retrouvé le cambrioleur **dont** *on parlait dans les journaux.*

        (antécédent personne = *cambrioleur* ; **dont** = complément de *parler de*)

    On a retrouvé le cambrioleur **dont** *le nom m'échappe.*

        (antécédent personne = *cambrioleur* ; **dont** = complément de *le nom de**)

    J'ai acheté le dictionnaire **dont** *j'avais besoin.*

        (antécédent chose = *dictionnaire* ; **dont** = complément de *avoir besoin de*)

b) *ce dont* → sans antécédent nom

  *Je ne sais pas **ce dont** il s'agit.*

> (pas d'antécédent ; *ce dont* = complément de *il s'agit de*)

c) *duquel, de laquelle, desquels, desquelles* → avec antécédent (personne ou chose) et suivant une locution prépositive** en *de* (par exemple *au bord de*)

  *On parle beaucoup du commissaire Legappe au sujet **duquel** il y a toute une polémique.*

> (antécédent personne = *commissaire Legappe* ; *duquel* = complément de *au sujet de*)

  *Quel est le nom de la rivière au bord **de laquelle** nous nous sommes promenés ?*

> (antécédent chose = *rivière* ; *de laquelle* = complément de *au bord de*)

* On dénomme souvent ce pronom « *dont* possessif » → *dont le nom* = *le nom de* = *son nom*

** locution prépositive = préposition formée de plusieurs mots, par exemple : *au sujet de, à propos de, à côté de, le long de, au bord de, auprès de*, etc.

Mise en pratique 14 (les pronoms relatifs *dont, ce dont, duquel, de laquelle, desquels, desquelles*)

Complétez chaque phrase avec la forme correcte du pronom relatif.

1. Ce sont des indices _____ il faut tenir compte.

2. Je ne comprends pas _____ il s'agit.

3. La situation à propos _____ ils se sont disputés n'était qu'un malentendu.

4. C'est un ancien collègue _____ je ne me souviens pas le nom et _____ la fille est partie faire des études en Espagne.

5. Est-ce que ce n'est pas l'étudiante à côté _____ tu étais assise l'autre jour ?

Tableau 7.14

Les pronoms relatifs qui suivent des prépositions autres que *de*

Antécédent personne

a) préposition + *qui* ou *lequel, laquelle, lesquels, lesquelles*

  *Je ne connais pas la fille avec **qui** il est sorti.*

  *Je ne connais pas la fille avec **laquelle** il est sorti.*

> (antécédent personne = *fille* ; *qui*/*laquelle* = complément de la préposition *avec*)

b) *à* + *qui* ou *auquel, à laquelle, auxquels, auxquelles* (avec antécédent personne)

  *Ce n'est pas le conseiller **à qui** il faut s'adresser.*

  *Ce n'est pas le conseiller **auquel** il faut s'adresser.*

> (antécédent personne = *conseiller* ; *à qui*/*auquel* = complément de la préposition *à*)

Antécédent chose

a) préposition + *lequel, laquelle, lesquels, lesquelles*

  *C'est la raquette avec **laquelle** il a gagné le match.*

> (antécédent chose = *raquette* ; *laquelle* = complément de la préposition *avec*)

b) *auquel, à laquelle, auxquels, auxquelles*

  *C'est bien le problème **auquel** je pense.*

> (antécédent = *le problème* ; *auquel* = complément de *penser à*)

Sans antécédent

ce + préposition + *quoi*

  *C'est exactement **ce à quoi** je pensais.*

> (pas d'antécédent nom ; *ce à quoi* = complément de *penser à*)

Mise en pratique 15 (pronoms relatifs qui suivent des prépositions autres que *de*)

Complétez chaque phrase avec la forme correcte du pronom relatif. Il y a parfois plus d'une réponse possible.

1. Je ne sais pas _____ le policier faisait allusion. (Attention : *faire allusion à*)

2. Il est difficile de trouver la personne avec _____ on peut passer le reste de ses jours.

3. Je ne connais pas la personne à _____ tu parlais.

4. Voici l'outil avec _____ le cambrioleur va ouvrir le coffre-fort.

5. C'est bien la définition _____ elle se référait. (Attention : *se référer à*)

Tableau 7.15

Pronom relatif *où*

a) *où* avec antécédent de lieu

*C'est le restaurant **où** nous avons mangé. (C'est le restaurant dans lequel nous avons mangé.)*

(antécédent = *le restaurant* ; *où* = pronom complément circonstanciel de lieu[*] du verbe *manger*)

b) *où* avec antécédent de temps

*Je me rappelle l'époque **où** l'on se disputait tout le temps.*

(antécédent = *l'époque* ; *où* = pronom complément circonstanciel de temps[*] du verbe *se disputer*)

c) *où* sans antécédent

*Je ne sais pas **où** il est allé.*

(pas d'antécédent nom ; *où* = pronom complément circonstanciel de lieu du verbe *aller*)

Attention ! Parfois le pronom relatif *où* remplace tout un complément de lieu.

Exemple : *le restaurant **où** on a mangé = le restaurant **dans lequel** on a mangé*

*la chaise **où** elle est assise = la chaise **sur laquelle** elle est assise*

Parfois le pronom relatif *où* est utilisé avec une préposition

Exemples : *la ville **d'où** il vient*

*la forêt **par où** nous sommes passés*

*le village **jusqu'où** nous sommes allés*

[*]complément circonstanciel de lieu ou de temps = fonction grammaticale qui ajoute un élément de lieu ou de temps (*where* ou *when* en anglais)

Mise en pratique 16 (pronom relatif *où*)

1. C'était une époque _____ on parlait peu de l'exploitation des femmes.

2. Sais-tu _____ il vient ? (*venir de*)

3. C'était pendant la semaine _____ tu étais malade.

4. Il ne nous a pas dit _____ il allait passer ses vacances.

5. Je ne me souviens pas si c'est le village _____ nous sommes passés. (*passer par*)

Emploi des pronoms relatifs

Tableau 7.16

Comment employer les pronoms relatifs

contexte	explication

Le pronom relatif *qui*

*Ce sont mes parents **qui** le lui diront.* *C'est un film **qui** m'a beaucoup frappé.* *C'est moi **qui** le lui dirai.*	Le pronom relatif *qui* s'emploie comme sujet du verbe d'une proposition subordonnée. L'antécédent de *qui* peut être soit une personne, soit une chose.

Attention ! Le verbe de la proposition relative s'accorde avec l'antécédent du pronom relatif sujet *qui*.

> *C'est **moi qui** vous **ai dit** cela.*
> *(qui = moi = je)*

Le pronom relatif *ce qui*

1. *Je ne sais pas **ce qui** l'intéresse.*	Le pronom relatif *ce qui* s'emploie comme sujet d'une proposition relative sans antécédent, nom ou pronom.
2. *Savoir se détendre, voilà **ce qui** est important.*	Le pronom relatif *ce qui* peut représenter toute une phrase, c'est-à-dire toute une idée.
3. ***Ce qui** l'intéresse, c'est le cinéma.*	*Ce qui* peut aussi annoncer ce que l'on va dire.

Attention ! Le verbe de la proposition subordonnée qui s'accorde avec *ce qui* est toujours à la troisième personne du singulier.

> ***Ce qui** m'**étonne**, c'est son attitude.*

Le pronom relatif *que*

*C'est Jean-Pierre **que** vous voulez voir.* *C'est une émission **que** j'ai beaucoup aimée.* *C'est vous **que** j'ai vu.*	Le pronom relatif *que* s'emploie comme complément d'objet direct du verbe d'une proposition relative. Son antécédent peut être soit une personne ou une chose, soit un nom ou un pronom.

Attention ! a) Le participe passé du verbe de la proposition relative s'accorde en genre et en nombre avec l'objet qui précède le verbe, c'est-à-dire avec le pronom relatif qui est du même genre et du même nombre que son antécédent.

> *Ce n'est pas **la jupe qu'**elle a achetée.*

b) Le mot *que* n'est pas toujours un pronom relatif ; il est parfois une conjonction.

> *Il a dit une chose **qu'**il a regrettée.*
> *(qu' = pronom relatif)*
> *Il a dit **qu'**il s'est excusé.*
> *(qu' = conjonction)*

Le pronom relatif *ce que*

1. *Savais-tu **ce que** je voulais ?*	Le pronom relatif *ce que* s'emploie comme complément d'objet direct du verbe d'une proposition relative sans antécédent, nom ou pronom.
2. *Me reposer, voilà **ce que** je voulais.*	Le pronom relatif *ce que* peut représenter toute une phrase, c'est-à-dire toute une idée.
3. ***Ce que** je voulais, c'était me reposer.*	*Ce que* peut aussi annoncer ce que l'on va dire.

Mise en pratique 17 (pronoms relatifs)

Utilisez le pronom relatif qui convient.

1. L'inspecteur _____ arrive, c'est lui _____ a mené l'enquête.

2. Vous ne faites pas toujours _____ il veut, j'espère.

3. La montre _____ elle s'est achetée ne marche plus.

4. Est-ce que c'est moi _____ le commissaire veut voir ?

5. Mon petit frère, _____ j'adore malgré tout, peut être une vraie terreur.

6. Après ce long hiver, _____ j'attends avec impatience, c'est un printemps ensoleillé.

7. Le hockey est un sport _____ me passionne.

8. _____ m'irrite particulièrement, ce sont les gens _____ parlent dans les bibliothèques et les cinémas.

Tableau 7.17

Comment employer les pronoms relatifs (suite)

contexte	explication
Le pronom relatif *dont*	
1. *C'est une étudiante **dont** il se souvient bien.*	Le pronom relatif *dont* incorpore la préposition *de*. Son antécédent peut être une personne ou une chose, un nom ou un pronom. *Dont* peut être le complément d'un verbe suivi de la préposition *de*.
2. *C'est le chien **dont** il a peur.*	*Dont* peut être le complément d'une expression verbale suivie de la préposition *de*.
3. *Voici un travail **dont** je suis satisfait.*	*Dont* peut être le complément d'un adjectif suivi de la préposition *de*.
4. *C'est la fille **dont** le père est député. Il ne peut pas conduire une voiture **dont** les freins ne marchent pas.*	*Dont* peut être le complément d'un nom suivi de la préposition *de* pour établir un rapport de parenté ou de possession. (*le père de la fille, les freins de la voiture*)

Attention !   Parmi les termes suivis de la préposition *de*, il faut noter :

verbes	expressions verbales	adjectifs
manquer de	*avoir besoin de*	*content de*
parler de	*avoir envie de*	*fier de*
se souvenir de	*avoir peur de*	*satisfait de*

Le pronom relatif *ce dont*

1. ***Ce dont** il se souvient ne nous aide guère.*	Le pronom relatif *ce dont* incorpore la préposition *de*. Il peut s'employer sans antécédent. Il peut être l'objet d'un verbe suivi de la préposition *de*.
2. *Prendre des vacances, c'est **ce dont** il a besoin.*	*Ce dont* peut représenter toute une phrase, c'est-à-dire toute une idée.
3. ***Ce dont** on profite vraiment, c'est d'une vie bien équilibrée.*	*Ce dont* peut aussi anticiper ce que l'on va dire.

Les pronoms relatifs *de qui* et *duquel* (*de laquelle*, etc.)

*C'est la dame à côté **de qui** j'étais assis.*
*C'est la dame à côté **de laquelle** j'étais assis.*
*C'est le chapitre à la fin **duquel** on aura maitrisé les pronoms relatifs.*

Les pronoms relatifs *de qui* et *duquel* s'emploient comme compléments d'une locution prépositive qui se termine par *de*. L'antécédent du pronom relatif *de qui* est toujours une personne. L'antécédent du pronom relatif *duquel* peut être une personne ou une chose.

Attention ! a) Lorsque l'antécédent est une personne, il y a un choix à faire entre *de qui* et *duquel*. Le pronom *de qui* est préférable.

b) Parmi les locutions prépositives qui se terminent par *de*, il faut noter :

à côté de	à propos de	au moyen de
au début de	à proximité de	au milieu de
le long de	au bord de	au sujet de
près de	au centre de	à la fin de

Le pronom relatif *ce* + préposition + *quoi*

Préposition + *quoi*

***Ce contre quoi** elle se rebelle, c'est son attitude envers les femmes.*
*Je me demande **avec quoi** on pourrait réparer cela.*
***Ce à quoi** je rêve, ce sont de longues vacances.*
*Parfois, je ne sais pas du tout **à quoi** il pense.*

Ce type de pronom relatif s'emploie comme complément après une préposition autre que *de*. La construction avec *ce* peut être utilisée en tête de phrase ou peut annoncer ce que l'on va dire. La construction sans le pronom *ce* suit le verbe de la proposition principale.

Le pronom relatif *où*

*Je l'ai déposé à l'endroit **où** il voulait aller.*
*C'était l'année **où** il est mort.*
*Je ne sais pas **où** se trouve ce restaurant.*

Le pronom relatif *où* s'emploie comme complément circonstanciel de lieu ou de temps du verbe de la proposition relative. L'antécédent du pronom relatif *où* (un lieu ou un temps) peut être explicite ou implicite.

Attention ! Pour des raisons de style, le pronom *où* est préférable à une préposition de temps ou de lieu suivie d'une forme du pronom relatif variable.

*le restaurant **où** nous avons diné. (dans lequel)*
*le pont **jusqu'où** l'on s'est promené (jusqu'auquel)*
*le pays **d'où** il vient (duquel)*
*le village **par où** l'on est passé (par lequel)*
*le jour **où** il est né (durant lequel)*
*l'année **où** ils se sont fiancés (pendant laquelle)*

Mise en pratique 18 (pronoms relatifs)

Complétez chaque phrase avec le pronom relatif qui convient.

1. Voilà un effort _____ nous pouvons tous être contents.

2. Il y a des rêves _____ je ne me souviens pas.

3. C'est un tableau expressionniste au centre _____ il y a un grand cercle rouge.

4. Il y a des choses _____ on a parfois honte.

5. Elle a épousé un jeune homme _____ les parents sont français.

6. C'est vraiment _____ il avait envie.

7. Cet hôtel a une piscine au bord _____ bronzent les vacanciers.

8. Ne pas avoir à étudier ces pronoms relatifs, voilà _____ ils rêvent.

Tableau 7.18

Pronoms relatifs *qui* et *lequel* avec une préposition autre que *de*

contexte	explication
*Il connait la fille **avec qui** son frère est sorti.* *Il connait la fille **avec laquelle** son frère est sorti.* *C'est la raison **pour laquelle** il est fâché.* *Il y a peu d'employés **à qui** l'on a donné une* *augmentation.* *C'est une lettre **à laquelle** il faudra répondre.*	Les pronoms relatifs *qui* et *lequel* peuvent être le complément d'une préposition autre que *de*. Dans ce cas, l'antécédent du pronom relatif *qui*, précédé d'une préposition, est toujours une ou des personne(s). L'antécédent du pronom *lequel*, précédé d'une préposition, peut être une personne ou une chose.

Attention ! Lorsque l'antécédent est une personne, il y a donc un choix à faire entre *qui* et *lequel*. Le pronom *qui* est préférable.

Mise en pratique 19 (pronoms relatifs)

Complétez chaque phrase avec le pronom relatif qui convient.

1. Le guide avec _____ nous avons fait la visite du musée parlait français.

2. Le policier se demande _____ il va mettre tout ce matériel.

3. C'est la maladie contre _____ il prend ces médicaments.

4. Je sais exactement par _____ vous êtes passé.

5. C'est un collègue avec _____ il se dispute toujours.

6. Voici les arguments sur _____ il a fondé sa décision.

7. La réunion _____ nous avons assisté n'a duré qu'une heure.

8. Cela s'est passé la semaine _____ ils sont rentrés.

Tableau 7.19

Autres emplois des pronoms relatifs

contexte	explication
1. *Elle a invité son père et sa mère, **laquelle*** *n'a pas pu venir.* *Il lui a écrit une lettre et une carte postale,* ***laquelle*** *elle n'a pas reçue.*	On peut employer *lequel* à la place de *qui* (sujet) ou *que* (objet direct) pour éviter la confusion entre deux personnes ou deux choses. Ces formes se rapportent au dernier élément mentionné.
2. *Les deux personnes **entre lesquelles** j'étais assise avaient l'air de ne pas écouter le conférencier.* *Les gens **parmi lesquels** nous nous trouvions ne parlaient pas anglais.*	On utilise *lesquels* ou *lesquelles* après les prépositions *entre* et *parmi*. On ne peut pas employer *qui*. Cependant, *qui* est préférable après les autres prépositions lorsque l'antécédent est une personne.

3. *Il faut manger **tout ce qui** reste.*
   ***Tout ce que** je demande, c'est qu'on me laisse tranquille.*
   *Vous m'avez apporté **tout ce dont** j'ai besoin.*

On peut utiliser *tout* suivi de *ce qui, ce que* ou *ce dont* pour exprimer la totalité.

4. ***Celui qui** accumule le plus de points gagne.*
   *Je préfère **celle qu**'elle a préparée.*
   *Je n'ai pas pu obtenir **ceux que** tu voulais.*

On peut utiliser le pronom démonstratif *celui, celle, ceux* ou *celles* suivi d'un pronom relatif pour identifier la personne ou la chose dont on parle.

Mise en pratique 20 (pronoms relatifs)

Complétez les phrases suivantes avec le pronom relatif qui convient.

1. Dans tout _____ il dit, il y a toujours un grain de vérité.
2. Le commissaire voudrait parler à tous _____ n'ont pas encore fait leur déposition.
3. Elle a rencontré plusieurs amis, parmi _____ se trouvait son ancien fiancé.

Mise en pratique 21 (révision: les pronoms relatifs *qui, que, où* et *dont*)

Reliez les deux phrases à l'aide d'un pronom relatif qui permet de remplacer les mots soulignés. Veuillez faire attention à la place du pronom relatif et de la proposition subordonnée relative dans la phrase reconstituée.

Modèles : Sais-tu où il a mis le casque vidéo ? Il vient d'acheter ce casque vidéo.
→ *Sais-tu où il a mis le casque vidéo qu'il vient d'acheter ?*

Ted est stupéfait par cette tournure des évènements. Il faisait confiance à Charly.
→ *Ted, qui faisait confiance à Charly, est stupéfait par cette tournure des évènements.*

1. Voici un exercice d'étirement. L'exercice n'est pas facile.
2. C'est une belle région. Je n'avais jamais entendu parler de cette région.
3. Le cambrioleur ne se souvient pas de l'endroit. Il a laissé ses outils à cet endroit.
4. Elle ne connaissait pas l'inspecteur de police. Je lui ai présenté cette personne.
5. C'était le dernier coup. Les deux cambrioleurs ont fait ce coup.
6. Ce restaurant est très connu. J'ai célébré mon anniversaire dans ce restaurant.
7. Charly contemplait Ted. Son ami persévérait.
8. Le coffre appartenait à Charly. Ted essayait d'ouvrir ce coffre.
9. Il y a un tas d'exemples. Vous pouvez vous inspirer de ceux-ci.
10. J'ai fini toutes les tâches. Je les avais inscrites sur ma liste.

Tableau 7.20

Problèmes de traduction

Comment traduire

1. Of the two films we saw last → *Des deux films que nous avons vus*
   week, I prefer **the one** that we   *la semaine dernière, je préfère **celui***
   we saw first.   *que nous avons vu en premier.*
   The problem is **one** of money.   ***Il est question**/**Il s'agit** d'argent.*
   The problem they have is **one**   *Le problème qu'ils ont, c'est **un***
   of communication.   ***problème** de communication.*

On traduit *the one* ou *the ones* par un pronom démonstratif (suivi d'un pronom relatif). Pour traduire **one of**, on utilise les constructions *il est question de, il s'agit de,* ou on répète le nom.

2. Of all the speeches given on → *De tous les discours prononcés ce jour-là,*
   that day, I prefer **Stéphanie's**.   *je préfère **celui de Stéphanie**.*
   I really liked **Paul's speech**. → *J'ai beaucoup apprécié **le discours de Paul**.*

La construction possessive anglaise se traduit en français par le pronom démonstratif + *de* + possesseur.

Si la construction possessive anglaise est suivie d'un nom, on traduit en français par la formule nom + *de* + possesseur.

3. This is the lady I met at → *C'est la dame **que** j'ai rencontrée*
   the station.   *à la gare.*
   The friends she was travelling → *Les amis avec **qui** elle voyageait sont restés*
   with stayed in England.   *en Angleterre.*
   The day he came, I wasn't here. → *Le jour **où** il est venu, je n'étais pas ici.*

En anglais, il est souvent naturel d'omettre le pronom relatif. En français, l'emploi du pronom relatif est obligatoire lorsqu'on introduit une proposition relative.

4. The grammar book **that/which** → *Le manuel de grammaire **que** j'utilise…*
   I use …
   The grammar book **that/which** → *Le manuel de grammaire **qui** est là…*
   is there …

En anglais, si l'antécédent est une chose, le pronom relatif, lorsqu'il est utilisé, peut être *that* ou *which*. En français, le choix du pronom relatif dépend de l'antécédent (personne ou chose) et de la fonction grammaticale du pronom relatif dans la proposition relative.

5. I don't know **when** he'll come. → *Je ne sais pas **quand** il viendra.*
   It was one of those days **when** → *C'était un de ces jours **où** tout allait pour*
   everything went right.   *le mieux.*

On traduit *when* par la conjonction *quand*, excepté lorsque ce terme est précédé par des substantifs tels que *jour, semaine, mois, année, période*, etc. ; dans ce cas, on utilise *où*.

Mise en pratique 22 (traduction)

Traduisez les phrases suivantes en français.

1. I forgot the name of the young man I met last week.
2. Do you remember the year we went to Halifax?
3. I wondered when he would finally get fired.
4. Of all the wonderful dishes your mother makes, I prefer the one she made this weekend.

Expression écrite

La ponctuation

La ponctuation est un ensemble de signes (point, virgule, etc.) qui servent à séparer soit des phrases, soit les éléments d'une phrase afin de clarifier le sens d'un texte. Le fait d'ajouter un signe de ponctuation peut même modifier complètement le sens d'une phrase. Par exemple :

Robert, dit Paul, n'est jamais en retard.

(Paul dit que Robert n'est jamais en retard.)

Robert dit : « Paul n'est jamais en retard. »

(Robert dit que Paul n'est jamais en retard.)

Tableau 7.21

Signes de ponctuation

signe	usage
1. le point	a) marque la fin d'une phrase, d'un énoncé et le passage d'une idée à une autre. *Il est quatre heures du matin. Tout est calme au commissariat.* b) signale une abréviation. *qqch.* (quelque chose) *app.* (appartement) *O.N.U.* (Organisation des Nations Unies) *M. Christian Marjollet* (Monsieur…) *un P.V.* (un procès verbal) **Attention !** Dans les abréviations, on ne met pas de point si l'on utilise la dernière lettre du mot. *pt* (point)
2. la virgule	a) sépare les termes d'une énumération. *Le matin, l'inspecteur de police Jouvet avait l'habitude de prendre un jus d'orange, des œufs, des toasts et du café.* b) marque la fin d'un complément ou d'une proposition circonstancielle qui commence une phrase. *Avec tous ces témoins à charge, le commissaire ne savait qui interroger en premier.* *Lorsque tu auras une minute de libre, téléphone-lui.* c) joue le rôle de parenthèses pour délimiter les éléments intercalés (apposition, mot mis en apostrophe, proposition incise, etc.). *M. Leblanc, le gérant du magasin, n'a pas pu renseigner l'inspecteur de police.* (apposition) *Ceci, mon cher, va vous faire du tort.* (mot mis en apostrophe) *Je n'ai jamais proposé cela, dit-il, c'est vous qui en avez eu l'idée.* (proposition incise) d) suit les sujets doubles. *Toi et moi, Charly, nous allons être riche.* e) précède des éléments segmentés pour la mise en relief. *Je sais à quoi m'en tenir, moi.*

f) peut séparer deux propositions juxtaposées ou coordonnées.

C'est mon avis, Monsieur le commissaire, mais faites ce que vous voulez.

3. le point-virgule

a) peut séparer des propositions ou des expressions indépendantes mais qui ont entre elles une relation logique.

Le voleur tombe ; le policier se jette sur lui ; des renforts arrivent presqu'aussitôt.

b) sépare, à l'intérieur d'une même phrase, des éléments de phrase au sens complet.

Quand un diplomate dit « oui », cela signifie « peut-être » ; quand il dit « peut-être », cela veut dire « non » ; et quand il dit « non », ce n'est pas un diplomate.

4. les deux-points

a) annoncent une énumération ou une citation ; généralement précédés d'un espace.

Il dit au policier : « Laissez-moi tranquille ! »

b) peuvent annoncer une explication, un exemple, une cause, une conséquence ou une analyse.

Il venait ici plusieurs fois par semaine : le lundi, le mercredi et le vendredi.

c) peuvent remplacer une conjonction.

Ne soyez pas si nerveux : vous n'avez aucune raison de l'être.

5. le point d'interrogation

marque la fin d'une phrase interrogative directe.

À quoi cela sert-il ?

6. le point d'exclamation

marque la fin d'une phrase exclamative directe.

Eh oui ! mon pauvre vieux, t'aurais pas dû m'écouter.

7. les guillemets

encadrent les citations, les mots que l'on veut mettre en valeur et les titres de subdivisions.

Le suspect a dit : « J'en ai marre ! »

On appelle ce jeune délinquant « la terreur du village ».

8. les points de suspension

a) indiquent une phrase inachevée ou une longue pause ; ils remplacent une partie de l'énoncé ou interrompent l'énoncé.

Hmmm… Tu le sens !
Je ne sais plus que faire, je…
Il ne savait trop que dire… la vérité peut-être ?
- Mais… mais… qu'est-ce qui se passe ?

b) peuvent remplacer la partie d'un nom ou d'un énoncé que l'on ne veut pas citer ; dans ce dernier cas, ils sont généralement entre crochets.

Le meurtrier de S. […] n'a jamais été appréhendé.
Il appela une dernière fois « au secours », puis […]

9. les parenthèses — encadrent une explication, une indication ou un supplément d'information.

À l'époque de sa naissance (1942), il n'y avait pas de...
Dernier Casse (suite et fin)

10. le tiret — indique un changement d'interlocuteur dans un dialogue.

— On va pouvoir s'arrêter, avait suggéré Ted.

Attention ! Le point virgule, les deux points, le point d'interrogation et le point d'exclamation sont toujours précédés et suivis d'un espace.

Le témoin dit à l'inspecteur : « Ce sera long ? »

Mise en pratique 23 (ponctuation)

Corrigez le texte ci-dessous en y ajoutant la ponctuation. Il est important de tout d'abord déterminer où débutent les phrases. Si cela est nécessaire, vous pouvez consultez la lecture (*Dernier Casse*) du *Dossier 1*, lignes 31 à 42.

dernièrement les deux cambrioleurs avaient eu la bonne fortune de tomber sur un lot important de pierres précieuses dont la valeur marchande n'allait pas manquer de les mettre pour longtemps à l'abri du besoin lorsqu'il avait ouvert le coffre-fort mural Ted avait eu le souffle coupé découvrant dans le halo de sa lampe de poche des bijoux amoncelés qui se livraient à sa cupidité exacerbée

beaucoup plus pratique peut-être parce qu'il était plus ancien dans le métier Charly avait raflé le contenu du coffre le déversant dans un sac de toile les deux compères avaient rapidement quitté les lieux y'en a pour des millions avait sourdement murmuré Ted les yeux rivés sur leur butin doucement éclairé par l'ampoule nue au-dessus de la table de bois où les pierres jetaient des milliers d'éclats ouais tu peux le dire pour des millions

Le coin du correcteur

Tableau 7.22

Grille de correction

1. L'accord du verbe avec un pronom relatif sujet.

Ex. : Paul dit : « C'est moi, Madame, qui **suis** désolé ! »

(*qui* remplace *moi* ; *moi* = *je* → *je suis*)

2. L'accord d'articles, d'adjectifs et de participes passés avec un pronom relatif.

Ex. : Janine dit : « C'est moi qui me suis **levée la première** ce matin ! »

(*levée la première* s'accordent avec *qui* ; *qui* remplace *moi* ; *moi* = Janine)

Mise en pratique 24 (correction des fautes)

Dans chaque phrase, il y a une erreur. Identifiez cette faute et corrigez-la.

1. C'est nous qui ont attrapé le voleur.
2. Il y a eu plusieurs blessés qui se sont retrouvé à l'hôpital.
3. Voilà une histoire qui parait invraisemblable mais qui en fait est vrai.

Synthèse

Exercice 1 Lequel choisir (pronoms démonstratifs)

oral ou écrit   Faites l'exercice suivant selon le modèle.

Modèle :   ce chandail
→   *Préfères tu ce chandail ou celui qu'on voulait acheter hier ?*

1. cette montre
2. ce sac à dos
3. cette chemise
4. cet agenda
5. ce foulard

Exercice 2 Le contraire (pronoms possessifs)

oral ou écrit   Faites l'exercice suivant selon le modèle.

Modèle :   Votre maison a un jardin. (eux ou les voisins)
→   *La leur n'en a pas.*

1. Ton sac à dos a une pochette extérieure. (moi)
2. Ma chambre a une salle de bain attenante. (mon frère)
3. Notre tondeuse à gazon a un sac de ramassage. (nos voisins)
4. Son manteau de pluie a une doublure. (toi)
5. Ses bottes ont une fermeture éclair. (vous)

Exercice 3 As-tu vu… ? (adjectifs interrogatifs)

oral ou écrit   Faites l'exercice suivant selon le modèle.

Modèle :   imperméable
→   *As-tu vu mon imperméable ?*
→   *Quel imperméable ?*

1. pantoufles
2. écharpe
3. jeans
4. ceinture
5. lunettes

Exercice 4 Complétons ! (pronoms interrogatifs)

oral ou écrit   Complétez les phrases suivantes avec la forme correcte du pronom interrogatif. Il y a parfois plus d'une réponse possible.

1. _____ se porte volontaire ?
2. _____ de ces deux chemises vas-tu mettre ?
3. Avec _____ peut-on ouvrir cette boite ?
4. Avec _____ veux-tu danser ?
5. _____ vous faites ce soir ?
6. _____ c'est que ça ?
7. _____ il y a ?
8. _____ est devenu ce voleur ?
9. _____ vous ennuie ?
10. _____ a posé cette question ?

Exercice 5 Quelle est la question ? (adjectifs et pronoms interrogatifs)

oral ou écrit   Pour chaque réponse, formulez une question portant sur le segment en italique. Tenez compte des indications entre parenthèses.

Modèle :   Ils sont tous *français*. (*nationalité* + adj. interro.)
→   *Quelle est leur nationalité ?*

1. Il est *trois heures et demie*. (adj. interro.)

2. Elle préfère *les hommes timides*. (pronom interro.)

3. Elle a choisi *d'être pompier*. (*métier* + adj. interro.)

4. Je veux *celui-là*. (pronom variable)

5. *C'est Jean-Pierre* qui a dit cela. (forme longue)

6. J'ai décidé *de refaire cette dissertation*. (forme courte)

7. *C'est Louise* qui frappe à la porte. (forme courte)

8. *Il y a eu un accident*. (*se passer* + forme longue)

9. Il a voulu s'emparer *de mon arme*. (forme courte)

10. Ils ont choisi *les plus mûres*. (pronom variable)

Exercice 6 Interrogatoire (mode interrogatif)

oral ou écrit   En vous inspirant de la lecture du *Dossier 1* de ce chapitre (*Dernier Casse*), imaginez la conversation entre l'inspecteur de police et l'homme au commissariat. Vous êtes l'inspecteur et vous posez les questions.

Exercice 7 Analysons (pronoms relatifs)

oral ou écrit   En vous servant du guide d'analyse grammaticale ci-dessous, choisissez la fonction grammaticale qui explique le mieux l'emploi du pronom relatif de chaque phrase.

a)   sujet de la subordonnée relative

b)   complément d'objet direct du verbe de la subordonnée relative

c)   complément d'objet indirect du verbe de la subordonnée

d)   complément d'un verbe suivi de *de*

e)   complément d'un nom (possessif)

f)   complément d'une locution prépositive en *de*

g)   complément circonstanciel

1. Il a oublié le code dont il a besoin pour ouvrir le coffre.   _____

2. On a arrêté les terroristes qui ont perpétré l'attentat du mois dernier.   _____

3. Les dépositions que la police a enregistrées ont aidé à retrouver le corps de la victime.

4. Après le cambriolage, la police a arrêté un suspect dont le nom n'a pas encore été diffusé par les médias.   _____

Synthèse

5. Ce sont deux témoins auxquels le commissaire a parlé plusieurs fois.   _____

6. Les policiers vont cerner l'immeuble où les ravisseurs se sont réfugiés.   _____

7. Les victimes de la prise d'otages à la suite de laquelle on a pu appréhender les ravisseurs sont toutes saines et sauves.   _____

8. Le révolver dont parle l'inspecteur de police a été utilisé lors du vol à main armée du mois dernier.   _____

9. Malheureusement, il y a des crimes que la police n'arrive pas à résoudre.   _____

10. Ils se sont emparés de plusieurs otages au sujet desquels on ne sait rien pour l'instant.   _____

Exercice 8 Le bon choix I (pronoms relatifs *qui*, *que* et *dont*)

oral ou écrit   Complétez les phrases suivantes avec le pronom relatif qui convient.

1. Paul aime beaucoup les romans policiers _____ Georges Simenon a écrits.

2. Les cambrioleurs ont pu attraper le train _____ vient de quitter la gare.

3. Ce commissaire, _____ est encore très jeune, a déjà résolu beaucoup de crimes.

4. Les outils _____ le cambrioleur a besoin ne sont pas vendus partout.

5. On n'a pas encore découvert l'identité de la personne _____ a commis le crime.

6. Pour ouvrir les coffres-forts, ces voleurs utilisaient une technique _____ on ne connaissait pas encore.

7. Les deux complices faisaient main basse sur toutes les richesses _____ ils découvraient.

8. C'est un criminel violent _____ il faudrait plutôt avoir peur.

9. Charly, _____ avait repéré les lieux, était surpris que la fenêtre soit ouverte.

10. La victime est un jeune homme _____ on ne connait pas encore le nom.

Exercice 9 Le bon choix II (pronoms relatifs *ce qui*, *ce que/qu'*, *ce dont* et *ce à quoi*)

oral ou écrit   Complétez les phrases suivantes avec le pronom relatif qui convient.

1. Il ne savait _____ l'inspecteur lui voulait.

2. Je me demande _____ l'inquiète.

3. _____ il réfléchit, c'est la méthode à employer pour ouvrir le coffre-fort.

4. _____ ce voleur a l'habitude, ce n'est pas de ce genre de cambriolage.

5. Il n'y a pas beaucoup d'options, _____ dérange beaucoup le commissaire.

Exercice 10 Le bon choix III (pronoms relatifs à forme variable)

oral ou écrit   Complétez les phrases suivantes avec le pronom relatif qui convient.

1. C'est un argument _____ je n'avais pas pensé.

2. Ma cousine, avec _____ j'étais allée en Suisse, va se marier.

3. C'était près du lac au bord _____ nous avions loué un chalet.

4. Le sujet _____ vous faisiez allusion ne nous intéresse pas du tout.

5. Elle a des amis sans _____ elle n'aurait pas pu faire face à ce problème.

Exercice 11 Deux phrases en une (pronoms relatifs)

écrit Reliez les deux phrases à l'aide d'un pronom relatif.

Modèle :   C'est une chanson. Je ne m'en lasserai jamais.
→   C'est une chanson dont je ne me lasserai jamais.

1. Le petit restaurant n'existe plus. J'ai voulu y manger.

2. Sais-tu où j'ai mis le disque ? Je viens de l'acheter.

3. Voici un exercice. Il est beaucoup trop difficile.

4. Je n'ai jamais rencontré le collègue. Son père est psychiatre.

5. C'est un travail difficile. J'en suis particulièrement fier/fière.

6. Les deux témoins attendent encore. L'inspecteur de police veut leur parler.

7. J'aime les romans policiers. On peut les lire en une soirée.

8. Le voleur a fait main basse sur des bijoux. Ceux-ci appartenaient à ma mère.

9. Cette nouvelle n'est pas encore traduite en français. Alice Munro en est l'auteure.

10. Les ravisseurs ont été arrêtés. Ils avaient essayé d'enlever la fille du maire.

Exercice 12 Commentaire personnel (pronoms relatifs)

oral ou écrit Faites un commentaire personnel sur les choses suivantes en utilisant les expressions ci-dessous.

beaucoup	peu	pas du tout
souvent	de temps en temps	rarement
parfois	toujours	ne… jamais

Modèle :   la musique classique est une chose/s'intéresser à
→   *La musique classique est une chose à laquelle je
m'intéresse beaucoup.*

1. le sexisme est une pratique/m'irriter

2. ma santé est une chose/faire attention à

3. les concerts de rock sont des spectacles/aller à

4. la politique est un sujet/s'intéresser à

5. les matchs de baseball sont des évènements sportifs/assister à

6. mon avenir est un sujet/penser à

7. le chômage est une question/réfléchir à

8. trouver une solution au problème de la violence chez les jeunes est une chose/tenir à

9. le réchauffement de la planète est un problème/m'inquiéter

10. l'obtention de mon diplôme est une chose/attendre avec impatience

Synthèse

Exercice 13 Tout un monde dans une phrase (pronoms relatifs)

écrit   Complétez les phrases suivantes en utilisant les pronoms relatifs appropriés.

1. Il est parfois difficile de convaincre un employeur que vous êtes la personne _____ il cherche.

2. Il doit y avoir un service des relations publiques auprès _____ vous pouvez faire une réclamation.

3. L'agent immobilier les conduit vers une porte _____ ouvre sur un balcon.

4. Il est de ces moments heureux, comme les soupers chez grand-mère, _____ on conserve un souvenir inoubliable.

5. Au cours de l'été _____ suivit, il écrivit trois nouvelles _____ deux furent publiées.

6. Vous constaterez tout de suite la douceur avec _____ ce savon nettoie la peau délicate de votre bébé.

7. Beaucoup de gens ont tendance à opter pour un sport _____ ne leur convient pas.

8. La sécurité _____ procure notre système anti-vol est la principale raison pour _____ tant de grandes entreprises nous choisissent.

9. _____ nous dérange le plus, c'est qu'on ne nous ait même pas prévenus.

10. On craignait à nouveau des émeutes comme _____ avaient éclaté dans les années 20 chez les mineurs.

Exercice 14 Moulin à phrases I (divers éléments)

écrit   Complétez les phrases interrogatives suivantes.

1. Quels…

2. Laquelle…

3. Qu'est-ce qui…

4. Qui est-ce qui…

5. De quoi…

Exercice 15 Moulin à phrases II (divers éléments)

écrit   Complétez chaque phrase de manière à bien utiliser le pronom relatif.

1. a) J'ai un problème qui…

   b) J'ai un problème que…

   c) J'ai un problème auquel…

2. a) Ma mère est une personne qui…

   b) Ma mère est une personne que…

   c) Ma mère est une personne pour qui…

3. a) Ce n'est pas moi qui…

   b) Ce n'est pas moi que…

4. a) Voici la personne qui…

   b) Voici la personne dont…

   c) Voici la personne avec qui…

5. a) Je déteste les restaurants qui…

   b) Je déteste les restaurants où…

Exercice 16 Traduction (divers éléments)

écrit Traduisez les phrases suivantes en français.

1. She is still looking for the book you gave her.

2. I don't remember the year you moved here.

3. You can't give him everything he wants.

4. Of all these magazines, which one do you prefer?

5. Is there an exercise that you found particularly difficult?

Exercice 17 Rédaction (récit)

écrit Sujet

1. Racontez un fait divers dont vous avez entendu parler dans les médias.

2. Racontez un voyage que vous avez fait. Si vous n'avez jamais voyagé, racontez le voyage d'une personne que vous connaissez ou dont vous avez entendu parler.

Consignes

1. Entre 250 et 300 mots.

2. Écrivez votre texte à double interligne.

3. Divisez votre texte en paragraphes.

Suggestions

1. Rédigez votre texte au passé.

2. Dans la mesure du possible, utilisez des pronoms relatifs.

3. Utilisez des mots connecteurs et des formules de transition.

4. Faites bien attention à la ponctuation.

5. Relisez-vous plusieurs fois afin d'éliminer le plus de fautes possible.

© Gabi Moisa/Shutterstock.com.

CHAPITRE 8
Les jeunes et leurs modes de vie

Lecture

Reportages et témoignages

La vie en solo par Dominique Forget *277*

Faut-il interdire le cellulaire à l'école ?
par Catherine Dubé *281*

Vocabulaire

Les changements socio-démographiques *279*

Les règlements *280*

Grammaire

Le futur simple et le futur antérieur *288*

Le conditionnel présent et le conditionnel passé *294*

Les phrases hypothétiques *298*

Expression écrite

Le devoir d'idées *300*

L'argumentation *301*

Le coin du correcteur *303*

Synthèse

Exercice 1 à 14 *304*

 Visitez le site Web de *Mise en pratique*, **www.pearsoncanada.ca/favrod**, où vous trouverez :

- des exercices de grammaire supplémentaires
- des activités complémentaires basées sur des sites Web francophones
- des exercices d'écoute

Lecture et vocabulaire

Dossier 1 *La vie en solo*

Introduction à la lecture

Il y a plusieurs tendances à la hausse dans notre société occidentale qui concernent les jeunes. Dans ce chapitre, vous allez lire deux textes qui présentent ces tendances. Le premier est un article qui décrit l'explosion du phénomène de la vie en solo, c'est-à-dire des jeunes adultes qui préfèrent vivre seuls. Le second article aborde la problématique de l'emploi du téléphone cellulaire dans les écoles.

Activités de pré-lecture

1. Pensez à votre situation actuelle. Dans cinq ans, serez-vous toujours à la maison ? Que ferez-vous ? Serez-vous seul(e) ou non ? Où aimeriez-vous habiter ? Avec qui ?

2. Quels sont, d'après vous, les avantages de vivre seul ?

Lecture

Lisez le texte ci-dessous.

1. Soulignez les verbes au futur et au conditionnel.

2. Faites l'exercice de compréhension qui suit le texte.

Lecture

1

La vie en solo

L'enfer, c'est les autres. Et le paradis, alors ? Il se trouve au Québec, si l'on *se fie* aux données du dernier recensement de Statistique Canada. Menez votre propre enquête et allez cogner aux portes. Vous verrez que dans la Belle Province, près d'un ménage sur trois est composé d'une seule personne. Pas de *coloc* qui vide le carton de lait du *frigo* sans le remplacer. Pas de

5 conjoint pour *faire la morale* quand on rentre passé les douze coups de minuit. Le bonheur !

Partout en Occident, de plus en plus de gens optent pour la vie en solo. Surtout dans les grandes villes. Et Montréal se classe parmi les capitales canadiennes du genre, avec 40 % des ménages qui ne comptent qu'une seule personne.

Les Québécois ne sont pas particulièrement individualistes, assure Daniel Gill,

10 urbaniste et professeur à l'Université de Montréal. « C'est simplement qu'au Québec les *logements* coûtent moins cher », avance-t-il. Car vivre seul n'est plus une calamité. C'est devenu un luxe !

Victoria Lord, 26 ans, profite d'un cocon bien à elle dans Hochelaga-Maisonneuve. Elle *fréquente son chum* depuis un an, mais n'est pas pressée d'emménager avec lui. « J'aime avoir

15 ma bulle et je n'ai pas envie de partager tous les aspects *du quotidien*, comme les courses ou le ménage », raconte celle qui travaille comme retoucheuse de photos pour magazines. Si jamais elle décide d'avoir des enfants, ce sera différent, mais pour l'instant, ce mode de vie lui convient très bien.

20   Serions-nous devenus à ce point centrés sur nous-mêmes que nous ne voudrions plus supporter les autres ? « La liberté et la quête de soi n'ont jamais autant été *valorisées* », souligne la D^re Marie-France Hirigoyen, psychiatre et psychanalyste française qui a signé, en 2008, *Les nouvelles solitudes* (Hachette Livre). « En même temps, on se trouve devant un paradoxe, puisqu'on nous dit que la solitude est le mal du siècle et que tellement de gens en souffrent. »

Pour les économistes, l'explosion des ménages en solo est une excellente nouvelle.
25   « Ils voyagent plus et consomment davantage de produits culturels que les jeunes parents, par exemple », note Benoît Duguay, professeur à l'École des sciences de la *gestion* de l'UQAM. « Ce sont aussi de grands utilisateurs de ce qui fait la vie de quartier : cafés, bars, restaurants, etc. »

Les sociologues et les économistes n'ont pas que *des fleurs à lancer* aux solos. On parle
30   souvent de crise du logement et les ménages d'une seule personne en sont les grands responsables. Si tous les solos emménageaient avec un amoureux ou un coloc demain, les logements se libéreraient dans les grandes villes. Les loyers fondraient aussi vite.

Les environnementalistes *se mettent de la partie*. Joanna Williams, spécialiste du développement durable au University College de Londres, a calculé que dans cette ville
35   les solos consommaient en moyenne 55 % plus d'électricité et 61 % plus de gaz qu'une personne partageant un logement avec trois autres locataires. Il faut toutefois noter que beaucoup de solos habitent de petits appartements dans les quartiers centraux et sont de grands utilisateurs des transports en commun. Si on les compare aux ménages de quatre personnes qui vivent en banlieue, avec deux voitures, une grande *pelouse* et tout le tralala, ils
40   ne s'en tirent pas si mal pour ce qui est de *l'empreinte écologique*.

Extrait du dossier « La vie en solo » par Dominique Forget, *L'actualité* du 1er septembre 2010

l.1   L'enfer, c'est les autres : citation du philosophe et écrivain français Jean-Paul Sartre
        —*Hell is other people*

l.1   se fie : se fier = avoir confiance en quelqu'un, être capable de compter sur quelqu'un—
        to trust

l.4   coloc : fam. forme abrégée du mot colocataire—*roommate*

l.4   frigo : fam. forme abrégée du mot réfrigérateur

l.5   faire la morale : donner des leçons sur le comportement de quelqu'un

l.11   logements—*housing, accommodation*

l.14   fréquente son chum : sort avec son copain (chum est un mot québécois qui veut dire
        « ami » ou « petit ami »)

l.15   du quotidien : de la vie quotidienne, de la vie de tous les jours

l.20   valorisées : à qui ou à quoi on attribue une certaine valeur, un certain prestige

l.26   gestion—*management*

l.29   des fleurs à lancer : lancer des fleurs = faire des compliments

l.33   se mettent de la partie : sont d'accord

l.39   pelouse—*lawn*

l.40   l'empreinte écologique—*ecological footprint*

Compréhension globale

Dites si les affirmations sont vraies ou fausses. Expliquez votre choix pour chaque réponse.

1. Plus de la moitié des Québécois vivent dans un ménage d'une seule personne.

2. Cet article s'exprime contre la vie en solo.

3. On dit que l'explosion de ce phénomène est bonne pour l'économie.

4. Il y a plus de Québécois qui habitent seuls parce que les Québécois n'aiment pas vivre avec les autres.

5. Les personnes qui habitent seules laissent une plus grande empreinte écologique que les familles de quatre personnes.

Vocabulaire

Les changements socio-démographiques

- une enquête : étude d'une question qui s'appuie sur des informations—*a study*
- un sondage : investigation discrète pour obtenir des renseignements—*a survey*
- des données : les informations qui servent de base à une recherche—*data*
- une étude de cas—*a case study*
- une tendance (à la hausse, à la baisse) : évolution probable dans un sens déterminé— *a tendency*
- le mode de vie : une façon de vivre (en se mariant par exemple ou dans une union de fait)
- les mœurs : les valeurs et les coutumes d'un groupe, d'une société—*values*
- les babyboumeurs : enfants nés entre 1946 (après guerre) et le début des années 60
- la génération X : génération née entre 1961 et 1979
- la génération Y : comprend les enfants nés entre le début des années 80 et 1994

- un comportement : façon de se comporter—*behaviour (to behave)*
- se débrouiller : se tirer d'affaire, arriver à ses fins par son habileté—*to manage (on one's own)*
- la débrouillardise : capacité de se débrouiller—*smartness, resourcefulness*

- le cocon (familial) : le nid (familial)—*the (family) cocoon, nest*
- les conflits familiaux—*family conflicts*
- quitter sa famille, le domicile parental : claquer la porte (fam.)—*to leave home*
- rester sous le toit familial, s'accrocher—*to hang on*
- un filet de sécurité—*a security blanket*
- prendre son envol, s'assumer : prendre son indépendance, ses responsabilités
- conquérir sa liberté : l'acquérir en travaillant fort—*to gain or win one's freedom*
- s'installer : s'établir dans un endroit—*to settle in a place*
- déménager : quitter un lieu pour s'installer dans un autre—*to move out*
- emménager : s'installer dans un nouveau lieu—*to move in*
- vivre seul/en colocation—*to live alone, to have roommates*
- un ménage—*a household*
- le ménage—*housework, chores*

Les règlements

- une règle (de conduite)—*a rule (of conduct)*
- réglo (fam.)—*honest*
- un règlement—*a regulation*
- une consigne—*instructions*
- une loi—*a law, a bill*
- un avertissement—*a warning*
- une interdiction—*ban (on something)*
- une infraction—*a breach or an infraction*
- une peine, une punition (sévère/légère, draconienne)—*a penalty, a punishment (severe or harsh/light, draconian or drastic)*

- avertir—to warn
- exiger—to demand
- durcir—to toughen (a rule or regulation)
- sévir—*to deal severely with*
- interdire, proscrire, prohiber—*to forbid, to ban, to prohibit*
- interdit(e), proscrit(e), prohibé—*forbidden, banned, prohibited*
- respecter/désobéir à—*to abide by/to disobey*

Exploitation lexicale

1. Trouvez l'antonyme des expressions qui suivent en relisant attentivement le vocabulaire ci-dessus et l'article du *Dossier 1*.

    a) le paradis

    b) déménager

    c) (vivre) seul

    d) à la baisse (une tendance)

    e) (une peine) sévère

    f) respecter (un règlement)

2. Expliquez la différence entre les mots suivants:

    a) une étude de cas – un sondage

    b) un règlement – une interdiction

    c) un avertissement – une peine

    d) s'assumer – s'installer

    e) sévir – punir

3. Faites une phrase d'environ 10 mots avec chacun des mots suivants. Votre phrase doit bien illustrer le sens du mot.

    une génération—se débrouiller—s'installer—emménager—mode de vie

Compréhension détaillée

1. Pourquoi cite-t-on les paroles « L'enfer, c'est les autres » en début d'article ? Quel est le rapport avec le sujet du texte ?

2. Pour quelles raisons Victoria Lord préfère-t-elle vivre seule ? Quelle serait la condition pour qu'elle emménage avec quelqu'un ?

3. On décrit le phénomène de la vie en solo comme un paradoxe. Que veut-on dire exactement ?

4. Les comportements des solos sont-ils tous positifs ? Expliquez.

Réflexion et discussion

1. Pensez-vous que la situation de Victoria Lord soit typique ? Expliquez.

2. Croyez-vous que vous allez vivre seul(e) après vos études universitaires ? Expliquez.

3. Quels sont les problèmes qui peuvent survenir, d'après vous, si on habite seul trop longtemps ?

Dossier 2 *Faut-il interdire le cellulaire dans les écoles ?*

Lecture

Lisez le texte ci-dessous.
Faites les exercices de compréhension qui suivent le texte.

Lecture

Faut-il interdire le cellulaire à l'école ?

1   Plus de la moitié des élèves du secondaire ont maintenant dans leur poche ce petit appareil qui leur permet de communiquer, échanger de l'information, s'amuser, prendre des photos... et parfois *tricher* ! Faut-il s'en inquiéter ? Comment l'école doit-elle s'adapter ?

5   Assis près des *casiers*, des élèves de l'école secondaire Dalbé-Viau s'adonnent à une activité qui était formellement interdite jusqu'à l'an dernier : ils envoient des textos, *leur téléphone cellulaire calé au creux des mains*. La direction de l'établissement, situé dans l'arrondissement montréalais de Lachine, a accepté de libéraliser l'usage de cet appareil. « En classe, il demeure interdit. Mais nous *avons ciblé* trois endroits où il est permis : la

10   cafétéria, la place publique et l'aire de jeux », précise le directeur, Jean-Pierre Amesse.

La plupart des enseignants sont ravis. « Les élèves sont moins tentés de se servir de leur téléphone en cachette pendant les cours, puisqu'ils peuvent le faire à la pause », témoigne l'enseignant de sciences Éric Durocher en traversant la place publique, vaste espace aux murs bleu roi, qui *grouille* d'élèves se dirigeant vers la cafétéria ou leur casier.

15   Dans de nombreuses écoles du Québec, la réflexion au sujet du cellulaire est à l'ordre du jour : doit-il être prohibé seulement en classe ou dans toute l'école ? La *voie* à suivre ne s'impose pas *d'emblée* : alors que certaines directions optent pour la tolérance, d'autres durcissent les règles par crainte des *dérapages* – cyberintimidation, *triche* aux examens, inattention en classe.

À l'école Jeanne-Mance, un établissement de 680 élèves de Montréal, le règlement est strict : aucun appareil n'est toléré entre les murs de la *polyvalente*, sous peine d'être confisqué pendant au moins 10 jours, dès la première infraction. « J'en confisque environ cinq par semaine », dit le directeur adjoint, Gino Ciarlo. Une peine sévère si on la compare avec ce qui se fait généralement ailleurs : avertissement, puis confiscation pendant 24 à 48 heures ; certains directeurs exigent que ce soient les parents qui viennent récupérer l'objet à leur bureau.

Impossible, désormais, de fermer les yeux sur la présence de ces *bidules* électroniques dans les établissements scolaires. Au Québec, dès leur entrée à l'école secondaire, le quart des jeunes possèdent un téléphone mobile ; cette proportion passe à 80 % parmi les élèves de 5e secondaire. Dans une école typique, plus d'un élève sur deux en a un dans la poche, estime Mélanie Fortin, *doctorante* en psychoéducation à l'Université de Montréal, dont le travail de thèse consiste justement à documenter le phénomène. Elle a déjà questionné près de 2 000 jeunes et poursuivra sa quête auprès de 6 000 de plus cet automne. Elle recueille également les témoignages de leurs enseignants, bien souvent dépassés par ce déferlement d'appareils. Les trois quarts des élèves avouent avoir déjà discrètement envoyé ou reçu des textos pendant un cours, même si le règlement de leur école l'interdit. Ils risquent évidemment de se faire confisquer leur précieux cellulaire, mais ils excellent dans l'art de le *manier* sans se faire remarquer.

« Je peux texter sans regarder le clavier, le téléphone caché dans mon *étui à crayons* », dit Yana, 15 ans. La jeune fille, qui fréquente la Cité étudiante, à Roberval, n'a cessé ce petit jeu qu'après en avoir constaté l'effet désastreux sur ses résultats scolaires. « Quand on texte, on se concentre sur le message qu'on veut envoyer, pas sur ce que le prof dit… », reconnaît-elle. Ses notes se sont passablement améliorées depuis qu'elle a décidé de laisser son téléphone à la maison, sur le conseil d'une enseignante.

L'enseignante en question, Chantale Potvin, a demandé en mars dernier à Line Beauchamp, alors ministre de l'Éducation, l'adoption d'une loi interdisant les cellulaires dans toutes les écoles de la province. « Cela réglerait bien des problèmes », croit-elle, consternée par la place qu'occupe cette technologie dans la vie de ses élèves. « En classe, c'est difficile de garder les jeunes concentrés. Et pendant l'heure du dîner, ils ne se parlent plus et ne font plus de sport, ils textent. L'autre jour, une élève a déboulé l'escalier parce qu'elle avait les yeux fixés sur son téléphone au lieu de regarder devant elle ! »

Le ministère de l'Éducation n'a pas l'intention de se mêler des affaires internes des écoles, chacune étant responsable d'édicter ses propres règles de vie. Mais il a décidé de sévir durant les examens de fin d'année. Les cellulaires facilitent en effet la vie aux tricheurs, qui communiquent par textos avec leurs camarades ou cherchent tout bonnement les réponses sur Internet durant l'épreuve. Certains élèves altruistes prennent des photos des questionnaires, qui circulent ensuite sur le Web. Beaucoup plus efficace qu'un petit bout de papier plié dans l'étui…

« Pendant un examen, j'ai saisi deux cellulaires, dont l'application bloc-notes contenait toutes les réponses, sûrement fournies par un élève qui avait passé l'examen plus tôt. Quinze autres élèves avaient exactement les mêmes réponses sur leur copie », raconte une enseignante de la commission scolaire Marguerite-Bourgeoys, dans l'ouest de l'île de Montréal.

En juin dernier, le Ministère a donc exigé que les surveillants d'examen appliquent un règlement draconien : tout élève surpris avec un appareil électronique, qu'il s'agisse d'un cellulaire ou d'un iPod Touch, serait expulsé de la salle d'examen et se verrait attribuer la

65 note zéro. Il n'est plus nécessaire de prouver qu'il y a eu plagiat ; pincer l'élève en possession d'un appareil suffit.

À la mi-juin, à l'école Dalbé-Viau, on pouvait constater que la consigne avait été entendue : la tête penchée sur leur copie, plusieurs élèves avaient déposé leur appareil sur 70 le bureau du surveillant avant l'examen. D'autres l'avaient rangé dans leur sac à dos, placé contre le mur à l'avant de la classe. Sur les 920 élèves de l'école, seulement 3 ont été pris avec un objet proscrit dans les mains.

À peu près absent des écoles il y a à peine une décennie, le cellulaire est en train de modifier en profondeur les rapports sociaux entre les jeunes. « Les interactions en face à face 75 ont diminué, rapporte Mélanie Fortin. Dans l'autobus scolaire, un jeune préfère texter avec son ami assis deux bancs derrière que jaser avec celui qui est à côté. » Il en profite pour coordonner ses travaux d'équipe… qu'il fait ensuite en réunion virtuelle, grâce à Facebook, tout en continuant de texter.

C'est en soirée que les ados *se font* surtout *aller les pouces, la période de pointe* se situant de 80 18 h à 23 h… et parfois au-delà ; plus du tiers d'entre eux ne résistent pas à l'envie de rester en contact avec leurs amis la nuit.

« Quand je n'ai pas mon cellulaire sur moi, je ne me sens pas bien », lance Charles, un élève de 4e secondaire, d'un air tragique, son BlackBerry dans la poche. « Cet objet devient une extension de leur corps, confirme André H. Caron, directeur du Groupe de recherche sur 85 les jeunes et les médias, de l'Université de Montréal. Les adolescents ont toujours eu besoin de s'affirmer, de socialiser, de construire leur identité. D'une certaine façon, rien n'a changé, seuls les supports technologiques sont différents. » Ces supports ont cependant transformé le rapport au temps, désormais dominé par l'instantanéité. « Un jeune qui ne répond pas à son cellulaire doit ensuite se justifier auprès de ses amis pendant des jours », poursuit le 90 chercheur.

Selon l'entreprise Nielsen, spécialisée dans les mesures d'audience des médias, l'ado-lescent nord-américain moyen envoie et reçoit plus de 3 300 textos chaque mois. Chez les filles de 13 à 17 ans, ce nombre atteint 4 200, soit 140 par jour. « Pour eux, un téléphone ne sert pas à téléphoner, ça sert à texter ! » lance Mélanie Fortin. Parmi les jeunes qu'elle a 95 interrogés, 89 % de ceux qui ont un cellulaire disposent d'un forfait « textos illimités »… la plupart du temps payé par leurs parents. Et souvent moins cher qu'un forfait voix, quand il n'est pas carrément inclus dans le *forfait* familial. « Cela rassure les parents de penser qu'ils pourront joindre leur adolescent en tout temps. C'est une grande illusion. Les ados répondent à tout le monde sauf à eux, prétextant que leur pile était à plat », a observé 100 André H. Caron.

Fait à noter, ces parents génèrent une partie des problèmes vécus à l'école ! Certains envoient des textos à leur enfant en pleine heure de cours. D'autres enguirlandent le directeur de l'école parce qu'il a confisqué son téléphone. Bref, les adultes ont aussi leur examen de conscience à faire… y compris les enseignants.

105 « Pour éviter que les élèves ne textent en classe, il faut les rendre actifs dans leurs apprentissages. Même nous, les adultes, nous consultons nos courriels sur nos téléphones quand une réunion *s'étire* trop longtemps », souligne David Chartrand, conseiller pédagogique au collège Sainte-Anne, une école secondaire privée de Lachine.

Sylvain Bérubé, enseignant de français à l'école secondaire de Rochebelle, à Québec, 110 compte parmi les rares qui abordent de front la question de l'usage responsable des cellu-laires avec ses élèves. « Il faut éduquer les jeunes le plus rapidement possible à l'utilisation de ces outils, qu'ils ont déjà entre les mains de toute façon », dit cet adepte de Twitter.

Ces nouvelles technologies *façonnent* l'école et la société en général, comme l'ont fait d'autres inventions avant elles, croit-il. « Ça ne sert à rien de résister à un changement qui finira par s'imposer. Mieux vaut orienter la façon dont les jeunes utilisent ces technologies, plutôt que se contenter de réagir aux aspects négatifs. »

Dans son établissement, les appareils électroniques ne peuvent être utilisés durant les heures de cours, sauf à des *fins* pédagogiques, une exception dont Sylvain Bérubé profite dès que l'occasion s'y prête. L'an dernier, après avoir fait un remue-méninges avec ses élèves, il a pris en photo les mots qui couvraient le tableau, plutôt que de les recopier un à un. Des jeunes lui ont demandé s'ils pouvaient faire la même chose. « J'ai accepté et une armée de cellulaires s'est aussitôt dressée devant le tableau », dit-il en rigolant.

Lorsqu'il sait que le laboratoire informatique ne sera pas libre et que ses élèves doivent faire de la recherche sur Internet, Sylvain Bérubé leur demande explicitement d'apporter leurs appareils. Téléphones intelligents et iPod Touch sont alors les bienvenus dans la classe. « Près de la moitié des élèves en ont un, ils forment donc des équipes en conséquence. » (En plus de faire de la recherche, ils peuvent entre autres choses enregistrer les explications du prof, se servir de l'application calculatrice de l'iPod Touch, utiliser des téléphones comme *télévoteurs* avec un tableau blanc interactif.)

Une solution qui pourrait être adoptée ailleurs, pense Benoit Petit, conseiller au RECIT, un réseau de personnes-ressources consacré à l'intégration pédagogique des nouvelles technologies dans les écoles du Québec. « On entend souvent dire qu'il n'y a pas suffisamment de technologie dans les écoles, mais c'est faux. C'est simplement qu'elle se trouve dans la poche des élèves et qu'ils n'ont pas le droit de s'en servir ! Un iPod Touch est un outil plus puissant que ne l'était un ordinateur de bureau il y a sept ans, mais les élèves n'en ont pas conscience, puisqu'ils l'utilisent seulement pour leurs loisirs. »

Une petite virée dans une école secondaire donne l'occasion d'apercevoir un nombre étonnant de téléphones intelligents, tels que des iPhone et des BlackBerry, même en milieu modeste ; des objets qui permettent à la fois de prendre des photos, de filmer et de diffuser sur-le-champ ce contenu sur les réseaux sociaux. Or, les élèves ne semblent pas avoir conscience du tort qu'ils peuvent causer en publiant images et commentaires.

L'enquête de Mélanie Fortin révèle en effet que 30 % des élèves filment leur professeur en classe « de parfois à très souvent ». Ils sont encore plus nombreux, soit 42 %, à avoir déjà filmé un autre élève de la classe. « La plupart semblent en rire avec les copains et les effacer ensuite », note la chercheuse.

Un incident malheureux survenu à Gatineau, fin 2006, rappelle cependant les dérapages possibles. Des élèves ont *fait sortir de ses gonds* leur enseignant, tout en le filmant *à son insu*. Les extraits ont ensuite été diffusés sur YouTube ; bouleversé, l'enseignant a été en arrêt de travail pendant des mois.

Les choses prennent rarement une tournure aussi dramatique, comme le démontre un sondage CROP réalisé auprès d'enseignants membres de la Centrale des syndicats du Québec en février 2011. Aucun des 55 enseignants victimes d'intimidation n'a déclaré d'incident de ce genre. En revanche, 27 % d'entre eux ont vu leur réputation *salie* sur Facebook, un phénomène en forte hausse, et 60 % par courriel.

La médisance sur les professeurs et l'intimidation dans la cour d'école ne datent pas d'hier. « Mais une cyberagression laisse plus de traces. Un nombre illimité de personnes en sont témoins, et même si l'auteur efface les photos ou les commentaires, des copies subsistent. Une seule photo compromettante ou dénaturée peut causer des dommages graves », dit Claire Beaumont, directrice de la Chaire de recherche sur la sécurité et la violence en milieu éducatif, de l'Université Laval, à Québec.

160 Pour *contrer* ce genre de situation, le dialogue semble plus efficace que la répression. « Si on impose une règle aux élèves, ils ne chercheront qu'à la contourner, affirme le conseiller pédagogique Benoit Petit. Alors que s'ils ont participé à son élaboration, ils auront envie de la respecter. »

165 Il suggère aux enseignants de discuter *des enjeux* avec leurs élèves, de façon que chacun d'eux se demande : en quoi ces appareils peuvent-ils *nuire* aux autres élèves de la classe, à l'enseignant, à moi-même ? En quoi peuvent-ils être bénéfiques ? Le groupe peut ensuite convenir de règles de vie pour profiter des avantages de cette technologie tout en réduisant ses effets négatifs.

170 C'est ce qu'a fait la direction de l'école Dalbé-Viau. Les règles d'utilisation du cellulaire dans l'école ont été établies par un comité formé d'enseignants, d'élèves et de la direction. Et qui a fait le tour des classes pour un rappel à l'ordre quand des jeunes se sont mis à se servir de leur téléphone n'importe où ? Pas le directeur, mais les représentants des élèves !

Les textos ? « C pa grav »

Le langage codé qu'utilisent les ados pour texter nuit-il à leur apprentissage de la langue ?
175 Mélanie Fortin en était convaincue, comme la plupart de ses collègues de l'école Kénogami, au Saguenay. Après avoir enseigné le français en 1re secondaire pendant 10 ans, la jeune femme de 33 ans a entrepris un doctorat pour en avoir le cœur net, sous la direction de Thierry Karsenti, directeur de la Chaire de recherche du Canada sur les technologies de l'information et de la communication en éducation. À son grand étonnement, les entrevues qu'elle
180 a réalisées jusqu'à maintenant avec les jeunes scripteurs l'ont rassurée. Pour texter efficacement, les jeunes suivent deux règles : utiliser le moins de lettres possible et *truffer* leurs messages de *binettes*, ces petits symboles qui expriment une émotion. « J'ai » peut s'écrire « Jé » ou « G », « c'était » devient « stè », « great » s'écrit « gr8 », « arriver » est tronqué et donne « ariV »…

185 « Ils emploient ce langage codé entre amis, mais ne s'en servent pas dans leurs productions écrites à l'école. Ce sont deux mondes, deux langages, deux façons d'écrire », explique Mélanie Fortin. Ce que les linguistes appellent un sociolecte, un langage propre à un groupe social. Ces jeunes écrivent d'ailleurs les mots au long quand ils textent avec leurs parents et ils leur demandent de faire la même chose !

190 « En classe, leurs productions écrites contiennent le même type de fautes qu'avant : des « s » oubliés, des participes passés malmenés, des mots mal orthographiés », souligne la chercheuse. Déjà en 1987, le ministère de l'Éducation concluait, dans le rapport de la Consultation sur la qualité du français écrit et parlé, que les élèves de 5e secondaire écrivaient « comme s'ils n'avaient jamais étudié la grammaire et la syntaxe ». C'était bien
195 avant l'*avènement* des textos…

Des études menées auprès d'élèves anglophones démontrent au contraire que l'usage des messages textes peut avoir un effet positif sur les compétences en lecture et en écriture, notamment sur l'aptitude à lire et à épeler de nouveaux mots de vocabulaire. Il faudra soumettre les élèves francophones à la même démarche pour vérifier la validité de ce
200 constat. Des jeunes dont le téléphone est pourvu d'un correcteur automatique ou de la saisie prédictive de texte affirment en tout cas s'en servir.

« Il faut plutôt s'inquiéter du fait que les jeunes lisent de moins en moins de livres et de revues. S'ils ne lisent que des textos, comment pourront-ils améliorer leur vocabulaire et intégrer l'orthographe ? » s'interroge Mélanie Fortin.

Adapté d'un article par Catherine Dubé, paru dans L'actualité, 1er oct. 2012.

l.5   casier—*lockers*

l.7   leur téléphone cellulaire calé au creux des mains—*their cellphones in hand*

l.9   avons ciblé (v. cibler) : avons identifié

l.14   grouille—*teeming (with students)*

l.16   voie : chemin—*path*

l.17   d'emblée—*right away, at once*

l.18   des dérapages—*situations that get out of hand, where things get out of control*

l.18   triche (n. f)—*cheating*

l.21   polyvalente : école secondaire (au Québec)

l.26   bidules (fam.) : machin, truc—*thing, thingy*

l.30   doctorante : personne qui est en train de préparer un doctorat

l.36   manier : utiliser

l.38   étui à crayons—*pencil case*

l.78   se faire aller les pouces : faire des textos—*to work with one's thumbs*

l.78   la période de pointe : la période la plus intense

l.96   forfait : prix tout compris—*a package*

l.106   s'étire : dure trop longtemps

l.112   façonnent—*to shape, to fashion, to form*

l.117   des fins : des buts, des raisons

l.128   télévoteurs—*i-clickers*

l.146   fait (faire) sortir de ses gonds : exaspérer quelqu'un—*to make someone wild with rage*

l.146   à son insu—*without his knowledge*

l.152   salie (réputation)—*tarnished*

l.160   contrer : s'opposer avec succès à quelque chose—*to counter*

l.164   des enjeux—*the stakes*

l.165   nuire : faire du tort—*to harm*

l.181   truffer—*to riddle (their messages with slang or smilies)*

l.182   binettes—*slang (language) or smilies*

l.195   avènement—*emergence*

Compréhension globale

Dites si les affirmations suivantes sont vraies ou fausses. Expliquez vos choix. Les réponses se trouvent dans la première partie de l'article (lignes 1 à 172).

1. Dans cet article, on examine les avantages d'utiliser un cellulaire en salle de classe.

2. Les écoles québécoises adoptent des règlements de plus en plus stricts concernant l'emploi des appareils électroniques.

3. La plupart des élèves déclarent avoir envoyé des textos même si leur établissement proscrit la pratique.

4. Un des arguments contre l'emploi du cellulaire est qu'il empêche les élèves de se concentrer sur ce que dit le professeur.

5. Yana, une des étudiantes interviewées, a continué d'apporter son téléphone à l'école et ses notes sont maintenant meilleures qu'avant.

6. Le ministère de l'Éducation a créé une loi qui interdit formellement la présence des cellulaires en salle de classe, peu importe la situation.

7. L'article suggère que les adolescents préfèrent se voir pour se parler plutôt que d'envoyer des textos.

8. Certains professeurs pensent que les jeunes pourraient se servir de leurs appareils à d'autres fins, pas seulement pour leurs loisirs.

9. L'emploi du cellulaire en salle de classe peut créer des dérapages.

10. En conclusion, on peut dire qu'il est préférable de créer des règlements en consultation avec les élèves.

Approfondissement lexical

Les mots familiers

- Vous avez sans doute remarqué la présence de mots familiers dans les listes de vocabulaire de ce chapitre. Les mots familiers peuvent s'employer dans des textes journalistiques pour accrocher le lecteur. Dans le premier texte, la présence de mots familiers s'explique peut-être par les personnes décrites—les jeunes—qui utilisent ce vocabulaire.

- Un mot **familier** est un mot qu'on emploie tout naturellement dans la conversation courante, mais qu'on évite dans certaines situations (avec des supérieurs ou dans des relations officielles, par exemple).

- Souvent les mots familiers sont des abréviations. Prenons l'exemple du mot « frigo » qui est une abréviation de « réfrigérateur » ou « coloc », forme raccourcie du mot « colocataire ».

- Remplacez les mots ou expressions en italique par une abréviation qui en est la forme familière.

  Sciences politiques :   « Tu aimes ton cours de _____ ? »

  Adolescents :   « La plupart des _____ qui sont au secondaire possèdent un cellulaire. »

  Restaurant :   « Tu nous rejoins au _____ ? »

  Professeur :   « Mes _____ sont sympas cette année. »

Compréhension détaillée

Première partie (lignes 1 à 172)

1. Quels sont les arguments cités pour l'interdiction du cellulaire en salle de classe ? Retrouvez les arguments principaux (il y en a au moins trois) et expliquez chacun en donnant des illustrations (témoignages des personnes interviewées, par exemple).

2. Parmi les différentes écoles citées, laquelle a le règlement le plus strict ?

3. On dit que la voie à suivre ne s'impose pas d'emblée, c'est-à-dire que la décision à prendre n'est pas tout de suite évidente. On pourrait dire que si une école est trop stricte, elle empêche aux élèves d'être actifs dans leurs apprentissages. Pourquoi ?

4. On dit que le cellulaire est en train de modifier les rapports des jeunes et que ces derniers ne se rendent pas compte du tort qu'ils peuvent causer. Comment les rapports sont-ils modifiés ? Comment le cellulaire peut-il être nuisible ?

5. Expliquez la phrase « le dialogue semble plus efficace que la répression ».

Deuxième partie (lignes 173 à 204)

6. Les textos ont-ils un effet négatif sur l'apprentissage des adolescents ?

7. Dans quel contexte les jeunes emploient-ils un langage codé ?

Réflexion et discussion

1. Parmi les arguments que l'on a avancés pour interdire les cellulaires en salle de classe, lequel vous paraît le plus convaincant ? Expliquez.

2. Imaginez qu'on vous demande de participer à l'élaboration de règlements pour l'usage d'appareils électroniques dans vos cours. En groupes de trois ou quatre personnes, proposez deux règlements et donnez les arguments pour ceux-ci.

3. Utilisez-vous un langage codé dans vos communications avec vos amis ? Expliquez. Quelles sont vos binettes préférées ?

Grammaire et expression écrite

Grammaire

Le futur simple et le futur antérieur

Formation du futur simple des verbes réguliers

Tableau 8.1

Comment former le futur simple des verbes réguliers

	travailler	*réussir*	*vendre*
je	travaillerai	réussirai	vendrai
tu	travailleras	réussiras	vendras
il/elle	travaillera	réussira	vendra
nous	travaillerons	réussirons	vendrons
vous	travaillerez	réussirez	vendrez
ils/elles	travailleront	réussiront	vendront

Formation   1 → radical des verbes en *er, ir* = infinitif; radical des verbes en *re* = infinitif moins *e*

2 → radical + *ai, as, a, ons, ez, ont*

Attention ! a) Certains verbes ont un *r* précédant la terminaison de l'infinitif. Le futur simple de ces verbes a donc des formes se terminant par deux syllabes consécutives commençant par un *r*.

préparer	→	*je préparerai*
périr	→	*je périrai*

b) Certaines particularités orthographiques du présent des verbes en *er* se retrouvent au futur simple.

infinitif	présent		futur simple
appeler	*j'appelle*	→	*j'appellerai*
jeter	*je jette*	→	*je jetterai*
acheter	*j'achète*	→	*j'achèterai*
essayer	*j'essaie*	→	*j'essaierai*
tutoyer	*je tutoie*	→	*je tutoierai*
essuyer	*j'essuie*	→	*j'essuierai*
répéter	*je répète*	→	*je répèterai (je répéterai)* Voir *Appendice I.*

Mise en pratique 1 (futur simple des verbes réguliers)

Mettez chaque verbe entre parenthèses au futur simple et à la personne indiquée.

1. elle (s'ennuyer)
2. ils (obéir)
3. tu (répondre)
4. nous (se débrouiller)
5. je (rejeter)
6. vous (quitter)

Formation du futur simple des verbes irréguliers

On forme le futur simple de certains verbes irréguliers en utilisant un radical fondé sur l'infinitif. D'autres verbes ont un radical particulier.

radical fondé sur l'infinitif   *croire* → **croir** → *je croirai*

radical particulier   *aller* → **ir** → *j'irai*

Tableau 8.2 Futur simple des verbes irréguliers dont le radical est fondé sur l'infinitif

infinitif	futur	infinitif	futur
battre	je battrai	offrir	j'offrirai
boire	je boirai	ouvrir	j'ouvrirai
conduire	je conduirai	peindre	je peindrai
connaitre	je connaitrai	plaire	je plairai
craindre	je craindrai	prendre	je prendrai
croire	je croirai	résoudre	je résoudrai
dire	je dirai	rire	je rirai
écrire	j'écrirai	souffrir	je souffrirai
fuir	je fuirai	suffire	je suffirai
lire	je lirai	suivre	je suivrai
mettre	je mettrai	vivre	je vivrai

Mise en pratique 2 (futur simple des verbes irréguliers)

Mettez chaque verbe entre parenthèses au futur simple et à la personne indiquée.

1. nous (croire)
2. tu (vivre)
3. elle (dire)
4. je (apprendre)
5. ils (offrir)
6. vous (mettre)

Tableau 8.3 Futur simple des verbes irréguliers qui ont un radical particulier

infinitif	futur	infinitif	futur
acquérir	j'acquerrai	devoir	je devrai
aller	j'irai	envoyer	j'enverrai
s'assoir	je m'assiérai	être	je serai
	ou	faire	je ferai
	je m'assoirai	falloir (v. impers.)	il faudra
avoir	j'aurai	mourir	je mourrai
courir	je courrai	pleuvoir (v. impers.)	il pleuvra
pouvoir	je pourrai	valoir	je vaudrai
recevoir	je recevrai	venir	je viendrai
savoir	je saurai	voir	je verrai
tenir	je tiendrai	vouloir	je voudrai

Mise en pratique 3 (futur simple des verbes irréguliers)

Mettez chaque verbe entre parenthèses au futur simple et à la personne indiquée.

1. nous (recevoir)
2. ils (vouloir)
3. je (envoyer)
4. vous (venir)
5. elle (vouloir)
6. tu (savoir)
7. elles (acquérir)
8. il (pleuvoir)
9. nous (courir)
10. vous (faire)
11. tu (soutenir)
12. je (aller)

Emploi du futur simple

Tableau 8.4

Quand employer le futur simple

contexte	explication
	On emploie le futur simple :
1. *Paul **ira** chercher son frère à la gare.* *Je ne **prendrai** plus pour de l'amour ce qui n'en est pas.* *Je sais qu'il **sera** fâché.*	pour exprimer catégoriquement une action ou un état à venir ;
2. *Pendant que tu **feras** les courses, j'**irai** me faire couper les cheveux.* *Il **sera** fatigué quand il **arrivera**.*	dans les propositions subordonnées commençant par les conjonctions *aussitôt que, dès que, lorsque, pendant que, quand* et *tant que* lorsqu'il s'agit d'un contexte logiquement futur ;

Attention ! Le verbe de la proposition principale peut être au futur simple, au futur proche (langue orale familière) ou à l'impératif.

> *Tant qu'il mangera entre les repas, il ne **va** pas **maigrir**.*
> ***Dites**-le-lui quand vous le verrez.*

3. *S'il fait beau, on **ira** se baigner.* *Je le **ferai** si tu veux.*	dans un contexte futur, quand une proposition principale est rattachée à une subordonnée où la condition (précédée de la conjonction *si*) est exprimée au présent ;
4. *Je me demande si je **serai** capable de me débrouiller.* *On ne sait pas quand elle **arrivera**.*	dans la subordonnée d'une interrogation indirecte (c'est-à-dire une question posée indirectement). Au discours direct, le premier exemple donnerait : *Je me demande : « Est-ce que je serai capable de le faire ? »*

Attention ! Le futur simple n'est jamais utilisé dans une proposition subordonnée commençant par un *si* hypothétique ; il est utilisé dans la proposition principale qui exprime le résultat ou la conséquence.

> *On **ira** au cinéma samedi si tu es d'accord.*

On ne peut utiliser le futur simple qu'après un *si* signifiant *whether*.

> *Je ne sais pas s'il **s'installera** ici.*

5. *Vous me **ferez** dix copies de ce rapport, s'il vous plaît.* *Je vous **demanderai** de bien vouloir signer ici.*	pour remplacer l'impératif lorsqu'on veut atténuer l'impact d'un ordre ou exprimer une nuance de politesse.

Attention ! On peut aussi exprimer une action future avec :

    a) le verbe *aller* + un infinitif (cette construction exprime le futur proche) ;

> *Ils **vont** s'y **rendre** en voiture.*

    b) le présent (souvent accompagné d'expressions telles que *tout de suite, bientôt, sous peu, dans quelques minutes/instants, demain*) ;

> *Il y **va** dans quelques minutes.*
> *On **part** demain.*

    c) le verbe *devoir* + un infinitif.

> *Elle **doit** s'en **occuper**.*

Mise en pratique 4 (emploi du futur simple)

En utilisant le tableau ci-dessus, expliquez l'emploi des verbes en italique.

1. Nous te *téléphonerons* dès que nous *arriverons*.
2. S'ils n'acceptent pas cette carte de crédit, je *paierai* comptant.
3. Quitter la maison de ses parents, elle ne sait pas si ce *sera* possible.
4. Il n'y *aura* pas d'exceptions.
5. Vous *enverrez* ces lettres par courrier express.

Remarques complémentaires

1. Les quatre formules de l'interrogation s'appliquent également au futur simple.

    ***Est-ce que** tu lui téléphoneras ?*
    *Lui **téléphoneras-tu** ?*
    Tu lui téléphoneras ? (intonation montante)
    *Tu lui téléphoneras, **n'est-ce pas** ?*

    Attention ! N'oubliez pas le *t* euphonique à la troisième personne du singulier.
    Le fera-t-il ?

2. On peut commencer les phrases hypothétiques soit par la proposition subordonnée (introduite par *si*), soit par la proposition principale.

    ***Si j'ai raison**, tu me paieras un café.*
    *Tu me paieras un café **si j'ai raison**.*

    Attention ! N'oubliez pas la virgule si vous commencez par la subordonnée.
    S'il fait beau, on ira faire une promenade.

Mise en pratique 5 (interrogatif/futur simple)

Reformulez chaque question en faisant l'inversion du sujet.

1. Est-ce que tu achèteras un téléphone cellulaire à grand écran ?
2. Est-ce que Jean aura assez d'argent ?
3. Ils feront le nécessaire ?
4. Vous serez des nôtres ?
5. Est-ce qu'il arrivera à se caser ?

Mise en pratique 6 (ordre des propositions)

Reformulez chaque phrase en inversant l'ordre des propositions.

1. Si c'est ce que tu veux, je ne m'y opposerai pas.
2. Lorsque Marie-Josée se décidera, il faudra tout de suite réserver des places.

Formation du futur antérieur

Tableau 8.5

Comment former le futur antérieur

finir   **arriver**

(auxiliaire *avoir*)   (auxiliaire *être*)

j'aurai fini	nous aurons fini	je serai arrivé(e)	nous serons arrivé(e)s
tu auras fini	vous aurez fini	tu seras arrivé(e)	vous serez arrivé(e)(s)
il aura fini	ils auront fini	il sera arrivé	ils seront arrivés
elle aura fini	elles auront fini	elle sera arrivée	elles seront arrivées

Formation → auxiliaire au futur simple + participe passé

Attention ! L'accord du participe passé au futur antérieur suit la même règle qu'aux autres temps composés.
Elle sera arrivée.

Mise en pratique 7 (formes du futur antérieur)

Mettez chaque verbe au futur antérieur. Faites l'accord du participe passé, s'il y a lieu.

1. Ils arriveront.
2. Jeannette s'excusera.
3. Elle les invitera.
4. La vendrez-vous ?
5. Je ne le ferai pas.
6. Te présenteras-tu ?

Emploi du futur antérieur

Tableau 8.6

Quand employer le futur antérieur

contexte	explication
	On emploie le futur antérieur :
1. *Quand vous **aurez terminé** cet exercice, nous le corrigerons.* *Il te pardonnera dès que tu lui **auras expliqué** la situation.* *Après que nous **aurons mangé**, moi, j'irai me promener.*	dans les propositions subordonnées commençant par les conjonctions *à peine … que, après que, aussitôt que, dès que, lorsque, quand, tant que* et *une fois que* pour exprimer une action que l'on prévoit achevée avant l'action de la proposition principale qui est au futur simple ;

Attention ! Il faut noter les trois cas suivants :

a) quand deux actions sont simultanées ou presque simultanées, on utilise le futur simple dans les deux propositions :
*Quand je **quitterai** le bureau, je te **téléphonerai**.*

b) quand une première action est clairement achevée avant une deuxième action, on utilise le futur antérieur dans la subordonnée :
*Quand j'**aurai quitté** le bureau, je te téléphonerai.*

c) quand on utilise la conjonction *à peine… que*, on doit faire l'inversion du sujet.
*À peine **aura-t-il reçu** son diplôme qu'il partira en voyage.*

2. *L'année prochaine, ils **auront vécu** dix ans dans cette maison.* *D'ici là, le gouvernement **aura proposé** de nouvelles mesures contre la pollution.*	pour décrire une action que l'on prévoit achevée à un certain moment de l'avenir ;
3. *Il **aura manqué** son train.* *Elle se **sera trompée**.*	pour exprimer la probabilité ou la supposition que quelque chose est arrivé ;

4. *Demandez-lui si ses parents **seront** rentrés lundi.*
*Je ne sais pas quand j'**aurai fini**.*

dans la subordonnée de l'interrogation indirecte pour exprimer une action qui aura été accomplie dans l'avenir, quand le verbe de la principale est au présent ou à l'impératif.

Attention ! On n'utilise pas le futur antérieur dans la proposition subordonnée (qui commence par *si*) d'une phrase hypothétique où le contexte est le futur. Pour marquer l'antériorité dans ce cas-là, on utilise le passé composé.
*Si tu n'**as** pas **compris**, je t'**expliquerai**.*

Mise en pratique 8 (emploi du futur antérieur)

Transformez chaque phrase pour montrer que l'une des actions est nettement antérieure à l'autre.

1. Quand Paul quittera sa famille, ses parents pourront partir en voyage.

2. Tant qu'ils ne feront pas leur travail comme il faut, ils n'auront pas d'augmentation.

3. Lorsqu'il finira, prévenez-le.

4. Dès qu'ils le verront, ils riront.

5. Aussitôt qu'il lui parlera, il se sentira mieux.

6. Quand on gagnera tout cet argent, on fera un beau voyage.

Problèmes de traduction

Tableau 8.7

Comment traduire

1. She'**ll do** it.   →   *Elle le **fera**.*
   I **shall** never **come** back.   →   *Je ne **reviendrai** jamais.*

La notion exprimée en anglais par l'auxiliaire *shall* ou *will* suivi d'un verbe est généralement rendue par le futur simple en français.

2. I **am** not **going to eat** that.   →   *Je ne **vais** pas **manger** cela.*
   Are you **going** to give us a hand? →   ***Vas-tu nous donner** un coup de main ?*

On exprime la notion du futur proche (*to be going to*) en utilisant la construction *aller* + infinitif.

3. He **will be** rich someday.   →   *Un jour, il **sera** riche.*
   He **is going to be** rich someday.   →   *Un jour, il **sera** riche.*
   They **will answer** shortly.   →   *Ils **vont répondre** sous peu.*
   They **are going to answer** shortly. →   *Ils **vont répondre** sous peu.*

En anglais, les constructions *will* + infinitif et *to be going to* sont souvent interchangeables. En français, la construction *aller* + infinitif est surtout utilisée pour le futur proche (mais pas nécessairement). Le futur simple du français indique en général un futur plus éloigné dans le temps ou une action future définitive (*will* ou *shall* en anglais).

4. **Will** you **come** with me?   →   ***Voulez-vous venir** avec moi ?*
   The car **won't start** in cold weather. →   *La voiture **ne démarre pas** quand il fait froid.*
   He **will** often **drink** wine with   →   *Il **boit** souvent du vin en mangeant.*
      his meals.

Le verbe anglais *will* suivi d'un autre verbe peut indiquer la volonté ou l'habitude. Dans ce cas-là, le français utilise le présent de l'indicatif de *vouloir* suivi de l'infinitif du verbe en question (volonté) ou le présent de l'indicatif du verbe en question (habitude).

5. I'll **tell** him when he **arrives**.   →   *Je le lui **dirai** quand il **arrivera**.*

He **will go** to see her as soon as   →   *Il **ira** la voir dès qu'il **aura fini** son travail.*
he **finishes** his work.

Dans la subordonnée qui suit les conjonctions *when (quand/lorsque), as soon as (aussitôt que/dès que), after (après que), while (pendant que)* et *as long as (tant que)*, le verbe anglais peut être au présent. En français, le futur simple ou le futur antérieur (selon le cas) est obligatoire.

6. **If he agrees**, we'll buy it.   →   *S'il accepte, on l'achètera.*

I wonder **whether he'll agree**.   →   *Je me demande s'il sera d'accord.*

La conjonction française *si* peut être l'équivalent de la conjonction conditionnelle *if* ou l'équivalent du *whether* de l'interrogation indirecte.

Mise en pratique 9 (traduction)

Traduisez les phrases suivantes en français.

1. One day, there is going to be a revolution in that country.
2. He wonders whether she'll come.
3. If you persist, you'll get results.
4. Her parents wonder whether she'll be able to manage on her own.

Le conditionnel présent et le conditionnel passé

Formation du conditionnel présent

Tableau 8.8

Comment former le conditionnel présent

	donner (donner-)	finir (finir-)	aller (ir-)
je/j'	donnerais	finirais	irais
tu	donnerais	finirais	irais
il/elle	donnerait	finirait	irait
nous	donnerions	finirions	irions
vous	donneriez	finiriez	iriez
ils/elles	donneraient	finiraient	iraient

Formation →   radical du futur simple + terminaisons de l'imparfait → *ais, ais, ait, ions, iez, aient*

Attention !   Les particularités des verbes en *er* à changements orthographiques (voir *Tableau 8.1*) sont les mêmes au futur simple et au conditionnel présent.
j'achèterais

Mise en pratique 10 (formes du conditionnel présent)

Mettez chaque verbe au conditionnel présent et à la personne indiquée.

1. tu (préparer)
2. nous (permettre)
3. je (choisir)
4. ils (s'assoir)
5. elle (rendre)
6. vous (acquérir)
7. tu (croire)
8. je (confondre)
9. il (voir)
10. vous (devoir)
11. il (falloir)
12. vous (réussir)
13. elle (avoir)
14. je (prendre)
15. nous (tenir)

Emploi du conditionnel présent

Tableau 8.9

Quand employer le conditionnel présent

contexte	explication
	On emploie le conditionnel présent :
1. *Elle **voudrait** vous voir dès que possible.* *Ce **serait** une occasion inespérée.*	pour exprimer la possibilité et l'éventualité (il traduit l'anglais *would*) ;

Attention !   Il faut noter que :

    a) La conjonction *au cas où,* qui introduit une éventualité, est toujours suivie du conditionnel :

        ***Au cas où** tu **voudrais** venir, dis-le-moi.*

    b) Le verbe *pouvoir* au conditionnel présent avant un infinitif exprime la possibilité (traduit l'anglais *could*) ;

        *Elle **pourrait** le faire.*

    c) Le verbe *devoir* au conditionnel présent avant un infinitif exprime la nécessité ou l'obligation (traduit l'anglais *should*).

        *Tu **devrais** y réfléchir.*

contexte	explication
2. *Il **demanderait** une augmentation s'il n'**avait** pas peur de la directrice.* *S'il **faisait** beau, on **irait** se baigner.*	pour exprimer une conclusion possible dans une proposition principale rattachée à une subordonnée dans laquelle la condition (précédée de la conjonction *si*) est exprimée à l'imparfait ;
3. ***Pourrais**-tu me donner un coup de main ?* ***Auriez**-vous la gentillesse de m'envoyer une copie de votre rapport ?* *Tu **devrais** te mettre au régime.*	pour demander quelque chose d'une façon plus polie ou pour atténuer l'impact de ce que vous avez à dire ;
4. *On nous a dit qu'il **arriverait** demain.* *Je pensais que ce **serait** moins cher que cela.* *Il ne m'a pas dit s'il **viendrait** ce soir-là.*	dans une proposition complétive qui commence par *si* ou *que* pour exprimer un futur dans un contexte passé, c'est-à-dire une action qui était à venir au moment où l'on parle ;
5. *Nous **aimerions** passer nos vacances au bord de la mer.* *Paul et Jeannette **auraient** l'intention de se marier.*	pour exprimer un souhait ou pour annoncer des faits non confirmés.

Mise en pratique 11 (emploi du conditionnel présent)

En utilisant le tableau ci-dessus, expliquez l'emploi des verbes en italique.

1. Si j'avais le temps, je t'y *emmènerais* avec moi.
2. Tu lui avais pourtant dit que ça ne *marcherait* pas.
3. D'après ce que Paul m'a dit, le professeur *serait* malade.
4. Je *voudrais* deux billets pour le concert de ce soir.
5. Il *aimerait* l'épouser le plus tôt possible.
6. On *pourrait* se retrouver en face du cinéma.

Formation du conditionnel passé

Tableau 8.10

Comment former le conditionnel passé

	découvrir			se rendre	
j'	aurais	découvert	je me	serais	rendu(e)
tu	aurais	découvert	tu te	serais	rendu(e)
il	aurait	découvert	il se	serait	rendu
elle	aurait	découvert	elle se	serait	rendue
nous	aurions	découvert	nous nous	serions	rendu(e)s
vous	auriez	découvert	vous vous	seriez	rendu(e)(s)
ils	auraient	découvert	ils se	seraient	rendus
elles	auraient	découvert	elles se	seraient	rendues

Formation → auxiliaire au conditionnel présent + participe passé

Attention !   L'accord du participe passé au conditionnel passé suit la même règle qu'aux autres temps composés.
elles seraient allées

Mise en pratique 12 (formes du conditionnel passé)

Mettez chaque verbe au conditionnel passé.

1. Paul et Jacques y consentiraient.
2. Nous ne perdrions pas.
3. La soupçonnerais-tu ?
4. Ne s'étonnerait-elle pas de cela ?
5. Elle ne s'y habituerait jamais.
6. Le leur diriez-vous ?

Emploi du conditionnel passé

Tableau 8.11

Quand employer le conditionnel passé

contexte	explication
1. *Moi, je n'aurais pas eu peur.* *Nous aurions été prêts à l'accueillir.*	On emploie le conditionnel passé : pour exprimer une éventualité qui n'a pas eu lieu ;

Attention !   Il faut noter que :

a) Le conditionnel passé est utilisé avec la conjonction *au cas où*.
   Voici un exemplaire supplémentaire au cas où vous n'auriez pas reçu le vôtre.

b) Le verbe *pouvoir* au conditionnel passé avant un infinitif exprime quelque chose de possible qui n'a pas eu lieu.
   Il aurait pu me le dire. (mais il ne me l'a pas dit)

c) Le verbe *devoir* au conditionnel passé avant un infinitif exprime quelque chose de nécessaire ou d'obligatoire qui n'a pas eu lieu.
   J'aurais dû y penser. (mais je n'y ai pas pensé)

| 2. *S'il avait fait beau dimanche, on aurait passé la journée à la piscine.* *Elle l'aurait fait si tu le lui avais demandé.* | pour exprimer une conclusion dans une proposition principale rattachée à une subordonnée dans laquelle la condition (précédée de la conjonction *si*) est exprimée au plus-que-parfait ; |

3. *Il n'a pas dit qu'il y **serait allé**.*
    *On se demandait s'il **aurait pu** le faire.*
    *On nous avait dit que ce **serait**
    dactylographié.*

    dans une proposition complétive qui commence par
    si ou *que* pour exprimer un futur antérieur dans un
    contexte passé ;

Attention ! Comparez les différents temps du futur et du conditionnel.

temps	exemple
futur simple	*Je le **finirai** demain.*
futur proche	*Je **vais** le **finir** tout de suite.*
conditionnel présent	*Je le **finirais** si j'avais le temps.*
futur antérieur	*Je l'**aurai fini** dans une semaine.*
conditionnel passé	*Je l'**aurais fini** si j'avais eu le temps.*

4. *Une tornade **aurait** complètement **détruit**
    plusieurs villages.*

    pour exprimer un fait douteux ou quelque chose dont
    on n'est pas encore sûr (dans les bulletins d'information
    ou dans les journaux, par exemple).

Mise en pratique 13 (emploi du conditionnel passé)

En utilisant le tableau ci-dessus, expliquez l'emploi des verbes en italique.

1. Ils se *seraient fait* un plaisir de vous inviter.

2. L'hélicoptère de secours n'*aurait retrouvé* aucun survivant.

3. Si tu m'avais invité, je *serais venu*.

4. Elle nous a dit que vous *auriez eu* des difficultés.

Problèmes de traduction

Tableau 8.12

Comment traduire

1. On Saturdays we **would go**   →   *Le samedi, nous **allions** au marché.*
    to the market. (we used to)

    L'auxiliaire anglais *would* suivi d'un verbe s'utilise parfois pour exprimer l'habitude dans le passé :
    c'est l'équivalent de la construction *used to*. En français, on emploie l'imparfait.

2. I had brought some oysters, but she   →   *J'avais apporté des huitres, mais elle **n'a***
    wouldn't eat any. (she didn't want to)   ***pas voulu** en manger.*

    L'auxiliaire anglais *would* suivi d'un autre verbe s'utilise parfois pour exprimer la volonté.
    En français, on emploie le verbe *vouloir* suivi d'un infinitif.

3. I **couldn't** do it.   →   *Je **n'ai pas pu** le faire.*
    (I wasn't able to)   ou   *Je **ne pouvais pas** le faire.*
    They **couldn't** explain this.   →   *Ils **n'ont pas pu** expliquer cela.*
    (They weren't able to)   ou   *Ils **ne pouvaient pas** expliquer cela.*

    Le verbe anglais *could* suivi d'un autre verbe peut s'utiliser pour exprimer une action ou un état dans
    le passé. En français, on emploie le passé composé ou l'imparfait du verbe *pouvoir* suivi d'un infinitif.

4. **Could** you tell us where the   →   ***Pourriez**-vous nous indiquer où se trouve le*
    convention centre is?   *Palais des congrès ?*

    Lorsque le verbe anglais *could* introduit une requête, on utilise le conditionnel du verbe *pouvoir* en
    français.

5. He **could have** done it. → *Il **aurait pu** le faire.*

La construction anglaise *could have* suivie d'un participe passé est équivalente au conditionnel passé du verbe *pouvoir* suivi d'un infinitif.

6. We **wish** we **could** help you, but it's not possible. → *On **voudrait pouvoir** vous aider, mais ce n'est pas possible.*

I **wish** you **could** go there. → *J'**aimerais** bien que vous **puissiez** y aller.*

Le verbe anglais *to wish* se traduit en français par *vouloir* ou *aimer* au conditionnel. Le verbe anglais *could* se traduit par le verbe *pouvoir* soit à l'infinitif, si le sujet de la subordonnée est le même que le sujet de la principale, soit au subjonctif si les deux sujets sont différents.

7. He **shouldn't** work so hard. → *Il **ne devrait pas** travailler si dur.*

You **ought to have** been there. → *Vous **auriez dû** être là.*

Les constructions anglaises *should* et *ought to* se traduisent en français par le conditionnel présent du verbe *devoir*. Les constructions *should have* et *ought to have* suivies d'un participe passé se traduisent par le conditionnel passé du verbe *devoir* suivi d'un infinitif.

Mise en pratique 14 (traduction)

Traduisez les phrases suivantes en français.

1. She shouldn't leave her parents' home even if she is mad at them.

2. We wish they had come with us.

3. I couldn't remember.

4. We told him to be careful, but he wouldn't listen.

Les phrases hypothétiques

1. Une phrase hypothétique est une phrase dans laquelle on énonce une possibilité ou une éventualité (proposition principale) qui dépend d'une condition ou d'une hypothèse (proposition subordonnée précédée de *si*).

> *J'aurais acheté une jeep si j'avais eu assez d'argent.*
>
> possibilité (proposition principale) = *j'aurais acheté une jeep*
> condition (proposition subordonnée) = *si j'avais eu assez d'argent*

2. Le *Tableau 8.13* montre la concordance des temps dans les deux propositions des phrases hypothétiques.

Tableau 8.13

Concordance des temps dans les phrases hypothétiques

temps dans la proposition avec *si*	temps dans la proposition principale	exemples et traductions
présent	présent	*Si tu **veux**, on **peut** partir.*
		If you want, we can leave.
	futur	*Si on **part** tôt, on **arrivera** à l'heure.*
		If we leave early, we'll get there on time.
	futur antérieur	*Si tu **continues** à ce rythme-là, tu **auras fini** cette semaine.*
	(emploi moins fréquent)	If you carry on at this pace, you will be finished this week.
	impératif présent	*Si tu **as** le temps, **téléphone**-moi !*
		If you have time, call me!

imparfait	conditionnel présent	*Si c'était possible, je vous le **dirais**.*
		If it were possible, I would tell you.
	conditionnel passé	*S'il n'**était** pas menteur, je l'**aurais cru**.*
		If he weren't a liar, I would have believed him.
plus-que-parfait	conditionnel passé	*S'il **avait fait** beau, on **aurait pu** aller se promener.*
		If the weather had been nice, we could have gone for a walk.
	conditionnel présent (emploi moins fréquent)	*Si tu t'**étais excusé**, il ne **serait** plus fâché contre toi.*
		If you had apologized, he wouldn't be angry with you anymore.
passé composé	présent	*S'il **est arrivé** à l'heure, il **doit** être content.*
		If he arrived on time, he must be happy.
	impératif présent	*Si vous **avez fini**, partez !*
		If you are finished, go!
	futur	*Si on m'a vraiment **accordé** une augmentation, je **pourrai** partir en vacances.*
		If I really got a raise, I'll be able to go on a vacation.
	futur antérieur	*S'ils **sont restés** tard à la soirée, ils **auront** probablement **couché** chez Pierre.*
		If they stayed late at the party, they probably slept at Pierre's place.
	imparfait	*Si elle **a fait** cela, c'**était** pour ton bien.*
		If she did that, it was for your own good.
	passé composé	*S'il **est parti** à l'heure, il **a dû** arriver à l'heure.*
		If he left on time, he must have arrived on time.

Attention ! a) Il faut se rappeler que la phrase hypothétique peut commencer par la proposition principale ou par la proposition subordonnée. Si l'on commence par la phrase subordonnée avec *si*, il faut insérer une virgule entre la subordonnée et la principale.

> *Je viendrai s'il fait beau.*
> *S'il fait beau, je viendrai.*

b) Il s'agit surtout de retenir les séquences suivantes :

subordonnée		principale
si + présent	→	présent, futur ou impératif
si + imparfait	→	conditionnel présent
si + plus-que-parfait	→	conditionnel passé

Mise en pratique 15 (phrases hypothétiques)

Mettez chaque verbe entre parenthèses au temps approprié.

1. Si tu me (téléphoner) _____ avant onze heures, on s'arrangera pour déjeuner ensemble.
2. Si je (ne pas être) _____ malade, j'aurais pu finir ma dissertation à temps.
3. Les choses (aller) _____ beaucoup mieux entre nous si on se disputait moins.
4. S'il (arriver) _____ à l'heure à la gare, il aura pu prendre son train.
5. Arrête de le voir s'il _____ (t'embêter).

Expression écrite

Le devoir d'idées

1. Comme son nom l'indique, **le devoir d'idées** est une composition écrite dans laquelle on développe les idées qui répondent au problème posé par le sujet du devoir. Il s'agit donc d'un texte qui reflète les prises de position du rédacteur. Et prendre position veut dire développer l'**argumentation** qui sera en mesure d'appuyer les idées que l'on avance.

2. L'**argumentation** est le développement raisonné d'une ou de plusieurs idées organisées dans l'intention de convaincre le lecteur. En ce cas, il ne s'agit ni d'écrire pour raconter une histoire (le récit), ni de décrire quelqu'un ou quelque chose (le portrait, la description), mais il s'agit d'exprimer un point de vue ou une idée. Ce point de vue ou cette idée implique une prise de position qu'il faut pouvoir justifier, le but étant bien sûr de convaincre avec logique, force et clarté. À cet effet, on peut citer Rivarol, qui a dit : « Ce qui n'est pas clair n'est pas français. »

3. L'idée de base que l'on veut présenter s'appelle **la thèse**. Pour défendre cette thèse, on apporte des arguments (preuves, raisonnements), eux-mêmes soutenus par des exemples. Il s'agit également de prévoir le point du vue opposé, l'**antithèse**, afin d'écarter les arguments éventuels de l'adversaire. La conclusion ou **synthèse** dresse le bilan des différents points du devoir d'idées.

Tableau 8.14

Parties d'un devoir d'idées

1. **L'introduction** est une préface où l'on expose la thèse qui va être développée. C'est dans cette partie du devoir que l'on pose le problème et que l'on marque ses limites.

2. **Le développement** est la partie du devoir où l'on présente les arguments. C'est donc la section la plus importante du texte puisque c'est là que se déroule la discussion, et c'est aussi là que l'on met en évidence la progression de la pensée. Au cours du développement, les formules de transition ont un rôle indispensable, car elles permettent :

   a) de passer efficacement d'un argument à un autre ;

   b) de relier, de coordonner et de juxtaposer les idées ;

   c) d'annoncer ou de mettre certains autres éléments en relief (explications, exemples, etc.).

   La disposition du texte en paragraphes permet également de grouper les arguments et de bien agencer le cours de la pensée. En général, chaque paragraphe correspond à une idée.

3. **La conclusion** est le paragraphe qui résume les arguments qui ont le plus d'impact. C'est le lieu où l'on fait le point sur toute la réflexion qui s'est déroulée au cours du devoir.

Mise en pratique 16 (devoir d'idées)

Lisez le passage ci-dessous et identifiez les différentes parties du texte, c'est-à-dire l'introduction (Quelle est la thèse ?), le développement (Quels sont les arguments avancés par l'auteur ?) et la conclusion (Comment fait-on le point ?). Ensuite, relevez les formules qui aident à convaincre ou qui servent à passer d'une idée à une autre.

   Le monde moderne fait à l'heure actuelle l'objet d'une condamnation presque unanime. Tout le monde se déclare insatisfait et critique aussi bien la pollution, l'énergie nucléaire et les produits chimiques que la vie urbaine et ses tensions. Ces accusations sont-elles vraiment justifiées ?

Telle est la question à laquelle je voudrais essayer de répondre. Je me pencherai en premier lieu sur les problèmes de la pollution et notamment des insecticides comme le D.D.T. Ensuite, j'aborderai les problèmes de santé et, pour terminer, je ferai quelques remarques au sujet des loisirs et du mode de vie actuel.

Notons, tout d'abord, que les insecticides dont on dit tant de mal ont permis de lutter contre des épidémies comme le typhus qui, autrefois, faisaient des ravages. Ils ont d'autre part permis d'améliorer de façon considérable les rendements agricoles. Précisons, à ce sujet, que, dans bien des pays du tiers monde, une grande partie de la récolte est encore détruite par les insectes. C'est un fait à ne pas négliger.

Il y a lieu de remarquer, à ce propos, que l'on retrouve la même attitude au sujet de l'énergie nucléaire. Tout le monde en parle, mais personne ne dit rien des morts que provoquent en France chaque année l'alcool et le tabac.

Cela dit, examinons maintenant l'état de santé des gens d'aujourd'hui. Est-il nécessaire de rappeler que l'espérance de vie est passée de 20 ans en 1775 à 75 ans en 1994, que la mortalité infantile est pratiquement identique dans tous les quartiers de Paris, alors qu'au début du vingtième siècle, la durée de vie était de 60 ans dans les quartiers riches et de 35 ans dans les quartiers pauvres ? On notera aussi que la taille moyenne des adolescents va en augmentant, ce qui est un signe objectif de bonne santé. En somme, on ne peut pas parler de détérioration de la santé par la vie moderne.

Nous pouvons passer maintenant à notre dernier point, celui du mode de vie actuel. On rend la vie citadine responsable de bien des maux et l'on vante les vertus de la vie à la campagne, au contact de la nature. Mais il faut signaler que les maladies de cœur, comme l'hypertension, sont aussi fréquentes dans les campagnes les plus éloignées que dans les villes.

En conclusion, il semble clair qu'il faille aborder ces questions avec plus de rigueur, plus d'objectivité. Le monde actuel est loin d'être parfait, c'est vrai. Cependant, ce n'est pas une raison pour dire n'importe quoi.

Adapté de *Parler et convaincre*, Librairie Hachette.

L'argumentation

1. L'argumentation est le développement raisonné des idées. L'intention est de convaincre le lecteur avec logique, force et clarté.

2. Lorsqu'on planifie son argumentation, il faut savoir à quoi servira chaque idée. Est-ce pour formuler un avis ou pour ajouter un autre argument ? Est-ce pour exprimer un doute ou plutôt pour présenter un argument incontournable *(inescapable)* ?

3. Il existe toute une gamme d'expressions qui permettent de mieux présenter des idées et des arguments. Le tableau ci-dessous dresse une liste des formules les plus courantes.

Tableau 8.15

Présentation des idées et des arguments

1. Pour introduire le sujet de l'argumentation :

Il est évident que…	*Au cours des vingt dernières années…*
Il est question depuis un certain temps que…	*En ce moment, on entend beaucoup parler de…*
On commencera d'abord par examiner…	*Selon les sondages les plus récents…*
On vient d'apprendre que…	*À la suite d'une enquête menée par…*

2. Pour énumérer les arguments :

Tout d'abord... ensuite... en outre... enfin...
*En premier lieu... ensuite... puis... en
   dernier lieu...*
*On commencera d'abord par... ensuite...
   puis...*

3. Pour ajouter des arguments :

À ce premier argument s'ajoute...
Par ailleurs...
On sait par exemple que...
Plus important encore...
Ceci dit... / Cela dit...

4. Pour donner un exemple :

Considérons, par exemple,...
Tel est le cas, par exemple, de...
L'exemple de... confirme...
Ainsi...
*Un autre exemple significatif nous
   est fourni par...*

5. Pour opposer :

D'une part..., d'autre part,...
Par ailleurs,... / Par contre,...
Cependant... / Pourtant...
Toutefois,...
Malgré le fait que...

6. Pour faire des concession :

Il est en effet possible que...
S'il est certain que...
Bien que... / Quoique...
Il est exact que... mais...

7. Pour donner un point de vue personnel :

Selon moi... / D'après moi...
Je pense que... / Je crois que...
En ce qui me concerne...
À mon avis...

8. Pour donner une explication :

c'est-à-dire...
ce qui veut dire...
ce qui signifie...

9. Pour exprimer la certitude :

Il est certain que...
Il est évident que...
Il est vrai que... / Il est clair que...
Manifestement,... / Évidemment,...

10. Pour exprimer un doute :

Il paraît que...
Il est peu probable que (+ subjonctif)...
Il se peut que (+ subjonctif)...

11. Pour formuler une conclusion :

Finalement,... / En conclusion... / Donc,...
On peut conclure que... / En fin de compte...
*Ce témoignage / Cette enquête / Cette
   étude prouve que...*

Mise en pratique 17 (argumentation)

Les paragraphes ci-dessous présentent la même argumentation de trois façons différentes. Analysez chaque paragraphe et dressez une liste des formules de présentation des idées utilisées.

Paragraphe 1
Au cours des vingt dernières années, on a vu s'accroître le nombre d'industries coupables de déverser leurs déchets toxiques directement dans nos lacs et nos rivières. Les mesures de contrôle imposées par le gouvernement jusqu'à ce jour s'avèrent tout à fait insuffisantes. Il est donc clair que des lois beaucoup plus strictes s'imposent si les autorités désirent véritablement résoudre ce problème.

Paragraphe 2
Il ne se passe guère de semaine sans de nouvelles révélations portant sur le nombre croissant d'industries coupables de déverser leurs déchets toxiques dans les lacs et les rivières de la région. En ce qui me concerne, des mesures de contrôle beaucoup plus strictes s'imposeraient si le gouvernement voulait vraiment faire face à ses responsabilités.

Paragraphe 3

À la suite d'un sondage mené par le groupe *Enquête Pollution*, on apprend que de nombreuses industries se permettraient encore de déverser leurs déchets toxiques dans nos lacs et nos rivières. Ceci malgré le fait que le ministère de l'Environnement ait imposé des mesures de contrôle de la pollution de l'eau.

Le coin du correcteur

Tableau 8.16

Les homonymes

1. *ce / se*   *ce* = adjectif démonstratif ; *se* = pronom réfléchi
2. *on / ont*   *on* = pronom indéfini ; *ont* = forme du verbe *avoir*
3. *mais / mai*   *mais* = conjonction ; *mai* = nom
4. *ou / où*   *ou* = conjonction ; *où* = pronom relatif
5. *la / là*   *la* = article ; *là* = adverbe
6. *sa / ça*   *sa* = adjectif possessif ; *ça* = pronom démonstratif

Mise en pratique 18 (correction des fautes)

Complétez chaque phrase en choisissant l'une des deux réponses. Expliquez votre choix.

1. Sylvie _____ débrouille seule. (*ce/se*)

2. _____ se sont-ils installés ? (*Ou/Où*)

3. _____ n'en a plus. (*On/Ont*)

4. _____, c'est vrai ! (*Sa/Ça*)

5. Il n'y a pas de chômage _____ -bas. (*la/là*)

6. _____ oui, je vis seul. (*Mais/Mai*)

Synthèse

Exercice 1 On part en voyage (futur simple)

oral ou écrit   Vous organisez un petit voyage au Québec avec un(e) camarade. À tour de rôle, posez les questions (sujet *nous*) et donnez les réponses.

Modèle :   temps du départ (quand/partir/vendredi soir/samedi matin)
  →   *Quand partirons-nous : vendredi soir ou samedi matin ?*
  →   *Nous partirons vendredi soir.*
ou →   *Nous partirons samedi matin.*

1. destination (où/aller/Québec/Montréal)

2. moyen de transport (comment/voyager/train/autocar)

3. type d'hébergement (où/descendre/hôtel/auberge de jeunesse)

4. quantité d'argent (combien/argent/prendre/100 $/150 $)

5. tour de ville (comment/visiter la ville/à pied/en bus)

6. choses à voir (qu'est-ce que/visiter/musée d'art/vieille ville)

7. sorties le soir (où/aller le soir/concert/cinéma)

8. bagages (combien/valises/emporter/une/deux)

9. sports (qu'est-ce que/faire/vélo/randonnées à pied)

10. nourriture (où/manger/restaurants/hôtel)

Exercice 2 Conséquences (futur simple)

oral ou écrit   Selon les circonstances indiquées, exprimez tout ce qui arrivera.

Modèle :   Je n'ai pas eu de difficulté à l'examen. (avoir une bonne note, être reçu)
  →   *J'aurai une bonne note et je serai reçu.*

1. Hélène vient de finir ses études. (ne pas avoir de difficulté à trouver un poste, faire une carrière brillante)

2. Jean-Paul peut finalement quitter le cocon familial. (réussir à se caser, se trouver un appartement, avoir plus de responsabilités)

3. Tu viens de gagner beaucoup d'argent. (en donner une partie aux œuvres de charité, investir le reste)

4. Arthur vient d'avoir un accident. (aller à l'hôpital, ne plus pouvoir conduire sa voiture, ne plus jamais danser comme auparavant)

5. Je viens d'obtenir un nouveau poste. (avoir moins de temps libre, gagner plus d'argent, ne plus dépendre de mes parents)

Exercice 3 En l'an 2013 (futur antérieur)

oral ou écrit Dites si, oui ou non, vous aurez fait ces choses en l'an 2020.

Modèle : (finir mes études)
→ *En l'an 2020, j'aurai fini mes études.*
ou → *En l'an 2020, je n'aurai pas encore fini mes études.*

1. quitter le domicile de mes parents
2. décrocher mon premier poste
3. m'installer à mon compte
4. me marier
5. avoir des enfants

Exercice 4 Dans une vingtaine d'années (futur antérieur)

oral ou écrit D'après vous, que nous réserve l'avenir ? Faites l'exercice suivant selon le modèle.

Modèle : on/arriver à supprimer les sources de pollution
→ *Dans une vingtaine d'années, on sera arrivé à supprimer les sources de pollution.*
ou → *Dans une vingtaine d'années, on ne sera pas encore arrivé à supprimer les sources de pollution.*

1. les médecins et les chercheurs/découvrir un traitement efficace contre le cancer
2. les voyages organisés dans l'espace/remplacer les croisières en bateau
3. on/perfectionner des voitures non polluantes
4. le taux de divorce/diminuer
5. beaucoup de jeunes/avoir probablement changé de carrière
6. on/installer des colonies sur d'autres planètes
7. notre professeur/prendre sa retraite
8. le prix de l'eau/dépasser celui de l'essence
9. on/éliminer les guerres
10. certaines régions côtières/disparaitre à cause du réchauffement de la planète

Exercice 5 Chaque chose en son temps (futur simple et futur antérieur)

oral ou écrit Faites l'exercice suivant selon le modèle.

Modèle : Nous (manger) quand Paul (rentrer).
→ *Nous mangerons quand Paul sera rentré.*

1. Je lui (téléphoner) dès que ce monsieur (sortir) de la cabine téléphonique.
2. Vous (pouvoir) y entrer quand ils (ouvrir) la porte.
3. Tu le (revoir) après qu'il (revenir) de vacances.
4. Elle (se sentir) mieux lorsqu'elle (se reposer).
5. Je (faire) un voyage en Europe dès que je (finir) mes études.

Exercice 6 Le choix (conditionnel présent)

oral ou écrit

Imaginez que vous et votre partenaire ayez le choix entre les deux possibilités qui sont fournies. À tour de rôle, posez les questions et donnez les réponses.

Modèle :   aller en France ou aller au Portugal
    →   *Tu veux aller en France ou au Portugal ?*
    →   *Si j'avais le choix, j'irais en France.*
  ou →   *Si j'avais le choix, j'irais au Portugal.*

1. suivre un cours de russe ou un cours de japonais

2. voir un film policier ou un film d'épouvante

3. posséder une maison ou posséder un condominium

4. devenir riche ou être heureux(se)

5. travailler seul(e) ou travailler en équipe

6. prendre des vacances à la montagne ou à la mer

7. faire des études de droit ou faire des études de médecine

8. aller au théâtre ou aller au cinéma

9. acheter une jeep ou acheter une camionnette

10. se marier ou rester célibataire

Exercice 7 Effectivement (conditionnel présent)

oral ou écrit

On croit souvent que les choses vont se passer différemment. Faites l'exercice suivant selon le modèle.

Modèle :   Je pense que tu le feras.
    →   *Effectivement, je pensais que tu le ferais.*

1. Je dis que vous devrez faire attention.

2. Il croit que ce sera facile.

3. Elle affirme qu'il nous rendra visite.

4. Vous pensez qu'ils rentreront tôt.

5. Tu crois que le film durera deux heures.

Exercice 8 Dans le meilleur des mondes (conditionnel passé)

oral ou écrit

Faites l'exercice suivant selon le modèle.

Modèle :   on/ne pas avoir de difficulté à trouver un poste
    →   *Si tout était allé comme prévu, on n'aurait pas eu de difficulté à trouver un poste.*

1. je/prendre des vacances cette année

2. tu/pouvoir t'acheter n'importe quoi

3. mes parents/ne pas avoir à s'occuper de lui

4. ce jeune homme/trouver un meilleur emploi

5. nous/organiser des soirées tous les jours

Exercice 9 Avec des si... (phrases hypothétiques)

oral ou écrit Faites l'exercice suivant selon le modèle.

Modèle :   On _____ (être) plus prudent. On aurait évité cet accident.
      →   *Si l'on avait été plus prudent, on aurait évité cet accident.*

1. Elle _____ (être) financièrement autonome. Elle quitterait le cocon familial.

2. J'avais su cela. Je _____ (ne pas venir).

3. Tu ne te lèves pas tout de suite. Tu _____ (manquer) ton train.

4. Ma tante _____ (se soigner). Elle n'aurait pas eu besoin d'aller à l'hôpital.

5. Vous m'aviez écouté. Cela _____ (ne pas arriver).

6. Nous _____ (étudier) un peu plus. Nous obtiendrions de meilleures notes.

7. Tu _____ (ne pas savoir) où ça se trouve. Renseigne-toi.

8. Ton copain _____ (suivre) tes indications. Il ne se perdra pas.

9. Nous n'étions pas si pressés. Nous _____ (pouvoir) aller les voir.

10. Il avait fini ses études. Il _____ (ne pas collectionner) tous ces petits boulots sans lendemain.

Exercice 10 Traduction partielle (phrases hypothétiques)

écrit Traduisez les mots entre parenthèses en français.

1. Si tu _____ (were) riche, tu _____ (would have spent) tout l'été au bord de la mer.

2. Vous _____ (could have seen her) si vous _____ (had booked an appointment*).

3. Nous _____ (would have) de meilleures places si tu _____ (had bought) les billets plus tôt.

4. Si nous _____ (had not waited) jusqu'à 21 heures, nous _____ (would already be) chez nous.

5. S'il _____ (had not been) si brimé, il _____ (would have conquered) sa liberté plus tôt.

*to book an appointment = prendre rendez-vous

Exercice 11 Moulin à phrases (divers éléments)

écrit Complétez chaque phrase d'une manière humoristique (si possible).

1. Aussitôt que la mariée arrivera...

2. S'ils arrivent à se débrouiller seuls,...

Synthèse

3. Lorsqu'elle sera indépendante…

4. Dans quelques instants…

5. S'il n'y a pas de réponse,…

6. Je t'accompagnerai si…

7. Tant que tu n'auras pas claqué la porte…

8. À peine aura-t-il décroché son premier job que…

9. Je me demande si…

10. Si mes parents ne m'avaient pas empêché(e) de…

Exercice 12 Petits paragraphes (divers éléments)

écrit   Écrivez quelques phrases pour développer les notions suivantes.

1. À l'âge de quarante ans, je serai…

2. Si tout à coup j'avais beaucoup d'argent, je…

3. Si j'avais su plus tôt ce que je sais maintenant, je…

4. Si j'avais à changer quelque chose dans ma vie, je…

5. Dans cinq ans, j'aurai…

Exercice 13 Traduction (divers éléments)

écrit   Traduisez les phrases suivantes en français.

1. We'll never come back here.

2. Some day she will laugh at all of this. (*rire de*)

3. Robert will be back as soon as he feels better.

4. I wonder whether this will indeed happen.

5. We will never give up.

Exercice 14 Le pour et le contre (l'argumentation)

Pour chacune des trois propositions ci-dessous, dressez une liste de quatre arguments
« pour » et quatre arguments « contre » cette proposition.

1. Les étudiants du secondaire devraient avoir le droit d'utiliser leur téléphone cellulaire quand bon
leur semble.

2. Tout citoyen devrait avoir le droit d'acquérir des armes à feu.

3. Les médecins devraient avoir le droit d'apporter leur aide aux grands malades voulant mourir.

Exercice 15 Rédaction (devoir d'idées)

écrit **Sujet** Choisissez comme sujet soit l'une des propositions de l'exercice précédent soit un problème de société qui vous tient à cœur.

Consignes 1. Trouvez un titre qui cerne bien le thème choisi.

2. Longueur : entre 350 et 400 mots.

3. Écrivez votre texte à double interligne.

4. Divisez votre texte en paragraphes.

Suggestions Rédigez votre devoir d'idées en vous assurant que :

a) vous avez vérifié la logique de vos arguments ;

b) vous avez utilisé les formules de présentation des idées ainsi que les mots connecteurs indispensables à la cohésion et à la cohérence de votre texte (*Tableau 8.15*) ;

c) vous avez bien corrigé votre copie.

Synthèse

© Creatas/Getty Images RF.

CHAPITRE 9
Les voyages et le tourisme

Lecture

Essai

Du Nord vers le Sud… la rencontre abîmée
d'Ezzedine Mestiri *311*

Article

La solidarité par le tourisme de Gary Lawrence *317*

Vocabulaire

Le voyage *314*

Le tourisme *315*

Grammaire

La négation *321*

Les verbes pronominaux *325*

Les expressions impersonnelles *329*

Les adjectifs et pronoms indéfinis *331*

Expression écrite

L'expression de la cause, de la
conséquence et du but *338*

Le coin du correcteur *342*

Synthèse

Exercice 1 à 12 *343*

 Visitez le site Web de *Mise en pratique*, **www.pearsoncanada.ca/favrod**,
où vous trouverez :

- des exercices de grammaire supplémentaires
- des activités complémentaires basées sur des sites Web francophones
- des exercices d'écoute

Lecture et vocabulaire

Dossier 1 *Du Nord vers le Sud… la rencontre abîmée*

Introduction à la lecture

Le tourisme, tel que nous le connaissons aujourd'hui, est né au XXe siècle. Les avances technologiques de ce siècle (avions, trains à grande vitesse) ont permis à l'homme de se déplacer plus facilement et plus rapidement qu'avant. Le tourisme est généralement perçu comme une bonne chose. Il peut, d'une part, stimuler l'économie d'un pays, et, d'autre part, nous instruire en nous donnant l'occasion de visiter des pays, de rencontrer des peuples différents et d'enrichir nos contacts avec le monde et la nature. Cela dit, nous ne réfléchissons peut-être pas assez aux problèmes que le tourisme de masse peut engendrer. En abordant un siècle nouveau, il y a certainement quelques questions à se poser sur les échecs (*failures*) du siècle dernier. Dans le premier texte de ce chapitre, nous abordons la question du tourisme dans les pays pauvres. Le journaliste tunisien Ezzedine Mestiri (auteur du *Guide du Maghreb à Paris*) parle des effets du tourisme sur les pays en voie de développement.

Activités de pré-lecture

1. Quels sont, d'après vous, les problèmes que le tourisme de masse peut créer ? Dressez une liste de ces problèmes.

2. En groupes de deux ou trois, comparez vos listes et classez les problèmes cités en créant des catégories ou des domaines. L'environnement, par exemple, pourrait être un domaine où un certain nombre de problèmes ont été identifiés.

3. Analysez le titre du premier texte : « Du Nord vers le Sud… la rencontre abîmée ». Que représente le Nord ? Et le Sud ? Que veut dire le mot « abîmée » ?

4. D'après le titre, pouvez-vous imaginer le point de vue de l'auteur ?

Lecture

Lisez le texte ci-dessous.

1. Dans les trois premiers paragraphes, soulignez les phrases à la forme négative.

2. Faites l'exercice de compréhension qui suit le texte.

Du Nord vers le Sud… la rencontre abîmée

Lecture

1

Comment les pays pauvres deviennent des paradis artificiels pour des millions de vacanciers occidentaux

L'élan du tourisme mondial est né dans les années 60. *Le tiers-monde* pauvre a pensé qu'il y avait une occasion à saisir : vendre ses paysages, ses climats ensoleillés, ses plages de sable fin, ses cultures exotiques. Il voulait recueillir des *devises* pour stimuler sa machine

économique. Mais, comme l'écrivait le sociologue Morris Fox, « Le tourisme est comme
le feu. *Il peut faire bouillir votre marmite ou incendier vos maisons.* » Ce propos souligne bien
le dilemme. Personne ne peut dire aujourd'hui que la marmite bout bien, comme il serait
exagéré d'affirmer que la maison est en feu.

Gros avions à réaction, vacances programmées, étirées, agences de voyages à tous les
coins de rue, jamais le monde, même lointain, n'a été aussi accessible. Jamais on n'a autant
voyagé, mais jamais aussi les égoïsmes nationaux, les malentendus et les hostilités entre
les peuples différents n'ont été aussi présents et aussi cruciaux. Au début des années 70, le
slogan « le tourisme facteur de paix et d'échanges,... moyen de compréhension entre les
peuples » était repris en chœur par tous, de l'UNESCO à la Conférence des Nations unies
pour le commerce et le développement, en passant par la Banque mondiale.

Malheureusement, la rencontre fut manquée, abîmée. 80 % des touristes dans le monde
sont originaires des pays industrialisés. C'est un « échange » à sens unique, et le touriste,
malgré lui, est loin d'être un personnage innocent. Le voyage ne peut être isolé d'un certain
contexte et de son environnement humain et social. Nous ne sommes plus au temps des
explorateurs, missionnaires, pèlerins et autres poètes. Le voyage est devenu un produit, une
affaire de marchands. Chaque année, plus de soixante millions d'Occidentaux prennent des
vacances dans un pays en voie de développement. Visiter le tiers-monde, certes. Mais quel
tiers-monde ?

Rien dans les dépliants et les catalogues des organisateurs et promoteurs de ce
tourisme multinational ne permet de soupçonner *l'effroyable misère sévissant* dans ces terres
paradisiaques, ni la pauvreté absolue des hommes tenus à l'écart des grands circuits
touristiques. Tout au long des pages, c'est l'exotisme caricatural et *racoleur* qui *s'étale* :
couples bronzés allongés sur des plages désertes, blondes voluptueuses vous invitant à
l'aventure au bord de la piscine d'*un hôtel quatre étoiles*, formules-clichés pour vendre des
terres de rêve, *figeant* des populations typiques, folkloriques et serviles.

Ce tourisme de masse est-il au moins créateur d'emplois ? On constate que cette
industrie n'occupe régulièrement que 5 % de la main-d'œuvre, 10 à 15 % en pleine saison,
main-d'œuvre essentiellement semi-qualifiée et saisonnière. Il faut dire aussi que ce secteur,
s'il rapporte des devises à un pays, entraîne d'énormes frais d'infrastructure pour l'État
(*aménagement des sites*, services privilégiés, etc.). Enfin, ce tourisme est générateur d'inflation.
Il provoque des hausses de prix spectaculaires, dans des pays où souvent n'existent pas
d'instruments sérieux et fiables pour mesurer cette inflation et évaluer ses conséquences sur
le niveau de vie de la population.

Il est temps de réfléchir à la forme et la pratique de ce tourisme. Quel tourisme ? Frantz
Fanon avait prédit : « Les pays sous-développés deviendront *les bordels* des pays industrialisés. »
Ce tourisme, s'il n'engendre pas la pollution, la prostitution, la petite délinquance, comme
on l'affirme parfois abusivement, les influence. Les entreprises touristiques transnationales
imposent leur clientèle et leurs produits. Ces « tour operators » organisent les circuits,
les séjours, les croisières... Ils lancent les nouvelles destinations, créent les formules de
vacances. On estime actuellement en France à plus de 2 000 les produits touristiques
vendus *comme des boîtes de conserve*. Les pays d'accueil *se plient* d'autant plus aux exigences
des fabricants de voyage qu'elles leur permettent de donner *une image tronquée* des terribles
réalités et tristes quotidiennetés qu'endurent leurs peuples. Il revient à ces pays la mission
de diversifier, inventer, devenir les véritables maîtres de l'exploration et de la découverte de

50

leur terre par les autres. Peut-être alors le malentendu entre le visiteur et son hôte pourra-t-il *s'amenuiser* et faire place à une rencontre véritable, où le touriste sera vu comme un invité et non comme un modèle à imiter ou *un nanti à plumer devant lequel on se courbe* parce qu'on le méprise.

Article de Ezzedine Mestiri, tiré du journal *Le Monde*

- l.1 l'élan : mouvement par lequel on s'élance—*the start or impetus*
- l.1 le tiers-monde : les pays en voie de développement—*third-world countries*
- l.3 devises : moyens de paiement dans une monnaie étrangère—*currency*
- l.5 Il peut faire bouillir votre marmite ou incendier vos maisons—*It can make the kitchen pot boil or set your house on fire (= it can be good or bad)*
- l.24 l'effroyable misère sévissant—*the horrible misery that is rampant*
- l.26 racoleur : qui fait de la propagande sans scrupules—*propagandist, enticing*
- l.26 s'étale (v. s'étaler) : s'étendre, prendre de la place—*to sprawl, show off*
- l.28 un hôtel quatre étoiles : un hôtel de luxe—*a four-star hotel, a luxury hotel*
- l.29 figeant (v. figer) : créer des images, des stéréotypes qui ne changeront pas facilement—*to create stereotypes*
- l.34 aménagement des sites—*planning and construction of tourist sites*
- l.39 les bordels—*the brothels*
- l.45 comme des boîtes de conserve—*like canned food*
- l.45 se plient (v. se plier) : céder—*to give in to*
- l.46 une image tronquée : une image altérée, mutilée—*an incomplete picture*
- l.50 s'amenuiser : diminuer—*to lessen, to reduce*
- l.51 un nanti à plumer devant lequel on se courbe—*a rich person to steal from and to whom one bows*

Compréhension globale

Répondez aux questions à choix multiples.

1. L'auteur trouve que le tourisme dans les pays pauvres…
   a) a été une grande réussite.
   b) a enrichi ces pays.
   c) a surtout nui à ces pays.
   d) a engendré la prostitution.

2. Dans les années 70, le tourisme était perçu comme un…
   a) moyen d'encourager l'échange entre différents pays.
   b) moyen d'éduquer les peuples du tiers-monde.
   c) problème réel, car les gens ne voyageaient plus.
   d) produit, une affaire de marchands pour consommateurs.

3. En lisant les dépliants et les catalogues de voyage sur les pays du Sud,
   a) on a une bonne idée des conditions de vie de ces pays.
   b) on apprend que les pays du tiers-monde sont pauvres.
   c) on a une image caricaturale de ces pays et de leurs habitants.
   d) on apprend beaucoup sur l'histoire et l'économie de ces pays.

4. Laquelle des quatre phrases suivantes au sujet du tourisme et de la création d'emplois est correcte ?

    a) Le tourisme ne crée pas d'emplois, c'est un mythe.

    b) Le tourisme n'occupe qu'un faible pourcentage de la main-d'œuvre.

    c) Le tourisme crée du travail 12 mois par année pour la majorité de la population.

    d) L'industrie du tourisme occupe régulièrement la moitié de la main-d'œuvre.

5. Selon l'auteur, les pays d'accueil…

    a) doivent mieux contrôler l'exploration de leur terre par les touristes.

    b) doivent abandonner l'idée d'attirer des touristes.

    c) organisent les séjours et les circuits touristiques.

    d) veulent imiter les pays industrialisés.

Vocabulaire

Le voyage

- voyager—*to travel*
- faire un voyage, partir en voyage/revenir de voyage—*to take a trip/to return from a trip*
- un long, grand voyage : un voyage qui dure longtemps
- un voyage d'agrément, un voyage touristique—*a pleasure trip, a tourist trip*
- un voyage organisé—*a package tour or holiday*
- un voyage d'affaires—*a business trip*
- un voyage d'étude, d'exploration, d'information—*a study or an exchange trip*
- un périple : un grand voyage par mer ou, plus couramment, un voyage par voie de terre—*a voyage (by sea) or a journey (by land)*
- une croisière, un voyage en mer—*a cruise, an ocean trip*

- les transports, les moyens de transport—*transportation*
- aller, marcher à pied—*to go on foot*
- en voiture, en train, en bateau, en avion—*by car, by train, by boat, by plane*
- une location de voiture, louer une voiture—*a car rental, to rent a car*
- un chemin de fer, une gare—*a train station*
- une gare routière, une gare maritime—*a bus station, a harbour station*
- un traversier, une traversée, un bateau-mouche—*a ferry, a crossing, a river boat (for sightseeing)*
- un vol (nolisé, direct, sans escale)—*a flight (chartered, direct, nonstop)*
- une escale, faire escale—*a stop (over), to stop, to call*

- l'hébergement—*accommodation, lodging*
- un hôtel (différentes catégories : deux, trois étoiles)—*a hotel (two star, three star)*
- un hôtel-restaurant, une pension (où l'on peut manger)—*a hotel with half or full board*
- chambre et petit déjeuner—*bed and breakfast*
- une chambre d'hôte : un gite touristique—*a bed and breakfast*
- une auberge—*an inn*
- un gite rural : un hôtel de campagne simple et sans luxe—*an inn*
- un camping—*a campground*

Le tourisme

- les pays du tiers-monde/les pays industrialisés—*third-world/industrialized countries*
- les pays en voie de développement/les pays développés—*developing/developed countries*
- les pays pauvres/riches—*poor/rich countries*
- la pauvreté, la misère/la richesse, le luxe—*poverty, misery/wealth, luxury*

- le tourisme mondial, de masse—*world, mass tourism*
- le tourisme bleu : voyages au bord de la mer
- le tourisme vert (ou rural) : vacances à la campagne
- le tourisme de santé (médical ou non médical) : vacances qui ont pour but de s'occuper de sa santé
- le tourisme urbain ou culturel : vacances dans les grandes villes
- le tourisme durable ou l'écotourisme : tourisme qui se pratique dans le respect de la nature et de l'environnement – *ecotourism*
- les paysages exotiques, des terres paradisiaques—*exotic landscapes, heavenly lands*
- les climats ensoleillés : les climats chauds, tropicaux/froids, tempérés—*warm or tropical climates/cold or temperate climates*
- les plages de sable fin—*white sand beaches*
- une agence de voyages—*a travel agency*
- une entreprise touristique—*a tourist business*
- des vacances programmées : des séjours et circuits organisés
- des vacances à la carte : où le touriste choisit son propre programme
- un forfait—*a package (deal)*
- un pays d'accueil : qui reçoit des touristes—*host country*
- un hôte, une hôtesse/un visiteur, une visiteuse : personne qui accueille/personne qui visite
- une rencontre, un échange—*a meeting, an exchange*

- un(e) touriste : personne qui fait du tourisme
- un explorateur, une exploratrice : personne qui explore un endroit peu accessible ou peu connu
- un(e) missionnaire : personne qui voyage dans le but de chercher à convertir à une religion
- un pèlerin : personne qui fait un pèlerinage—*a pilgrim, a person on a pilgrimage*

- l'inflation : hausse généralisée et continue des prix
- la pollution : action de polluer, salir en rendant dangereux
- la petite délinquance (vols, cambriolages)—*delinquency (petty theft, break-ins)*
- l'industrie, l'économie d'un pays—*a country's industry, economy*
- rapporter des devises : procurer de l'argent (aux pays du Sud)
- la création d'emplois—*job creation*
- une main-d'œuvre régulière/saisonnière—*a regular/seasonal labour force*
- une main-d'œuvre semi-qualifiée/qualifiée—*semi-skilled/skilled labour force*

Exploitation lexicale

1. Pour chaque élément de la colonne A, trouvez l'élément correspondant de la colonne B.

   Colonne A   Colonne B

   1. Jacques Cartier   _____   a) un pays industrialisé
   2. *Nouvelles Frontières*   _____   b) le tourisme de santé
   3. le Canada   _____   c) rapporter des devises
   4. vacances dans une station thermale _____   d) main-d'œuvre semi-qualifiée
   5. des cambriolages   _____   e) un explorateur
   6. travail de serveuse   _____   f) des climats chauds
   7. le tourisme de masse   _____   g) un pays en voie de développement
   8. les pays tropicaux   _____   h) une agence de tourisme
   9. Haïti   _____   i) la petite délinquance

2. Remplissez les blancs avec le mot ou l'expression qui convient.

   a) Un pays en _____ est un pays qui est en train de s'industrialiser.

   b) Souvent, les touristes ne se rendent pas compte de _____ dans laquelle vivent les habitants du pays qu'ils visitent.

   c) Beaucoup de touristes aiment les vacances _____, car ils n'ont rien à préparer.

   d) _____ est un problème sérieux dans les pays du tiers-monde, car la promotion du tourisme a des conséquences sur le niveau de vie de la population.

   e) Dans les années 60, plusieurs pays du tiers-monde se sont tournés vers l'industrie du tourisme dans le but de recueillir _____.

   f) Pour connaitre l'horaire des trains, il faut se renseigner directement à la _____.

   g) Les _____ en Alaska sont devenues très populaires.

   h) Elle n'aime pas les _____ : elle préfère voyager seule.

   i) J'ai pris un vol direct pour aller à Tokyo. Son vol a fait _____ à Vancouver.

3. Trouvez les mots de la même famille.

NOM	VERBE	ADVERBE	ADJECTIF
explorateur (trice)		■	
			pauvre
	polluer	■	
richesse (la)			
misère (la)	■		

4. Composez des phrases avec chacun des mots suivants.

   l'écotourisme—les climats ensoleillés—la création d'emplois—polluer

Compréhension détaillée 1

1. Expliquez la comparaison suivante : « Le tourisme est comme le feu. Il peut faire bouillir votre marmite ou incendier vos maisons. »

2. Pourquoi, selon l'auteur, la rencontre entre pays industrialisés et pays du tiers-monde n'a-t-elle pas réussi ?

3. Quel reproche peut-on faire aux dépliants et aux catalogues de voyage ?

4. Quel pourcentage de la main-d'œuvre d'un pays en voie de développement travaille régulièrement dans l'industrie du tourisme ?

5. Le tourisme apporte des devises étrangères à un pays, mais il entraine aussi deux problèmes importants. Quels sont-ils ? Expliquez.

6. On dit qu'il y a malentendu entre le visiteur et son hôte. Pourquoi ?

Compréhension détaillée 2

1. Comptez le nombre de paragraphes dans l'article.

2. Résumez, en une ou deux phrases, l'idée principale de chaque paragraphe.

3. Maintenant, préparez une fiche de lecture pour l'article.

Réflexion et discussion

1. Avez-vous déjà visité un pays en voie de développement ? Quelle a été votre expérience ?

2. Dans le dernier paragraphe, l'auteur suggère que le tourisme influence la pollution, la prostitution et la petite délinquance. Comment le tourisme engendre-t-il cela ? Donnez des exemples concrets pour les trois problèmes cités.

3. Comment définiriez-vous le touriste par rapport au voyageur ou à l'explorateur (qui n'existe plus vraiment aujourd'hui) ? Est-ce qu'on peut voyager sans être touriste ?

4. Faites une petite enquête sur un pays pauvre qui est devenu une grande destination touristique. Analysez les dépliants de voyage. Est-ce que les idées présentées par l'auteur dans le quatrième paragraphe de l'article correspondent à la réalité ?

Dossier 2 *La solidarité par le tourisme*

Introduction à la lecture

Dans ce dossier, vous allez vous familiariser avec un nouveau genre de tourisme qui attire de plus en plus de personnes de tous les âges. Il s'agit du tourisme solidaire, appelé aussi tourisme responsable ou équitable.

Activité de pré-lecture

1. Avez-vous déjà entendu parler du tourisme solidaire ? Qu'en savez-vous ?

2. Renseignez-vous davantage sur ce genre de tourisme en consultant le site suivant:
   http://www.linternaute.com/voyager/pratique/tourisme-solidaire/tourisme-solidaire.shtml

   a) Depuis quand existe-t-il ?

   b) Quel est son but ?

   c) Qui peut y participer ? Comment et où ?

Lecture

Lisez le texte ci-dessous.

1. Soulignez les verbes pronominaux utilisés dans les deux premiers paragraphes.
2. Répondez aux questions de compréhension qui suivent le texte.

La solidarité par le tourisme

1 « Quand *s'abat un fléau* comme celui de *Port-au-Prince*, les gens nous téléphonent pour savoir s'ils peuvent partir avec nous pour offrir de l'aide sur place, dit Justine Lesage, porte-parole d'*Oxfam-Québec*. Mais seuls des *coopérants* bien entraînés peuvent être envoyés, du jour au lendemain, sur le site d'une catastrophe ».

5 On le voit, en matière d'aide humanitaire, certains ne se contentent pas de donner de l'argent : ils veulent bouger, agir, participer. Or, s'ils ne peuvent *se transmuer* en coopérant *en un tournemain*, le drame d'Haïti nous rappelle qu'il existe plusieurs façons de partir à l'étranger pour aider *son prochain*. C'est ce qu'on appelle le tourisme solidaire, communautaire ou volontaire, aussi décrit comme le tourisme social ou volontourisme.

10 Né de la volonté de voir le monde tout en aidant des communautés dans le besoin, le tourisme solidaire implique qu'on *œuvre bénévolement* pour une bonne cause : projet de développement, recherche scientifique, protection environnementale ou animalière, etc. Quand il vise le bienfait de l'humanité, le tourisme solidaire devient humanitaire : aide aux victimes d'une *inondation*, reconstruction de villes et villages à la suite d'un *cataclysme*, que ce

15 soit un tsunami ou un *séisme*…

De façon générale, les gestes posés par le touriste solidaire se rapprochent du travail du coopérant, à cette différence près que le premier est mobilisé sur de courtes périodes et qu'il n'est généralement pas rémunéré; au contraire, il paie de sa poche la totalité de son périple, fait du bénévolat et sacrifie parfois sur le confort de ses vacances. Dans certains cas, une

20 partie du montant du forfait payé est même versé à de *bonnes œuvres* sur place.

Il y a des gens qui soulèvent cependant des doutes quant aux motivations profondes qui animent certains organismes, tandis que d'autres estiment que le tourisme communautaire ne sert qu'à donner bonne conscience à des touristes qui en font trop peu, trop tard. Cela dit, plusieurs agences méritent qu'on les considère.

25 Au Québec, ***Expédition Monde*** propose ainsi une dizaine de « voyages communautaires » (rénovation d'une école en Tanzanie, développement de l'écotourisme au Laos, etc.).

Horizon Cosmopolite propose des stages de tourisme solidaire et d'immersion culturelle dans une vingtaine de pays sur quatre continents: travail dans un orphelinat au Ghana, enseignement dans une école primaire du Guatemala, etc. Quant à ***Humanis Voyage***, cette

30 agence allie aventure et travail communautaire en Asie et dans les Amériques: construction de petites maisons, travail dans une clinique, un hôpital ou une communauté, etc.

Toujours près de chez nous, la ***Canadian Alliance for Development Initiatives and Projects*** permet de prendre part à une foule de projets variés, partout sur la planète : reconstruction d'écoles détruites par un ouragan, sauvegarde des tortues géantes au Mexique,

35 fouilles archéologiques…

Enfin, dans un *créneau* plus précis, le ***Earthwatch Institute*** verse dans le tourisme solidaire à vocation scientifique (impact des changements climatiques sur certaines régions, gestion durable de la forêt pluviale de Porto Rico, etc.).

Pour prendre part à des séjours ou à des stages plus longs, ou pour devenir coopérant, consultez la liste de l'Association québécoise des organismes de coopération internationale ou procurez-vous le guide ***Stagiaires sans frontières***, publié chez Ulysse.

Article de Gary Lawrence, 14 janvier 2010

http://www.lactualite.com/blogues/le-blogue-art-de-vivre/la-solidarite-par-le-tourisme/

l. 1 s'abat (s'abattre)—*to fall down on or upon (as in a scourge or a curse)*

l. 1 un fléau—*a curse*

l. 1 Port-au-Prince : ville capitale de Haïti

l. 3 Oxfam-Québec : organisme québécois qui travaille à trouver des solutions durables à la pauvreté et l'injustice dans le monde

l. 3 coopérants : spécialistes qui participent au développement d'un autre pays

l. 6 se transmuer : changer en autre chose—*to transform oneself into something or someone completely different*

l. 7 en un tournemain : en un instant

l. 8 son prochain (n. m.)—*one's fellow man or neighbor*

l. 11 œuvre (œuvrer) : travailler

l. 11 bénévolement : de façon bénévole—*voluntarily, for nothing*

l. 14 inondation—*flood*

l. 14 cataclysme : un désastre naturel

l. 15 séisme : tremblement de terre—*earthquake*

l. 20 bonnes œuvres : actions charitables

l. 36 créneau : domaine, segment

Compréhension globale

Répondez aux questions à choix multiples.

1. Quand une catastrophe frappe un pays comme Haïti,…

    a) on ne peut rien faire pour aider la situation.

    b) seuls les coopérants peuvent se rendre rapidement sur place.

    c) on peut contacter Oxfam-Québec et partir avec l'organisation.

    d) un touriste peut devenir coopérant sans trop de difficultés.

2. Un coopérant…

    a) est payé.

    b) travaille bénévolement.

    c) prend ses vacances en Haïti.

    d) est un touriste responsable.

3. Quelle phrase résume le mieux en quoi consiste le tourisme solidaire ?

   a) prendre des vacances tout en étant payé

   b) voyager dans le confort pour aider les autres

   c) se transformer en coopérant pour travailler bénévolement

   d) voir le monde tout en œuvrant pour une bonne cause

4. Le tourisme solidaire…

   a) ne soulève pas de doutes.

   b) attire les coopérants.

   c) n'est pas reçu positivement par certains.

   d) coute cher.

5. Si on aime les sciences et la nature, laquelle de ces organisations devrait-on considérer ?

   a) Horizon Cosmopolite

   b) Expédition Monde

   c) Humanis Voyage

   d) Earthwatch Institute

Approfondissement lexical

Les radicaux

- Le radical fait partie de la racine (*root*) d'un mot. Si on prend le radical **fabul-** (qui vient du latin et signifie *fable*), on voit qu'il forme toute une série de mots de la même famille dont :

fabulation	nom désignant la chose (production imaginaire de l'esprit)
fabuleux(se)	adjectif pour décrire ce qui appartient à la fable
fabulateur(trice)	adjectif pour désigner ce qui a l'habitude de la fabulation
fabuliste	nom masculin qui désigne l'auteur qui compose des fables
fabuleusement	adverbe, d'une manière fabuleuse

1. Relisez les définitions ci-dessus et choisissez, parmi les mots formés à partir du radical **fabul-**, celui qui complète chaque phrase.

   a) Jean de La Fontaine est un _____ célèbre : c'est lui qui a composé la fable *La Cigale et la Fourmi*.

   b) Cet homme est _____ riche.

   c) Hercule est un héros _____ de la mythologie grecque.

   d) On dit que la _____ est normale chez les jeunes enfants.

2. Étudiez les éléments suivants. Que signifient-ils ? Donnez un ou deux dérivés pour chacun. Vous aurez besoin d'un dictionnaire pour faire cet exercice. Suivez l'exemple donné.

a) *-phile*   du grec, élément qui signifie « ami » (qui aime)
   cinéphile : qui aime le cinéma
   anglophile : qui aime les Anglais

b) *-phobe*

c) *-phage*

d) *combus-*

e) *océano-*

f) *spec-*

g) *-isme*

Compréhension détaillée

1. En quoi le tourisme solidaire se distingue-t-il du tourisme de masse ?

2. Pourquoi l'organisation Oxfam-Québec a-t-elle dû refuser des offres d'aide de personnes qui voulaient se rendre en Haïti ?

3. Quelles sont les différentes appellations du tourisme solidaire ?

4. Comment le travail du coopérant est-il différent de celui du touriste solidaire ?

5. On dit qu'il y a des doutes au sujet des organismes et de leurs motivations profondes. Que veut-on dire exactement ?

Réflexion et discussion

1. Expliquez la phrase suivante : « … d'autres estiment que le tourisme communautaire ne sert qu'à donner bonne conscience à des touristes qui en font trop peu, trop tard. » Êtes-vous d'accord avec cette affirmation ? Expliquez.

2. Consultez les sites Web de trois agences mentionnées dans l'article (Expédition Monde, Horizon Cosmopolite et Humanis Voyage) et répondez aux questions suivantes :

a) Lequel des trois sites préférez-vous ? Expliquez-vous !

b) Choisissez un voyage que vous aimeriez faire éventuellement. Pourquoi ? Identifiez les raisons (causes et le but).

Grammaire et expression écrite

Grammaire

La négation

Remarques préliminaires

1. La négation en français comprend généralement plusieurs mots.

   *Nous **n'**avons **pas encore** de nouvelles concernant ce groupe de touristes solidaires parti au Ghana.*

2. La négation présente le contraire de l'affirmation.

   Ce n'était pas un ouragan.   ↔   *C'était un ouragan.*
   (négation)   (affirmation)

Adverbes négatifs

Tableau 9.1

Formes et emplois des adverbes négatifs

adverbe	négation	affirmation
ne... pas	*Je n'y suis pas allé(e).*	*J'y suis allé(e).*
ne... point (littéraire)	*Il ne fut point surpris.*	*Il fut surpris.*
ne... plus	*Ils ne sortent plus ensemble.*	*Ils sortent encore ensemble.*
ne... pas encore	*Nous n'avons pas encore eu de ses nouvelles.*	*Nous avons déjà eu de ses nouvelles.*
ne... nulle part	*Je n'ai vu sa photo nulle part.*	*J'ai vu sa photo quelque part.*
ne... pas toujours	*Tu n'as pas toujours raison.*	*Tu as toujours raison.*
ne... pas souvent	*On n'y va pas souvent.*	*On y va souvent.*
ne... jamais	*Ne passez jamais par ce chemin.*	*Passez toujours par ce chemin.* (ou *une fois, parfois, quelquefois, de temps en temps, des fois*)
ne... guère	*Il ne travaille guère.*	*Il travaille beaucoup.*
ne... pas beaucoup	*Elle ne parle pas beaucoup.*	*Elle parle beaucoup.*
non (langue parlée)	*Je crois que non.*	*Je crois que oui.*
ne... pas non plus	*Elle n'y croit pas non plus.*	*Elle y croit aussi.*
ne... pas du tout (qualifie un adjectif)	*Elle n'est pas du tout contente.*	*Elle est très contente.*
ne... aucunement	*Cela ne m'a aucunement surpris(e).*	*Cela m'a beaucoup surpris(e).*
ne... nullement (qualifie un verbe)	*Cela ne me gêne nullement.*	*Cela me gêne beaucoup.*
ne... toujours pas (= ne pas encore)	*Il ne m'a toujours pas téléphoné.*	*Il m'a déjà téléphoné.*

Attention !   L'expression *ne... que* n'a pas de signification négative. Elle est l'équivalent de l'adverbe *seulement*.

> *Il n'y a que deux plages de sable fin.*
> *Il y a seulement deux plages de sable fin.*

Mise en pratique 1 (adverbes négatifs)

Mettez les phrases ci-dessous à la forme négative. (Il y a parfois plus d'une réponse possible.)

1. Ce programme de tourisme solidaire est très connu.
2. Ces deux chercheurs se parlent souvent.
3. Ils ont voté oui.
4. Leur dernier voyage les a beaucoup éprouvés.
5. Ce cirque exploite encore les animaux.
6. Tu travailles parfois ?
7. J'ai vu ce chat quelque part.
8. Elles ont déjà reçu cette brochure concernant l'organisme Expéditions Monde.

Adjectifs à sens négatif

Tableau 9.2

Formes et emplois des adjectifs à sens négatif

adjectif	négation	affirmation
aucun(e)… ne	*Aucun médecin ne dirait cela.*	*Tous les médecins diraient cela.*
ne… aucun(e)	*Tu n'as fait aucune faute.*	*Tu as fait plusieurs fautes.*
pas tous… (langue parlée)	*Pas tous les chercheurs sont d'accord là-dessus.*	*Certains chercheurs sont d'accord là-dessus.*
nul(le)… ne	*Nul étudiant ne sera exempté.*	*Chaque étudiant sera exempté.*
ne… nul(le)	*Je n'en ai nul besoin.*	*J'en ai fort besoin.*
pas un(e)… ne	*Pas un député n'a voté oui.*	*Absolument tous les députés ont voté oui.*
ne… pas un(e)	*Il n'avait pas un seul ami.*	*Il avait vraiment beaucoup d'amis.*

Mise en pratique 2 (adjectifs à sens négatif)

Mettez les phrases ci-dessous à la forme négative en remplaçant les mots en italique par un adjectif à sens négatif.

1. *Certains* stages de formation sont remboursés par la compagnie.
2. *Absolument tous* les membres du club sont venus à la fête annuelle.
3. *Tous* les membres présents ont pu voter.
4. Il s'est adressé à *plusieurs* agences de voyages.
5. *Chaque* bénévole reçoit une formation.

Pronoms à sens négatif

Tableau 9.3

Formes, fonctions et emplois des pronoms à sens négatif

pronom	fonction	négation	affirmation
aucun(e) ne	sujet	*Aucune ne l'intéresse.*	*Chacune l'intéresse.*
ne… aucun(e)	COD	*Je n'en ai acheté aucun.*	*J'en ai acheté plusieurs.*
nul ne… (littéraire)	sujet	*Nul n'est mieux informé que lui.*	*Tout le monde est mieux informé que lui.*
personne ne…	sujet	*Personne ne me l'a dit.*	*Tout le monde me l'a dit.*
ne… personne	COD	*Je n'y ai vu personne.*	*J'y ai vu tout le monde.*
	COI	*Elle n'a parlé à personne.*	*Elle a parlé à tout le monde.*
rien ne…	sujet	*Rien ne semble le contrarier.*	*Tout semble le contrarier.*
ne… rien	COD	*Elle ne m'a absolument rien dit à ce sujet.*	*Elle m'a absolument tout dit à ce sujet.*
	COI	*Il ne pense à rien.*	*Il pense à quelque chose.*
ne… pas grand-chose	COD	*Je n'ai pas grand-chose à vous dire.*	*J'ai vraiment beaucoup à vous dire.*
ni l'un ni l'autre ne	sujet	*Ni l'un ni l'autre n'est venu.*	*Ils sont venus l'un et l'autre.*

Mise en pratique 3 (pronoms à sens négatif)

Mettez les phrases ci-dessous à la forme négative en remplaçant les mots en italique par un pronom à sens négatif.

1. *Tous les pays d'accueil* ont connu la même expérience.

2. *Tout* le contrarie.

3. Elle a *vraiment beaucoup* à faire.

4. *Tout le monde* a pu monter dans l'avion.

Conjonctions négatives

Tableau 9.4

Formes et emplois des conjonctions négatives

conjonction	élément qui suit	contexte
ni... ni... ne...	noms ou pronoms (sujet)	*Ni son père ni sa mère ne lui ont donné la permission.* *Ni vous ni lui ne pourrez le faire.*
ne... ni... ni...	noms ou pronoms (objet)	*Je ne prends ni sucre ni lait.* *Elle n'aime ni toi ni moi.*
ne... pas... ni...	noms ou pronoms (objet)	*Je ne trouve pas mes lunettes ni mes clés.*
ne... pas/plus de... ni de...	noms (objet)	*On n'a plus de poivre ni de sel.*
ne... ni... ni...	prépositions	*Ils ne sont ni dans le salon ni dans la cuisine.*
ne... ni... ni...	participes passés	*Je n'ai ni bu ni mangé.*
ne... ni... ni...	infinitifs	*Elle ne veut ni manger ni boire.*
ne... pas que... ni que...	propositions subordonnées	*Je ne crois pas qu'il reçoive une augmentation ni qu'il soit promu.*
ne... ni que... ni que...	propositions subordonnées	*Elle ne veut ni qu'on lui écrive ni qu'on lui téléphone.*
ni... ne... ni... ne... (littéraire)	propositions principales	*Ni l'ignorance n'est défaut d'esprit ni le savoir n'est preuve de génie.*
ne... ni ne...	verbes conjugués	*Il n'avance ni ne recule.*

Mise en pratique 4 (conjonctions négatives)

Mettez les phrases suivantes à la forme négative en utilisant les conjonctions du *Tableau 9.4*.

1. La protection environnementale et la recherche scientifique figurent dans la mission de cette agence de tourisme solidaire.

2. Elle préfère la plage et le soleil.

3. Je tiens à ce qu'il me téléphone et à ce qu'il s'excuse.

4. Je prends du sucre et du lait dans mon thé.

5. Sur cette plage, on peut se baigner et amener son chien.

Remarques complémentaires

1. Avec un infinitif, les parties de l'adverbe négatif ne sont pas séparées.

   > *Le guide est désolé de **ne pas** pouvoir répondre à cette question.*

   > **Attention !** Avec les verbes *avoir* et *être* (utilisés seuls ou comme auxiliaires), il y a parfois deux possibilités :
   > > *Le guide a honte de **n'avoir pas** répondu.*
   > > *Le guide a honte de **ne pas** avoir répondu.*

2. La forme *ne* précède toujours les pronoms compléments.

   > *Elle **ne le lui** a pas dit.*

3. Si l'on souhaite utiliser un langage plus soutenu, on peut omettre le *pas* après les verbes *cesser, oser, pouvoir* et *savoir*.

   > *Il **n'**osait dire quoi que ce soit.*

4. Dans la langue parlée courante, on a tendance à omettre le *ne*.

   > *Je peux **pas**.*

Les verbes pronominaux

Remarques préliminaires

1. On utilise le pronom personnel réfléchi *se (s')* avec l'infinitif d'un verbe pronominal employé seul, c'est-à-dire sans verbe conjugué qui le précède.

   > *Se promener à la campagne, c'est bon pour la santé.*

2. Quand l'infinitif d'un verbe pronominal suit un verbe conjugué, le pronom réfléchi s'accorde toujours avec le sujet du verbe de la phrase.

   > *Je veux aller **me** promener.*

3. Certains verbes ont une forme pronominale et une forme non pronominale.

   > forme pronominale → ***Je me lave** les mains.*
   > forme non pronominale → ***Elle lave** les mains de son bébé.*

Mise en pratique 5 (verbes pronominaux)

Mettez le verbe entre parenthèses au temps et au mode indiqués.

1. Ils _____ (se rencontrer/passé composé) à une soirée organisée par des amis à lui.

2. Elle _____ (s'absenter/plus-que-parfait) ce jour-là.

3. Je _____ (s'en souvenir/conditionnel passé).

4. Elle _____ (ne pas assez se méfier/imparfait) des promesses qu'il lui faisait.

5. _____ (se faire/tu/passé composé/interrogatif) couper les cheveux ?

6. Si elle _____ (ne pas se tromper/plus-que-parfait), elle serait arrivée à l'heure.

Mise en pratique 6 (verbes pronominaux)

Mettez le verbe entre parenthèses à la forme, au temps et au mode qui conviennent.

1. Il vaut mieux que nous _____ (se rendre) au Québec si nous voulons vraiment pratiquer notre français.
2. Dès qu'on a vérifié, on s'est rendu compte qu'on _____ (se tromper).
3. Il nous salua, puis _____ (s'en aller).
4. C'est bizarre comme elles _____ (se ressembler).
5. Ils sont arrivés en retard parce qu'ils _____ (se perdre).
6. Il faut que tu _____ (s'arrêter) de fumer.

Classification des verbes pronominaux

Tableau 9.5

Catégories des verbes pronominaux

Il y a trois catégories de verbes pronominaux :

1. les verbes pronominaux **réfléchis**

     Il ne s'est pas rasé ce matin.
     (Le sujet du verbe agit sur lui-même.)

2. les verbes pronominaux **réciproques**

     Ils se sont dit bonjour.
     (Le sujet du verbe représente deux personnes qui agissent l'une sur l'autre.)

3. les verbes pronominaux **à sens idiomatique**

   a) Certains verbes actifs ont **un sens différent** à la forme pronominale.
       plaindre = *to pity*
       se plaindre = *to complain*
       Ils se plaignent de tout.
       (They complain about everything.)

   b) Certains verbes actifs ont **une valeur passive** à la forme pronominale.
       traduire = *to translate*
       se traduire = *to be translated* (valeur passive)
       Cela ne se traduit pas.
       (It can't be translated.)

   c) Certains verbes sont **essentiellement pronominaux**, c'est-à-dire qu'ils n'ont pas de forme non pronominale.
       Méfiez-vous de lui.
       (Le verbe *se méfier* ne s'utilise qu'à la forme pronominale. Il n'y a pas de verbe *méfier*.)

Tableau 9.6

Principaux verbes pronominaux à sens idiomatique

A. sens différent

verbes pronominaux	verbes non pronominaux
1. *s'agir de* (to be about)	*agir* (to act)
2. *s'en aller* (to leave)	*aller* (to go)
3. *s'apercevoir de* (to realize)	*apercevoir* (to notice)
4. *s'attendre à* (to expect)	*attendre* (to wait)

5. *se demander* (to wonder)   *demander* (to ask)
6. *se douter de* (to suspect)   *douter* (to doubt)
7. *s'ennuyer* (to be bored)   *ennuyer* (to annoy)
8. *s'entendre* (to get along)   *entendre* (to hear)
9. *se mettre à* (to begin)   *mettre* (to put)
10. *se passer de* (to do without)   *passer* (to pass)
11. *se plaindre de* (to complain about)   *plaindre* (to pity)
12. *se plaire à* (to like, to enjoy)   *plaire* (to please)
13. *se promener* (to take a walk)   *promener* (to walk, e.g., a pet)
14. *se rappeler* (to remember)   *rappeler* (to call back)
15. *se rendre* (to go, to surrender)   *rendre* (to give back)
16. *se sentir* (to feel, e.g., well)   *sentir* (to smell)
17. *se servir de* (to use)   *servir* (to serve)
18. *se tromper* (to make a mistake)   *tromper* (to deceive)

B. valeur passive   contexte
   verbes pronominaux

1. *s'appeler* (to be called)   *Elle s'appelle Jacqueline.*
2. *se boire* (to be drunk)   *Cette boisson se boit fraiche.*
3. *se comprendre* (to be understood)   *Ce concept se comprend difficilement.*
4. *se conjuguer* (to be conjugated)   *Ces verbes se conjuguent avec l'auxiliaire être.*
5. *se dire* (to be said)   *Cela ne se dit pas.*
6. *s'employer* (to be used)   *Ce mot ne s'emploie qu'au pluriel.*
7. *se manger* (to be eaten)   *Ce plat se mange froid.*
8. *se traduire* (to be translated)   *Comment se traduit ce mot ?*
9. *se trouver* (to be situated)   *Où se trouve ce monument ?*
10. *se vendre* (to be sold)   *Cette voiture se vend au Canada.*

Attention ! Notez les deux expressions suivantes :

    Ça se voit. (It's obvious.)
    Cela ne se fait pas. (You can't do that./It's not good manners.)

C. verbes essentiellement pronominaux (toujours à la forme pronominale)

1. *s'absenter* (to be absent)   11. *s'évanouir* (to faint)
2. *s'abstenir* (to abstain)   12. *s'exclamer* (to exclaim)
3. *s'accroupir* (to crouch)   13. *se fier à* (to trust)
4. *s'avérer* (to turn out to be)   14. *se méfier de* (to distrust)
5. *se désister* (to withdraw)   15. *se moquer de* (to make fun of)
6. *s'écrier* (to cry out)   16. *se repentir* (to repent)
7. *s'écrouler* (to crumble)   17. *se réfugier* (to seek refuge)
8. *s'efforcer de* (to try)   18. *se soucier de* (to worry about)
9. *s'enfuir* (to escape)   19. *se souvenir de* (to remember)
10. *s'envoler* (to take flight)   20. *se suicider* (to commit suicide)

Mise en pratique 7 (classification des verbes pronominaux)

Analysez le verbe pronominal et indiquez à quelle catégorie il appartient : **a)** réfléchi, **b)** réciproque, **c)** sens différent : pronominal/non pronominal, **d)** valeur passive ou **e)** essentiellement pronominal.

1. Elle se moque du tourisme de masse.
2. Comment les habitants de cette ile s'appellent-ils ?

3. Je crois que tu t'es trompé.

4. Ne vous forcez pas !

5. Cela s'est avéré être la bonne formule.

6. Elle s'habille toujours en noir.

7. Il s'est évanoui quand il l'a revue.

8. Ils s'entendent vraiment très bien.

Remarques complémentaires

1. Pour insister sur la réciprocité, on utilise une des variantes de la formule *l'un l'autre* en faisant les accords et en ajoutant, au besoin, la préposition appropriée.

   > *Ils se sont approchés **les uns des autres**.*

2. Certains verbes pronominaux au pluriel peuvent avoir un sens réfléchi ou un sens réciproque.

   > *Ils **se regardent**.* (dans un miroir)
   > *Ils **se regardent**.* (l'un l'autre)

3. Il faut noter la différence entre :

   a) une forme pronominale (qui indique une action)

   > *Il **se fatigue**.* (action de *se fatiguer*)
   > *Il **s'assied**.* (action de *s'assoir*)

   b) la forme adjectivale ou participiale du même verbe, utilisée avec *être* (ce qui représente un fait accompli)

   > *Il **est fatigué**.* (fait d'être *fatigué*)
   > *Il **est assis**.* (fait d'être *assis*)

   Autres expressions de ce type :

s'allonger et être *allongé*	*se coucher* et être *couché*
se lever et être *levé*	*se presser* et être *pressé*

4. Il faut distinguer entre *s'en faire*, qui veut dire *s'inquiéter de*, et *s'y faire*, qui veut dire *s'habituer à*.

   > ***Ne vous en faites pas*** *: on a assez d'argent.*
   > *Quel style bizarre ! **Je ne m'y ferai jamais**.*

5. *S'agir de* est toujours impersonnel (le sujet *il* est le seul sujet possible). Suivie d'un infinitif, cette construction veut dire *il faut* ou *il convient de*. Suivi d'un nom ou d'un pronom, *il s'agit de* veut dire *il est question de*.

   > ***Il s'agit de*** *faire attention.*
   > *Dans cette brochure, **il s'agit des** problèmes auxquels font face les touristes solidaires.*

Mise en pratique 8 (verbes pronominaux)

Complétez chaque phrase en traduisant l'expression entre parenthèses.

1. Il _____ (is still in bed) ; il _____ (is going to get up) dans quelques minutes.

2. Ils se sont assis l'un en face de _____ (the other).

3. _____ (Don't worry), Paul, on s'en sortira.

4. Dans cet article, _____ (is about) l'impact du tourisme solidaire.

Problèmes de traduction

Tableau 9.7

Comment traduire

1. We had a lot of fun. → *On s'est bien amusés.*
   Hurry up! → *Dépêche-toi !*
   He hurt himself. → *Il s'est blessé.*
   They look alike. → *Ils se ressemblent.*

   La forme pronominale s'emploie beaucoup plus fréquemment en français qu'en anglais.

2. How is this word translated? → *Comment se traduit ce mot ?*

   La forme passive anglaise se traduit souvent en français par un verbe pronominal.

3. He gets tired easily. → *Il se fatigue facilement.*
   We really got angry. → *On s'est vraiment fâchés.*

   La construction *to get + adjective/past participle*, très usitée en anglais, est souvent exprimée en français par un verbe pronominal.

4. She is washing her hands. → *Elle se lave les mains.*
   She is washing her tiny little hands. → *Elle lave ses toutes petites mains.*

   On utilise l'article défini en français lorsque le sujet d'un verbe pronominal agit sur une partie du corps (à moins que la partie du corps ne soit qualifiée). L'anglais utilise toujours le possessif.

5. Hide (yourself)! → *Cache-toi !*
   He tires (himself) easily. → *Il se fatigue facilement.*

   En anglais, le pronom réfléchi est souvent sous-entendu avec certains verbes. En français, le pronom personnel réfléchi est toujours exprimé.

6. Look, the baby is standing up. → *Regarde, le bébé se met debout.*
   Look, the baby is standing up all by himself. → *Regarde, le bébé se met debout tout seul.*

   Pour traduire *all by himself, herself,* etc., on utilise la formule française *tout seul, toute seule,* etc.

Mise en pratique 9 (traduction)

Traduisez les phrases suivantes en français.

1. Don't make fun of me.
2. She is brushing her hair.
3. This child already gets dressed all by himself.

Les expressions impersonnelles

Remarques préliminaires

1. Les verbes impersonnels sont toujours à la troisième personne du singulier. Leur sujet est toujours le pronom neutre et indéterminé *il*.

   Il pleut depuis deux jours.
   Il s'agira de lui en parler.

2. Aux temps composés, le participe passé d'un verbe impersonnel est invariable.

   Les choses qu'il a fallu faire ne nous plaisaient pas.

3. Avec certains verbes, le pronom *il* peut être personnel ou impersonnel.

> **Il** *parait toujours s'ennuyer, Paul.* (He seems …)
>
> (pronom personnel = Paul)

> **Il** *parait que vous vous êtes ennuyé(e)(s).* (It seems that …)
>
> (pronom impersonnel)

Emploi des expressions impersonnelles

Tableau 9.8

Quand employer les expressions impersonnelles

contexte	explication
	Les expressions impersonnelles s'emploient dans les circonstances suivantes :
1. *Il **a plu** toute la journée.* *Hier soir, **il a neigé**.* *Comme **il fait beau** aujourd'hui !*	pour indiquer le temps qu'il fait et les conditions atmosphériques ;

Autres expressions qui indiquent les conditions atmosphériques :

il grêle (it is hailing)
il neige
il pleut

il fait beau	*il fait sec*
il fait bon	*il fait soleil*
il fait doux	*il fait sombre*
il fait humide	*il fait un froid de canard*
il fait mauvais	*il fait un temps de chien*
il fait nuit	*il fait un temps superbe*
il y a du brouillard	*il y a du tonnerre*
il y a de l'orage	*il y a du vent*

contexte	explication
2. *Il est trois heures et quart.* *Il est minuit passé.*	pour indiquer l'heure ;
3. *Il y a des jours où l'on ferait mieux de ne pas se lever.* *Il y a deux exercices à faire.*	pour mettre l'accent sur ce que l'on va dire ;
4. *Il se passe des choses très bizarres depuis qu'il est là.*	pour présenter une action dont l'agent n'est pas exprimé ;
5. *Il est important de bien faire son travail.* *Il est clair que vous avez raison.* *Il est triste qu'elle ait mal pris ma remarque.*	pour qualifier ce que l'on va dire.

Attention !

a) La plupart des expressions impersonnelles suivies de l'indicatif ou du subjonctif ont été présentées dans le *Chapitre 5*.

b) Certains verbes ont une forme personnelle et une forme impersonnelle dont le sens est différent.

> *Il arrive demain.*
> (He arrives tomorrow.)
> *Il ne lui arrive pas souvent de mentir.*
> (It is not often that he lies.)

Mise en pratique 10 (expressions impersonnelles)

Complétez chaque phrase en choisissant l'expression impersonnelle qui convient.

il s'agit de	il est bon de	il faisait	il manque
il faut	il est évident	il y a	il convient de

1. Sur les routes, _____ des gens qui ne savent pas conduire.

2. _____ absolument que tu lises ce livre.

3. _____ trois étudiants dans la classe aujourd'hui.

4. Quand on est rentré, _____ nuit.

5. D'habitude, _____ dire ce que l'on pense, mais parfois _____ se taire.

6. Dans cet exercice, _____ remplir les blancs.

7. _____ qu'il n'a pas lu le livre.

Les adjectifs et pronoms indéfinis

Formes des adjectifs et pronoms indéfinis

Tableau 9.9

Adjectifs et pronoms indéfinis

adjectifs	**pronoms**
1. *Aucune preuve n'existe.* *Elle n'a aucune preuve.* aucun(e) + nom + **ne** **ne** + aucun(e) + nom → *no, not any*	*Aucun de ses enfants ne lui ressemble.* *Il ne ressemble à aucun de ses enfants.* aucun(e) + ne ne + aucun(e) → *not any, none*
2. *Elle a un autre billet.* autre(s) + nom → *other*	*J'en ai d'autres.* *Faites autre chose.* *Respectez le bien d'autrui.* l'autre → *the other* les autres → *the others* un autre → *another* d'autres → *others* autre chose → *something else* autrui → *someone else, others*
3. *Certaines personnes ne l'aiment pas.* certain(e)s + nom → *certain, some*	*Lis ces récits, certains sont amusants.* certain(e)s → *some*
4. *Chaque chose en son temps.* chaque + nom → *each*	*Elle donna 5 $ à chacun.* chacun(e) → *each*
5. *Il a dit cela pour différentes raisons.* différent(e)s + nom → *several*	(pas de pronom)
6. *Diverses personnes m'en ont parlé.* divers(es) + nom → *several*	(pas de pronom)

7. *On y est allé à **maintes** reprises.*   (pas de pronom)
maint(e) + nom
maint(e)s + nom
→ *a great many, a good many, many a*

8. *C'est la **même** chose.*   *J'ai acheté **les mêmes**.*
même(s) + nom → *same*   le/la même, les mêmes → *the same*

9. *Entrez dans **n'importe quelle** boutique.*   *Choisissez **n'importe lequel**.*
n'importe quel(le) + nom   n'importe lequel/laquelle
n'importe quel(le)s + nom   n'importe lesquel(le)s
→ *any, just any*   → *(just) any, (just) any one, (just) any ones*
   *Ce n'est pas **n'importe qui**.*
   n'importe qui → *(just) anyone*
   *Il dit **n'importe quoi**.*
   n'importe quoi → *(just) anything*

10. *Elle n'avait **nulle** envie de sortir.*   ***Nul** n'est prophète dans son pays.*
ne + nul(le) + nom → *no*   nul(le) + ne → *no one*

11. (pas d'adjectif)   ***On** va au cinéma ?*
   on → *one, we, they, people, etc.*

Mise en pratique 11 (adjectifs et pronoms indéfinis)

Remplacez le mot ou l'expression en italique par l'élément entre parenthèses. Faites les changements nécessaires.

1. Je me suis adressé à cette agence de voyages *plusieurs* fois. (maint)
2. Cette entreprise n'a *pas de* scrupules. (aucun)
3. Beaucoup de gens préfèrent les vacances programmées pour *des tas de* raisons. (différent)
4. *De nombreux* explorateurs sont passés par là. (divers)
5. Il veut aller passer deux semaines dans *un* pays ensoleillé. (n'importe quel)

Tableau 9.10   Adjectifs et pronoms indéfinis (suite)

adjectifs (ou articles)   pronoms

1. ***Pas une** seule personne **ne** s'est inscrite.*   ***Pas un ne** réussira.*
*Je **n'**ai **pas un** sou.*   *Il **n'**en reste **pas un**.*
pas un(e) + nom + ne   pas un(e) ne
ne + pas un(e) + nom   ne + pas un(e)
→ *not one*   → *not one*

2. (pas d'adjectif)   *Prêtez-moi **un de** vos livres.*
   ***L'une** d'entre elles a gagné.*
   un(e) + de/des → *one of*
   l'un(e) + de/des (en tête de phrase) → *one of*

3. (pas d'adjectif)

*Elle **n'**a vu **personne**.*
***Personne** n'a téléphoné.*
ne + **personne** → *not anyone, no one*
personne + **ne** → *no one*

4. *J'ai gagné **plus d'un** match.*
   plus d'un(e) + nom
   → *more than one*

(pas de pronom)

5. *Ils ont **plusieurs** chats.*
   plusieurs + nom → *several*

***Plusieurs** d'entre eux ne sont pas venus.*
plusieurs → *several*

6. ***Quelle que** soit votre décision, écrivez-nous.*
   quel(le) que + subjonctif
   quel(le)s que + subjonctif
   → *whoever, whatever, whichever*

(pas de pronom)

7. *Sous un prétexte **quelconque**, il a refusé de nous voir.*
   nom + **quelconque** → *some, any*

***Quiconque** d'entre vous a besoin d'aide, faites-moi signe.*
quiconque → *anyone, anyone who, whoever*

8. *J'ai **quelques** remarques à faire.*

   quelque(s) + nom
   → *some, a few*

*C'est **quelqu'un** de très patient.*
*Parmi ces réponses, il y en a **quelques-unes** qui ne sont pas correctes.*
quelqu'un → *someone*
quelques-un(e)s → *a few*
*As-tu compris **quelque chose** ?*
quelque chose → *something*

9. (pas d'adjectif)

***Qui que ce soit qui** vienne, il est le bienvenu.*
qui que ce soit qui (sujet)
→ *whoever*
***Qui que ce soit que** tu épouses, nous lui ferons un bon accueil.*
qui que ce soit que (COD)
→ *whomever*
***Qui que** vous soyez, vous ne me faites pas peur.*
qui que → *whoever, whomever*
*Il ne parlera pas à **qui que ce soit**.*
(préposition) + **qui que ce soit** → *anyone*
***Quoi qu'**il fasse, ses parents le soutiennent.*
quoi que → *whatever*
*Je n'arrive plus à faire **quoi que ce soit**.*
quoi que ce soit → *anything*
quoi que ce soit qui → *whatever* (sujet)
quoi que ce soit que → *whatever* (COD)

10. (pas d'adjectif)

*Il n'a **rien** dit.*
__Rien__ n'est arrivé.
ne + rien → *anything, nothing*
rien + ne → *nothing*

11. *Une **telle** réponse est inexcusable.*
tel(le), tel(le)s → *such*

*Si **tel ou tel** vous dit cela, ne le croyez pas.*
tel ou tel → *anybody*

12. *__Tout__ le monde était là.*
tout(e), tous/toutes + nom
→ *any, every, all*

__Tout__ va bien.
tout(e), tous, toutes
→ *everything, all, all of it, all of them*

13. (pas d'adjectif)

__L'un et l'autre__ aiment aller à la piscine.
*Il faut s'aimer **les uns les autres**.*
l'un, l'une → *the one*
l'un(e) et l'autre → *both*
l'un(e)… l'autre → *the one … the other*
les un(e)s… les autres → *some … the others*

Mise en pratique 12 (adjectifs et pronoms indéfinis)

Remplacez le mot ou l'expression en italique par l'élément entre parenthèses. Faites les changements nécessaires.

1. *Quelques* missionnaires ont survécu. (pas un)
2. *Peu importe* la situation à laquelle il faudra faire face, on saura comment s'y prendre. (quel que soit)
3. Cet agent de voyages a obtenu de mauvais résultats, pour une raison [*quelle qu'elle soit*].* (quelconque)
4. *Personne* n'a pu résoudre ce problème. (nul)

*«pour une raison *quelle qu'elle soit*» ne se dit pas, mais la réponse que vous devez fournir doit être une phrase correcte.

Emploi des adjectifs et pronoms indéfinis

Tableau 9.11

Comment employer les adjectifs et pronoms indéfinis

mot indéfini	remarques	exemples
1. aucun	a) Au sens négatif, il faut utiliser le *ne*.	*__Aucun__ étudiant __n'__est venu.* *Je __n'__ai acheté __aucun__ disque.* *On __n'__a reçu __aucune__ nouvelle.*
	b) Au sens affirmatif, *aucun* veut dire *quelque* ou *quelqu'un*.	*Elle l'apprécie plus qu'__aucun__ autre.*
2. autre	a) L'adjectif précède le nom.	*Je vais écouter un __autre__ disque.*
	b) Le pronom est précédé d'un article.	*Des élastiques ? En voilà __d'autres__.*
3. autrui	Ce pronom a le sens de *les autres*.	*Il ne faut pas désirer les biens d'__autrui__.*

4. certain	a) L'adjectif précède le nom.	*Il y a **certaines** choses qui me dérangent.*
	b) Le pronom est toujours au pluriel et a le sens de *quelques-uns.*	***Certains** disent que c'est vrai.*
5. chaque	Cet adjectif est toujours au singulier.	***Chaque** chose en son temps.*
6. chacun	Ce pronom n'a pas de forme plurielle.	***Chacun** sait à quoi s'en tenir.*
		***Chacune** des jeunes filles portait un chapeau.*
7. différents	Signifie *plusieurs.* Ne pas confondre avec *différent*, qui suit le nom et qui signifie *pas pareil.*	***Différentes** personnes me l'ont dit.*
8. divers	Signifie *plusieurs.* Ne pas confondre avec *divers*, qui suit le nom et qui signifie *différent, varié.*	*On nous a donné **diverses** explications.*
9. maint	Cet adjectif signifie *un nombre considérable mais indéterminé.*	*On s'est parlé à **maintes** reprises.*
10. même	a) Quand cet adjectif précède le nom, il veut dire *same.*	*Ils aiment **les mêmes** choses.*
	b) Quand il suit le nom, il sert à souligner, à mettre en relief. Il veut dire *personified.*	*Paul, c'est la bonté **même** !*
11. n'importe + quel lequel qui quoi	L'adjectif et les pronoms signifient un choix libre.	*Achète-moi **n'importe quel** journal.*
		— *Lequel de ces bonbons veux-tu ?* — ***N'importe lequel.*** *N'importe qui peut faire cela.* *Ne dis pas **n'importe quoi.***

Mise en pratique 13 (emploi des pronoms et adjectifs indéfinis)

Traduisez les phrases suivantes en français.

1. Choose any one of these travel packages.
2. Each time she travels she becomes ill.
3. Certain things are better left unsaid.
4. She has other friends, doesn't she?
5. There are mistakes in each one of these compositions.
6. It was done for various reasons.
7. I don't want to visit just any city.
8. I would like the same thing, please.

Tableau 9.12

Comment employer les adjectifs et pronoms indéfinis (suite)

mot indéfini	remarques	exemples
1. nul	a) *Nul* équivaut à *aucun.*	***Nul** effort **ne** doit être épargné.*
	b) *Nul* est plutôt littéraire.	*Elle **n'a nulle** raison de se plaindre.*
	c) *Nul* peut signifier *inexistant.*	*Les risques sont **nuls.***
	d) *Nul* peut s'utiliser à l'occasion sans le mot *ne.*	*Il faut répondre à toutes ces lettres sans **nulle** exception.*

2. on	Ce pronom peut signifier :	
	a) *les gens, quelqu'un, un groupe, les êtres humains* ou *certains*	**On** *dit qu'il s'est suicidé.* *Au Québec,* **on** *parle français.*
	b) *nous* ou *je*	*Si* **on** *allait au cinéma ?* (= *nous*) — *Ça va ?* — *Eh bien,* **on** *se porte à merveille !* (= *je*)
	c) *vous* ou *tu*	*Alors,* **on** *ne s'en fait pas !* (= *vous* ou *tu*)
3. pas un	a) Cette construction exige le mot *ne* devant le verbe. b) *Pas un* est souvent suivi de l'adjectif *seul*.	**Pas un seul** *employé* **n'**a *osé se plaindre.*
4. personne	Ce pronom exige le mot *ne* devant le verbe.	**Personne** *n'a téléphoné.*
5. plus d'un	L'adjectif et le pronom sont toujours au singulier.	**Plus d'un** *auteur y a fait allusion.* *Il en a mangé* **plus d'un.**
6. plusieurs	L'adjectif et le pronom indiquent un nombre indéterminé et s'appliquent aux deux genres.	*Cela s'est produit* **plusieurs** *fois.* **Plusieurs** *d'entre elles sont venues.*
7. quel que	Cet adjectif est suivi du subjonctif.	**Quelle que** *soit sa décision, elle n'aura que peu d'influence.*
8. quelconque	a) Cet adjectif veut dire *de n'importe quel genre, de n'importe quelle espèce.* b) *Quelconque* peut aussi signifier *banal, médiocre.*	*Sous un prétexte* **quelconque,** *la réunion n'a pas eu lieu.* *C'est un travail* **quelconque.**
9. quiconque	a) Ce pronom veut dire *n'importe qui.* b) *Quiconque* est assez rare.	**Quiconque** *a tué par l'épée périra par l'épée.*

Mise en pratique 14 (emploi des pronoms et adjectifs indéfinis)

Traduisez les phrases suivantes en français.

1. No expense will be spared.
2. I don't have a single one.
3. Whatever the price, I want to buy one.
4. She wrote several drafts of the document.
5. No one is interested in it.
6. It's a mediocre little restaurant.
7. Whoever says that will regret it.
8. Not a single hotel had met with her approval.

Tableau 9.13

Comment employer les adjectifs et pronoms indéfinis (suite)

mot indéfini	remarques	exemples
1. quelque	Quand cet adjectif est au pluriel, il indique un nombre restreint.	*J'ai* **quelques** *remarques à faire.*
	Au singulier, il peut signifier *un, un certain* ou *n'importe quel.*	*Il est allé voir* **quelque** *copain.*

2. quelqu'un quelques-uns	Au singulier, ce pronom se rapporte à une personne. Au pluriel, il peut se rapporter à des personnes ou à des choses. Lorsque ce pronom est qualifié, il est suivi de la préposition *de*.	*Quelqu'un a téléphoné.* *Prends-en quelques-uns.* *C'est quelqu'un de charmant.* *Il doit y en avoir encore quelques-uns de frais.*
3. quelque chose	Lorsque ce pronom est qualifié, il est suivi de la préposition *de*.	*Je voudrais manger quelque chose de chaud.*
4. qui que ce soit qui que ce soit qui qui que ce soit que quoi que ce soit quoi que ce soit qui quoi que ce soit que	Ces pronoms ont plus de force que *n'importe qui/quoi*. Le verbe qui les suit est au subjonctif.	*Demande-le à qui que ce soit.* *Qui que ce soit qui me le dise, ça ne me dérange pas.* *Qui que ce soit que tu invites, ça ne fait rien.* *Si l'on dit quoi que ce soit, on se fait gronder.* *Quoi que ce soit qui vous dérange, dites-le nous.* *Quoi que ce soit que tu aies fait, on te pardonne.*
5. rien	Ce pronom exige le mot *ne* devant le verbe. Lorsque *rien* est qualifié, il est suivi de la préposition *de*.	*Rien ne lui fait peur.* *Ils n'ont presque rien dit.* *Il n'y avait rien d'intéressant à la télévision.*
6. tel	L'adjectif peut signifier : a) la ressemblance ; b) l'intensité ; c) *voilà* (valeur démonstrative). *Tel quel* veut dire *sans arrangements, sans modifications*. Le pronom *tel(le)* ne s'emploie qu'au singulier et signifie *celui* ou *celle qui* ou *quelqu'un qui*.	*Tel père, tel fils.* *J'avais de telles douleurs !* *Telle est ma décision !* *Laissez tout cela tel quel.* *Tel qui rit vendredi, dimanche pleurera.*
7. tout	Au singulier, l'adjectif peut signifier : a) *complet, entier* (la totalité d'une unité) ; b) *chaque*. Au pluriel, il signifie la totalité d'un groupe. À un temps composé, le pronom est placé entre l'auxiliaire et le participe passé.	*Toute la salle a éclaté de rire.* *Tout homme a ses problèmes.* *Tous mes cousins étaient là.* *Ils ont tous réussi.* *Elles sont toutes parties.*
8. l'un… l'autre l'un (et) l'autre les uns… les autres les uns (et) les autres	Le pronom peut indiquer : a) une opposition ou une addition ; b) une distribution ; c) la totalité ; d) la réciprocité.	*L'un a dit oui, l'autre a dit non.* *L'un et l'autre sont venus.* *Les uns travaillent pendant que les autres dorment.* *Les uns et les autres se sont bien amusés.* *Ils s'admirent les uns les autres.*

Mise en pratique 15 (emploi des pronoms et adjectifs indéfinis)

Traduisez les phrases suivantes en français.

1. Such reasons do not suffice.
2. I saw nothing out of the ordinary.
3. There is someone who wants to see you.
4. Whatever she wants, she gets.
5. I don't know the whole story.
6. Whoever wants this job can have it.
7. Here are a few suggestions.

Expression écrite

L'expression de la cause, de la conséquence et du but

Avant de dresser une liste des mots-outils dont on peut se servir pour exprimer la cause, la conséquence et le but, il est utile de définir chacun de ces termes.

la cause → ce qui cause ou produit quelque chose ; ce qui est la raison de quelque chose ; ce qui constitue un motif

ex. *Le cellulaire est interdit durant les examens **à cause des** incidents de triche de l'an dernier.*

cause de l'interdiction = *des incidents de triche*

mot-outil = préposition *à cause de*

la conséquence → ce qui est produit par quelque chose ; ce qui est la conséquence ou la suite de quelque chose

ex. *Elle n'a pas fait d'économies **de sorte qu'**elle n'a pas pu faire le voyage qu'elle voulait.*

conséquence du manque d'argent = *pas de cellulaire*

mot-outil = conjonction *de sorte que*

le but → ce qui constitue l'objectif ou le but qu'on se propose d'atteindre

ex. *Cet acteur se déguise **afin que** personne ne le reconnaisse dans la rue.*

but du déguisement = *ne pas être reconnu*

mot-outil = conjonction *afin que*

Les trois tableaux ci-dessous présentent la plupart des mots-outils (prépositions, conjonctions ou locutions de toutes sortes) qui servent à introduire la cause, la conséquence et le but.

Tableau 9.14

Expression de la cause

prépositions	intention communicative	exemples
grâce à	cause positive	*C'est **grâce au** courage du capitaine que tous les passagers ont été sauvés.*
à cause de	cause négative	*Nous avons dû retarder notre voyage **à cause du** mauvais temps.*
à force de	cause répétée	***À force d'**envoyer des textos en classe, son cellulaire a été confisqué.*
faute de	cause qui exprime l'absence	***Faute de** soutien financier, Gilbert a été obligé d'abandonner ses projets de voyage.*

conjonctions	intention communicative	exemples
parce que *car*	cause souvent inconnue de la personne à qui l'on parle ; introduit souvent une explication	*Les élèves de cette école ne peuvent pas utiliser leur portable **parce que** le règlement de leur école l'interdit.*
comme *puisque*	cause souvent connue	***Comme** la majorité des touristes viennent de pays industrialisés, on ne peut pas parler d'échange réciproque entre le nord et le sud.*
étant donné que *vu que* *du fait que*	cause représentant ce qui est constaté	***Étant donné que** tu n'as pas répondu à mon texto, j'irai au cinéma sans toi.*
sous prétexte que	cause représentant ce qui est un prétexte, une cause remise en question	*Le professeur a annulé le cours **sous prétexte qu'**il était malade.*
soit (…) soit (…) *soit que (…) soit que (…)*	choix entre deux causes	*Ce film est vraiment controversé, **soit** on l'aime, **soit** on le déteste.*

Mise en pratique 16 (expression de la cause)

Complétez chaque phrase en traduisant la formule d'introduction entre parenthèses.

1. _____ (Thanks to) leur sens de l'initiative, ce groupe de touristes solidaires a pu venir au secours des victimes de cette inondation.

2. Je n'envoie presque plus de courriels _____ (because) je préfère les textos.

3. _____ (Since) vous ne voulez pas obéir au règlement, nous allons confisquer votre cellulaire.

4. _____ (Given) la situation à laquelle nous faisons face, il n'y a pas d'autres solutions.

5. Même les cellulaires sont interdits, _____ (on the pretext that) certains étudiants les utiliseraient pour tricher aux examens.

Tableau 9.15

Expression de la conséquence

conjonctions et locutions	intention communicative	exemples
c'est pourquoi	conséquence de ce qui précède	*Il ne veut pas simplement aller se reposer quelque part, **c'est pourquoi** il s'est joint à un groupe de touristes solidaires.*
donc *du coup* (fam.) *par conséquent* *de ce fait*	conclusion ou suite logique	*Je n'avais pas mon portable, **donc** je n'ai pu lire mes textos.*
de sorte que *de manière que*	simple conséquence	*Ils ont gagné à la loterie **de sorte qu**'ils ont pu s'acheter la maison qu'ils voulaient.*

Attention !   *de sorte que* et *de manière que* peuvent se construire soit avec l'indicatif soit avec le subjonctif selon le sens que l'on veut transmettre.

On organisera la fête de sorte que tout le monde sera content.
(résultat certain et attendu)
On organisera la fête de sorte que tout le monde soit content.
(résultat incertain mais souhaité)

conjonctions et locutions	intention communicative	exemples
tellement (…) que *tant que* *si (…) que*	marque une idée de quantité, d'intensité	*Gisèle se disputait **tellement** avec son père **qu**'elle a décidé de quitter le domicile parental.*

Mise en pratique 17 (expression de la conséquence)

Complétez chaque phrase en traduisant la formule d'introduction entre parenthèses.

1. Nos amis ne pouvaient pas supporter leurs voisins, _____ (that's why) ils ont déménagé.

2. Ma copine se débrouille seule, _____ (as a consequence) elle n'a plus besoin de l'aide de ses parents.

3. Dans certains pays aujourd'hui, il y a _____ (so few) d'emplois à plein temps _____ (that) les gens sont obligés d'accepter des petits boulots.

4. Elle a obtenu une bourse _____ (so that) elle a pu laisser tomber l'un des ses deux emplois à temps partiel.

5. Il est de mauvaise humeur; _____ (so) pas la peine de lui demander quoi que ce soit.

Tableau 9.16   Expression du but

prépositions	intention communicative	exemples
pour *en vue de* *afin de* *de manière à* *dans le but de* *de façon à*	but à atteindre	*On travaille **pour** gagner sa vie.*

Attention ! *Pour* et *en vue de* peuvent se construire avec un nom ou un infinitif.
*Ils font des études en vue d'**un diplôme**.*
*Ils font des études en vue d'**obtenir** un diplôme.*
Les autres prépositions ne se construisent qu'avec un infinitif.

de peur de *de crainte de*	but à éviter	*Ils ne se sont pas plaint **de peur de** perdre leur emploi.*

conjonctions	intention communicative	exemples
pour que *afin que* *de façon à ce que* *de manière à ce que*	but à atteindre	*Les parents de Sophie avaient mis de l'argent de côté **de façon à ce qu'ils** puissent lui apporter un soutien financier.*
de peur que (…) ne *de crainte que (…) ne*	but à éviter	*Ils parlent tout bas **de peur que** le professeur **ne** les entende.*

Attention !   1)   Les conjonctions ci-dessus se construisent avec un verbe au subjonctif.

2)   Les verbes au subjonctif qui suivent les conjonctions *de peur que* et *de crainte que* sont précédés du *ne* explétif. Ce *ne* n'a pas de valeur négative.

Mise en pratique 18 (expression du but)

Complétez chaque phrase en traduisant la formule d'introduction entre parenthèses.

1. Elle fait des heures supplémentaires _____ (in order to) subvenir aux besoins de sa famille.

2. _____ (for fear that) elle ne change d'avis, je lui ai tout de suite envoyé un texto pour lui dire que j'étais d'accord.

3. Elle m'a prévenu _____ (so that) je puisse prendre des dispositions.

4. Elle saute souvent des repas _____ (for fear of) grossir.

5. On s'est vraiment battus _____ (for) cette augmentation de salaire.

Le coin du correcteur

Tableau 9.17

L'emploi des majuscules

emplois	exemples
1. au début d'une phrase	*La victoire demeura longtemps indécise.*
2. à l'initiale des noms propres (noms de personnes, de lieux, de peuples, etc.)	*Jean Moulin* *le Canada* *le Louvre* *la tour Eiffel* *les Québécois* (**mais** : *un artiste québécois*)
3. à l'initiale d'un nom commun employé comme nom propre	*la Reine* (**mais** : *la reine Elizabeth II*) *la statue de la Liberté*
4. à l'initiale des noms géographiques	*le Pacifique* *l'océan Atlantique* (**mais** : *la côte atlantique de la France ou du Canada*) *les gens du Nord* (**mais** : *la côte nord*)
5. à l'initiale du nom de Dieu ou d'un dieu de la mythologie	*Dieu, le Créateur* *la parole d'Allah* *Neptune*
6. dans une abréviation	*REER* *l'O.N.U.*
7. à l'initiale d'un nom de moyen de transport	*le Concorde* *le Titanic*
8. dans un titre, à l'initiale du premier nom et d'un adjectif qui précède celui-ci (l'article défini ne prend la majuscule que s'il fait partie du titre)	*Les Misérables* *Le Devoir* *La Divine Comédie* (mais : *La Voix royale*) *Le Bon Usage* *la Joconde*
9. à l'initiale d'une grande époque historique, d'une fête religieuse ou nationale	*la Révolution* *la Toussaint* *le Nouvel An*
10. à l'initiale des points cardinaux utilisés séparément	*le Nord* (**mais** : *au nord d'Edmonton*)
11. dans le nom d'une institution, à l'initiale du premier nom	*l'Assemblée nationale* *l'Office de la langue française*
12. dans un titre honorifique, à l'initiale de chaque mot important	*Monsieur le Maire* *Madame la Présidente*

Mise en pratique 19 (correction des fautes)

Récrivez les phrases suivantes en y ajoutant les majuscules nécessaires.

1. le traffic aérien est une source majeure d'émissions de ges (gaz à effet de serre). (4 majuscules)
2. l'amérique du nord pourrait beaucoup apprendre des pays européens comme la suède et la norvège pour ce qui est de l'environnement. (5 majuscules)
3. le prince charles d'angleterre a installé des panneaux solaires sur clarence house, sa résidence officielle à londres. (6 majuscules)

Synthèse

Exercice 1 À la forme négative I (négation)

oral ou écrit   Mettez les phrases à la forme négative en vous basant sur les traductions données entre parenthèses.

1. L'agence de tourisme solidaire nous a donné un itinéraire. (did not give us)

2. Aviez-vous peur d'attraper une maladie quelconque ? (Were you not afraid)

3. Elle s'est déjà renseignée sur les différentes options de volontourisme. (not yet)

4. Elle avait encore des vacances à prendre. (no more vacation)

5. On va trouver un guide quelque part. (not … anywhere)

6. Vous pourrez toujours vous fier à cette agence de voyages. (never)

7. Cette situation délicate a beaucoup surpris ce touriste solidaire. (not at all)

8. On a aperçu quelque chose à l'horizon. (nothing)

9. Quelqu'un a remarqué une erreur dans le calcul du prix de cette croisière. (no one)

10. Le prix de certains vols nolisés a augmenté. (not a single …)

Exercice 2 À la forme négative II (négation)

oral ou écrit   Mettez l'infinitif en italique à la forme négative.

1. On préfère *aller* en croisière.

2. Il vaut mieux *retarder* votre voyage.

3. *Pouvoir* voir la tour Eiffel nous décevrait.

4. Il pense *avoir pu* la convaincre.

5. C'était mieux de le lui *avoir dit*.

Exercice 3 On répond non (négation)

oral ou écrit   Répondez aux questions négativement en utilisant l'expression entre parenthèses et, s'il y a lieu, un pronom pour remplacer le mot en italique.

Modèle :   Trouves-tu *le guide sympathique* ? (ne… guère)
→   *Non, je ne le trouve guère sympathique.*

1. Aimes-tu encore *les voyages organisés* ? (ne… plus)

2. As-tu déjà vu *des touristes* ici ? (ne… pas encore)

3. A-t-elle parfois tort ? (ne… jamais)

4. Et vous, en avez-vous acheté ? (ne… pas non plus)

5. Quelqu'un a téléphoné ? (personne ne…)

6. Quelque chose te dérange ? (rien ne…)

7. Y a-t-il toujours *des touristes* dans cette région ? (ne... jamais)

8. As-tu encore soif ? (ne... plus)

9. Ont-ils engendré beaucoup *de pollution* ? (ne... guère)

10. Vont-ils toujours prendre *leurs vacances* dans des pays ensoleillés ? (ne... pas toujours)

Exercice 4 Moulin à phrases (négation)

écrit Composez des phrases dans lesquelles vous utilisez les formules de négation suivantes.

1. ne... ni... ni   5. ne... nullement   9. ne... ni... ni... (+ infinitifs)

2. ne... pas encore   6. ne... pas du tout   10. ne... pas un(e) seul(e)

3. ni... ni... ne   7. Personne ne...

4. Aucun + (nom) ne...   8. ne... rien

Exercice 5 Un peu étourdie ! (verbes pronominaux)

oral ou écrit Racontez la matinée d'une jeune fille très occupée.

Modèle :   se réveiller à six heures
→   *Elle s'est réveillée à six heures.*

1. se lever un quart d'heure après   6. s'installer dans sa voiture et se rendre en ville

2. s'habiller tout de suite   7. s'arrêter pour acheter un café

3. se maquiller et se préparer un petit déjeuner   8. prendre l'ascenseur et arriver à son bureau

4. n'en manger que la moitié   9. remarquer quelque chose de bizarre

5. mettre son manteau et sortir en courant   10. se rendre compte que c'est samedi

---

Exercice 6 Écoute-moi bien ! (verbes pronominaux)

oral ou écrit Vous avez la responsabilité d'un petit garçon ou d'une petite fille ; dites-lui ce qu'il faut faire ou ce qu'il ne faut pas faire.

Modèles :   s'assoir
→   *Assieds-toi !*
ne pas se faire mal
→   *Ne te fais pas mal !*

1. s'habiller   6. ne pas se déshabiller

2. ne pas s'endormir   7. se taire

3. se laver les mains   8. ne pas se mettre à pleurer

4. ne pas s'énerver   9. s'arrêter de crier

5. se brosser les cheveux   10. ne pas se moquer de moi

Exercice 7 Tout un monde dans une phrase (verbes pronominaux)

oral ou écrit Complétez chaque phrase en choisissant l'un des verbes pronominaux de la liste ci-dessous. Mettez ce verbe à la forme, au temps et au mode appropriés.

s'installer	s'en apercevoir	se mettre	se souvenir
se rapprocher	s'agir	se tromper	s'énerver
s'entendre	s'en débarrasser	se servir de	s'en excuser

1. Le premier ministre a admis qu'il _____, puis il _____ ; les journalistes n'en ont pas cru leurs oreilles.

2. Est-ce que tu _____ de cette merveilleuse journée que nous avons passée à Banff ?

3. On accumule des tas de choses, et il est parfois difficile de _____.

4. _____ -vous les uns des autres afin que vous soyez tous sur la photo.

5. Ils _____ dans cette ville il y a maintenant cinq ans.

6. Quand tu en auras besoin, _____ mon dictionnaire.

7. Il n'y a pas eu de tremblement de terre, sinon je _____.

8. Il _____ d'un programme de formation professionnelle.

9. Lorsque j'étais jeune, mon père ne _____ jamais en colère. Maintenant, il _____ tout le temps.

10. Ses parents _____ mieux depuis qu'il a quitté la maison.

Exercice 8 Tout à fait impersonnel (expressions impersonnelles)

oral ou écrit Refaites la phrase en employant l'expression impersonnelle entre parenthèses.

Modèles :   Une chose merveilleuse est arrivée. (Il est arrivé…)
  →   *Il est arrivé une chose merveilleuse.*
        J'ai de la difficulté à comprendre certaines notions de grammaire. (Il est difficile de…)
  →   *Il est difficile de comprendre certaines notions de grammaire.*

1. Quelque chose de bizarre est arrivé. (Il est arrivé…)

2. Ils ont encore deux jours avant l'examen. (Il reste encore…)

3. C'est une histoire d'amour. (Il s'agit de…)

4. Tu dois absolument lui téléphoner. (Il faut…)

5. Je regrette de ne pas avoir voyagé. (Il est dommage de…)

6. Le professeur dit aux étudiants de réviser tous les chapitres. (Il est temps de…)

7. Nous avons encore deux jours avant le test. (Il reste encore…)

8. Vous n'avez qu'à le lui dire. (Il suffit de…)

9. Nous devons suivre le guide. (Il est indispensable de…)

10. Je trouve bizarre qu'il ne vous l'ait pas dit. (Il est bizarre…)

Exercice 9 Disputes (adjectifs et pronoms indéfinis)

oral ou écrit Vous n'êtes pas d'accord avec votre camarade, quelle que soit sa remarque. Réagissez aux phrases exclamatives suivantes en utilisant les mots entre parenthèses.

Modèles : Tu aimes n'importe quelle musique ! (n'importe laquelle)
→ *Non, je n'aime pas n'importe laquelle !*
Tu ne fais rien ? (quelque chose)
→ *Si, je fais quelque chose !*

1. Tu n'apprécies personne ! (certaines personnes)

2. Tu veux jouer aux cartes ! (autre chose)

3. Tu n'y es pas allé souvent ! (maintes fois)

4. Tu t'es acheté le même jean ! (le même)

5. Tu dis n'importe quoi ! (n'importe quoi)

6. Tu ne parles pas à qui que ce soit ! (n'importe qui)

7. Quelqu'un t'a insulté(e) ! (personne)

8. Tu n'as pas lu les autres articles ! (les autres)

9. Tu vas toujours quelque part ! (nulle part)

10. Il faut faire confiance aux autres ! (autrui)

Exercice 10 Votre opinion (adjectifs et pronoms indéfinis)

écrit Exprimez une opinion en utilisant les éléments indiqués.

Modèle : Aucun autre cours
→ *Aucun autre cours n'exige le travail que je fais pour mon cours de français.*

1. dans n'importe quel
2. Quiconque pense
3. plus d'une fois
4. Il n'y a rien qui
5. l'un et l'autre
6. Personne ne m'a
7. avec qui que ce soit
8. une telle intelligence
9. Quels que soient leurs
10. a donné plusieurs

Exercice 11 Traduction (divers éléments)

écrit Traduisez les phrases suivantes en français.

1. Ask anybody! It's the best beach on the island.

2. He gets mad (*se fâcher*) easily, but we understand each other.

3. Lie down on the couch and relax.

4. He distrusts everybody.

5. It's clear that you are all bored (*s'ennuyer*).

6. Any one of these will be suitable for me.

7. Several of them apologized.

8. Whatever you say will not make any difference.

9. There is no other possibility.

10. She doesn't believe it either.

Exercice 12 Les nuances (la cause, la conséquence et le but)

écrit Entre les deux choix présentés entre parenthèses, choisissez le mot-outil qui complète le mieux chaque phrase. Avant de faire votre choix, déterminez si le mot-outil introduit une cause, une conséquence ou un but, et faites attention au mode (subjonctif/indicatif/infinitif) du verbe de la subordonnée.

1. Roger va chercher du travail ailleurs _____ il ne trouve rien là où il habite. (*parce ce que/qu', pour que/qu'*)

2. _____ toujours avoir à payer chaque article qu'elle lit dans la version électronique de son journal, elle a décidé de s'abonner. (*Faute de, À force de*)

3. J'ai acheté un PC ultra portable _____ je peux maintenant travailler presque n'importe où. (*de façon à ce que, de sorte que*)

4. Ils ont déménagé _____ avoir plus de place et un jardin. (*dans le but de/d', de peur de/d'*)

5. Ils n'avaient pas beaucoup de chose en commun, _____ ils se sont séparés. (*car, c'est pourquoi*)

Exercice 13 Mieux s'exprimer (la cause, la conséquence et le but)

écrit Complétez chaque phrase de façon à lui donner une suite logique exprimant la cause, la conséquence ou le but.

1. On a installé un système de sécurité pour que…

2. Il y a eu tant de problèmes avec ce nouveau téléphone cellulaire que…

3. Le professeur avait oublié de nous informer que le cours serait annulé ce jour-là de sorte que….

4. On a décidé de ne pas aller à cette réunion sous prétexte que….

5. Le directeur a refusé notre demande de fonds supplémentaire, nous nous trouvons donc…

Exercice 14 Rédaction (expression de la cause, de la conséquence et du but)

écrit **Sujet** Rédigez une composition dans laquelle vous mettez l'accent sur l'expression de la cause, de la conséquence ou du but selon les exigences de l'un des sujets suivants.

1. Les conséquences du tourisme de masse pour certains pays en voie de développement.

2. Les raisons pour lesquelles (causes) certaines personnes choisissent le tourisme solidaire.

3. Les buts que vous vous êtes personnellement fixés pour les dix prochaines années.

Consignes 1. Ne dépassez pas les 180 mots.

2. Écrivez votre texte à double interligne.

3. Divisez votre texte en paragraphes.

Suggestions 1. Consultez la section *Expression écrite* de ce chapitre.

2. Employez les mots-outils présentés dans les *Tableaux 8.15, 8.16 et 8.17*, mais seulement dans la mesure du possible et sans vous sentir obligé(e) d'en utiliser le maximum.

3. Relisez-vous plusieurs fois afin d'éliminer le plus de fautes possible.

Synthèse

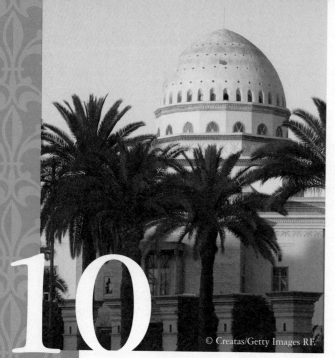

© Creatas/Getty Images RF.

CHAPITRE 10
Le Maroc

10

Lecture

Extraits de roman

La Civilisation, ma Mère !... de Driss Chraïbi *349*

Ti t'appelles Aïcha, pas Jouzifine ! de Mina Oualdlhadj *354*

Vocabulaire

La communication *352*

La correspondance *353*

Grammaire

La voix passive *358*

Le participe présent *363*

Le discours indirect *368*

Expression écrite

Le dialogue incorporé au récit *374*

Les notes de lecture ou d'écoute *375*

Le coin du correcteur *378*

Synthèse

Exercice 1 à 14 *379*

Visitez le site Web de *Mise en pratique*, **www.pearsoncanada.ca/favrod**, où vous trouverez :

- des exercices de grammaire supplémentaires
- des activités complémentaires basées sur des sites Web francophones
- des exercices d'écoute

Lecture et vocabulaire

Dossier 1 *La Civilisation, ma Mère !...*

Introduction à la lecture

« Deux fils racontent leur mère, à laquelle ils vouent un merveilleux amour. Menue, fragile, gardienne des traditions, elle est saisie dans des gestes ancestraux et vit à un rythme lent, fœtal. Radio, cinéma, fer à repasser, téléphone deviennent des objets magiques, prétextes d'un haut comique. »

Telle est l'histoire racontée par Driss Chraïbi, romancier marocain d'expression française. Né en 1926 à Al-Jadida, au Maroc, Chraïbi nous présente un ouvrage optimiste où « l'on voit un fils libérer sa mère colonisée par la tradition ». L'extrait que vous allez lire est tiré de la première partie du livre, intitulée « Être ». Le plus jeune des deux garçons raconte comment sa mère s'est adaptée à l'invention du téléphone.

Activités de pré-lecture

1. Savez-vous où se situe le Maroc ?
2. Préparez une fiche culturelle sur ce pays en consultant le dossier *Aménagement linguistique dans le monde* de Jacques Leclerc qui se trouve sur le site Web de l'Université Laval. Dans cette fiche se trouveront les informations suivantes :

   a) situation géographique, superficie

   b) population

   c) capitale, principales villes

   d) langue(s) parlée(s)

   e) évènements historiques importants du 20e siècle

Lecture

Lisez le texte ci-dessous.

1. Notez les parties de l'histoire où il y a un dialogue. Comment les dialogues sont-ils présentés ?
2. Faites l'exercice de compréhension qui suit le texte.

Lecture

La Civilisation, ma Mère !...

1   En 1940, quand on nous installa le téléphone, j'ai tenté de parler à ma mère de Graham Bell et *des faisceaux hertziens*. Elle avait sa logique, à elle—diluante comme le rire peut diluer l'angoisse.

— Comment ? Je suis plus âgée que toi. C'est moi qui t'ai enfanté, et non le contraire,
5   il me semble. Un fil, c'est un fil. Et un arbre égale un autre arbre, il n'y a pas de différences

entre eux. Tu ne vas pas me dire que ce fil s'appelle Monsieur Kteu, que cet autre s'appelle Fer à Repasser, et celui-là Monsieur Bell ? Simplement parce qu'ils sont de couleurs différentes ? À ce compte-là, il y aurait trois génies dans la maison ? Et plusieurs espèces humaines sur terre ? C'est ça qu'on t'apprend à l'école ?

Je me contentai donc de lui expliquer le mode d'emploi. Et la laissai au seuil de l'expression et de la communication humaines. Elle dit : « Allons-y », souleva *le cornet acoustique*, le porta à l'oreille, tourna *la manivelle* du téléphone de toutes ses forces. Il y eut *un chuintement*, puis le bruit d'une demi-douzaine de sardines rissolant dans une poêle. Une voix de fer-blanc parvint jusqu'à moi, après avoir fait sursauter ma mère :

— Allô, ici le Central. Quel numéro désirez-vous ?

— Le salut de Dieu soit avec toi, mon fils, dit maman. C'est la voix de la poste ?

— Oui, c'est le Central.

— C'est la poste ?

— C'est ça. C'est le Central. J'écoute.

— Je voudrais la poste.

— C'est la même chose.

— Ah !

— Quel numéro voulez-vous ?

— Fès.

— *Ne quittez pas.*

Elle ne quitta pas, me rassurant d'un large sourire :

— C'est loin, Fès. À dix jours de cheval au moins. Mais le génie galope comme le vent, tu vas voir. Les distances ne lui font pas peur... Trois minutes et il y sera... Qu'est-ce que je te disais ? Allô ! Je suis à Fès ?

— Cabine de Fès. J'écoute.

— Allô, Meryem ? Tu as changé de voix...

— Qui demandez-vous ? J'écoute.

— Moi aussi.

— Comment ?

— J'écoute, moi aussi. C'est toi, Meryem ?

— Vous avez demandé Fès ?

— Oui.

— Quel numéro ?

— Écoute, ma fille, je vais t'expliquer, ouvre bien tes oreilles et je prierai pour toi. Ma cousine s'appelle Meryem. Elle a les yeux verts comme l'herbe du *pâturage*, la peau blanche comme du lait...

— Allô ! Allô !... Écoutez-moi...

— Écoute-moi d'abord, toi. Tu vois le tombeau de *Driss 1er* près de l'université ? Eh bien, tu descends la première rue à ta droite, tu traverses le quartier des Ciseleurs et tu arrives devant *un portail à double battant*. C'est là, tu ne peux pas te tromper, ma fille.

— Allô ! Allô !

— À cette heure-ci, elle doit faire des petits pains à l'anis. Sûrement. Crie fort pour l'appeler, elle est dure d'oreille, et dis-lui de venir vite, que sa cousine l'attend à l'autre bout du monde... Merci, ma fille, je t'embrasse, je bavarderai avec toi un autre jour, mais tu comprends ? Il y a 15 ans que Meryem et moi nous sommes séparées...

Et elle obtint sa cousine un quart d'heure plus tard, lui parla comme seule ma mère pouvait le faire, sans aucune notion de temps, évoquant des souvenirs, éclatant de rire, demandant des détails et des descriptions très précises—et comment allait le chat de son enfance qui avait des taches rousses et ne mangeait que des légumes ?... Oh ! Le pauvre

55 Belzébuth ! Dieu ait son âme ! Je suis sûre qu'il est en train de miauler avec les anges du Paradis... Comment dis-tu ? Six enfants ? Aha ! Trois garçons et trois filles ? Je ne le savais pas, Meryem... Parfaitement ! Les miens apprennent des langues barbares... Ils ont une bouche française, un nez grec et des yeux anglais... C'est à peine si je les reconnais, moi leur mère... Dis-moi, cousine, tu te rappelles cette légende de Salomon...

60 Tu sais bien : le génie qui parlait avec la voix du tonnerre ?...

Elle téléphona jusqu'à la nuit tombante. De temps à autre, régulièrement comme un refrain aigu, s'élevait la voix de la téléphoniste :

— Vous avez terminé ?

La voix de ma mère la couvrait aussitôt :

65 — Comment ? Non, je n'ai pas terminé. Tu m'interromps tout le temps. Et puis, je vais te dire, ma fille : ce n'est pas bien d'écouter notre conversation. Ta mère ne t'a pas appris les bonnes manières ?

— Mais, madame, vous avez la ligne depuis plus de deux heures. Quarante deux unités déjà. Ça va vous coûter une fortune.

70 — Quoi ? Quoi ? Parce qu'il faut te payer pour que je parle ? En quel siècle vivons-nous ? Qu'est-ce que je t'ai demandé après tout ? D'aller chercher ma cousine, tout simplement. Et tu me demandes une fortune pour ça ? Tu entends, Meryem ?

Mon père paya la communication. Il régla sans y faire allusion toutes celles que maman obtint par la suite. Chaque fois que je revenais du lycée, je la trouvai au salon,

75 calme et souriante, dialoguant à toute vitesse et toute joie avec l'une de ses innombrables correspondantes. Des gens qu'elle n'avait jamais vus, à qui elle avait téléphoné n'importe où dans le pays, le plus naturellement du monde, et qui étaient devenus ses amis.

Toutes les opératrices la connaissaient à présent et elle les connaissait aussi, les appelait par leur prénom, s'informait de leur santé, de leurs peines et de leurs espoirs. Elle était

80 capable de m'enseigner la géographie humaine bien mieux que ne l'avaient jamais fait mes livres ou mes professeurs. Sans quitter sa maison, elle avait établi un réseau inextricable de liens, qui *s'enchevêtraient* de jour en jour, mais où elle évoluait comme un poisson dans l'eau. La rupture de sa solitude, d'autres solitudes vieilles depuis des siècles. Les relations humaines avant la lettre. Et un journalisme oral et vivant. Très efficace.

Tiré de Driss Chraïbi, *La Civilisation, ma Mère !*..., © Éditions Denoël, 1972, p. 53–58

l.2 des faisceaux hertziens—*electromagnetic waves*
l.11 le cornet acoustique—*ear trumpet (for the phone)*
l.12 la manivelle—*crank (for the phone)*
l.13 un chuintement—*a gentle hiss*
l.25 Ne quittez pas—*Please hold the line*
l.40 le pâturage—*pasture*
l.43 Driss 1er : roi marocain—*King of Morocco*
l.45 un portail à double battant—*a double gate*
l.82 s'enchevêtraient—*were linked in a disorganized manner*

Compréhension globale

Dites si les affirmations suivantes sont vraies ou fausses.

1. La mère s'intéresse au fonctionnement du téléphone (comment il a été construit).
2. Elle pense que le téléphone est un génie.
3. Une fois la communication établie avec Fès, elle croit que c'est sa cousine au bout de la ligne.
4. La mère et sa cousine se sont vues plusieurs fois au cours des quinze dernières années.
5. La conversation entre les deux femmes dure longtemps.
6. L'opératrice reste tout à fait calme et n'interrompt pas la conversation.

Vocabulaire

La communication par téléphone

- une conversation (téléphonique)—*a (telephone) conversation*
- faire un appel (local, interurbain, outre-mer), appeler—*to make a call (local, long distance, overseas), to call*
- téléphoner à quelqu'un—*to call someone up*
- joindre quelqu'un par téléphone—*to reach someone by phone*
- retourner un appel—*to return a call*
- un appel en attente—*call waiting*

- le récepteur, le combiné (décrocher/raccrocher)—*the receiver (to pick up or to lift/to put down)*
- le cadran, les touches—*the dial, the telephone buttons*
- un téléphone cellulaire—*a cell phone*
- une messagerie vocale—*an answering service*
- une boite vocale—*voice mail*
- un afficheur : instrument qui affiche le numéro de la personne qui vous appelle—*call display*
- une carte d'appel—*a calling card*
- une cabine téléphonique—*a telephone booth*
- une sonnerie, le téléphone sonne—*a ring, the phone is ringing*
- une ligne téléphonique—*a phone line*
- la téléphonie sans fil—*wireless telephone system*

- faire, composer (un numéro)—*to dial (a number)*
- composer le 123-4567—*to dial 123-4567*
- faire un faux ou mauvais numéro—*to dial a wrong number*
- un numéro d'urgence—*an emergency number*
- un indicatif—*a dial code*
- la tonalité—*the dial tone*
- le signal sonore—*the beep*

- répondre au téléphone—*to answer the phone, to take a call*
- rester à l'écoute, ne pas quitter—*to hold the line*
- la ligne est occupée—*the line is busy*
- garder la ligne—*to wait on the line*
- laisser un message—*to leave a message*
- un(e) téléphoniste—*a telephone operator*

La correspondance

- un(e) correspondant(e) : personne avec qui on entretient des relations épistolaires—*correspondent or penpal*
- correspondre : avoir des relations par lettres avec quelqu'un—*to exchange letters*

- un bureau de poste—*a post office*
- service des postes—*postal service*
- envoyer une lettre par la poste—*to send a letter by mail*
- poster une lettre—*to post a letter*
- un timbre(-poste)—*a stamp*

- écrire une lettre—*to write a letter*
- écrire et envoyer un courriel (courrier électronique)—*to write and send an email*
- écrire et envoyer un télégramme—*to write and send a telegram*
- envoyer une télécopie, télécopier, un télécopieur—*to send a fax, to fax, a fax machine*

Exploitation lexicale

1. Vous allez habiter dans une ville francophone pendant quelque temps et vous voulez enregistrer un message en français sur votre nouveau répondeur.

   a) Traduisez le message suivant en français en utilisant le vocabulaire présenté ci-dessus :
   *"You have **dialed** 123-4567. We cannot **take your call** at this time. Please **leave** your name and phone number after **the beep** and we will **return your call** as soon as we can."*

   b) Maintenant, composez un message de votre choix.

2. Expliquez la différence entre les paires de mots ci-dessous.

   a) un appel—il appelle

   b) décrocher—raccrocher

   c) un répondeur—un afficheur

   d) envoyer un courriel—télécopier

3. Composez une phrase d'environ 10 mots en utilisant chacune des expressions ci-dessous. Chaque phrase doit bien illustrer le sens de l'expression.

   une messagerie vocale—un numéro d'urgence—une carte d'appel— envoyer une lettre par la poste—une ligne occupée

Compréhension détaillée

1. Comment la mère réagit-elle lorsque son fils essaie de lui expliquer l'invention de M. Bell ?
2. Quels sont les éléments comiques de cette histoire ?
3. Comment la mère a-t-elle réussi à joindre sa cousine qui habite à Fès ?
4. Qu'apprend-on sur le caractère de cette femme ?
5. Comment le téléphone a-t-il changé sa vie ?

Dossier 2 *Ti t'appelles Aïcha, pas Jouzifine !*

Introduction à la lecture

Le prochain extrait que vous allez lire est tiré d'un roman intitulé *Ti t'appelles Aïcha, pas Jouzifine !* L'auteure, Mina Oualdlhadj, est une femme née au Maroc qui est arrivée à Bruxelles à l'âge de 11 ans. Elle a obtenu la nationalité belge quelques années après son arrivée en Belgique. Elle fait donc partie de la seconde génération d'immigrés venus du Maghreb.

La première génération s'est installée en France et en Belgique dans les années 1950 et 1960 lorsque ces pays avaient besoin de travailleurs étrangers pour satisfaire des besoins de main d'œuvre dans les usines et les mines.

Dans cet extrait, la narratrice, Mimi, raconte son enfance. Elle parle plus précisément de son amie Aïcha, qui est marocaine aussi, mais qui a vécu une enfance très différente de la sienne. Ici, l'auteure aborde les thèmes de l'identité et de la nostalgie.

Activités de pré-lecture

1. Dans l'introduction, on parle du Maghreb. Que veut dire ce mot en arabe ? Quels pays désigne-t-il ?
2. Dans votre enfance ou adolescence, y a-t-il eu un déménagement que vous avez trouvé difficile ? Décrivez les difficultés que vous avez vécues.

Lecture

Lisez le texte ci-dessous.
Répondez aux questions de compréhension qui suivent le texte.

Lecture

Ti t'appelles Aïcha, pas Jouzifine !

1   […] Comme le dit la chanson, « je suis née dans le gris par accident »; j'aurais dû naître comme Aïcha, sous le soleil du Maroc, si la pauvreté et le rêve d'une meilleure vie n'avaient précipité mes parents vers ce « *Plat Pays* » qui est devenu le mien.

5   Mes parents sont arrivés dans les années 60, ce temps béni où l'Europe avait encore besoin de *main d'œuvre* étrangère. C'est à l'école primaire que j'ai fait la connaissance d'Aïcha. Elle est arrivée en Belgique au milieu des années 70, alors que les candidats à l'immigration n'étaient plus les bienvenus et que certains se demandaient comment fermer définitivement les portes de l'Europe, y compris celle du *regroupement familial*. Un jour, monsieur Bernard, mon instituteur, après avoir écrit au tableau le mot « climat », me demande :

— Quel temps fait-il chez vous, Mimi ?

Je regarde aussitôt en direction de la fenêtre et lui réponds : « Ben, il pleut, M'sieur ! » Bien des années plus tard, ma voisine *de palier* me posa la même question dans l'ascenseur de l'immeuble. Elle voulait sans doute entamer la conversation mais je ne pus m'empêcher de lui signifier mon *agacement* :

— Quel temps il fait où, Madame ?

— Euh, chez vous… Je veux dire… Vous êtes bien marocaine, quand même ?

— Chez moi, c'est ici Madame, et je n'ai aucune idée du temps qu'il peut bien faire au Maroc !

Devant mon entêtement, monsieur Bernard se tourne vers mon amie Aïcha, arrivée du Maroc deux ans plus tôt. Elle est si heureuse de pouvoir raconter qu'on a du mal à l'arrêter. Au Maroc, il fait beau, les enfants marchent dans les rues en portant une grande poupée fabriquée avec des bouts de bois. On l'appelle la « fiancée de la pluie ». Les enfants chantent des chansons pour que la pluie tombe. Ils dansent sous la pluie en tournoyant, le visage vers le ciel et la bouche grande ouverte. Moi qui n'aime pas la pluie, je les trouve un peu fous, ces petits Marocains.

A l'époque je trouvais Aïcha étrange. Bien qu'originaires du même pays et de la même région, je me sentais moins proche d'elle que de mes copines belges *de souche*. Aujourd'hui, on peut dire qu'elle porte assez bien son prénom, qui signifie « vivante » mais à l'époque où je l'ai connue, peu de temps après qu'elle eut quitté son Maroc natal pour ma Belgique, elle était *éteinte*. Son exil fut double : elle quittait son enfance en même temps que son pays. […] Pour moi, le Maroc est le pays de mes parents, un pays de vacances. Pour elle, c'est le paradis perdu, celui d'une enfance libre et insouciante.

Il faut dire que le premier contact d'Aïcha avec le sol belge fut frileux. A l'aéroport de Zaventem, son père la voyant greloter de froid, ouvre une valise et en sort un pull de laine. A l'arrivée, il fait nuit. Le lendemain, trop de voitures, trop de maisons, trop de bruit, trop peu de soleil, trop gris le ciel, loin la mer… Enfermée dans un trois-pièces, elle perd tous ses repères. Sa mère a souvent les yeux mouillés. Son ouvrier de père travaille si dur qu'il est trop fatigué pour exprimer quoique ce soit. Du lundi au vendredi, il creuse le sol, démolit des murs et en reconstruit d'autres, porte des sacs de briques et de ciment et manie le *marteau-piqueur*. […] Quand il rentre, il *s'écroule* sur le fauteuil marocain et s'endort. Sur le chantier, il ne comprend pas toujours ce qu'on lui dit et, quand il ose parler, il provoque des rires. Mais il ne passe pas un jour qu'il ne remercie Dieu de l'avoir délivré de son pays natal, surtout depuis qu'il est en *situation régulière*. Sa formule habituelle quand on lui demande comment il va est toujours la même : « *Alhamdou li llah* », « merci à Dieu ». […]

C'est lors de notre premier voyage scolaire que j'ai compris le sens du mot nostalgie, en observant Aïcha. Nous devions passer une journée à la mer du Nord. Aïcha était enthousiaste : elle n'avait pas vu la mer depuis trois ans. La seule qu'elle connut était la Méditerranée. *J'eus beau* la prévenir que la mer, en Belgique, était différente, elle ne voulut rien entendre. Elle voulait bien admettre qu'en mai, il faisait encore trop froid, qu'on ne pourrait pas s'y baigner ni pêcher les moules, mais la contempler, la sentir, écouter le bruit des vagues lui suffirait.

Arrivée à bon port, à peine sortie du car, elle se mit à courir vers l'eau en escaladant les dunes quand elle s'arrêta soudain. Elle venait d'être aveuglée par une « tempête de sable ». Cette journée fut pour elle une déception. Elle répétait : « Je n'ai jamais vu une mer grise. La mer est bleue, normalement. Et puis celle-ci n'a pas d'odeur. La mer, on la sent de loin. Ici, on n'entend presque pas le bruit des vagues mais on entend celui des voitures. »

60

Dans le car qui nous ramenait, tout le monde chantait, sauf Aïcha. Adossée contre la vitre, elle se frottait les yeux et reniflait.

— Tu pleures ?

— Non, j'ai des grains de sable dans les yeux et mon nez coule.

Sans vouloir faire de la psychologie à cinq francs, la différence entre Aïcha et moi est que j'ai vécu une continuité entre l'enfance et l'adolescence. Chez elle, il y a eu rupture, passage d'un pays à l'autre, si différent. C'est comme si, en Aïcha l'enfant et l'adolescente, vivaient deux personnes différentes.

Extrait tiré de *Ti t'appelles Aïcha, pas Jouzifine !* de Mina Oualdlhadj, Clepsydre Éditions, Bruxelles 2008, p. 35–37 et 40-42.

Ti t'appelles Aïcha, pas Jouzifine ! : phrase prononcée par le père d'Aïcha pour rappeler à sa fille ses origines marocaines (Joséphine est un prénom de fille typiquement français), autrement dit « Tu es marocaine, pas belge ni française. »

l.3   **Plat Pays** : on fait allusion à la Belgique au relief plat

l.5   **main d'œuvre** — *workforce*

l.8   **regroupement familial** : situation selon laquelle les membres d'une famille qui sont séparés peuvent se retrouver, dans ce cas-ci c'est le père qui confirme son travail à l'étranger (en Belgique) et puis fait venir sa femme et ses enfants (du Maroc).

l.12   voisine **de palier** : qui habite le même étage

l.14   **agacement** : irritation, mécontentement

l.27   copines belges **de souche** : qui sont nées en Belgique

l.30   **éteinte** : triste, abattue, morte

l.40   **marteau piqueur** — jackhammer

l.40   **s'écroule** : s'affale, se laisse tomber lourdement

l.43   **situation régulière** : situation d'emploi et de résidence légale avec documents en règle

l.48   **J'eus (avoir) beau** : s'efforcer en vain de faire quelque chose ; dans ce contexte Mimi s'efforce d'expliquer à Aïcha que la mer du Nord ne sera pas aussi belle que la Méditerranée mais Aïcha ne veut rien entendre.

Compréhension globale

1. Dans cet extrait, on parle de deux pays : le Maroc et la Belgique. Relevez toutes les expressions utilisées pour décrire chacun de ces deux endroits. Que remarquez-vous ?

2. Mimi, la narratrice, raconte que le premier contact d'Aïcha avec la Belgique est difficile. Quels sont les manifestations de cette difficulté ?

3. Pour quelles raisons Aïcha est-elle déçue de son voyage à la mer ?

Approfondissement lexical

Les homonymes

• Les **homonymes** sont des mots qui ont la même prononciation mais des sens différents (ex. *vert, vers*). On appelle deux mots qui ont la même orthographe des **homographes** (*reporter* n.m. /rəpɔrtɛr/ et *reporter* v. /rəpɔrte/). S'ils n'ont pas la même prononciation, ils ne sont pas des homonymes.

- Les **homonymes à graphies différentes** sont généralement ceux qui posent le plus de problèmes pour les apprenants du français en tant que langue seconde. Si les homonymes appartiennent à la même catégorie grammaticale (ex. *ces* et *ses* = deux déterminants pluriel), cela devient encore plus facile de les confondre en les entendant dans une phrase.
- Les **homonymes homographes** sont intéressants à étudier, car ce sont des mots qui se prononcent et s'écrivent de la même façon, mais qui ont des sens complètement différents. Notez que ces mots n'ont pas nécessairement le même genre grammatical.

1. Pour chaque prononciation, trouvez deux mots dont l'orthographe est différente : /vɛr/, /tɛr/, /fɛ̃/, et /su/

   Consultez l'*Appendice L*, Les phonèmes du français.

2. Identifiez les différents types d'homonymes dans les paires de phrases suivantes. S'agit-il d'un homographe ou d'un homonyme à graphie différente ? Puis, indiquez le sens de chaque mot en traduisant les phrases en anglais.

   a) Les enfants jouent dans la **cour.**

      Il n'y a pas de **court** de tennis ici.

   b) La **voile** du bateau d'Iseult était blanche.

      Il y a des Marocaines qui portent encore le **voile.**

   c) Si on veut acheter des timbres, on va à la **poste.**

      L'entreprise ne crée pas un seul **poste** cette année.

   d) Nous avons fait un **tour** dans la ville de Fès.

      La **tour** Eiffel fut construite il y a plus de cent ans.

   e) La pêche aux **moules** est une activité à pratiquer en famille.

      Il faut mettre le gâteau dans un **moule** et le faire cuire au four pendant une heure.

   f) Aïcha s'est précipitée **vers** les dunes de sable.

      Les espaces **verts** sont rares dans cette ville industrielle belge.

   g) Mimi décrit son pays natal, la Belgique, comme un « **Plat** Pays ».

      Qu'est-ce que tu vas commander comme **plat** principal ?

   h) Nous nous sommes levés trop **tôt** ce matin.

      Savez-vous si les **taux** d'intérêt ont augmenté ?

   Exercices adaptés du *Livret pédagogique du Robert Méthodique*, 1984

Compréhension détaillée

1. Le thème de l'identité joue un rôle important dans cet extrait. Identifiez trois passages où la narratrice parle de la Belgique comme étant son pays.

2. Comment Mimi réagit-elle quand son professeur lui pose une question au sujet du climat au Maroc ? Pourquoi cette question l'agace-t-elle autant ?

3. Aïcha a visiblement une attitude différente. Expliquez comment.

4. Expliquez la phrase « *à l'époque où je l'ai connue, peu de temps après qu'elle eut quitté son Maroc natal pour ma Belgique, Aïcha était éteinte* ».

5. Comment la narratrice a-t-elle compris le sens du mot nostalgie ?

Réflexion et discussion

1. Connaissez-vous quelqu'un qui a vécu un déménagement difficile durant son enfance ? Comment cette personne s'est-elle habituée à son nouveau pays ?

2. La narratrice raconte que la mère d'Aïcha avait souvent les yeux mouillés. D'après vous, que vivait la mère (*what was she experiencing*) de son côté ?

Grammaire et expression écrite

Grammaire

La voix passive

Remarques préliminaires

1. Une phrase est à la voix passive quand le sujet du verbe ne fait pas l'action mais la subit (en fait l'expérience). À la voix active, le sujet fait l'action.

   voix passive   →   *La souris a été attrapée par le chat.*
   (Le sujet ne fait pas l'action mais la subit.)

   voix active   →   *Le chat a attrapé la souris.*
   (Le sujet fait l'action du verbe.)

2. On nomme le sujet d'un verbe à la voix passive le sujet grammatical, tandis que le sujet d'un verbe à la voix active est le sujet réel.

   Ève a été photographiée. (*Ève* = sujet grammatical)
   (Ce n'est pas Ève qui a pris la photo.)
   Paul a photographié Ève. (*Paul* = sujet réel et sujet grammatical)
   (C'est Paul qui a pris la photo.)

3. À la voix passive, la fonction grammaticale de la personne ou de la chose qui fait l'action s'appelle le complément d'agent. Celui-ci est précédé d'une préposition (*par* ou *de*) et il suit le verbe. Ce verbe s'accorde avec le sujet grammatical de la phrase bien que celui-ci ne fasse pas l'action.

   Les souris ont été attrapées par le chat.
   (*par le chat* = complément d'agent)
   (l'auxiliaire et le participe passé s'accordent avec le sujet *les souris*)

4. En général, le complément d'agent est précédé de la préposition *par*. Quand le verbe exprime un état, l'agent peut être précédé de la préposition *de*.

   *Elle est aimée **de** tous.*
   Parmi les verbes qui expriment un état, il faut noter *aimer, admirer, adorer* et *détester*.

5. Un verbe à la voix passive peut se passer de complément d'agent lorsque celui-ci n'est pas essentiel à la compréhension de la phrase.

   Cela n'a pas été mentionné.

6. Quand on passe de la voix active à la voix passive, il y a plusieurs changements à considérer :

   a) l'objet direct devient le sujet ;

   b) l'auxiliaire utilisé est le verbe *être* ;

   c) le sujet devient le complément d'agent.

7. Seuls les verbes transitifs directs (verbes qui peuvent avoir un complément d'objet direct à la voix active) peuvent se mettre à la voix passive.

> *Le directeur **a envoyé** un courriel.*
> (*le directeur* = sujet ; *un courriel* = COD)
> *Un courriel **a été envoyé** par le directeur.*
> (*un courriel* = sujet ; *le directeur* = complément d'agent)

8. Les verbes transitifs exclusivement indirects (par ex. *parler*) et les verbes intransitifs (par ex. *aller*) ne peuvent pas se mettre à la voix passive.

> **Attention !** Il existe toutefois une exception : le verbe transitif indirect *pardonner à*.
> *Mon frère **a été pardonné** par notre mère parce qu'il s'est excusé.*

9. Si le sujet d'un verbe à la voix active est le pronom *on*, ce verbe, transformé à la voix passive, n'aura pas de complément d'agent. La voix active est donc préférable.

> *On a prévu ce problème.* (*on* = sujet)
> *Ce problème a été prévu.* (*ce problème* = sujet)

10. Le verbe *être* peut être suivi d'un adjectif verbal pour la description à la voix active ou il peut être l'auxiliaire d'un verbe à la voix passive pour exprimer l'action du verbe.

> *La salle de bains est **nettoyée**.* (= *propre*)
> (adjectif → description)
>
> *La salle de bains est **nettoyée** par mon frère.* (= *il nettoie*)
> (verbe à la voix passive → action)

Mise en pratique 1 (voix passive)

Mettez les phrases suivantes à la voix passive.

1. Mon père a enregistré mon émission favorite.
2. Un assassin a tué le président Lincoln.
3. Le concierge balaie le hall d'entrée.
4. La plupart des étudiants aiment ce professeur.
5. Le conseiller scolaire a encouragé cette étudiante.

Formation de la voix passive

1. La voix passive est une forme verbale composée de l'auxiliaire *être* conjugué au temps désiré et suivi du participe passé du verbe.

> *Cette lettre **a été postée** le 10 octobre.*
> (*a été* = aux. *être* au passé composé + p.p. du verbe *poster*)
> (Cette phrase est au passé composé de la voix passive.)

2. Un temps ayant un seul élément à la voix active en a deux à la voix passive.

> *j'**attendais*** (voix active)
> *j'**étais attendu*** (voix passive)

3. Un temps ayant deux éléments à la voix active en a trois à la voix passive.

> *j'**ai attendu*** (voix active)
> *j'**ai été attendu*** (voix passive)

4. Aux temps composés de la voix passive (trois éléments), le premier participe (*été*) est invariable, mais le second s'accorde en genre et en nombre avec le sujet du verbe.

> *Elle a été encouragée par ses deux fils.*
>
> (*été* → ne s'accorde pas ; *encouragée* → s'accorde)

Tableau 10.1 — Conjugaison de la voix passive

verbe modèle : surprendre

	présent		passé composé	
	voix active	**voix passive**	**voix active**	**voix passive**
je/j'	surprends	suis surpris(e)	ai surpris	ai été surpris(e)
tu	surprends	es surpris(e)	as surpris	as été surpris(e)
il/elle	surprend	est surpris(e)	a surpris	a été surpris(e)
nous	surprenons	sommes surpris(es)	avons surpris	avons été surpris(es)
vous	surprenez	êtes surpris(e)(s)	avez surpris	avez été surpris(e)(s)
ils/elles	surprennent	sont surpris(es)	ont surpris	ont été surpris(es)

Tableau 10.2 — Temps verbaux à la voix passive

verbe modèle : surprendre

mode/temps	voix active	voix passive
infinitif		
présent	surprendre	être surpris(e)(s)
passé	avoir surpris	avoir été surpris(e)(s)
indicatif		
présent	je surprends	je suis surpris(e)
passé composé	j'ai surpris	j'ai été surpris(e)
passé simple	je surpris	je fus surpris(e)
imparfait	je surprenais	j'étais surpris(e)
plus-que-parfait	j'avais surpris	j'avais été surpris(e)
futur	je surprendrai	je serai surpris(e)
futur antérieur	j'aurai surpris	j'aurai été surpris(e)
conditionnel		
présent	je surprendrais	je serais surpris(e)
passé	j'aurais surpris	j'aurais été surpris(e)
subjonctif		
présent	que je surprenne	que je sois surpris(e)
passé	que j'aie surpris	que j'aie été surpris(e)
participe		
présent	surprenant	étant surpris(e)(s)
passé	surpris(e)(s)	été surpris(e)(s)

Mise en pratique 2 (voix passive)

Mettez le verbe entre parenthèses à la voix passive et au temps et au mode qui conviennent.

1. Pour ne pas (dominer) par les autres, il faut savoir se défendre.
2. Hier, le postier (mordre) par notre chien.
3. Si ce mot (expliquer), j'aurais pu comprendre la phrase.
4. Dans le passé, la plupart des femmes (obliger) de rester à la maison.
5. Cette maison (construire/passé simple) au XIXe siècle.
6. Il viendra quand sa voiture (réparer).
7. Il faut que ce travail (terminer) demain.
8. Si tu ne peux pas m'accompagner, je (forcer) d'y aller tout seul.

Emploi de la voix passive

Tableau 10.3

Quand employer la voix passives

contexte	explication
1. *L'Académie française **a été fondée** en 1634.* *La Pologne **a été envahie** par l'Allemagne en 1939.*	La voix passive peut être utilisée pour la description.
Attention ! La voix active est souvent préférée. *Richelieu **a fondé** l'Académie française en 1634.*	
2. ***Mon frère** a été mordu par le chien des voisins.* ***Le chien des voisins** a mordu mon frère.*	À la voix passive, on met l'accent sur le sujet qui subit l'action plutôt que sur le complément d'agent. À la voix active, on insiste sur le sujet qui fait l'action. Si l'on veut mettre l'accent sur la personne qui fait l'action, une phrase à la voix active est préférable.

Remarques complémentaires

1. Rappelons que seuls les verbes transitifs directs (qui prennent un COD) peuvent se mettre à la voix passive.

   *La secrétaire **a envoyé** le télégramme.* (verbe transitif direct)
   → *Le télégramme **a été envoyé** par la secrétaire.* (voix passive)

2. Rappelons aussi que les verbes pronominaux, les verbes transitifs indirects (qui ne prennent qu'un COI) et les verbes intransitifs ne peuvent pas se mettre à la voix passive. Ainsi, les trois phrases ci-dessous ne peuvent pas se mettre à la voix passive.

   *Ils **se sont lavé** les mains.* (verbe pronominal)
   *Elle **a téléphoné** à Paul.* (verbe transitif indirect)
   *Elle **est sortie** ce soir.* (verbe intransitif)

3. Un pronom personnel sujet ne peut pas devenir complément d'agent.
   J'ai retrouvé mon parapluie.
   (Cette phrase ne peut pas se mettre à la voix passive à cause du pronom personnel sujet *j'*.)

Mise en pratique 3 (voix passive)

Si la phrase est à la voix passive, mettez le verbe à la voix active. Si la phrase est à la voix active, mettez le verbe à la voix passive. Dans certains cas, vous ne pourrez pas effectuer de transformation. Expliquez pourquoi.

1. Elle a été trompée par son mari.
2. On a refusé sa demande.
3. Ils sont montés au premier étage.
4. Le petit garçon a été retrouvé par la police.
5. La directrice a accepté cette recommandation.
6. Ils ont parlé à tous leurs correspondants.

Remplacement de la voix passive

On a tendance à éviter la voix passive lorsqu'une autre tournure est possible.

Tableau 10.4

Comment remplacer le passif

Quand le verbe est transitif direct, il y a trois façons d'éviter la voix passive.

1. On peut utiliser le sujet *on* et la voix active s'il n'y a pas de complément d'agent à la voix passive.	*Le français est parlé ici.* → *Ici, on parle français.*
2. On peut utiliser un verbe pronominal à sens passif si celui-ci est disponible.	*Ce mot n'est plus utilisé.* → *Ce mot ne s'utilise plus.*
3. On peut simplement utiliser la voix active si le complément d'agent est exprimé, et si l'on veut mettre l'accent sur le sujet du verbe à la voix active.	*Tous les biscuits ont été mangés par les enfants.* → *Les enfants ont mangé tous les biscuits.*

Mise en pratique 4 (voix passive)

Transformez chaque phrase en remplaçant la voix passive.

1. Au Japon, le poisson est mangé cru.
2. Les jupes sont portées longues cette année.
3. Tout le surplus de la récolte de blé a été donné aux pays où sévit la famine.
4. Les œufs sont vendus à la douzaine.
5. Les cerises sont cueillies au mois de juillet.
6. En Angleterre, les voitures sont conduites à gauche.
7. La voiture de mes parents a été achetée par les voisins.
8. Cette lettre a été envoyée trop tard.

Problèmes de traduction

Tableau 10.5

Comment traduire

1. This is not **done**.	→	*Cela ne **se fait** pas.*
This is **eaten** raw.	→	*Cela **se mange** cru.*

On utilise souvent un verbe pronominal en français, alors qu'en anglais la construction passive s'impose.

2. French **is spoken** here. → *Ici, **on parle** français.*

His bicycle **was stolen**. → ***On a volé** sa bicyclette.*

Quand il n'y a pas de complément d'agent, on traduit souvent le passif anglais en utilisant la voix active en français. Le sujet du verbe est alors le pronom indéfini *on*.

3. His house **is surrounded** by gardens. → *Sa maison **est entourée** de jardins.*

Parfois, la voix passive est appropriée en français, surtout lorsque le participe passé a une valeur adjectivale.

Mise en pratique 5 (traduction)

Traduisez les phrases suivantes en français.

1. The garden is covered with leaves.
2. Grapes are harvested in the fall.
3. This expression is often used in French.

Le participe présent

Formation du participe présent

1. Pour obtenir le radical du participe présent, on enlève la terminaison *ons* des verbes conjugués à la première personne du pluriel (forme *nous*) du présent de l'indicatif. À ce radical, on ajoute la terminaison *ant* du participe présent.

nous travaillons → travaill → travaillant

2. Trois verbes ont un participe présent irrégulier.

avoir	→	**ayant**
être	→	**étant**
savoir	→	**sachant**

Tableau 10.6 Comment former le participe présent

verbe	présent de l'indicatif (nous)	radical	participe présent
acheter	achetons	achet-	achetant
manger	mangeons	mange-	mangeant
placer	plaçons	plaç-	plaçant
finir	finissons	finiss-	finissant
sentir	sentons	sent-	sentant
recevoir	recevons	recev-	recevant
vendre	vendons	vend-	vendant

Mise en pratique 6 (formation du participe présent)

Formez le participe présent des verbes suivants.

1. permettre
2. nager
3. espérer
4. vaincre
5. dire
6. parvenir
7. comprendre
8. réussir
9. s'assoir (s'asseoir)
10. conduire
11. commencer
12. envoyer

Participe présent à la voix passive

1. En français, il existe plusieurs types de participes présents.

faisant (doing) → participe présent (voix active)
étant fait (being done) → participe présent (voix passive)
ayant fait (having done) → participe présent composé (voix active)
ayant été fait (having been done) → participe présent composé (voix passive)

2. Le participe présent d'un verbe transitif direct à la voix passive est formé du participe présent du verbe *être* suivi du participe passé du verbe utilisé.

étant acheté(e)(s) (voix passive)   *ayant acheté* (voix active)

3. Il faut se rappeler que les verbes pronominaux et les verbes intransitifs ne peuvent pas se mettre à la voix passive (voir *Tableau 10.7*).

Tableau 10.7

Participe présent (voix active et passive)

verbe	voix active	voix passive
acheter	*achetant*	*étant acheté(e)(s)*
entrer	*entrant*	(pas de forme à la voix passive)*
se lever	*se levant*	(pas de forme à la voix passive)*

*Rappel : Les verbes pronominaux et les verbes intransitifs ne peuvent pas se mettre à la voix passive.

Mise en pratique 7 (participe présent à la voix passive)

Quand c'est possible, donnez le participe présent (voix passive) des verbes suivants.

1. transporter
2. cacher
3. prendre
4. monter les valises
5. se promener
6. suivre

Participe présent composé

Le participe présent composé est formé du participe présent de l'auxiliaire (*avoir* ou *être*), suivi du participe passé du verbe en question.

Tableau 10.8

Participe présent composé

infinitif	auxiliaire	participe présent composé
réussir	avoir	ayant réussi
venir	être	étant venu(e)(s)
s'habiller	être	s'étant habillé(e)(s)
avoir	avoir	ayant eu
être	avoir	ayant été

Mise en pratique 8 (participe présent composé)

Donnez le participe présent composé des verbes suivants.

1. punir
2. vendre
3. chuchoter
4. se tromper
5. naitre
6. faire

Participe présent composé à la voix passive

1. Le participe présent composé passif est formé du participe présent composé de l'auxiliaire *être* suivi du participe passé du verbe utilisé.

infinitif passif	participe présent composé passif
être acheté(e)(s)	*ayant été acheté(e)(s)*
être vendu(e)(s)	*ayant été vendu(e)(s)*

2. Il faut distinguer le participe présent composé des verbes conjugués avec *être* du participe présent passif.

    participe présent composé → *étant allé(e)(s)*
    participe présent passif → *étant vendu(e)(s)*
    *Leurs parents **étant allés** chez les voisins, les enfants étaient tout seuls.*
    participe présent composé (*having gone*)
    *Ces oranges **étant vendues** à la douzaine, on ne peut pas en acheter seulement une.*
    participe présent passif (*having been sold*)

Tableau 10.9

Participe présent composé (voix active et passive)

verbe	voix active	voix passive
acheter	ayant acheté	ayant été acheté(e)(s)
entrer	étant entré(e)(s)	(pas de forme à la voix passive[*])
se lever	s'étant levé(e)(s)	(pas de forme à la voix passive[*])

[*] Rappel : Les verbes pronominaux et les verbes intransitifs ne peuvent pas se mettre à la voix passive.

Mise en pratique 9 (participe présent composé à la voix passive)

Si cela est possible, donnez le participe présent composé (voix passive) des verbes suivants.

1. traverser
2. allonger
3. attendre
4. devenir

Remarques complémentaires

1. L'élément négatif ou restrictif *ne* précède le participe présent, et les autres éléments négatifs ou restrictifs le suivent.

    ***Ne** parlant **pas** espagnol, nous avons eu des difficultés à nous faire comprendre lors de notre séjour au Mexique.*
    ***N'**ayant **pas** reçu de pourboire, la serveuse ne leur a pas dit au revoir.*
    ***Ne** s'étant levée **qu'**à neuf heures, elle a manqué l'autobus.*

    Attention !
    a) Le deuxième élément de la négation *ne... personne* suit le participe passé.
       ***N'**ayant trouvé **personne** qui puisse nous aider, nous sommes repartis.*

    b) L'élément *ne* suit la préposition *en*.
       *Il essaie de suivre un régime en **ne** mangeant **que** des légumes et des fruits.*

2. Les pronoms compléments précèdent le participe présent.

*Tu obtiendras ce que tu voudras en **le lui** demandant gentiment.*

Emploi du participe présent

Tableau 10.10

Quand employer le participe présent

contexte	explication
1. *Elle l'a croisé **en partant**.* (= quand elle partait) *On arrivera à l'heure **en se dépêchant**.* (= si l'on se dépêche) *Il marche **en trainant** la jambe.* (= Quand il marche, il traine la jambe.) *Il se tromperait **en croyant** cela.* (= s'il croyait cela) *Elle ne rédige ses compositions qu'**en préparant** un plan et un brouillon.* (= Elle ne rédige pas ses compositions sans préparer de plan et de brouillon.)	Le participe présent sert souvent à exprimer un complément circonstanciel de temps, de moyen, de manière, de condition ou de concession. Cette forme du participe présent, toujours précédée de la préposition *en*, s'appelle **le gérondif**. Le gérondif est invariable.
2. ***Tout en mangeant**, il a pu expliquer sa stratégie.* (= pendant qu'il mangeait)	Le gérondif, précédé de l'adverbe *tout*, marque la simultanéité de deux actions.
3. *Nous cherchons une réceptionniste **sachant** utiliser le télécopieur.* (= qui sache utiliser) ***Voulant** y arriver le plus vite possible, il a pris l'avion.* (= parce qu'il le voulait) ***Le regardant** bien dans les yeux, je lui ai dit ses quatre vérités.* (= tout en le regardant)	Le participe présent peut s'utiliser soit pour exprimer une raison ou une cause, soit pour exprimer une action simultanée.
4. *Il suit un cours pour **débutants**.* *C'est elle la **gagnante**.*	Certains participes présents peuvent être utilisés comme noms. Dans ce cas, ils prennent un genre et un nombre.
5. *Cette conférence était très **ennuyante**.*	Certains participes présents peuvent être utilisés comme adjectifs. Dans ce cas, ils s'accordent en genre et en nombre avec le nom ou le pronom qu'ils qualifient.

Note sur l'orthographe

Certains noms et certains adjectifs verbaux n'ont pas la même orthographe que le participe présent correspondant.

*C'est en **convainquant** son patron qu'il a pu sauver le projet qu'on allait annuler.*
*Il a utilisé des arguments très **convaincants**.*

ableau 10.11   Orthographe du participe présent, de l'adjectif verbal et du nom

participe présent	adjectif verbal	nom
adhérant		adhérent
affluant		affluent
communiquant	communicant	
convainquant	convaincant	
différant	différent	
divergeant	divergent	
équivalant	équivalent	équivalent
excédant	excédent	excédent
fabriquant		fabricant
fatiguant	fatigant	
influant	influent	
intriguant	intrigant	intrigant
négligeant	négligent	
précédant	précédent	précédent
provoquant	provocant	
résidant		résident
somnolant	somnolent	
suffoquant	suffocant	
vaquant	vacant	

Mise en pratique 10 (emploi du participe présent)

Complétez les phrases suivantes avec le participe présent, l'adjectif verbal ou le nom correspondant au verbe entre parenthèses. Employez la préposition *en* pour le gérondif s'il le faut.

1. C'est le roman de Driss Chraïbi que je trouve le plus (intéresser).
2. Il y avait relativement peu de (participer).
3. (voir) cela, j'ai décidé d'intervenir.
4. Il a payé l'addition (quitter) le restaurant.
5. C'est (lire) beaucoup qu'on acquiert un sens du style.
6. J'ai dit bonjour à tout le monde (arriver).
7. Ces exercices sont nécessaires mais (fatiguer).
8. Elle est (charmer) ; elle répond toujours (sourire).

Problèmes de traduction

ableau 10.12

Comment traduire

1. She watched the children **dancing**.   →   *Elle a regardé les enfants **danser**.*
   I hear them **singing**.   →   *Je les entends **chanter**.*

   Cette construction anglaise se traduit en français par l'infinitif présent.

2. **Knowing** this will help you. → *Savoir cela va vous aider.*

Thank you for **waiting**. → *Je vous remercie d'avoir patienté.*

Instead of **complaining**, you should do → *Au lieu de rouspéter, vous devriez faire*
something. *quelque chose.*

Le participe présent anglais peut fonctionner comme nom. En français, on emploie souvent un infinitif.

3. She appreciates **your trying**. → *Elle apprécie vos efforts.*

Le participe présent anglais doit parfois être traduit par un substantif en français.

4. This blouse is worn with a **matching** skirt. → *Ce chemisier se porte avec une jupe assortie.*

La forme adjectivale du participe présent d'un verbe anglais se traduit souvent par la forme adjectivale du participe passé français.

5. I am **coming**! → *J'arrive !*

He is **going** to help us. → *Il va nous aider.*

They are in the process of **moving**. → *Ils sont en train de déménager.*

I was **going** to do it. → *J'allais le faire.*

Certaines constructions en *ing* en anglais se traduisent en français par des temps ou des constructions où le participe présent ne figure pas.

6. You'll get better marks **by** spending more → *Tu obtiendras de meilleures notes en passant plus*
time studying. *de temps à étudier.*

La préposition anglaise *by* + participe présent se traduit par la préposition *en* + participe présent en français.

Mise en pratique 11 (traduction)

Traduisez les phrases suivantes en français.

1. They are going to accompany us.
2. We have some staffing problems.
3. He has a large following.
4. Thank you for faxing this file so promptly.

Le discours indirect

Le discours direct permet de citer textuellement un énoncé parlé à l'aide de guillemets. Le style indirect relate l'énoncé à l'aide d'une proposition subordonnée. Un verbe de parole (appelé aussi verbe de déclaration) introduit les énoncés dans les deux cas.

discours direct *Elle a dit : « Je t'emmène ! »*
discours indirect *Elle a dit qu'elle m'emmenait.*

Le passage du discours direct au discours indirect occasionne de nombreux changements. Les sept modèles qui suivent illustrent ces modifications.

Passage du discours direct au discours indirect

Modèle 1

discours direct

Hélène dit : « *Je suis fatiguée.* »

On cite directement les paroles d'une personne en utilisant des guillemets.

discours indirect

Hélène dit qu'elle est fatiguée.

On cite indirectement les paroles d'une personne en utilisant une proposition subordonnée.

Analyse des changements :

1. les deux-points et les guillemets disparaissent ;
2. on ajoute la conjonction *que* après le verbe *dire* ;
3. le pronom *je* est remplacé par le pronom *elle* ;
4. la citation « *Je suis fatiguée* » devient la proposition subordonnée *qu'elle est fatiguée.*

Attention ! Il y a d'autres verbes de déclaration tels qu'*ajouter, déclarer, expliquer, remarquer, répéter, répondre* et *rétorquer.*

Modèle 2

discours direct

Jean demande : « *Est-ce que je suis en retard ?* »

discours indirect

Jean demande s'il est en retard.

Analyse des changements :

1. les deux-points et les guillemets disparaissent ;
2. on ajoute la conjonction *si* après le verbe *demander* ;
3. le pronom *je* est remplacé par le pronom *il* ;
4. la citation « *Est-ce que je suis en retard ?* » devient la proposition subordonnée *s'il est en retard* ;
5. le point d'interrogation devient un point.

Mise en pratique 12 (du discours direct au discours indirect)

Mettez chaque phrase au discours indirect.

1. Il répond : « Je suis tout à fait d'accord. »
2. Le professeur demande : « Est-ce qu'il est déjà l'heure ? »
3. Elle demande : « Est-ce que j'ai le temps de le faire ? »

Modèle 3

discours direct

Paul a dit : « *Je me **plais** beaucoup à Montréal.* »

discours indirect

*Paul a dit qu'il se **plaisait** beaucoup à Montréal.*

Analyse des changements :

1. les deux-points et les guillemets disparaissent ;
2. on ajoute *que* après le verbe de déclaration *dire* ;
3. le pronom *je* est remplacé par le pronom *il* ;
4. changement de temps : le verbe qui est au présent dans la citation se met à l'imparfait dans la proposition subordonnée ;
5. la citation « *Je me plais beaucoup à Montréal* » devient la proposition subordonnée *qu'il se plaisait beaucoup à Montréal.*

Tableau 10.13

Changements de temps après un verbe de déclaration au passé

verbe de déclaration	discours direct		discours indirect
il a dit/il disait/il avait dit	je comprends (présent)	→	qu'il comprenait (imparfait)
il a dit/il disait/il avait dit	j'ai compris (passé composé)	→	qu'il avait compris (plus-que-parfait)
il a dit/il disait/il avait dit	je comprendrai (futur simple)	→	qu'il comprendrait (conditionnel présent)
il a dit/il disait/il avait dit	j'aurai compris (futur antérieur)	→	qu'il aurait compris (conditionnel passé)

Attention !

1. S'il y a plusieurs verbes dans la citation, il faut traiter chaque verbe selon son temps d'origine.

   *Il a dit : « Je me **demande** si je **pourrai** le faire. »*
   *Il a dit qu'il se **demandait** s'il **pourrait** le faire.*

2. Certains temps et certains modes ne changent pas. Il s'agit de l'imparfait, du plus-que-parfait, du conditionnel présent ou passé et du subjonctif présent ou passé.

   *Elle a dit : « Je m'**étais trompée**. »*
   *Elle a dit qu'elle s'**était trompée**.*
   *Nous avons demandé : « Pense-t-il que ce **soit** possible ? »*
   *Nous avons demandé s'il pensait que ce **soit** possible.*

3. Il faut se rappeler que le verbe de la subordonnée ne change pas si le temps du verbe de la proposition principale est au présent.

   *Elle dit : « Je **suis** fatiguée. »*
   *Elle dit qu'elle **est** fatiguée.*

Mise en pratique 13 (du discours direct au discours indirect)

Mettez chaque phrase au discours indirect.

1. Il a dit : « Quand j'aurai reçu le paquet, je téléphonerai. »
2. Elle a répondu : « Si j'avais su cela, je ne serais pas venue. »
3. Il a ajouté : « J'ai eu tort et je m'excuse. »

Modèle 4

discours direct	discours indirect
*Il m'a demandé : « **Qu'est-ce que** tu fais ? »*	*Il m'a demandé **ce que** je faisais.*

Analyse des changements :

1. les deux-points et les guillemets disparaissent ;
2. le pronom interrogatif *qu'est-ce que* devient *ce que* ;
3. le pronom *tu* est remplacé par le pronom *je* ;
4. le temps du verbe *faire* passe du présent à l'imparfait ;
5. le point d'interrogation devient un point.

ableau 10.14 | Phrases interrogatives au discours indirect

est-ce que → si

discours direct   *Il me demande : « **Est-ce que** Paul travaille ? »*
discours indirect   *Il me demande **si** Paul travaille.*

qu'est-ce que ou *que → ce que*

discours direct   *Je lui ai demandé : « **Que** font-elles ? »*
discours indirect   *Je lui ai demandé **ce qu'**elles faisaient.*

qu'est-ce qui → ce qui

discours direct   *Nous leur demandons : « **Qu'est-ce qui** fait ce bruit ? »*
discours indirect   *Nous leur demandons **ce qui** fait ce bruit.*

Attention !

1. Les inversions disparaissent au discours indirect.

   *Je vous ai demandé : « Que **dites-vous** ? »*
   *Je vous ai demandé ce que **vous disiez**.*

2. Les autres mots interrogatifs ne changent pas.

   *Tu nous as demandé : « **Combien** êtes-vous pour dîner ? »*
   *Tu nous as demandé **combien** nous étions pour dîner.*

3. Compte tenu des changements présentés ci-dessus, les éléments *est-ce qui* ou *est-ce que* des autres formes longues du pronom interrogatif sont éliminés au discours indirect.

   *Il demande : « **Qui est-ce qui** a téléphoné ? »*
   *Il demande **qui** a téléphoné.*

   *Elle lui a demandé : « **Qui est-ce que** tu invites ? »*
   *Elle lui a demandé **qui** il invitait.*

Mise en pratique 14 (du discours direct au discours indirect)

Mettez chaque phrase au discours indirect.

1. La directrice a demandé : « Qui est-ce qui était chargé de ce dossier ? »
2. J'ai demandé : « Qu'est-ce que tu voulais ? »
3. Il s'est demandé : « Pourquoi y avait-il si peu de monde ? »
4. Elle a demandé : « Est-ce que vous venez ? »

Modèle 5

discours direct	discours indirect
*Je lui ai demandé : « Où vas-tu **demain** ? »*	*Je lui ai demandé où il allait **le lendemain**.*

Analyse des changements :

1. les deux-points et les guillemets disparaissent ;
2. l'inversion disparait ;
3. le pronom *tu* est remplacé par le pronom *il* ;
4. le temps du verbe *aller* passe du présent à l'imparfait ;
5. l'adverbe *demain* est remplacé par *le lendemain*.

Tableau 10.15

Changements d'expressions de temps

discours direct		discours indirect
aujourd'hui	→	ce jour-là
demain	→	le lendemain
demain matin	→	le lendemain matin
après-demain	→	le surlendemain
hier	→	la veille
avant hier	→	l'avant-veille
ce matin, ce soir	→	ce matin-là, ce soir-là
cet après-midi	→	cet après-midi-là
cette nuit	→	cette nuit-là
cette semaine, ce mois	→	cette semaine-là, ce mois-là
cette année	→	cette année-là
la semaine prochaine	→	la semaine suivante
la semaine dernière	→	la semaine précédente
en ce moment	→	à ce moment-là, alors
maintenant	→	à ce moment-là, alors

Attention !   Ces expressions de temps ne changent pas si le verbe de la propostition principale est au présent ou au futur.

| discours direct | *Il dit : « J'y vais **demain**.* |
| discours indirect | *Il dit qu'il y va **demain**.* |

Mise en pratique 15 (du discours direct au discours indirect)

Mettez chaque phrase au discours indirect.

1. Il a ajouté : « Je les verrai après-demain. »

2. Elle s'est exclamée : « La semaine prochaine, ce sera trop tard ! »

3. Il a dit : « Je ne suis pas libre aujourd'hui. »

Modèle 6

discours direct	**discours indirect**
*Il leur dit : « **Faites** attention aux accords. »*	*Il leur dit **de faire** attention aux accords.*

Analyse des changements :

1. les deux-points et les guillemets disparaissent ;

2. la préposition *de* précède la proposition subordonnée ;

3. l'infinitif remplace l'impératif.

Attention !   L'impératif au discours direct est toujours remplacé par l'infinitif au discours indirect, même si le verbe d'introduction est au présent.

> *Il lui dit : « **Arrête-toi** ! »*
> *Il lui dit **de s'arrêter**.*

Mise en pratique 16 (du discours direct au discours indirect)

Mettez chaque phrase au discours indirect.

1. Elle nous a dit : « Soyez plus attentifs ! »

2. Najib dit à sa mère : « Ne t'inquiète pas ! »

Modèle 7

discours direct

*J'ai dit à Robert : « **Ton** père **t'**a téléphoné. »*

discours indirect

*J'ai dit à Robert que **son** père **lui** avait téléphoné.*

Analyse des changements :

1. les deux-points et les guillemets disparaissent ;

2. l'adjectif possessif *ton* devient *son*, le pronom *t'* devient *lui* ;

3. le temps du verbe *téléphoner* passe du passé composé au plus-que-parfait.

Attention ! Les pronoms personnels et les adjectifs changent en fonction du sens de la phrase. (comme en anglais)

> *Je lui ai demandé : « Est-ce que **tes** parents **t'**accompagnent ? »*
> *Je lui ai demandé si **ses** parents **l'**accompagnaient.*

Mise en pratique 17 (du discours direct au discours indirect)

Mettez chaque phrase au discours indirect.

1. Elle m'a demandé : « Tes parents vont-ils parler aux miens ? »

2. Il a dit : « Ne vous donnez pas autant de peine. »

Tableau 10.16

Récapitulation: passage du discours direct au discours indirect

discours direct	discours indirect
1. Il y a deux points après la proposition principale.	• Les deux-points disparaissent.
2. La citation directe est entre guillemets.	• Les guillemets disparaissent.
3. La citation directe est un énoncé affirmatif ou négatif.	• La citation indirecte est une proposition subordonnée qui commence par *que*.
4. La citation directe est une question.	• La subordonnée commence par un mot d'interrogation indirecte.

est-ce que	→	*si*
qu'est-ce que	→	*ce que*
que	→	*ce que*
qu'est-ce qui	→	*ce qui*

• Les éléments *est-ce que* ou *est-ce qui* des formes longues de pronoms autres que *qu'est-ce que* et *qu'est-ce qui* disparaissent.

• Les autres mots interrogatifs ne changent pas.

• Les inversions disparaissent.

discours direct	discours indirect
5. La citation directe est un ordre.	• La citation indirecte est une proposition infinitive introduite par *de*.
6. Le verbe de la proposition principale est au présent ou au futur.	• Le temps du verbe de la citation directe est maintenu dans la subordonnée.

7. Le verbe de la proposition principale est au passé et le verbe de la citation est au :

- Le temps du verbe de la citation directe change dans la subordonnée.

présent →	imparfait
passé composé →	plus-que-parfait
futur simple →	conditionnel présent
futur antérieur →	conditionnel passé

- Il n'y a pas de changement aux autres temps et modes.

8. Les expressions de temps se rapportent au temps du verbe de la citation directe.

- Quand le verbe de la proposition principale est au passé, les expressions de temps dans la proposition subordonnée changent selon le sens.

9. Les possessifs et les pronoms personnels dépendent de la personne qui parle.

- Les possessifs et les pronoms personnels changent en fonction du sens de la phrase (comme en anglais).

Mise en pratique 18 (du discours direct au discours indirect)

Mettez chaque phrase au discours indirect.

1. Elle a dit : « J'enverrai une télécopie demain. »
2. Ils ont dit : « Il faisait très beau durant notre voyage. »
3. Le directeur a remarqué : « Le travail que vous avez fait cette année est excellent. »
4. J'ai demandé : « Qu'est-ce qui s'est passé aujourd'hui ? »
5. Elle s'est demandé : « Est-ce qu'ils m'ont vue ? »
6. La directrice a dit : « Écrivez cette lettre avant la semaine prochaine. »
7. Il leur a demandé : « Combien d'appels interurbains avez-vous passés ? »
8. Nous nous demandions : « Qu'est-ce qu'ils ont fait avant-hier ? »

Expression écrite

Le dialogue incorporé au récit

1. Au fil d'un récit ou d'un texte dialogué (scénario, pièce de théâtre, etc.), il est souvent nécessaire de mettre en scène des personnages et de les faire parler. Pour bien réussir ces dialogues, il est utile de se poser les questions suivantes :

   a) Est-ce vraiment ce que dirait le personnage dans la réalité ?

   b) Est-ce le langage d'une personne de son âge (jeune de 16 ans, parent, vieillard, enfant) ?

   c) Est-ce que le langage reflète le tempérament de la personne (nerveux, snob, avenant, impatient) ?

   d) Est-ce que le langage reflète les émotions et les sentiments de la personne (déçue, amoureuse, fâchée) ?

   e) Est-ce que le langage reflète le niveau de langue approprié à la situation étant donné les circonstances et le milieu (langue soignée, langue courante, langue familière, argot, jargon, régionalismes) ?

2. Pour la mise en scène, il s'agit également d'ajouter au dialogue certains éléments dramatiques parmi lesquels il faut mentionner :

   a) des précisions quant aux attitudes, aux mimiques et aux gestes des personnages

   *Il lui répondit **sèchement** que...*

   *Elle répliqua **victorieusement** que...*

   *La directrice, **souriant**, lui mentionna que...*

   ***Tout en ponctuant** son discours de vigoureux coups de poing sur la table, Charles...*

   b) des précisions quant à la voix et à l'intonation des personnages

   *Le directeur, **changeant brusquement de ton**...*

   ***C'est d'une voix macabre qu'il** annonça...*

3. Pour ce qui est de la présentation du matériel dialogué, il est important de choisir le style le plus approprié au texte que l'on rédige (style direct ou indirect). Si l'on choisit de citer textuellement les paroles du personnage (style direct), il faut respecter certaines règles de ponctuation.

   a) On utilise des guillemets pour encadrer les paroles qui sont prononcées.

   Il lui dit, voulant la rassurer : « Ne vous inquiétez pas, vous verrez, tout ira bien. »

   b) Quand on change d'interlocuteur sans fermer ni ouvrir les guillemets, on précède d'un tiret l'énoncé que l'on commence.

   — Monsieur, c'est un monsieur anglais qui dit qu'il connaît Monsieur.

   — Comment s'appelle-t-il ?

   — Le Dr. O'Grady.

   — O'Grady ! S'il vous entendait !... Il n'est pas anglais ; il est irlandais. Faites-le entrer tout de suite...

   Tiré de *Nouveaux discours du Docteur O'Grady* d'André Maurois.

   c) On peut utiliser des propositions incises (c'est-à-dire de petites phrases entre virgules comprenant un verbe de communication suivi de son sujet) pour indiquer qui parle et la façon dont on parle.

   *—Le moment approche, **dit-il**, doutant après avoir eu tant d'espoir.*

Mise en pratique 19 (dialogue)

En vous inspirant de la lecture du *Dossier 1* de ce chapitre, imaginez une conversation entre un jeune garçon et son grand-père après l'achat d'une minitablette.

Les notes de lecture ou d'écoute

1. On est souvent appelé à prendre des notes. En effet, qu'il s'agisse de la lecture d'un texte à étudier, d'une conférence ou d'une réunion, il est souvent nécessaire de noter l'essentiel de ce qu'on a lu ou écouté afin de pouvoir, plus tard, disposer des renseignements auxquels on aura peut-être besoin de se référer. C'est le cas, par exemple, lorsqu'il s'agit de réviser en vue d'un examen ou de rédiger le compte rendu d'un livre.

2. En principe, les notes se prennent en style télégraphique, c'est-à-dire en utilisant des mots et des segments de phrases qui reflètent l'essentiel de ce qui a été dit ou lu.

3. D'habitude, l'auteur d'un texte aura organisé sa pensée, et le schéma de son exposé devrait être évident. Pour bien déceler cette organisation et les points de repère, il faudra prêter attention aux éléments présentés dans le tableau ci-dessous.

Tableau 10.17

Éléments à repérer dans un texte

Il faut déceler :

a) les principaux points (le thème, l'objectif de l'exposé, les idées directrices, les exemples importants, les arguments-clés, les conclusions, etc.) ;

b) les formules de transition qui indiquent le passage d'une idée à une autre ou le rapport entre deux idées ;

c) les éléments qui ne sont pas clairs, les mots et les expressions que vous ne comprenez pas.

Attention ! Ce matériel brut, composé de notes prises rapidement au fil de la lecture ou de l'écoute, peut être retravaillé afin de réaliser une version cohérente qui sera plus facile à consulter.

Document de lecture

Le traité de Washington

Depuis le XVIIᵉ siècle, la pêche est une industrie fort importante en Nouvelle-Angleterre, et les colonies américaines ont coutume de pêcher dans le golfe du Saint-Laurent et sur les bancs de Terre-Neuve. En 1854, le traité de Réciprocité accorde effectivement aux États-Unis le droit de pêcher dans les eaux territoriales canadiennes. Mais la fin du traité, en mars 1866, supprime ce droit.

En fait, les Américains continuent de pêcher comme auparavant, et plusieurs de leurs bateaux sont alors saisis et confisqués. Il s'ensuit une agitation qui alarme les deux gouvernements. Le problème concerne le Canada et les États-Unis, mais des pourparlers s'engagent directement entre Londres et Washington.

En 1870, une commission mixte est chargée de définir les droits de chacun. Le comte de Grey dirige la délégation britannique et Hamilton Fish est le principal représentant américain. John A. Macdonald est le seul Canadien à faire partie de la délégation britannique. Il ne se sent pas pleinement admis au sein du groupe et son statut est équivoque. Les négociations sont longues et difficiles car, très souvent, l'Angleterre donne l'impression de jouer le jeu des États-Unis. La métropole désire renforcer ses relations diplomatiques et économiques avec les Américains, relations mises à l'épreuve durant la guerre civile. Pour atteindre cet objectif, elle est prête à sacrifier les intérêts du Canada.

Le 5 mars 1871, les États-Unis proposent d'acheter le droit de pêche à perpétuité pour un million de dollars. Grey accepte, mais Macdonald proteste. Le 9 mars, le représentant canadien repousse une nouvelle offre américaine sur l'achat du droit de pêche pour quelques années […] mais il est contraint d'accepter les conditions américaines et, le 8 mai, le traité est signé. Les Américains pourront désormais naviguer librement sur le fleuve Saint-Laurent et les Grands Lacs, alors que les Canadiens pourront faire de même sur trois rivières d'Alaska. [...] On octroie également aux Américains le droit de pêcher dans les eaux territoriales canadiennes pendant 10 ans, moyennant une somme qui sera fixée plus tard à 500 000 dollars. Le traité est ratifié en 1873.

Cette première expérience, où l'Angleterre et le Canada tentaient de définir leur rôle respectif en matière diplomatique, est nettement défavorable pour le Canada. Même si le premier ministre canadien prend place parmi les membres de la délégation anglaise, il signe le traité à titre de représentant anglais. Cependant, sa présence au sein de la délégation officielle marque une étape dans l'évolution du statut international du Canada. L'attitude de l'Angleterre, lors des négociations, provoque un profond ressentiment chez les Canadiens et une vive opposition au traité.

Tiré de *Canada-Québec : synthèse historique* de J. Lacoursière, J. Provencher et D. Vaugeois, Éditions du renouveau pédagogique.

Modèle de notes

Le traité de Washington (droits de pêche É.-U. au Canada)

1. *historique*
   — *depuis XVIIe s. Américains pêchent St-Laurent + Terre-Neuve*
   — *1854 à 1866 traité de Réciprocité → droit de pêche É.-U. eaux territoriales Canada*
   — *Américains pêchent sans droits → bateaux confisqués → agitation*

2. *négociations*
   — *pourparlers Londres-Washington*
   — *1870 commission mixte : Grey (Ang.) + Fish (É.-U.) → droits de chaque pays*
   — *Macdonald = seul Canadien → statut équivoque*
   — *relations Ang./É.-U. plus importantes qu'intérêts du Canada*
   — *1871 É.-U. proposent achat droit pêche perpétuité → 1 million $*
   — *Grey accepte ; Macdonald proteste*
   — *nouvelle offre É.-U. → achat sur quelques années*
   — *Macdonald repousse mais doit céder*

3. *termes du traité (ratifié 1873)*
   — *Américains → St-Laurent + Grands Lacs*
   — *Canadiens → 3 rivières Alaska*
   — *Américains droit de pêche Canada 10 ans → 500 000 $*

4. *conclusions*
   — *1re définition rôle Ang./Canada*
   — *défavorable Canada*
   — *présence Macdonald délégation ang. marque évolution statut du Can.*
   — *attitude angl. provoque opposition can. au traité*

Mise en pratique 20 (notes de lecture)

Analysez les notes de lecture ci-dessus et indiquez s'il manque des éléments importants.

Le coin du correcteur

Tableau 10.18

Les homonymes (suite)

1. *près (de)/prêt* — *près* = adverbe ou *près de* = préposition ; *prêt* = adjectif

2. *plus tôt/plutôt* — *plus tôt* = adverbe signifiant *earlier* ; *plutôt* = adverbe signifiant *rather*

3. *qu'elle/quelle* — *qu'elle* = conjonction *que* + pronom *elle* ; *quelle* = adjectif interrogatif

4. *ma/m'a* — *ma* = adjectif possessif ; *m'a* = pronom *me* + verbe *avoir*

5. *mon/m'ont* — *mon* = adjectif possessif ; *m'ont* = pronom *me* + verbe *avoir*

6. *tant/temps* — *tant* = adverbe ; *temps* = nom

7. *tout/tous* — *tout* = adjectif ou pronom indéfini singulier ; *tous* = adjectif ou pronom indéfini pluriel

8. *quand/qu'en* — *quand* = conjonction ou adverbe de temps ; *qu'en* = conjonction *que* + préposition *en* ou pronom *en*

Mise en pratique 21 (correction des fautes)

Complétez chaque phrase en choisissant l'une des deux réponses. Expliquez votre choix.

1. Monique est _____ à effectuer des études dans un autre pays. (*près / prête*)

2. _____ étudiant devrait faire un stage à l'étranger. (*tout / tous*)

3. Ils ne savent pas _____ ils vont pouvoir partir. (*quand / qu'en*)

4. Zoé et Manou ne _____ pas laissé de message. (*mon / m'ont*)

5. Somme toute, il pense que son stage à l'étranger fut _____ une expérience humaine inestimable. (*plus tôt / plutôt*)

6. Il est surprenant qu'il y ait _____ de cours dans ce domaine d'études. (*tant / temps*)

7. Tu es arrivé _____ que prévu. (*plus tôt / plutôt*)

Synthèse

Exercice 1 Vrai ou pas (voix passive)

oral ou écrit En utilisant les éléments donnés, construisez des phrases à la voix passive. Indiquez votre opinion en utilisant la forme affirmative ou négative.

Modèle : les mauvais employés/toujours renvoyer/leur patron
→ *Les mauvais employés sont toujours renvoyés par leur patron.*
ou → *Les mauvais employés ne sont pas toujours renvoyés par leur patron.*

1. les criminels/toujours arrêter/la police

2. les étudiants/toujours encourager/leurs professeurs

3. les vedettes/toujours apprécier/leur public

4. la police/toujours critiquer/dans les médias

5. les grandes vedettes/toujours harceler/les reporters photographes

Exercice 2 Ensembles (voix passive)

écrit Faites l'exercice suivant selon les modèles.

Modèles : ce monument/trouver (présent)/près du lac (verbe pronominal)
→ *Ce monument se trouve près du lac.*
ce type de guide/déjà publier (passé composé) (on)
→ *On a déjà publié ce type de guide.*
ses commentaires/mal interpréter (passé composé) (passif)
→ *Ses commentaires ont été mal interprétés.*

1. des escargots/manger beaucoup (présent)/en France (on)

2. le pain/acheter (présent)/chez le boulanger (verbe pronominal)

3. les étudiants/prévenir (passé composé)/hier (passif)

4. les boissons à base de soja/boire de plus en plus (présent) (verbe pronominal)

5. ce trésor/ne jamais découvrir (plus-que-parfait) (passif)

Exercice 3 Évitons le passif ! (voix passive)

écrit Récrivez les phrases suivantes en remplaçant le passif.

1. La vitesse maximale n'est pas toujours respectée par les automobilistes.

2. Elle est parfois gênée par le comportement de son ami.

3. Ce professeur est aimé de tous les étudiants.

4. Nos devoirs sont faits à la maison.

5. Le français est parlé au Québec.

Exercice 4 Récriture (participe présent)

écrit   Récrivez les phrases en utilisant le participe présent.

Modèle :   La personne qui a le renseignement n'est pas là.
→   *La personne ayant le renseignement n'est pas là.*

1. Les étudiants qui ont été malades ont pu faire leurs devoirs à la maison.

2. La voiture qui se trouve devant la maison n'a pas de permis de stationnement.

3. La dame qui a perdu ses clés est allée au bureau des objets trouvés.

4. Pendant l'été qui a précédé son départ en France, il a suivi des cours intensifs de français.

5. Les personnes qui publient des livres s'appellent des éditeurs.

Exercice 5 Routine quotidienne (gérondif)

oral ou écrit   Faites l'exercice suivant selon le modèle.

Modèle :   écouter la radio/étudier
→   *J'écoute la radio en étudiant.*

1. chanter/prendre sa douche

2. écouter la radio/s'habiller

3. parler à ses parents/préparer le petit déjeuner

4. lire le journal/manger

5. planifier sa journée/attendre l'autobus

Exercice 6 C'est en forgeant... (gérondif)

oral ou écrit   Faites l'exercice suivant selon le modèle.

Modèle :   Il est devenu riche. Il a fait des économies.
→   *Il est devenu riche en faisant des économies.*

1. Tu obtiendras de bonnes notes. Tu étudieras.

2. Elle se soigne. Elle prend des vitamines.

3. On se renseigne. On pose des questions.

4. Vous pourrez prendre rendez-vous. Vous lui téléphonerez.

5. Il a trouvé l'adresse. Il a consulté un plan de la ville.

Exercice 7 En effet (participe présent/adjectif verbal)

oral ou écrit   Faites l'exercice suivant selon le modèle.

Modèle :   Cette histoire l'a beaucoup troublé(e).
→   *En effet, c'est une histoire troublante.*

1. Ce travail l'a beaucoup fatigué(e).

2. Cette nouvelle l'a beaucoup étonné(e).

3. Ce film l'a beaucoup passionné(e).

4. Cette personne l'a beaucoup charmé(e).

5. Cet ouvrage l'a beaucoup intéressé(e).

6. Cette histoire l'a beaucoup intrigué(e).

7. Ce pays l'a beaucoup fasciné(e).

8. Cette remarque l'a beaucoup irrité(e).

9. Ce monsieur l'a beaucoup amusé(e).

10. Cet évènement l'a beaucoup inquiété(e).

Exercice 8 Lequel choisir ? (participe présent/gérondif/adjectif verbal)

écrit Mettez le verbe entre parenthèses à la forme appropriée (participe présent, participe présent composé, adjectif verbal ou gérondif).

1. _____ (laisser) un message, nous avons pu les avertir que nous avions dû partir.

2. C'est sous une pluie _____ (battre) que nous avons fait cette randonnée.

3. La pluie _____ (ne pas s'arrêter) de tomber, nous étions trempés (*soaked*) quand nous sommes arrivés.

4. Leurs enfants sont très _____ (obéir).

5. _____ (négliger) de réserver des places bien à l'avance, ils n'ont pas pu voir le spectacle du *Cirque du soleil.*

Exercice 9 Autrement dit (discours indirect)

écrit Mettez chaque phrase au discours indirect.

Modèle :　　　Elle a dit : « Apportez-moi une tasse de café. »
→　　*Elle a dit de lui apporter une tasse de café.*

1. Je lui ai dit : « Sois prudent ! »

2. Il nous a demandé : « Est-ce que vous allez partir demain ? »

3. Elle m'a dit : « Je n'ai pas eu le temps de le faire. »

4. Nous lui avons répondu : « Nous n'aurons pas l'occasion d'y passer avant la semaine prochaine. »

5. Je lui dis toujours : « Ne t'en fais pas. »

6. Il demande : « Qui est-ce qui est chargé de ce dossier ? »

7. Ils ont déclaré : « Nous n'y pouvons rien puisque nous n'y étions pas. »

8. Il a dit : « Il faut que cela change. »

9. Elle lui a demandé : « Qu'est-ce que tu fais ? »

10. Je leur ai dit : « Il faut que vous arriviez à l'heure ! »

Exercice 10 Citons directement (discours direct)

écrit Mettez chaque phrase au discours direct.

Modèle :　　　Ils leur ont dit de ne pas les attendre.
→　　*Ils leur ont dit : « Ne nous attendez pas. »*

1. Je lui ai dit qu'elle n'était pas à plaindre.

2. Il nous a dit sèchement de nous débrouiller tout seuls.

3. Elle demande si c'est vrai.

4. Ils nous ont demandé ce qui s'était passé.

5. Il m'a dit que, le mois suivant, il ne serait pas disponible.

Synthèse

Exercice 11 Autrement dit (discours indirect)

écrit   Transposez le dialogue suivant de l'extrait de *La civilisation, ma Mère !...*

La mère parle à la téléphoniste. Elle essaie de joindre sa cousine à Fès.
Vous allez utiliser les verbes de déclaration au passé composé (La mère a demandé...
La téléphoniste a répondu, a dit, a ajouté, etc.).

— C'est la poste ?

— C'est le Central. J'écoute.

— Je voudrais la poste.

— C'est la même chose. Quel numéro voulez-vous ?

— Fès.

— Ne quittez pas.

Elle ne quitta pas, me rassurant d'un large sourire :

— C'est loin, Fès. À dix jours de cheval au moins. Mais le génie galope comme le vent, tu vas voir.
Les distances ne lui font pas peur... Trois minutes et il y sera...

Exercice 12 Moulin à phrases (divers éléments)

écrit   Complétez les phrases suivantes.

1. Tout en écoutant...

2. Ma mère a dit : « ...

3. Ma mère a dit que...

4. Je me demande si...

5. Il a demandé : « ...

Exercice 13 Traduction (divers éléments)

écrit   Traduisez les phrases suivantes en français.

1. His wallet was never returned.

2. Her trip was cancelled at the last minute.

3. Having sent the letter by special delivery (*par courrier express*), he was surprised when the customer said that she hadn't received it.

4. After telling me that, he asked me to help him out.

5. She said: "Don't send a fax because I don't have a fax machine."

Exercice 14 Rédaction (notes de lecture)

écrit   Préparez des notes de lecture sur la lecture du *Dossier 1* du chapitre 9, (*Du Nord vers le Sud... la rencontre abîmée* d'Ezzedine Mestiri).

Suggestions   Consultez la section *Les notes de lecture ou d'écoute*, en particulier le *Tableau 10.17*.

APPENDICES

A   **La conjugaison des verbes**

       Les conjugaisons régulières *385*
       La conjugaison des auxiliaires avoir et être *387*
       La conjugaison passive *388*
       Les conjugaisons irrégulières *389*

B   Glossaire *399*

C   Les verbes suivis d'un infinitif *406*

D   Les adjectifs suivis d'un infinitif *407*

E   Les verbes suivis de compléments *408*

F   Les verbes suivis du subjonctif *410*

G   Le genre des noms selon le suffixe *412*

H   Les mots avec un *h* aspiré *413*

I   La réforme de l'orthographe (1990) *414*

J   Les nombres

       Les numéraux cardinaux *415*
       Les numéraux ordinaux *415*
       Les fractions *415*

K   Les temps littéraires *416*

L   Les phonèmes du français *418*

M   La grille de correction *419*

APPENDICE A | La conjugaison des verbes

Les conjugaisons régulières

Verbes en er

parler · avoir parlé · parlant · parlé · ayant parlé

Indicatif

	présent	imparfait	passé simple	futur
je	parle	parlais	parlai	parlerai
tu	parles	parlais	parlas	parleras
il/elle	parle	parlait	parla	parlera
nous	parlons	parlions	parlâmes	parlerons
vous	parlez	parliez	parlâtes	parlerez
ils/elles	parlent	parlaient	parlèrent	parleront

	passé composé	plus-que-parfait	passé antérieur*	futur antérieur
j'	ai parlé	avais parlé	eus parlé	aurai parlé
tu	as parlé	avais parlé	eus parlé	auras parlé
il/elle	a parlé	avait parlé	eut parlé	aura parlé
nous	avons parlé	avions parlé	eûmes parlé	aurons parlé
vous	avez parlé	aviez parlé	eûtes parlé	aurez parlé
ils/elles	ont parlé	avaient parlé	eurent parlé	auront parlé

Conditionnel

	présent	passé
je	parlerais	aurais parlé
tu	parlerais	aurais parlé
il/elle	parlerait	aurait parlé
nous	parlerions	aurions parlé
vous	parleriez	auriez parlé
ils/elles	parleraient	auraient parlé

Impératif

présent	passé
parle	aie parlé
parlons	ayons parlé
parlez	ayez parlé

Subjonctif

	présent	passé
que je	parle	j'aie parlé
que tu	parles	aies parlé
qu'il/elle	parle	ait parlé
que nous	parlions	ayons parlé
que vous	parliez	ayez parlé
qu'ils/elles	parlent	aient parlé

Verbes en ir

réussir · avoir réussi · réussissant · réussi · ayant réussi

Indicatif

	présent	imparfait	passé simple	futur
je	réussis	réussissais	réussis	réussirai
tu	réussis	réussissais	réussis	réussiras
il/elle	réussit	réussissait	réussit	réussira
nous	réussissons	réussissions	réussîmes	réussirons
vous	réussissez	réussissiez	réussîtes	réussirez
ils/elles	réussissent	réussissaient	réussirent	réussiront

	passé composé	plus-que-parfait	passé antérieur*	futur antérieur
j'	ai réussi	avais réussi	eus réussi	aurai réussi
tu	as réussi	avais réussi	eus réussi	auras réussi
il/elle	a réussi	avait réussi	eut réussi	aura réussi
nous	avons réussi	avions réussi	eûmes réussi	aurons réussi
vous	avez réussi	aviez réussi	eûtes réussi	aurez réussi
ils/elles	ont réussi	avaient réussi	eurent réussi	auront réussi

Conditionnel

	présent	passé
je	réussirais	aurais réussi
tu	réussirais	aurais réussi
il/elle	réussirait	aurait réussi
nous	réussirions	aurions réussi
vous	réussiriez	auriez réussi
ils/elles	réussiraient	auraient réussi

Impératif

présent	passé
réussis	aie réussi
réussissons	ayons réussi
réussissez	ayez réussi

Subjonctif

	présent	passé
que je	réussisse	j'aie réussi
que tu	réussisses	aies réussi
qu'il/elle	réussisse	ait réussi
que nous	réussissions	ayons réussi
que vous	réussissiez	ayez réussi
qu'ils/elles	réussissent	aient réussi

*Temps littéraire : voir l'*Appendice K.*

infinitifs et participes

Verbes en re
vendre
avoir vendu
vendant
vendu
ayant vendu

indicatif

	présent	imparfait	passé simple	futur
je	vends	vendais	vendis	vendrai
tu	vends	vendais	vendis	vendras
il/elle	vend	vendait	vendit	vendra
nous	vendons	vendions	vendîmes	vendrons
vous	vendez	vendiez	vendîtes	vendrez
ils/elles	vendent	vendaient	vendirent	vendront

	passé composé	plus-que-parfait	passé antérieur*	futur antérieur
j'	ai vendu	avais vendu	eus vendu	aurai vendu
tu	as vendu	avais vendu	eus vendu	auras vendu
il/elle	a vendu	avait vendu	eut vendu	aura vendu
nous	avons vendu	avions vendu	eûmes vendu	aurons vendu
vous	avez vendu	aviez vendu	eûtes vendu	aurez vendu
ils/elles	ont vendu	avaient vendu	eurent vendu	auront vendu

conditionnel

présent	passé
vendrais	aurais vendu
vendrais	aurais vendu
vendrait	aurait vendu
vendrions	aurions vendu
vendriez	auriez vendu
vendraient	auraient vendu

impératif

présent	passé
vends	aie vendu
vendons	ayons vendu
vendez	ayez vendu

subjonctif

présent	passé
que je vende	que j'aie vendu
que tu vendes	que tu aies vendu
qu'il/elle vende	qu'il/elle ait vendu
que nous vendions	que nous ayons vendu
que vous vendiez	que vous ayez vendu
qu'ils/elles vendent	qu'ils/elles aient vendu

infinitifs et participes

Verbes pronominaux
se laver
s'être lavé(e)(s)
se lavant
lavé(e)(s)
s'étant lavé(e)(s)

indicatif

	présent	imparfait	passé simple	futur
je me (m')	lave	lavais	lavai	laverai
tu te (t')	laves	lavais	lavas	laveras
il/elle se (s')	lave	lavait	lava	lavera
nous nous	lavons	lavions	lavâmes	laverons
vous vous	lavez	laviez	lavâtes	laverez
ils/elles se	lavent	lavaient	lavèrent	laveront

	passé composé	plus-que-parfait	passé antérieur*	futur antérieur
je me (m')	suis lavé(e)	étais lavé(e)	fus lavé(e)	serai lavé(e)
tu te (t')	es lavé(e)	étais lavé(e)	fus lavé(e)	seras lavé(e)
il/elle se (s')	est lavé/lavée	était lavé/lavée	fut lavé/lavée	sera lavé/lavée
nous nous	sommes lavé(e)s	étions lavé(e)s	fûmes lavé(e)s	serons lavé(e)s
vous vous	êtes lavé(e)(s)	étiez lavé(e)(s)	fûtes lavé(e)(s)	serez lavé(e)(s)
ils/elles se (s')	sont lavés/lavées	étaient lavés/lavées	furent lavés/lavées	seront lavés/lavées

conditionnel

présent	passé
laverais	serais lavé(e)
laverais	serais lavé(e)
laverait	serait lavé/lavée
laverions	serions lavé(e)s
laveriez	seriez lavé(e)(s)
laveraient	seraient lavés/lavées

impératif

présent	passé†
lave-toi	
lavons-nous	
lavez-vous	

subjonctif

présent	passé
que je me lave	que je me sois lavé(e)
que tu te laves	que tu te sois lavé(e)
qu'il/elle se lave	qu'il/elle se soit lavé/lavée
que nous nous lavions	que nous nous soyons lavé(e)s
que vous vous laviez	que vous vous soyez lavé(e)s
qu'ils/elles se lavent	qu'ils/elles se soient lavés/lavées

*Temps littéraire : voir l'*Appendice K.*
†L'impératif passé des verbes pronominaux est inusité.

La conjugaison des auxiliaires avoir et être

avoir
infinitifs et participes : avoir / avoir eu / ayant / eu / ayant eu

indicatif — temps simples

	présent	imparfait	passé simple	futur
j'	ai	avais	eus	aurai
tu	as	avais	eus	auras
il/elle	a	avait	eut	aura
nous	avons	avions	eûmes	aurons
vous	avez	aviez	eûtes	aurez
ils/elles	ont	avaient	eurent	auront

indicatif — temps composés

	passé composé	plus-que-parfait	passé antérieur*	futur antérieur
j'	ai eu	avais eu	eus eu	aurai eu
tu	as eu	avais eu	eus eu	auras eu
il/elle	a eu	avait eu	eut eu	aura eu
nous	avons eu	avions eu	eûmes eu	aurons eu
vous	avez eu	aviez eu	eûtes eu	aurez eu
ils/elles	ont eu	avaient eu	eurent eu	auront eu

conditionnel

	présent	passé
j'	aurais	aurais eu
tu	aurais	aurais eu
il/elle	aurait	aurait eu
nous	aurions	aurions eu
vous	auriez	auriez eu
ils/elles	auraient	auraient eu

impératif

présent	passé
aie	aie eu
ayons	ayons eu
ayez	ayez eu

subjonctif

	présent	passé
que j'	aie	aie eu
que tu	aies	aies eu
qu'il/elle	ait	ait eu
que nous	ayons	ayons eu
que vous	ayez	ayez eu
qu'ils/elles	aient	aient eu

être
infinitifs et participes : être / avoir été / étant / été / ayant été

indicatif — temps simples

	présent	imparfait	passé simple	futur
je/j'	suis	étais	fus	serai
tu	es	étais	fus	seras
il/elle	est	était	fut	sera
nous	sommes	étions	fûmes	serons
vous	êtes	étiez	fûtes	serez
ils/elles	sont	étaient	furent	seront

indicatif — temps composés

	passé composé	plus-que-parfait	passé antérieur*	futur antérieur
j'	ai été	avais été	eus été	aurai été
tu	as été	avais été	eus été	auras été
il/elle	a été	avait été	eut été	aura été
nous	avons été	avions été	eûmes été	aurons été
vous	avez été	aviez été	eûtes été	aurez été
ils/elles	ont été	avaient été	eurent été	auront été

conditionnel

	présent	passé
je	serais	aurais été
tu	serais	aurais été
il/elle	serait	aurait été
nous	serions	aurions été
vous	seriez	auriez été
ils/elles	seraient	auraient été

impératif

présent	passé
sois	aie été
soyons	ayons été
soyez	ayez été

subjonctif

	présent	passé
que je	sois	aie été
que tu	sois	aies été
qu'il/elle	soit	ait été
que nous	soyons	ayons été
que vous	soyez	ayez été
qu'ils/elles	soient	aient été

*Temps littéraire : voir l'*Appendice K.*

La conjugaison passive

infinitifs et participes

être aimé(e)(s)
avoir été aimé(e)(s)
étant aimé(e)(s)
été aimé(e)(s)
ayant été aimé(e)(s)

indicatif

	présent	*imparfait*	*passé simple*	*futur*
je/j'	suis aimé(e)	étais aimé(e)	fus aimé(e)	serai aimé(e)
tu	es aimé(e)	étais aimé(e)	fus aimé(e)	seras aimé(e)
il/elle	est aimé/aimée	était aimé/aimée	fut aimé/aimée	sera aimé/aimée
nous	sommes aimé(e)s	étions aimé(e)s	fûmes aimé(e)s	serons aimé(e)s
vous	êtes aimé(e)(s)	étiez aimé(e)(s)	fûtes aimé(e)(s)	serez aimé(e)(s)
ils/elles	sont aimés/aimées	étaient aimés/aimées	furent aimés/aimées	seront aimés/aimées

	passé composé	*plus-que-parfait*	*passé antérieur**	*futur antérieur*
j'	ai été aimé(e)	avais été aimé(e)	eus été aimé(e)	aurai été aimé(e)
tu	as été aimé(e)	avais été aimé(e)	eus été aimé(e)	auras été aimé(e)
il/elle	a été aimé/aimée	avait été aimé/aimée	eut été aimé/aimée	aura été aimé/aimée
nous	avons été aimé(e)s	avions été aimé(e)s	eûmes été aimé(e)s	aurons été aimé(e)s
vous	avez été aimé(e)(s)	aviez été aimé(e)(s)	eûtes été aimé(e)(s)	aurez été aimé(e)(s)
ils/elles	ont été aimés/aimées	avaient été aimés/aimées	eurent été aimés/aimées	auront été aimés/aimées

conditionnel

	présent	*passé*
je/j'	serais aimé(e)	aurais été aimé(e)
tu	serais aimé(e)	aurais été aimé(e)
il/elle	serait aimé/aimée	aurait été aimé/aimée
nous	serions aimé(e)s	aurions été aimé(e)s
vous	seriez aimé(e)(s)	auriez été aimé(e)(s)
ils/elles	seraient aimés/aimées	auraient été aimés/aimées

subjonctif

	présent	*passé*
	que je sois aimé(e)	que j'aie été aimé(e)
	que tu sois aimé(e)	que tu aies été aimé(e)
	qu'il/elle soit aimé/aimée	qu'il/elle ait été aimé/aimée
	que nous soyons aimé(e)s	que nous ayons été aimé(e)s
	que vous soyez aimé(e)(s)	que vous ayez été aimé(e)(s)
	qu'ils/elles soient aimés/aimées	qu'ils/elles aient été aimés/aimées

impératif

présent	*passé*
sois aimé(e)	aie été aimé(e)
soyons aimé(e)s	ayons été aimé(e)s
soyez aimé(e)(s)	ayez été aimé(e)(s)

*Temps littéraire : voir l'*Appendice K.*

Les conjugaisons irrégulières

infinitifs et participes		indicatif présent	imparfait	passé simple	passé composé	futur	conditionnel présent	impératif présent	subjonctif présent
1. acquérir	j'	acquiers	acquérais	acquis	ai acquis	acquerrai	acquerrais		acquière
avoir acquis	tu	acquiers	acquérais	acquis	as acquis	acquerras	acquerrais	acquiers	acquières
acquérant	il/elle	acquiert	acquérait	acquit	a acquis	acquerra	acquerrait		acquière
acquis	nous	acquérons	acquérions	acquîmes	avons acquis	acquerrons	acquerrions	acquérons	acquérions
ayant acquis	vous	acquérez	acquériez	acquîtes	avez acquis	acquerrez	acquerriez	acquérez	acquériez
	ils/elles	acquièrent	acquéraient	acquirent	ont acquis	acquerront	acquerraient		acquièrent
2. aller	je/j'	vais	allais	allai	suis allé(e)	irai	irais		aille
être allé(e)(s)	tu	vas	allais	allas	es allé(e)	iras	irais	va	ailles
allant	il/elle	va	allait	alla	est allé/allée	ira	irait		aille
allé(e)(s)	nous	allons	allions	allâmes	sommes allé(e)s	irons	irions	allons	allions
étant allé(e)(s)	vous	allez	alliez	allâtes	êtes allé(e)(s)	irez	iriez	allez	alliez
	ils/elles	vont	allaient	allèrent	sont allés/allées	iront	iraient		aillent
3. s'assoir*	je m'/me	assieds	asseyais	assis	suis assis(e)	assiérai	assiérais		asseye
s'être assis(e)(s)	tu t'	assieds	asseyais	assis	es assis(e)	assiéras	assiérais	assieds-toi	asseyes
s'asseyant	il/elle s'	assied	asseyait	assit	est assis/assise	assiéra	assiérait		asseye
assis(e)(s)	nous nous	asseyons	asseyions	assîmes	sommes assis(e)s	assiérons	assiérions	asseyons-nous	asseyions
s'étant assis(e)(s)	vous vous	asseyez	asseyiez	assîtes	êtes assis(e)(s)	assiérez	assiériez	asseyez-vous	asseyiez
	ils/elles s'/se	asseyent	asseyaient	assirent	sont assis/assises	assiéront	assiéraient		asseyent
	je m'	assois	assoyais			assoirai	assoirais		assoie
	tu t'	assois	assoyais			assoiras	assoirais	assois-toi	assoies
	il/elle s'	assoit	assoyait			assoira	assoirait		assoie
s'assoyant	nous nous	assoyons	assoyions			assoirons	assoirions	assoyons-nous	assoyions
	vous vous	assoyez	assoyiez			assoirez	assoiriez	assoyez-vous	assoyiez
	ils/elles s'	assoient	assoyaient			assoiront	assoiraient		assoient
4. avoir	j'	ai	avais	eus	ai eu	aurai	aurais		aie
avoir eu	tu	as	avais	eus	as eu	auras	aurais	aie	aies
ayant	il/elle	a	avait	eut	a eu	aura	aurait		ait
eu	nous	avons	avions	eûmes	avons eu	aurons	aurions	ayons	ayons
ayant eu	vous	avez	aviez	eûtes	avez eu	aurez	auriez	ayez	ayez
	ils/elles	ont	avaient	eurent	ont eu	auront	auraient		aient

*Les formes en *ie* et en *ey* sont préférables aux formes en *oi*.

infinitifs et participes

5. battre
avoir battu / battant / battu / ayant battu

	indicatif présent	imparfait	passé simple	passé composé	futur	conditionnel présent	impératif présent	subjonctif présent
je/j'	bats	battais	battis	ai battu	battrai	battrais		batte
tu	bats	battais	battis	as battu	battras	battrais	bats	battes
il/elle	bat	battait	battit	a battu	battra	battrait		batte
nous	battons	battions	battîmes	avons battu	battrons	battrions	battons	battions
vous	battez	battiez	battîtes	avez battu	battrez	battriez	battez	battiez
ils/elles	battent	battaient	battirent	ont battu	battront	battraient		battent

6. boire
avoir bu / buvant / bu / ayant bu

	indicatif présent	imparfait	passé simple	passé composé	futur	conditionnel présent	impératif présent	subjonctif présent
je/j'	bois	buvais	bus	ai bu	boirai	boirais		boive
tu	bois	buvais	bus	as bu	boiras	boirais	bois	boives
il/elle	boit	buvait	but	a bu	boira	boirait		boive
nous	buvons	buvions	bûmes	avons bu	boirons	boirions	buvons	buvions
vous	buvez	buviez	bûtes	avez bu	boirez	boiriez	buvez	buviez
ils/elles	boivent	buvaient	burent	ont bu	boiront	boiraient		boivent

7. conclure
avoir conclu / concluant / conclu / ayant conclu

	indicatif présent	imparfait	passé simple	passé composé	futur	conditionnel présent	impératif présent	subjonctif présent
je/j'	conclus	concluais	conclus	ai conclu	conclurai	conclurais		conclue
tu	conclus	concluais	conclus	as conclu	concluras	conclurais	conclus	conclues
il/elle	conclut	concluait	conclut	a conclu	conclura	conclurait		conclue
nous	concluons	concluions	conclûmes	avons conclu	conclurons	conclurions	concluons	concluions
vous	concluez	concluiez	conclûtes	avez conclu	conclurez	concluriez	concluez	concluiez
ils/elles	concluent	concluaient	conclurent	ont conclu	concluront	concluraient		concluent

8. conduire
avoir conduit / conduisant / conduit / ayant conduit

	indicatif présent	imparfait	passé simple	passé composé	futur	conditionnel présent	impératif présent	subjonctif présent
je/j'	conduis	conduisais	conduisis	ai conduit	conduirai	conduirais		conduise
tu	conduis	conduisais	conduisis	as conduit	conduiras	conduirais	conduis	conduises
il/elle	conduit	conduisait	conduisit	a conduit	conduira	conduirait		conduise
nous	conduisons	conduisions	conduisîmes	avons conduit	conduirons	conduirions	conduisons	conduisions
vous	conduisez	conduisiez	conduisîtes	avez conduit	conduirez	conduiriez	conduisez	conduisiez
ils/elles	conduisent	conduisaient	conduisirent	ont conduit	conduiront	conduiraient		conduisent

9. connaître
avoir connu / connaissant / connu / ayant connu

	indicatif présent	imparfait	passé simple	passé composé	futur	conditionnel présent	impératif présent	subjonctif présent
je/j'	connais	connaissais	connus	ai connu	connaîtrai	connaîtrais		connaisse
tu	connais	connaissais	connus	as connu	connaîtras	connaîtrais	connais	connaisses
il/elle	connaît	connaissait	connut	a connu	connaîtra	connaîtrait		connaisse
nous	connaissons	connaissions	connûmes	avons connu	connaîtrons	connaîtrions	connaissons	connaissions
vous	connaissez	connaissiez	connûtes	avez connu	connaîtrez	connaîtriez	connaissez	connaissiez
ils/elles	connaissent	connaissaient	connurent	ont connu	connaîtront	connaîtraient		connaissent

infinitifs et participes		présent	imparfait	passé simple	passé composé	futur	conditionnel présent	impératif présent	subjonctif présent
				indicatif					
10. courir avoir couru courant couru ayant couru	je/j' tu il/elle nous vous ils/elles	cours cours court courons courez courent	courais courais courait courions couriez couraient	courus courus courut courûmes courûtes coururent	ai couru as couru a couru avons couru avez couru ont couru	courrai courras courra courrons courrez courront	courrais courrais courrait courrions courriez courraient	 cours courons courez 	coure coures coure courions couriez courent
11. craindre avoir craint craignant craint ayant craint	je/j' tu il/elle nous vous ils/elles	crains crains craint craignons craignez craignent	craignais craignais craignait craignions craigniez craignaient	craignis craignis craignit craignîmes craignîtes craignirent	ai craint as craint a craint avons craint avez craint ont craint	craindrai craindras craindra craindrons craindrez craindront	craindrais craindrais craindrait craindrions craindriez craindraient	 crains craignons craignez 	craigne craignes craigne craignions craigniez craignent
12. croire avoir cru croyant cru ayant cru	je/j' tu il/elle nous vous ils/elles	crois crois croit croyons croyez croient	croyais croyais croyait croyions croyiez croyaient	crus crus crut crûmes crûtes crurent	ai cru as cru a cru avons cru avez cru ont cru	croirai croiras croira croirons croirez croiront	croirais croirais croirait croirions croiriez croiraient	 crois croyons croyez 	croie croies croie croyions croyiez croient
13. cueillir avoir cueilli cueillant cueilli ayant cueilli	je/j' tu il/elle nous vous ils/elles	cueille cueilles cueille cueillons cueillez cueillent	cueillais cueillais cueillait cueillions cueilliez cueillaient	cueillis cueillis cueillit cueillîmes cueillîtes cueillirent	ai cueilli as cueilli a cueilli avons cueilli avez cueilli ont cueilli	cueillerai cueilleras cueillera cueillerons cueillerez cueilleront	cueillerais cueillerais cueillerait cueillerions cueilleriez cueilleraient	 cueille cueillons cueillez 	cueille cueilles cueille cueillions cueilliez cueillent
14. cuire. Comme *conduire*.									
15. devoir avoir dû devant dû ayant dû	je/j' tu il/elle nous vous ils/elles	dois dois doit devons devez doivent	devais devais devait devions deviez devaient	dus dus dut dûmes dûtes durent	ai dû as dû a dû avons dû avez dû ont dû	devrai devras devra devrons devrez devront	devrais devrais devrait devrions devriez devraient	 dois* devons* devez* 	doive doives doive devions deviez doivent

*L'impératif de ce verbe est peu usité.

infinitifs et participes		indicatif					conditionnel	impératif	subjonctif
		présent	*imparfait*	*passé simple*	*passé composé*	*futur*	*présent*	*présent*	*présent*
16. dire	je/j'	dis	disais	dis	ai dit	dirai	dirais		dise
avoir dit	tu	dis	disais	dis	as dit	diras	dirais	dis	dises
disant	il/elle	dit	disait	dit	a dit	dira	dirait		dise
dit	nous	disons	disions	dîmes	avons dit	dirons	dirions	disons	disions
ayant dit	vous	dites*	disiez	dîtes	avez dit	direz	diriez	dites*	disiez
	ils/elles	disent	disaient	dirent	ont dit	diront	diraient		disent
17. dormir	je/j'	dors	dormais	dormis	ai dormi	dormirai	dormirais		dorme
avoir dormi	tu	dors	dormais	dormis	as dormi	dormiras	dormirais	dors	dormes
dormant	il/elle	dort	dormait	dormit	a dormi	dormira	dormirait		dorme
dormi	nous	dormons	dormions	dormîmes	avons dormi	dormirons	dormirions	dormons	dormions
ayant dormi	vous	dormez	dormiez	dormîtes	avez dormi	dormirez	dormiriez	dormez	dormiez
	ils/elles	dorment	dormaient	dormirent	ont dormi	dormiront	dormiraient		dorment
18. écrire	j'	écris	écrivais	écrivis	ai écrit	écrirai	écrirais		écrive
avoir écrit	tu	écris	écrivais	écrivis	as écrit	écriras	écrirais	écris	écrives
écrivant	il/elle	écrit	écrivait	écrivit	a écrit	écrira	écrirait		écrive
écrit	nous	écrivons	écrivions	écrivîmes	avons écrit	écrirons	écririons	écrivons	écrivions
ayant écrit	vous	écrivez	écriviez	écrivîtes	avez écrit	écrirez	écririez	écrivez	écriviez
	ils/elles	écrivent	écrivaient	écrivirent	ont écrit	écriront	écriraient		écrivent
19. envoyer	j'	envoie	envoyais	envoyai	ai envoyé	enverrai	enverrais		envoie
avoir envoyé	tu	envoies	envoyais	envoyas	as envoyé	enverras	enverrais	envoie	envoies
envoyant	il/elle	envoie	envoyait	envoya	a envoyé	enverra	enverrait		envoie
envoyé	nous	envoyons	envoyions	envoyâmes	avons envoyé	enverrons	enverrions	envoyons	envoyions
ayant envoyé	vous	envoyez	envoyiez	envoyâtes	avez envoyé	enverrez	enverriez	envoyez	envoyiez
	ils/elles	envoient	envoyaient	envoyèrent	ont envoyé	enverront	enverraient		envoient

* Mais *interdisez, prédisez,* etc.

infinitifs et participes		présent	imparfait	passé simple	passé composé	futur	conditionnel présent	impératif présent	subjonctif présent
		(indicatif)							
20. faire	je/j'	fais	faisais	fis	ai fait	ferai	ferais	—	fasse
avoir fait	tu	fais	faisais	fis	as fait	feras	ferais	fais	fasses
faisant	il/elle	fait	faisait	fit	a fait	fera	ferait	—	fasse
fait	nous	faisons	faisions	fîmes	avons fait	ferons	ferions	faisons	fassions
ayant fait	vous	faites	faisiez	fîtes	avez fait	ferez	feriez	faites	fassiez
	ils/elles	font	faisaient	firent	ont fait	feront	feraient		fassent
21. falloir	—	il faut	il fallait	il fallut	il a fallu	il faudra	il faudrait	—	il faille
—									
fallu									
—									
22. fuir	je/j'	fuis	fuyais	fuis	ai fui	fuirai	fuirais		fuie
avoir fui	tu	fuis	fuyais	fuis	as fui	fuiras	fuirais	fuis	fuies
fuyant	il/elle	fuit	fuyait	fuit	a fui	fuira	fuirait		fuie
fui	nous	fuyons	fuyions	fuîmes	avons fui	fuirons	fuirions	fuyons	fuyions
ayant fui	vous	fuyez	fuyiez	fuîtes	avez fui	fuirez	fuiriez	fuyez	fuyiez
	ils/elles	fuient	fuyaient	fuirent	ont fui	fuiront	fuiraient		fuient
23. haïr	je/j'	hais	haïssais	haïs	ai haï	haïrai	haïrais		haïsse
avoir haï	tu	hais	haïssais	haïs	as haï	haïras	haïrais	hais	haïsses
haïssant	il/elle	hait	haïssait	haït	a haï	haïra	haïrait		haïsse
haï	nous	haïssons	haïssions	haïmes	avons haï	haïrons	haïrions	haïssons	haïssions
ayant haï	vous	haïssez	haïssiez	haïtes	avez haï	haïrez	haïriez	haïssez	haïssiez
	ils/elles	haïssent	haïssaient	haïrent	ont haï	haïront	haïraient		haïssent
24 joindre. *Comme craindre.*									
25. lire	je/j'	lis	lisais	lus	ai lu	lirai	lirais		lise
avoir lu	tu	lis	lisais	lus	as lu	liras	lirais	lis	lises
lisant	il/elle	lit	lisait	lut	a lu	lira	lirait		lise
lu	nous	lisons	lisions	lûmes	avons lu	lirons	lirions	lisons	lisions
ayant lu	vous	lisez	lisiez	lûtes	avez lu	lirez	liriez	lisez	lisiez
	ils/elles	lisent	lisaient	lurent	ont lu	liront	liraient		lisent
26. mentir. *Comme sentir.*									

infinitifs et participes		présent	imparfait	passé simple	passé composé	futur	conditionnel présent	impératif présent	subjonctif présent
27. mettre	je/j'	mets	mettais	mis	ai mis	mettrai	mettrais		mette
avoir mis	tu	mets	mettais	mis	as mis	mettras	mettrais	mets	mettes
mettant	il/elle	met	mettait	mit	a mis	mettra	mettrait		mette
mis	nous	mettons	mettions	mîmes	avons mis	mettrons	mettrions	mettons	mettions
ayant mis	vous	mettez	mettiez	mîtes	avez mis	mettrez	mettriez	mettez	mettiez
	ils/elles	mettent	mettaient	mirent	ont mis	mettront	mettraient		mettent
28. mourir	je	meurs	mourais	mourus	suis mort(e)	mourrai	mourrais		meure
être mort(e)(s)	tu	meurs	mourais	mourus	es mort(e)	mourras	mourrais	meurs	meures
mourant	il/elle	meurt	mourait	mourut	est mort/morte	mourra	mourrait		meure
mort(e)(s)	nous	mourons	mourions	mourûmes	sommes mort(e)s	mourrons	mourrions	mourons	mourions
étant mort(e)(s)	vous	mourez	mouriez	mourûtes	êtes mort(e)(s)	mourrez	mourriez	mourez	mouriez
	ils/elles	meurent	mouraient	moururent	sont morts/mortes	mourront	mourraient		meurent
29. naître	je	nais	naissais	naquis	suis né(e)	naîtrai	naîtrais		naisse
être né(e)(s)	tu	nais	naissais	naquis	es né(e)	naîtras	naîtrais	nais	naisses
naissant	il/elle	naît	naissait	naquit	est né/née	naîtra	naîtrait		naisse
né(e)(s)	nous	naissons	naissions	naquîmes	sommes né(e)s	naîtrons	naîtrions	naissons	naissions
étant né(e)(s)	vous	naissez	naissiez	naquîtes	êtes né(e)(s)	naîtrez	naîtriez	naissez	naissiez
	ils/elles	naissent	naissaient	naquirent	sont nés/nées	naîtront	naîtraient		naissent
30. ouvrir	j'	ouvre	ouvrais	ouvris	ai ouvert	ouvrirai	ouvrirais		ouvre
avoir ouvert	tu	ouvres	ouvrais	ouvris	as ouvert	ouvriras	ouvrirais	ouvre	ouvres
ouvrant	il/elle	ouvre	ouvrait	ouvrit	a ouvert	ouvrira	ouvrirait		ouvre
ouvert	nous	ouvrons	ouvrions	ouvrîmes	avons ouvert	ouvrirons	ouvririons	ouvrons	ouvrions
ayant ouvert	vous	ouvrez	ouvriez	ouvrîtes	avez ouvert	ouvrirez	ouvririez	ouvrez	ouvriez
	ils/elles	ouvrent	ouvraient	ouvrirent	ont ouvert	ouvriront	ouvriraient		ouvrent
31. partir	je	pars	partais	partis	suis parti(e)	partirai	partirais		parte
être parti(e)(s)	tu	pars	partais	partis	es parti(e)	partiras	partirais	pars	partes
partant	il/elle	part	partait	partit	est parti/partie	partira	partirait		parte
parti(e)(s)	nous	partons	partions	partîmes	sommes parti(e)s	partirons	partirions	partons	partions
étant parti(e)(s)	vous	partez	partiez	partîtes	êtes parti(e)(s)	partirez	partiriez	partez	partiez
	ils/elles	partent	partaient	partirent	sont partis/parties	partiront	partiraient		partent

32. peindre. Comme *craindre*.

infinitifs et participes		indicatif					conditionnel	impératif	subjonctif
		présent	*imparfait*	*passé simple*	*passé composé*	*futur*	*présent*	*présent*	*présent*
33. plaire	je/j'	plais	plaisais	plus	ai plu	plairai	plairais	—	plaise
avoir plu	tu	plais	plaisais	plus	as plu	plairas	plairais	plais	plaises
plaisant	il/elle	plait	plaisait	plut	a plu	plaira	plairait	—	plaise
plu	nous	plaisons	plaisions	plûmes	avons plu	plairons	plairions	plaisons	plaisions
ayant plu	vous	plaisez	plaisiez	plûtes	avez plu	plairez	plairiez	plaisez	plaisiez
	ils/elles	plaisent	plaisaient	plurent	ont plu	plairont	plairaient		plaisent
34. pleuvoir	—	il pleut	il pleuvait	il plut	il a plu	il pleuvra	il pleuvrait	—	il pleuve
—									
plu									
—									
35. pouvoir	je/j'	peux (puis)*	pouvais	pus	ai pu	pourrai	pourrais		puisse
avoir pu	tu	peux	pouvais	pus	as pu	pourras	pourrais		puisses
pouvant	il/elle	peut	pouvait	put	a pu	pourra	pourrait		puisse
pu	nous	pouvons	pouvions	pûmes	avons pu	pourrons	pourrions		puissions
ayant pu	vous	pouvez	pouviez	pûtes	avez pu	pourrez	pourriez		puissiez
	ils/elles	peuvent	pouvaient	purent	ont pu	pourront	pourraient		puissent
36. prendre	je/j'	prends	prenais	pris	ai pris	prendrai	prendrais	—	prenne
avoir pris	tu	prends	prenais	pris	as pris	prendras	prendrais	prends	prennes
prenant	il/elle	prend	prenait	prit	a pris	prendra	prendrait	—	prenne
pris	nous	prenons	prenions	prîmes	avons pris	prendrons	prendrions	prenons	prenions
ayant pris	vous	prenez	preniez	prîtes	avez pris	prendrez	prendriez	prenez	preniez
	ils/elles	prennent	prenaient	prirent	ont pris	prendront	prendraient		prennent
37. recevoir	je/j'	reçois	recevais	reçus	ai reçu	recevrai	recevrais	—	reçoive
avoir reçu	tu	reçois	recevais	reçus	as reçu	recevras	recevrais	reçois	reçoives
recevant	il/elle	reçoit	recevait	reçut	a reçu	recevra	recevrait	—	reçoive
reçu	nous	recevons	recevions	reçûmes	avons reçu	recevrons	recevrions	recevons	recevions
ayant reçu	vous	recevez	receviez	reçûtes	avez reçu	recevrez	recevriez	recevez	receviez
	ils/elles	reçoivent	recevaient	reçurent	ont reçu	recevront	recevraient		reçoivent

*Puis est surtout utilisé à la forme interrogative : *Puis-je… ?* (= May I …?)

infinitifs et participes		indicatif					conditionnel	impératif	subjonctif
		présent	*imparfait*	*passé simple*	*passé composé*	*futur*	*présent*	*présent*	*présent*
38. résoudre avoir résolu résolvant résolu ayant résolu	je/j'	résous	résolvais	résolus	ai résolu	résoudrai	résoudrais		résolve
	tu	résous	résolvais	résolus	as résolu	résoudras	résoudrais	résous	résolves
	il/elle	résout	résolvait	résolut	a résolu	résoudra	résoudrait		résolve
	nous	résolvons	résolvions	résolûmes	avons résolu	résoudrons	résoudrions	résolvons	résolvions
	vous	résolvez	résolviez	résolûtes	avez résolu	résoudrez	résoudriez	résolvez	résolviez
	ils/elles	résolvent	résolvaient	résolurent	ont résolu	résoudront	résoudraient		résolvent
39. rire avoir ri riant ri ayant ri	je/j'	ris	riais	ris	ai ri	rirai	rirais		rie
	tu	ris	riais	ris	as ri	riras	rirais	ris	ries
	il/elle	rit	riait	rit	a ri	rira	rirait		rie
	nous	rions	riions	rîmes	avons ri	rirons	ririons	rions	riions
	vous	riez	riiez	rîtes	avez ri	rirez	ririez	riez	riiez
	ils/elles	rient	riaient	rirent	ont ri	riront	riraient		rient
40. savoir avoir su sachant su ayant su	je/j'	sais	savais	sus	ai su	saurai	saurais		sache
	tu	sais	savais	sus	as su	sauras	saurais	sache	saches
	il/elle	sait	savait	sut	a su	saura	saurait		sache
	nous	savons	savions	sûmes	avons su	saurons	saurions	sachons	sachions
	vous	savez	saviez	sûtes	avez su	saurez	sauriez	sachez	sachiez
	ils/elles	savent	savaient	surent	ont su	sauront	sauraient		sachent
41. sentir avoir senti sentant senti ayant senti	je/j'	sens	sentais	sentis	ai senti	sentirai	sentirais		sente
	tu	sens	sentais	sentis	as senti	sentiras	sentirais	sens	sentes
	il/elle	sent	sentait	sentit	a senti	sentira	sentirait		sente
	nous	sentons	sentions	sentîmes	avons senti	sentirons	sentirions	sentons	sentions
	vous	sentez	sentiez	sentîtes	avez senti	sentirez	sentiriez	sentez	sentiez
	ils/elles	sentent	sentaient	sentirent	ont senti	sentiront	sentiraient		sentent
42. servir avoir servi servant servi ayant servi	je/j'	sers	servais	servis	ai servi	servirai	servirais		serve
	tu	sers	servais	servis	as servi	serviras	servirais	sers	serves
	il/elle	sert	servait	servit	a servi	servira	servirait		serve
	nous	servons	servions	servîmes	avons servi	servirons	servirions	servons	servions
	vous	servez	serviez	servîtes	avez servi	servirez	serviriez	servez	serviez
	ils/elles	servent	servaient	servirent	ont servi	serviront	serviraient		servent

infinitifs et participes

43. suffire
avoir suffi · suffisant · suffi · ayant suffi

	présent	imparfait	passé simple	passé composé	futur	conditionnel présent	impératif présent	subjonctif présent
je/j'	suffis	suffisais	suffis	ai suffi	suffirai	suffirais		suffise
tu	suffis	suffisais	suffis	as suffi	suffiras	suffirais	suffis	suffises
il/elle	suffit	suffisait	suffit	a suffi	suffira	suffirait		suffise
nous	suffisons	suffisions	suffîmes	avons suffi	suffirons	suffirions	suffisons	suffisions
vous	suffisez	suffisiez	suffîtes	avez suffi	suffirez	suffiriez	suffisez	suffisiez
ils/elles	suffisent	suffisaient	suffirent	ont suffi	suffiront	suffiraient		suffisent

44. suivre
avoir suivi · suivant · suivi · ayant suivi

	présent	imparfait	passé simple	passé composé	futur	conditionnel présent	impératif présent	subjonctif présent
je/j'	suis	suivais	suivis	ai suivi	suivrai	suivrais		suive
tu	suis	suivais	suivis	as suivi	suivras	suivrais	suis	suives
il/elle	suit	suivait	suivit	a suivi	suivra	suivrait		suive
nous	suivons	suivions	suivîmes	avons suivi	suivrons	suivrions	suivons	suivions
vous	suivez	suiviez	suivîtes	avez suivi	suivrez	suivriez	suivez	suiviez
ils/elles	suivent	suivaient	suivirent	ont suivi	suivront	suivraient		suivent

45. tenir
avoir tenu · tenant · tenu · ayant tenu

	présent	imparfait	passé simple	passé composé	futur	conditionnel présent	impératif présent	subjonctif présent
je/j'	tiens	tenais	tins	ai tenu	tiendrai	tiendrais		tienne
tu	tiens	tenais	tins	as tenu	tiendras	tiendrais	tiens	tiennes
il/elle	tient	tenait	tint	a tenu	tiendra	tiendrait		tienne
nous	tenons	tenions	tînmes	avons tenu	tiendrons	tiendrions	tenons	tenions
vous	tenez	teniez	tîntes	avez tenu	tiendrez	tiendriez	tenez	teniez
ils/elles	tiennent	tenaient	tinrent	ont tenu	tiendront	tiendraient		tiennent

46. vaincre
avoir vaincu · vainquant · vaincu · ayant vaincu

	présent	imparfait	passé simple	passé composé	futur	conditionnel présent	impératif présent	subjonctif présent
je/j'	vaincs	vainquais	vainquis	ai vaincu	vaincrai	vaincrais		vainque
tu	vaincs	vainquais	vainquis	as vaincu	vaincras	vaincrais	vaincs	vainques
il/elle	vainc	vainquait	vainquit	a vaincu	vaincra	vaincrait		vainque
nous	vainquons	vainquions	vainquîmes	avons vaincu	vaincrons	vaincrions	vainquons	vainquions
vous	vainquez	vainquiez	vainquîtes	avez vaincu	vaincrez	vaincriez	vainquez	vainquiez
ils/elles	vainquent	vainquaient	vainquirent	ont vaincu	vaincront	vaincraient		vainquent

47. valoir
avoir valu · valant · valu · ayant valu

	présent	imparfait	passé simple	passé composé	futur	conditionnel présent	impératif présent	subjonctif présent
je/j'	vaux	valais	valus	ai valu	vaudrai	vaudrais		vaille
tu	vaux	valais	valus	as valu	vaudras	vaudrais	vaux	vailles
il/elle	vaut	valait	valut	a valu	vaudra	vaudrait		vaille
nous	valons	valions	valûmes	avons valu	vaudrons	vaudrions	valons	valions
vous	valez	valiez	valûtes	avez valu	vaudrez	vaudriez	valez	valiez
ils/elles	valent	valaient	valurent	ont valu	vaudront	vaudraient		vaillent

infinitifs et participes		indicatif					conditionnel	impératif	subjonctif
		présent	*imparfait*	*passé simple*	*passé composé*	*futur*	*présent*	*présent*	*présent*
48. venir	je	viens	venais	vins	suis venu(e)	viendrai	viendrais		vienne
être venu(e)(s)	tu	viens	venais	vins	es venu(e)	viendras	viendrais	viens	viennes
venant	il/elle	vient	venait	vint	est venu/venue	viendra	viendrait		vienne
venu(e)(s)	nous	venons	venions	vînmes	sommes venu(e)s	viendrons	viendrions	venons	venions
étant venu(e)(s)	vous	venez	veniez	vîntes	êtes venu(e)(s)	viendrez	viendriez	venez	veniez
	ils/elles	viennent	venaient	vinrent	sont venus/venues	viendront	viendraient		viennent
49. vivre	je/j'	vis	vivais	vécus	ai vécu	vivrai	vivrais		vive
avoir vécu	tu	vis	vivais	vécus	as vécu	vivras	vivrais	vis	vives
vivant	il/elle	vit	vivait	vécut	a vécu	vivra	vivrait		vive
vécu	nous	vivons	vivions	vécûmes	avons vécu	vivrons	vivrions	vivons	vivions
ayant vécu	vous	vivez	viviez	vécûtes	avez vécu	vivrez	vivriez	vivez	viviez
	ils/elles	vivent	vivaient	vécurent	ont vécu	vivront	vivraient		vivent
50. voir	je/j'	vois	voyais	vis	ai vu	verrai	verrais		voie
avoir vu	tu	vois	voyais	vis	as vu	verras	verrais	vois	voies
voyant	il/elle	voit	voyait	vit	a vu	verra	verrait		voie
vu	nous	voyons	voyions	vîmes	avons vu	verrons	verrions	voyons	voyions
ayant vu	vous	voyez	voyiez	vîtes	avez vu	verrez	verriez	voyez	voyiez
	ils/elles	voient	voyaient	virent	ont vu	verront	verraient		voient
51. vouloir	je/j'	veux	voulais	voulus	ai voulu	voudrai	voudrais		veuille
avoir voulu	tu	veux	voulais	voulus	as voulu	voudras	voudrais	veuille	veuilles
voulant	il/elle	veut	voulait	voulut	a voulu	voudra	voudrait		veuille
voulu	nous	voulons	voulions	voulûmes	avons voulu	voudrons	voudrions	veuillons	voulions
ayant voulu	vous	voulez	vouliez	voulûtes	avez voulu	voudrez	voudriez	veuillez	vouliez
	ils/elles	veulent	voulaient	voulurent	ont voulu	voudront	voudraient		veuillent

APPENDICE B | Glossaire

accord	phénomène syntaxique selon lequel un mot (pronom, article, adjectif, verbe, participe) prend les marques (genre, nombre, personne) du mot auquel il se rapporte *elles **sont** **parties*** (= accord du verbe et du participe passé avec le nom féminin pluriel *elles*) *une idée intéressante* (= accord de l'article et de l'adjectif avec le nom féminin singulier *idée*)
adjectif démonstratif	adjectif qui sert à attirer l'attention sur l'être (ou la chose) désigné par le nom qu'il détermine ***ce** mot*
adjectif exclamatif	adjectif qui, avec le nom, exprime de manière spontanée une émotion, un sentiment ***Quelle** chance !*
adjectif indéfini	adjectif qui sert à exprimer l'imprécision ou le vague ***plusieurs** échantillons*
adjectif interrogatif	adjectif qui sert à poser une question sur le substantif auquel il se rapporte ***Quelle** heure est-il ?*
adjectif possessif	adjectif qui sert à marquer une relation d'appartenance ***ma** montre, **son** frère*
adjectif qualificatif	mot qui qualifie ou décrit une personne ou une chose *une voiture **rapide*** *Ce livre est **intéressant**.*
adverbe	mot ou locution invariable qui ajoute une détermination à un verbe, un adjectif, un autre adverbe ou une phrase entière *Elle travaille **beaucoup**.* *Elle est **très** intelligente.* *Elle va **vraiment** mieux.*
antécédent	élément de phrase, en général un nom ou un pronom, qui est représenté par un pronom *J'aime **le jeans** que tu as acheté.* *(le jeans = antécédent du pronom relatif que)*
apposition	fonction grammaticale d'un mot ou d'un groupe de mots qui sert à désigner le nom ou pronom à côté duquel il est placé *Ottawa, **capitale du Canada**, se trouve dans la province de l'Ontario.*
article défini	nom donné aux déterminants le, la, l', les ***le** courage, **la** liberté, **l'**égalité, **les** enfants*
article indéfini	nom donné aux déterminants un, une, des ***un** garçon, **une** qualité, **des** oranges*
article partitif	nom donné aux déterminants du, de la, de l' lorsqu'ils expriment l'idée d'une partie d'un tout ***du** potage, **de la** soupe, **de l'**eau*

attribut	fonction grammaticale d'un adjectif ou d'un substantif : 1) qui modifie un nom ou un pronom et 2) qui est relié à ce nom ou ce pronom par un verbe
	*Jacques est **canadien**.*
	(*canadien* est attribut de *Jacques*)
	*Nous l'avons élu **président**.*
	(*président* est attribut de *l'*)
auxiliaire	verbe *avoir* ou *être* utilisé comme premier élément dans la conjugaison des temps composés
	*J'**ai** compris.* (auxiliaire *avoir*)
	*Elle **est** partie.* (auxiliaire *être*)
cardinal	le déterminant cardinal indique la quantité de façon précise
	*Ça fait **deux** dollars.*
COD	complément d'objet direct
COI	complément d'objet indirect
comparaison	moyens d'expression qui permettent de comparer
	*Elle est **plus patiente que** moi.*
comparatif	formule grammaticale qui permet d'établir un rapport de supériorité, d'infériorité ou d'égalité entre deux éléments
	*Il est **moins patient qu**'elle.*
	*Soyez **plus attentifs**.*
complément circonstanciel	fonction grammaticale désignant les compléments prépositionnels ou autres compléments qui ajoutent un élément circonstanciel (but, cause, conséquence, lieu, temps, etc.) au sens du verbe
	*Elle est allée **au cinéma**.*
	(*au cinéma* = complément circonstanciel de lieu)
	*Ils viendront **vers deux heures**.*
	(*vers deux heures* = complément circonstanciel de temps)
complément d'agent	le complément d'agent indique la personne ou la chose qui accomplit l'action dans une phrase passive
	*Ce cambrioleur a été arrêté **par la police**.*
	*Il a été renversé **par une voiture**.*
complément déterminatif	complément qui détermine ou précise le sens d'un mot
	*un manteau **d'hiver***
	*une montre **en or***
complément d'objet direct (COD)	fonction grammaticale désignant l'objet d'un verbe sans l'intermédiaire d'une préposition
	*Il cherche **ses clés**.* (*ses clés* = COD)
complément d'objet indirect (COI)	fonction grammaticale désignant l'objet d'un verbe par l'intermédiaire d'une préposition (*à* ou *de*)
	*Il parle **à sa sœur**.* (*à sa sœur* = COI)
	*Elle s'occupe **de ses affaires**.* (*de ses affaires* = COI)

conditionnel	mode qui permet d'exprimer une action éventuelle ou possible mais non réalisée
	*On **aurait** intérêt à le faire.*
conjonction	mot invariable qui sert à joindre deux mots, deux groupes de mots ou deux propositions
	*Deux **et** deux font quatre.*
	*Il m'a dit **qu**'il partait.*
conjugaison	ensemble des formes d'un verbe
conjuguer	mettre un verbe à ses différentes formes
contraction	réduction par soudure de deux éléments grammaticaux
	préposition *de* + article *le* = ***du***
déterminant	élément de la langue qui, placé devant un nom, lui sert souvent de marque de genre et de nombre, tout en apportant une précision supplémentaire (articles définis, indéfinis, partitifs ; adjectifs possessifs, démonstratifs, numéraux, etc.)
	***un** nom* (*un* = déterminant)
déterminatif	qui détermine, précise le sens d'un mot ; on utilise aussi dans ce sens les mots *déterminer* et *détermination*
discours direct	style employé pour citer les paroles de quelqu'un
	*Elle a dit : « **Je m'en vais.** »*
discours indirect	style employé pour rapporter les paroles de quelqu'un sous forme de proposition subordonnée rattachée à un verbe de communication
	*Elle a dit **qu'elle s'en allait.***
formules de transition	mots ou expressions qui permettent de lier de façon cohérente les idées que l'on présente dans un texte. Ce sont souvent les articulations entre phrases et entre paragraphes
	*Le tourisme de masse n'est pas nécessairement le créateur d'emplois que l'on imagine. **Il est donc temps** de réfléchir à la pratique de ce type de tourisme.*
futur antérieur	temps composé du mode indicatif qui permet d'exprimer une action que l'on prévoit complétée à un moment déterminé du futur
	*À cette date-là, ce **sera fini.***
futur proche	construction qui comprend le verbe *aller* suivi d'un infinitif et qui exprime une action future assez proche du présent
	*Où est-ce qu'on **va manger** ?*
futur simple	temps simple du mode indicatif qui permet d'exprimer une action à venir
	*Nous lui **écrirons**.*
genre	caractéristique grammaticale qui catégorise un terme comme étant masculin (masc.) ou féminin (fém.)
	***un exercice** (masc.)*
	***la grammaire** (fém.)*
gérondif	composé du participe présent précédé de *en*, le gérondif indique la simultanéité, le temps ou la condition ; le sujet du gérondif est le même que celui du verbe conjugué
	*Il lit le journal **en mangeant**.*
graphie	représentation écrite d'un mot
homographe	mot qui a la même orthographe qu'un autre mot mais qui a un sens différent
	***court** (short)* ***court** de tennis (tennis court)*

homonymes	mots de prononciation identique et de sens différents *mais* (conjonction) *mai* (cinquième mois de l'année)
imparfait	temps verbal qui a pour fonction la description dans le passé *Il **était** plus mince quand il **avait** vingt ans.*
impératif	mode verbal qui exprime le commandement ou la défense ***Laisse-moi** tranquille !* *Ne **fumez pas** !*
indicatif	mode verbal utilisé pour exprimer la réalité
infinitif	forme du verbe qu'on trouve dans le dictionnaire et qui permet de nommer le verbe tout en exprimant l'idée de l'action ou de l'état d'une façon abstraite et impersonnelle *étudier, finir, prendre, etc.*
infixe	partie de mot qui se place à l'intérieur des mots « *iss* » dans « *nous finissons* »
interjection	mot invariable qui est employé pour traduire une attitude affective ou pour évoquer un bruit *Aïe ! Ça fait mal !*
invariable	caractéristique d'un mot qui n'a qu'une forme ou qui ne subit pas d'accord *une bande dessinée **vraiment super***
locution prépositive	préposition formée de deux ou plusieurs mots *On s'est assis **au bord de** l'eau.*
mise en relief	procédé qui permet de mettre l'accent sur un élément de phrase ***Moi**, je ne suis pas d'accord.* (*moi* met en relief le pronom *je*)
mode	caractéristique d'une forme verbale qui permet d'exprimer l'attitude du sujet vis-à-vis des évènements ou des états exprimés par le verbe mode indicatif (la réalité) → ***J'écoute**.* mode impératif (les ordres) → ***Écoute** !*
mot connecteur	mot qui sert à articuler deux idées *Elle n'est pas au bureau aujourd'hui **car** elle est malade, **mais** elle sera là demain.*
mot explétif	mot qui sert à remplir la phrase sans être nécessaire au sens *Il craint que vous **ne** soyez trop jeune.*
négation	moyens d'expression qui servent à nier *Il **ne** me parle **plus**.*
nombre	caractéristique grammaticale qui catégorise un terme comme étant singulier (sing.) ou pluriel (plur.) ***un verbe** (sing.), **les mots** (plur.)*
ordinal	le déterminant ordinal indique un rang, un classement *le **troisième** étage*
orthographe	manière d'écrire les mots correctement

participe passé (p.p.)	forme du verbe utilisée comme deuxième élément dans la conjugaison des temps composés *J'ai **compris**.* (p.p. de *comprendre*) *Elle est **partie**.* (p.p. de *partir*)
participe présent	forme modale du verbe qui exprime l'action ou l'état dans sa progression ***Étant** en déséquilibre, il est tombé dans l'escalier.*
participe présent composé	forme modale du verbe qui exprime une action complétée avant celle du verbe principal ***Ayant fini** son travail, il est parti.*
phrase hypothétique	phrase dans laquelle on énonce une possibilité ou une éventualité (proposition principale) qui dépend d'une condition (proposition subordonnée) ; l'ordre des propositions peut être inversé *Je l'aurais acheté **si** j'avais eu assez d'argent.* ***Si** j'avais eu assez d'argent, je l'aurais acheté.*
plus-que-parfait	temps verbal qui exprime une action antérieure à une autre action dans le passé *Elle **était partie** quand nous sommes arrivés.*
préfixe	élément de formation des dérivés ; placé avant le radical ***re-*** et ***dé-*** sont des préfixes ; *re**faire**, **dé**faire*
présent	temps verbal qui exprime d'habitude une action ou un état de l'époque contemporaine *Elle **parle**.* (= elle parle en ce moment)
pronom	mot qui peut remplacer : 1) un nom ; 2) un autre pronom ; 3) un adjectif ; 4) un élément de phrase ou toute une phrase ; ou 5) une ou plusieurs proposition(s) *Jacqueline ? Je **l'**ai vue hier.* (*l'* remplace le nom *Jacqueline*)
pronom démonstratif	pronom qui désigne un être, un objet ou une idée ***Cela** n'est pas vrai.*
pronom indéfini	pronom qui sert à exprimer l'imprécision ou le vague ***D'autres** sont venus.*
pronom interrogatif	pronom qui permet de questionner ***Que** dites-vous ?*
pronom personnel	pronom dont les formes correspondent à chaque personne du verbe ***Tu** ne **t'**en souviens pas ?* (*tu* et *t'* = 2e personne du singulier)
pronom personnel conjoint	pronom : 1) qui a une place fixe près du verbe ; 2) qui n'est pas relié au verbe à l'aide d'un autre mot ; et 3) qui est sujet, complément d'objet direct ou complément d'objet indirect ***Je le** vois.*
pronom personnel disjoint	pronom qui est d'habitude éloigné du verbe (après une préposition ou en début ou fin de phrase pour la mise en relief) et qui est complément d'objet indirect, complément circonstanciel, attribut ou mot mis en apposition *Elle s'est assise près de **moi**.*

pronom possessif	pronom qui sert à exprimer une relation d'appartenance *votre fils et **le mien***
pronom relatif	pronom qui permet d'établir une relation entre un nom (ou un pronom) et une proposition subordonnée qui apporte un supplément d'information *Ce n'est pas moi **qui** ai fait cela.*
proposition incise	proposition indépendante, le plus souvent très courte, qu'on insère dans un récit pour indiquer qui parle. *« Je dois partir, **dit-elle**, j'ai un autre rendez-vous. »*
proposition principale	proposition qui peut être accompagnée d'une ou de plusieurs propositions subordonnées sans être elle-même subordonnée à une autre phrase ***Il croit** que c'est vrai.*
proposition relative	proposition subordonnée, introduite par un pronom relatif, qui permet de déterminer ou de qualifier l'antécédent et de compléter la proposition principale *As-tu compris la question **que le professeur a posée** ?*
proposition subordonnée	proposition qui dépend d'une autre proposition (proposition principale) et qui en complète le sens *Il croit **que c'est vrai.***
radical/ radicaux	partie(s) invariable(s) d'un verbe que l'on isole en enlevant les terminaisons qui constituent sa conjugaison Le verbe *parler* a un radical : **parl** Le verbe *aller* a quatre radicaux :

all	(*allons, allez*)
aill	(*aille*)
v	(*vas, vont*)
ir	(*ira, iriez*)

reprise nominale	procédé qui consiste à remplacer un nom ou par un autre nom, un synonyme ou une périphrase *Astérix connait un succès mondial. En effet, **cette série de bande dessinée franco-belge** a été traduite en plus de 105 langues. (**cette série de bande dessinée franco-belge** remplace **Astérix**)*
reprise pronominale	procédé qui consiste à remplacer un nom par un pronom *Chloé n'aime pas le nouveau directeur. **Il** ne **lui** inspire pas confiance. (**Il** remplace directeur ; **lui** remplace Chloé)*
subjonctif	mode qui permet d'exprimer la subjectivité (le doute, l'incertitude, la volonté, la surprise), la possibilité, la nécessité, etc. *Je doute qu'il le **fasse.***
substantif	mot ou groupe de mots ayant la valeur grammaticale d'un nom ; synonyme de **nom** *un **chef-d'œuvre** (substantif)*
suffixe	élément de formation des dérivés ; placé après le radical *-**isme** et -**ade** sont des suffixes de noms dans journalisme et promenade*

superlatif	formule grammaticale qui permet d'établir la supériorité absolue ou l'infériorité absolue d'un élément *Jacqueline est **la meilleure** étudiante de la classe.*
temps	caractéristique d'une forme verbale qui permet de situer l'action du verbe dans le temps *J'écoute.* (présent) *J'ai fini.* (passé composé)
temps composé	temps formé de deux ou plusieurs formes verbales *Nous **avons travaillé**.* (voix active) *Elle **a été photographiée**.* (voix passive)
terminaison	particule suffixe que l'on ajoute au radical du verbe et qui varie selon la personne, le nombre ou le temps *je parle* *vous allez*
verbe impersonnel	verbe dont le sujet n'est ni réel ni déterminé et qui ne s'utilise qu'à la troisième personne du singulier ***Il faut** que vous lui parliez.*
verbe intransitif	verbe qui ne peut pas admettre de complément d'objet mais qui peut être suivi d'un complément circonstanciel *aller, mourir, etc.*
verbe irrégulier	verbe qui présente des différences ou des irrégularités par rapport à la conjugaison du groupe auquel il appartient
verbe pronominal	verbe précédé d'un pronom personnel (pronom réfléchi) de la même personne que le sujet *Il **s'est levé** tôt ce matin.*
verbe régulier	verbe qui suit les règles de conjugaison du groupe auquel il appartient
verbe transitif	verbe qui peut admettre un complément d'objet *aimer* → **transitif direct** *Il aime Sylvie. (Sylvie = COD)* *parler* → **transitif indirect** *Il parle à Sylvie. (à Sylvie = COI)* *offrir* → **transitif direct et indirect** *Il offre des fleurs à Sylvie.* *(des fleurs = COD ; à Sylvie = COI)*
voix active	forme verbale qui présente le sujet comme effectuant l'action exprimée par le verbe *Le chat **a mangé** la souris.* (le sujet fait l'action du verbe)
voix passive	forme verbale qui présente le sujet comme subissant l'action exprimée par le verbe *La souris **a été mangée** par le chat.* (le sujet subit l'action du verbe)

APPENDICE C | Les verbes suivis d'un infinitif

sans préposition

adorer	daigner	envoyer	paraitre	retourner
affirmer	déclarer	espérer	partir	revenir
aimer	descendre	faillir	penser	savoir
aller	désirer	faire	pouvoir	sembler
avoir beau	détester	falloir	préférer	sortir
avouer	devoir	laisser	prétendre	souhaiter
compter	écouter	monter	se rappeler	venir
courir	emmener	nier	regarder	voir
croire	entendre	oser	rentrer	vouloir

préposition à

s'abaisser à	avoir à	encourager à	s'intéresser à	renoncer à
s'accoutumer à	chercher à	s'engager à	inviter à	se résoudre à
s'acharner à	commencer à	enseigner à	jouer à	rester à
aider à	condamner à	s'essayer à	se mettre à	réussir à
amener à	conduire à	être décidé à	obliger (qqn) à	servir à
s'amuser à	consentir à	s'exercer à	parvenir à	songer à
s'appliquer à	consister à	forcer (qqn) à	penser à	surprendre (qqn) à
apprendre à	continuer à	se forcer à	persister à	tarder à
arriver à	décider (qqn) à	s'habituer à	se plaire à	tenir à
s'attendre à	se décider à	hésiter à	pousser à	travailler à
autoriser à	employer à	inciter à	se préparer à	en venir à

préposition de

s'abstenir de	désespérer de	jurer de	proposer de
accepter de	dire de	se lasser de	punir de
accuser de	écrire de	manquer de	rappeler de
achever de	s'efforcer de	menacer de	refuser de
s'agir de	empêcher de	mériter de	regretter de
s'arrêter de	s'empresser de	mourir de	se réjouir de
attendre de	essayer de	négliger de	remercier de
blâmer de	s'étonner de	obliger de	reprocher de
cesser de	être obligé de	s'occuper de	résoudre de
choisir de	éviter de	offrir de	rêver de
commander de	(s')excuser de	oublier de	rire de
commencer de	faire exprès de	pardonner de	risquer de
conseiller de	faire semblant de	permettre de	souffrir de
continuer de	se fatiguer de	persuader de	soupçonner de
convaincre de	(se) féliciter de	se plaindre de	se souvenir de
craindre de	finir de	prendre soin de	suggérer de
décider de	se garder de	se presser de	tâcher de
défendre de	se hâter de	prier de	tenter de
demander de	interdire de	promettre de	se vanter de
se dépêcher de			

APPENDICE D | Les adjectifs suivis d'un infinitif

préposition de

aimable de	incapable de
capable de	incertain de
certain de	libre de
content de	malheureux de
désolé de	méchant de
enchanté de	mécontent de
fatigué de	obligé de
forcé de	raisonnable de
fou de	ravi de
gentil de	sensé de
heureux de	triste de

préposition à

habitué à
léger à
lent à
lourd à
prêt à
rapide à
le dernier à
le deuxième à*
le premier à*
le seul à
le troisième à*

*De même avec tous les nombres ordinaux.

APPENDICE E | Les verbes suivis de compléments

Abréviations

qqn = quelqu'un (complément d'objet direct)

à qqn = à quelqu'un (complément d'objet indirect)

de qqn = de quelqu'un (complément d'objet indirect)

qqch = quelque chose (complément d'objet direct)

à qqch = à quelque chose (complément d'objet indirect)

de qqch = de quelque chose (complément d'objet indirect)

abimer qqch

s'accoutumer à qqch

accuser qqn

aider qqn

aimer qqn ou qqch

s'amuser à qqch

apercevoir qqn ou qqch

appartenir à qqn

s'appliquer à qqch

apprendre qqch ; apprendre qqch à qqn

arrêter qqn ou qqch

attendre qqn ou qqch

s'attendre à qqch

autoriser qqch

avertir qqn

avoir qqch

avoir besoin de qqn ou qqch

avoir envie de qqch

avouer qqch

désirer qqn ou qqch

détester qqn ou qqch

dire qqch ; dire qqch à qqn

écouter qqn ou qqch

écrire qqch ; écrire à qqn

emmener qqn

empêcher qqch

employer qqn ou qqch

encourager qqn

engager qqn

enseigner qqch à qqn

entendre qqn ou qqch

envoyer qqn ou qqch ; envoyer qqch à qqn

espérer qqch

essayer qqch

être à qqn

éviter qqn ou qqch

excuser qqn ou qqch

faire qqch

blâmer qqn

cesser qqch

chercher qqn ou qqch

choisir qqn ou qqch

commander qqn ou qqch

commencer qqch

compter qqch

condamner qqn ou qqch ; condamner qqn à qqch

conseiller qqn ; conseiller qqch à qqn

consentir à qqch

continuer qqch

convaincre qqn

craindre qqn ou qqch

crier qqch

croire qqn ou qqch ; croire à qqch ; croire en qqn

décider qqch

déclarer qqch

défendre qqn ou qqch

demander qqch ; demander qqch à qqn

penser à qqn ou à qqch ; penser de qqn ou de qqch

permettre qqch à qqn

persuader qqn

pousser qqch ou qqn

pouvoir qqch

préférer qqn ou qqch

préparer qqch

prétendre qqch ; prétendre à qqch

promettre qqch à qqn

proposer qqch à qqn

punir qqn

reconnaitre qqn ou qqch

refuser qqn ou qqch

regarder qqn ou qqch

regretter qqn ou qqch

remarquer qqn ou qqch

remercier qqn

renoncer à qqch

reprocher qqch à qqn

féliciter qqn
finir qqch
forcer qqn ou qqch
garder qqn ou qqch
s'habituer à qqn ou à qqch
interdire qqch à qqn
intéresser qqn à qqch
s'intéresser à qqn ou à qqch
inviter qqn
jouer à qqch (un jeu, un sport)
jouer de qqch (un instrument de musique)
jouer qqch (un disque, un rôle, une carte, etc.)
jurer qqch
laisser qqch
manquer qqn ou qqch ; manquer à qqn
menacer qqn
mériter qqch
mettre qqch
négliger qqn ou qqch
nier qqch
s'occuper de qqn ou de qqch
offrir qqch à qqn
oser qqch
oublier qqn ou qqch
pardonner qqch à qqn ; pardonner qqn
parvenir à qqch

résoudre qqch
respecter qqn ou qqch
réussir qqch
rêver qqch ; rêver à/de qqn ou qqch
rire de qqn ou de qqch
risquer qqch
savoir qqch
se mettre à qqch
se plaindre de qqch à qqn
se préparer à qqch
se rappeler qqch
se résoudre à qqch
sentir qqch
servir qqn ou qqch ; servir qqch à qqn ; servir à qqn de qqch
songer à qqn ou à qqch
souhaiter qqch
suggérer qqch à qqn
surprendre qqn ou qqch
téléphoner à qqn
tenir qqn ou qqch ; tenir à qqn ou à qqch
tenter qqn ou qqch
travailler à qqch
voir qqn ou qqch
vouloir qqch

APPENDICE F | Les verbes suivis du subjonctif

Verbes de volonté

accepter que
aimer que
approuver que
avouer que
comprendre que
consentir à ce que
convenir que
ne pas espérer que

être d'accord que
il est désirable que
désirer que
détester que
mériter que
permettre que
il est préférable que
il est souhaitable que

souhaiter que
ne pas supporter que
tenir à ce que
ne pas tolérer que
il vaut mieux que
vouloir que

Verbes de nécessité

il est à propos que
il est avantageux que
avoir besoin que
avoir hâte que
commander que
il convient que
défendre que
demander que
il est de règle que

empêcher que
il est essentiel que
exiger que
il faut que
il est indispensable que
il est important que
il importe que
peu importe que
il est nécessaire que

nécessiter que
il est profitable que
il est obligatoire que
ordonner que
requérir que
il est temps que
il est urgent que
il est utile que

Verbes de doute

ne pas être certain que
il est contestable que
ne pas être convaincu que
il est discutable que
douter que
il est douteux que

il est improbable que
il est incertain que
il est inconcevable que
il est invraisemblable que
nier que

rien ne prouve que
il n'est pas prouvé que
ne pas être sûr que

Verbes de sentiment

sentiment positif

être content que
être enchanté que
être heureux que
être ravi que
être satisfait que

il est faux que
il est épatant que
il est extraordinaire que
il est louable que
il est merveilleux que

il est mieux que
il est plaisant que
il est remarquable que
il est sensationnel que
se réjouir que

sentiment négatif, regret, incrédulité

avoir peur que

craindre que

déplorer que

être désolé que

être fâché que

être triste que

regretter que

c'est dommage que

il est affreux que

il est dommage que

il est effrayant que

il est épouvantable que

il est horrible que

il est malheureux que

il est monstrueux que

il est regrettable que

il est triste que

il est absurde que

il est bizarre que

il est choquant que

il est curieux que

il est étrange que

il est incroyable que

il est inouï que

il est insensé que

il est paradoxal que

il est ridicule que

réaction à ce qui est inexcusable

il est honteux que

il est impardonnable que

il est inexcusable que

il est scandaleux que

réaction à ce qui est surprenant

s'étonner que

être surpris que

il est étonnant que

il est surprenant que

cela m'étonne que

réaction à ce qui est drôle

il est amusant que

il est comique que

il est drôle que

réaction à ce qui est embêtant

il est agaçant que

il est embêtant que

il est ennuyant que

il est vexant que

réaction à ce qui est raisonnable

il est acceptable que

il est juste que

il est légitime que

il est naturel que

il est normal que

il est raisonnable que

APPENDICE G | Le genre des noms selon le suffixe

Noms masculins

1. terminaison *age*
   le chauffage, le jardinage, un langage, un voyage, etc.
   exception : *une image*

2. terminaison *al*
   un festival, un journal, un tribunal, etc.

3. terminaison *ant*
   un amant, un habitant, le néant, etc.

4. terminaison *ard*
   un montagnard, un poignard, un vieillard, etc.

5. terminaison *asme*
   l'enthousiasme, le sarcasme, etc.

6. terminaison *é*
   le passé, un traité, un carré, etc.

7. terminaison *eau*
   un berceau, un cadeau, un plateau, etc.
   exception : *une eau*

8. terminaison *ent*
   un appartement, un concurrent, un incident, etc.

9. terminaison *et*
   un bouquet, un jouet, etc.

10. terminaisons *euil, ueil*
    un fauteuil, le seuil, un cercueil, un recueil, etc.

11. terminaison *eur*
    professions : *un danseur, un professeur,* etc.

12. terminaison *ier*
    professions : *un banquier, un hôtelier,* etc.
    arbres fruitiers : *un cerisier, un palmier,* etc.
    récipients : *un cendrier, un clavier,* etc.

13. terminaison *oir*
    un miroir, un rasoir, un trottoir, etc.

14. terminaison *isme*
    le dynamisme, le romantisme, etc.

Noms féminins

1. terminaison *ade*
   une promenade, une embuscade

2. terminaison *aine*
   la laine, une migraine, etc.
   exceptions : *un capitaine, un domaine,* etc.

3. terminaison *ance*
   une alliance, la méfiance, la persévérance, etc.

4. terminaison *ante*
   une composante, une débutante, etc.

5. terminaison *ion* et *tion*
   une adoption, une décision, une option, etc.
   exceptions : *un avion, un champion,* etc.

6. terminaison *ée*
   une allée, la durée, une fée, une journée, etc.
   exceptions : *un musée, un lycée,* etc.

7. terminaison *ence*
   la déficience, l'excellence, la préférence, etc.

8. terminaison *eur*
   une couleur, une faveur, la fureur, une rumeur, etc.

9. terminaison *ie*
   une boulangerie, la chimie, la folie, la jalousie, etc.

10. terminaison *ière*
    professions : *une aumônière, une épicière,* etc.
    autres mots : *une frontière, une prière,* etc.
    exception : *un cimetière*

11. terminaison *ise*
    la bêtise, la franchise, etc.

12. terminaison *oire*
    une bouilloire, une histoire, une patinoire, etc.
    exception : *un interrogatoire*

13. terminaison *son*
    une boisson, une chanson, la guérison, etc.

14. terminaison *té*
    la clarté, la publicité, etc.
    exceptions : *un côté, l'été,* etc.

15. terminaison *tié*
    l'amitié, la moitié, etc.

16. terminaison *ture*
    une aventure, l'écriture, la fermeture, etc.

17. terminaison *ude*
    une habitude, l'ingratitude, la désuétude, etc.

18. terminaison *ue*
    une massue, une rue, une vue, etc.

APPENDICE H | Les mots avec un *h* aspiré

la hache	hardi	le héron	la honte
la haie	le harem	le héros	honteux
la haine	le hareng	la herse	le hors-d'œuvre
haïr	le haricot	le hêtre	la housse
le hall	le hasard	heurter	le hublot
le hamac	la hâte	le hibou	huer
le hameau	le haut	hideux	le huguenot
la hanche	le hautbois	la hiérarchie	le huitième
le handicap	la hausse	hocher	les Huns
le hangar	la hauteur	le hockey	le hurlement
hanter	le havre	la Hollande	hurler
harasser	hérisser	le homard	le hussard
harceler	la hernie	la Hongrie	la hutte

APPENDICE I | La réforme de l'orthographe (1990)

Tableau partiel des rectifications orthographiques du français en 1990

a) Les numéraux composés peuvent maintenant être reliés par des traits d'union.

ex. :   *trente et un* ou ***trente-et-un***   *quatre cents* ou ***quatre-cents***

b) Dans le cas d'un certain nombre de noms composés, le trait d'union disparait.

ex. :   *porte-monnaie* ou ***portemonnaie***   *week-end* ou ***weekend***

c) Dans les noms composés du type *pèse-lettre* (verbe + nom) ou *sans-abri* (préposition + nom), le second mot peut prendre la marque du pluriel si le nom composé est au pluriel.

ex. :   *un pèse-lettre* → *des pèse-lettre* ou ***des pèse-lettres***
un après-midi → *des après-midi* ou ***des après-midis***

d) On peut employer l'accent grave au lieu de l'accent aigu dans un certain nombre de mots.

ex. :   *un événement* ou ***un évènement***   *réglementaire* ou ***règlementaire***
je céderai ou ***je cèderai***

e) L'accent circonflexe n'est plus obligatoire sur les lettres « *i* » et « *u* » sauf dans les terminaisons verbales du passé simple et du subjonctif.

ex. :   *coût* ou ***cout***   *paraître* ou ***paraitre***

Exceptions !   On maintient l'accent circonflexe dans les cas d'ambigüité :

sur (on)/*sûr* (certain) ; *mur* (wall)/*mûr* (ripe) ; *du* (article)/*dû* (verbe *devoir*) ;

et les formes des verbes *croire* (to believe) et *croître* (to grow) → *il croit/il croît*

f) Le tréma peut être déplacé sur la lettre « *u* » dans les mots en « *guë* » et « *guï* ».

ex. :   *aiguë* ou ***aigüe***   *ambiguïté* ou ***ambigüité***

g) Les mots empruntés à d'autres langues forment leur pluriel et sont accentués comme les mots français.

ex. : *des matches* ou ***des matchs***   *un revolver* ou ***un révolver***

APPENDICE J | Les nombres

Les numéraux cardinaux

0	zéro	21	vingt-et-un/e (vingt et un/e*)	90	quatre-vingt-dix
1	un, une	22	vingt-deux	91	quatre-vingt-onze
2	deux	30	trente	92	quatre-vingt-douze
3	trois	31	trente-et-un/e (trente et un/e*)	100	cent
4	quatre	32	trente-deux	101	cent-un/e*
5	cinq	40	quarante	102	cent-deux*
6	six	41	quarante-et-un/e*	200	deux-cents*
7	sept	42	quarante-deux	201	deux-cent-un/e*
8	huit	50	cinquante	202	deux-cent-deux*
9	neuf	51	cinquante-et-un/e*	1 000	mille
10	dix	52	cinquante-deux	1 001	mille-un(e)*
11	onze	60	soixante	1 100	mille-cent* (onze-cents*)
12	douze	61	soixante-et-un/e*	2 000	deux-mille*
13	treize	62	soixante-deux	2 100	deux-mille-cent*
14	quatorze	70	soixante-dix	10 000	dix-mille*
15	quinze	71	soixante-et-onze*	100 000	cent-mille*
16	seize	72	soixante-douze	1 000 000	un-million*
17	dix-sept	80	quatre-vingts	2 000 000	deux-millions*
18	dix-huit	81	quatre-vingt-un/e	1 000 000 000	un-milliard*
19	dix-neuf	82	quatre-vingt-deux	2 000 000 000	deux-milliards*
20	vingt				

Les numéraux ordinaux

$1^{er}/1^{re}$	premier/première	11^e	onzième	21^e	vingt-et-unième*
2^e	deuxième, second/seconde	12^e	douzième	22^e	vingt-deuxième
3^e	troisième	13^e	treizième	80^e	quatre-vingtième
4^e	quatrième	14^e	quatorzième	81^e	quatre-vingt-unième
5^e	cinquième	15^e	quinzième	82^e	quatre-vingt-deuxième
6^e	sixième	16^e	seizième	100^e	centième
7^e	septième	17^e	dix-septième	101^e	cent-unième
8^e	huitième	18^e	dix-huitième	102^e	cent-deuxième
9^e	neuvième	19^e	dix-neuvième	$1 000^e$	millième
10^e	dixième	20^e	vingtième	$1 000 000^e$	millionième

Les fractions

$\frac{1}{2}$	un demi	$1\frac{1}{2}$	un et demi
$\frac{1}{3}$	un tiers	$\frac{2}{3}$	deux tiers
$\frac{1}{4}$	un quart	$\frac{3}{4}$	trois quarts
$\frac{1}{5}$	un cinquième	$\frac{2}{5}$	deux cinquièmes
$\frac{1}{10}$	un dixième	$\frac{2}{10}$	deux dixièmes

*En orthographe traditionnelle, certains nombres ne comprenaient pas de traits d'union.
Par exemple: vingt et un, cent deux, dix mille, trois millions, vingt et unième, etc.

APPENDICE K | Les temps littéraires

1. ***Le passé simple*** (voir chapitre 2)

2. ***Le passé antérieur***
    a) formation :

    On utilise la forme du passé simple de l'auxiliaire *être* ou *avoir* et le participe passé du verbe.

    > elle **eut préféré**
    > ils **furent sortis**

    b) emploi :

    On emploie le passé antérieur dans un texte littéraire pour exprimer une action qui a eu lieu immédiatement avant l'action du verbe au passé simple. On l'utilise surtout dans les propositions subordonnées après les conjonctions de temps *quand, lorsque, aussitôt que, dès que* et *après que.*
    On l'utilise également après la conjonction *à peine… que* qui demande l'inversion du sujet.

    > *Quand ils* **eurent fini** *de manger, ils s'installèrent sur la terrasse.*
    > (= *Ils avaient fini de manger quand ils s'installèrent sur la terrasse.*)
    > *À peine* **fut-il endormi** *qu'il commença à ronfler.*
    > (= *inversion du sujet*)

3. ***L'imparfait*** et le ***plus-que-parfait du subjonctif***
    a) formation de l'imparfait du subjonctif :

    On commence avec la forme du passé simple employée avec *tu.* On double la consonne finale de cette forme, puis on ajoute les terminaisons du présent du subjonctif des formes employées avec *je, tu, nous, vous* et *ils/elles.* La troisième personne du singulier (sujet *il/elle*) remplace le *s* par un *t* et prend un accent circonflexe sur la voyelle de la terminaison. Cette formation s'applique à tous les verbes, réguliers et irréguliers.

    infinitif : *chanter*
    passé simple : *tu chantas*
    imparfait du subjonctif : *que je chantasse*

    infinitif : *faire*
    passé simple : *tu fis*
    imparfait du subjonctif : *que je fisse*

que je chantasse	(chantas + s + e)	*que je fisse*	(fis + s + e)
que tu chantasses	(chantas + s + es)	*que tu fisses*	(fis + s + es)
qu'il/elle chantât	(chanta + ^ + t)	*qu'il/elle fît*	(fi + ^ + t)
que nous chantassions	(chantas + s + ions)	*que nous fissions*	(fis + s + ions)
que vous chantassiez	(chantas + s + iez)	*que vous fissiez*	(fis + s + iez)
qu'ils/elles chantassent	(chantas + s + ent)	*qu'ils/elles fissent*	(fis + s + ent)

    infinitif : *finir*
    passé simple : *tu finis*
    imparfait du subjonctif : *que je finisse*

    infinitif : *pouvoir*
    passé simple : *tu pus*
    imparfait du subjonctif : *que je pusse*

que je finisse	(finis + s + e)	*que je pusse*	(pus + s + e)
que tu finisses	(finis + s + es)	*que tu pusses*	(pus + s + es)
qu'il/elle finît	(fini + ^ + t)	*qu'il/elle pût*	(pu + ^ + t)
que nous finissions	(finis + s + ions)	*que nous pussions*	(pus + s + ions)
que vous finissiez	(finis + s + iez)	*que vous pussiez*	(pus + s + iez)
qu'ils/elles finissent	(finis + s + ent)	*qu'ils/elles pussent*	(pus + s + ent)

b) formation du plus-que-parfait du subjonctif :
On utilise la forme de l'imparfait du subjonctif de l'auxiliaire *avoir* ou *être* et le participe passé du verbe.

> *qu'elles **eussent pris***
> *qu'il se **fût trompé***

c) emploi de l'imparfait et du plus-que-parfait du subjonctif :
Ces temps sont utilisés dans des contextes littéraires, et leur usage devient de plus en plus rare. Dans la langue parlée et les écrits de style moins soutenu, on emploie le présent du subjonctif à la place de l'imparfait du subjonctif, et on substitue le passé du subjonctif au plus-que-parfait du subjonctif.

> contexte littéraire : *Elle voulait qu'il **vînt**.*
> langue courante : *Elle voulait qu'il **vienne**.*

4. *La concordance des temps au subjonctif*

temps de la proposition principale	action de la subordonnée	temps du subjonctif de la subordonnée
présent, futur ou passé composé de l'indicatif *Il **faudra** que tu le fasses.*	simultanée ou postérieure	présent *Il **faudra** que tu le **fasses**.*
présent, futur ou passé composé de l'indicatif *Elle ne **croit** pas qu'il se soit trompé.*	antérieure	passé *Elle ne croit pas qu'il se **soit trompé**.*
imparfait de l'indicatif ou conditionnel présent ou passé (langue courante) *Je ne **voulais** pas que vous partiez.*	simultanée ou postérieure	présent *Je ne **voulais** pas que vous **partiez**.*
imparfait de l'indicatif ou conditionnel présent ou passé (contexte littéraire) *Il **aurait préféré** qu'elle vînt seule.*	simultanée ou postérieure	imparfait *Il **aurait préféré** qu'elle **vînt** seule.*
imparfait de l'indicatif ou conditionnel présent ou passé (langue courante) *Il **était** possible qu'il n'ait pu y aller.*	antérieure	passé *Il était possible qu'il **n'ait pu** y aller.*
imparfait de l'indicatif ou conditionnel présent ou passé (contexte littéraire) *Elle **aurait souhaité** qu'il y eût pensé.*	antérieure	plus-que-parfait *Elle **aurait souhaité** qu'il y **eût pensé**.*
passé simple (contexte littéraire) *Elle **s'étonna** qu'il voulût l'accompagner.*	simultanée ou postérieure	imparfait *Elle s'étonna qu'il **voulût** l'accompagner.*
passé simple (contexte littéraire) *Ils **furent** surpris qu'elles eussent réussi.*	antérieure	plus-que-parfait *Ils furent surpris qu'elles **eussent réussi**.*

APPENDICE L | Les phonèmes du français

voyelles

			consonnes				*nasales*			
/ i /	chimie	/ ʃimi /	/ p /	pain	/ pɛ̃ /		/ ɛ̃ /	matin	/ matɛ̃ /
	cygne	/ siɲ/	/ t /	net	/ nɛt /			plein	/ plɛ̃ /
	ile	/ il /		thé	/ te /			bien	/ bjɛ̃ /
/ e /	été	/ ete /		toute	/ tut /			timbre	/ tɛ̃br /
	nez	/ ne /	/ k /	corps	/ kɔr /			main	/ mɛ̃ /
	jouer	/ʒwe /		kilo	/ kilo /		/ ɑ̃ /	quand	/ kɑ̃ /
/ ɛ /	modéle	/ mɔdɛl /		qui	/ ki /			vent	/ vɑ̃ /
	Noël	/ nɔɛl /		accord	/ akɔr /			champ	/ ʃɑ̃ /
	complet	/ kɔ̃plɛ /		cinq	/ sɛ̃k /			temps	/ tɑ̃ /
	téte	/ tɛt /	/ b /	beau	/ bo /		/ ɔ̃ /	bon	/ bɔ̃ /
	lait	/ lɛ /	/ d /	doux	/ du /			comble	/ kɔ̃bl /
	pleine	/ plɛn /	/ g /	figue	/ fig /		/ œ̃ /	lundi	/ lœ̃di /
/ a /	mal	/ mal /		aggrégat	/ agrega /			parfum	/ parfœ̃ /
	femme	/ fam /	/ s /	samedi	/ samdi /				
/ ɑ /	mâle	/ mɑl /		dessert	/ desɛr /				
	bas	/ bɑ /		scène	/ sɛn /		*semi-consonnes*		
/ ɔ /	alors	/ alɔr /		celui	/ səlɥi /				
	donner	/ dɔne /		ça	/ sa /		/ j /	pied	/ pje /
/ o /	tôt	/ to /		garçon	/ garsɔ̃ /			yeux	/ jø/
	mot	/ mo /		nation	/ nasjɔ̃ /			travail	/ travaj /
	eau	/ o /	/ f /	faire	/ fɛr /			paille	/ paj /
	gauche	/ goʃ /		physique	/ fizik /		/ w /	oui	/ wi /
/ u /	tout	/ tu /	/ ʃ /	poche	/ pɔʃ /			sandwich	/ sɑ̃dwitʃ /
/ y /	étude	/ etyd /	/ v /	ville	/ vil /		/ ɥ /	huile	/ ɥil /
	dû	/ dy /		wagon	/ vagɔ̃/				
/ ø /	peu	/ pø /	/ z /	rose	/ roz /				
/ œ /	peur	/ pœr /		zéro	/ zero /				
	sœur	/ sœr /		maison	/ mɛzɔ̃ /				
/ ə /	petit	/ pəti /	/ ʒ /	jeune	/ ʒœn /				
				gifler	/ ʒifle /				
				léger	/ leʒe /				
			/ gz /	exemple	/ ɛgzɑ̃pl /				
			/ ks /	extra	/ ɛkstra /				
			/ l /	nouvel	/ nuvɛl /				
			/ R /	rue	/ ry /				
			/ m /	mère	/ mɛr /				
			/ n /	nouveau	/ nuvo /				
				automne	/ otɔn /				
			/ ɲ /	montagne	/ mɔ̃taɲ /				
			/ ŋ /	camping	/ kɑ̃piŋ /				

APPENDICE M | La grille de correction

catégories	erreurs	phrases avec fautes, exemples de corrections et explications
1. système verbal	temps	→ *fait* S'il ~~fera~~ beau, on ira à la plage. (*si* + présent → futur)
	mode	→ *vienne* Il est possible qu'il ~~vient~~. (subjonctif après *Il est possible que*)
	morphologie	→ *faites* Vous ~~faisez~~. (mauvaise forme)
	auxiliaire	→ *est* Il ~~a~~ tombé. (*être* avec les verbes de mouvement comme *tomber*)
2. système des accords	article	→ *le* ~~la~~ critère (le nom *critère* est masculin)
	adjectif	→*intéressant* quelque chose d'intéressant~~e~~ (adj. au masc. avec *quelque chose*)
	verbe	→*dis* C'est moi qui vous le ~~dites~~. (sujet = *qui* = *moi* = *je*)
	participe passé	→ *parlé* Elles ne se sont pas parlé~~s~~. (pas d'accord du p.p. avec *se parler*)
	pronom	→*la* Sa petite amie, il ~~le~~ trompe. (mot remplacé = *petite amie* = fém.)
		→ *de laquelle* la fille près ~~duquel~~ il est assis (antécédent *fille* = féminin)

3. système
des pronoms   choix

→ *le*

Elle nous l̶u̶i̶ demande.
(complément d'objet direct)

place

→*va lui en donner*

Elle l̶u̶i̶ ̶e̶n̶ ̶v̶a̶ ̶d̶o̶n̶n̶e̶r̶.

(pronoms avant le verbe *donner*)

ordre

→*le-moi*

Donnez-m̶o̶i̶-̶l̶e̶.

(*le* avant *moi*)

omission

→ *dont*

les dossiers ∧ il s'occupe

(le pronom relatif est nécessaire)

4. système des
déterminants   choix

→ *de*

d̶e̶s̶ longues phrases
(*de* + adjectif pluriel avant le nom)

addition

→ *arrivé vendredi dernier*

Il est arrivé l̶e̶ vendredi dernier.

(pas d'article pour *last Friday*)

omission

→*les*

Elles y vont tous ∧ vendredis.

(article pour *every Friday*)

5. système des
conjonctions/
prépositions   choix

→ *contre*

Elle s'est fâchée a̶v̶e̶c̶ lui.
(*se fâcher contre*)

addition

→ *cherche son mari*

Elle cherche p̶o̶u̶r̶ son mari.

(*chercher* + complément d'objet direct)

omission

→ *au*

Nous jouons ∧ tennis.

(*jouer à un sport*)

6. système des
modifiants
(adjectifs et
adverbes)   choix

→*mieux*

Il se sent m̶e̶i̶l̶l̶e̶u̶r̶.

(verbe modifié par un adverbe)

place

→ *homme infidèle*

C'est un i̶n̶f̶i̶d̶è̶l̶e̶ ̶h̶o̶m̶m̶e̶.

(adj. *infidèle* suit le nom)

degré

→ *le*

C'est l'étudiant ∧ plus intelligent.

(superlatif = article + *plus* + adj.)

7. orthographe

lexique	→ *adresse*	
	une a~~d~~dresse	
	(interférence de l'anglais = *address*)	

élision	→*l'*	
	~~le~~ hôpital	
	(*h* muet = élision)	

accent/	→ *excessif*	
pas d'accent	exc~~è~~ssif	
	(prononciation du *e* devant une consonne double)	

homonyme	→ *C'est*	
	~~Ses~~ vrai.	
	(homonymes *c'est, sait, sais, ses, ces*)	

	→ *-t-*	
euphonie	pourra ∧ il	
	(*-t-* pour faciliter la prononciation)	

Remarque : Les termes grammaticaux sont expliqués dans l'*Appendice B*.

INDEX

a

à

à + infinitif

après un adjectif, 90, 169, 407

après un verbe, 90, 168–169, 406

à + pronom disjoint, 222

à ce moment-là, 372

à condition de/à condition que, 178

à moins de/à moins que, 178

à mon avis, 302

à peine… que, 186, 292

à peine… que + inversion, 213

à qui, à quoi, 253–255

à supposer que, 187

au, à la, à l', aux, 90

auquel, à laquelle, etc., 252, 255, 257, 259

abréviations, 267

accord

cas particuliers, 57

correction des accords, 31–32

définition, 399

de l'adjectif qualificatif, 128–129

du participe passé à l'infinitif passé, 166

avec l'auxiliaire avoir, 56

avec antécédent, 257

avec l'auxiliaire être, 54–55

avec avoir l'air, 129

avec que, 261

acquérir, 389

adjectifs démonstratifs

définition, 399

emplois, 100

formes, 98

particules -ci et -là, 100

traduction, 101

adjectifs exclamatifs

définition, 399

emplois, 250

formes, 250

adjectifs indéfinis

définition, 399

emplois, 334–337

formes, 331–334

adjectifs interrogatifs

définition, 399

emplois, 255

formes, 250

adjectifs négatifs

form es et emplois, 323

adjectifs possessifs

définition, 399

emplois, 100

formes, 98

ou articles définis ? 100–101

traduction, 101–102

adjectifs qualificatifs

accord, 128–130

accord avec qqn ou qqch, 130

changement de sens, 132–133

comparatif, 139

définition, 399

emplois, 130

formation du féminin, 124–127

formation du pluriel, 127–128

invariables, 126–127

place, 131–133

suivis d'un infinitif, 90, 169, 407

superlatif, 141–142

traduction, 134

adverbes

comparatif, 139

définition, 399

fonction, 136

formation, 134–136

négatifs, 322, 325

place, 137–138

signification de certains adverbes, 138

superlatif, 141–142

traduction, 139

afin de/afin que, 178

aller

aller + infinitif (futur proche), 19

emploi, 164

conjugaison, 389

alors que, 186

ancien, 132

antécédent

ce, 257

définition, 399

pronom relatif, 256

antériorité

futur antérieur, 292–293

infinitif passé, 166

passé antérieur, 416

plus-que-parfait de l'indicatif, 61–62

plus-que-parfait du subjonctif, 416–417

antonyme, 11

apposition

définition, 399

pronom disjoint, 210–211, 223

après + infinitif passé, 168

après que, 186, 292

argumentation

définition, 301

outils pour l', 301–303

arriver, 164–165

articles définis

définition, 399

emplois, 91

formes, 89

formes contractées, 90

omission de, 95–96, 140, 144
ou adj. possessifs? 100–101
place de l'article dans la
    comparaison, 141, 144
traduction, 97

articles indéfinis
  après la négation, 93
  définition, 399
  emplois, 94
  formes, 92
  traduction, 97

articles partitifs
  après la négation, 93
  après *ne... ni... ni...* , 324
  définition, 399
  emplois, 94
  formes, 93
  traduction, 97

assoir (s'), 389

attribut
  définition, 400
  pronom disjoint, 210–211,
    223

au cas où, 295

aucun(e) ne, 323, 331, 334

auparavant, 138

aussi + inversion, 213

aussitôt que, 186, 290, 292

autrement, 138

autant
  autant de, 140
  autant que, 140

autre(s), 331, 334

autrui, 331, 334

auxiliaires
  avoir/être, 52–53, 70
  définition, 400

avant de/avant que, 178

avant-hier, l'avant-veille, 372

avoir
  auxiliaire, 52–53
  conjugaison, 387, 389
  expressions avec *avoir*,
    96, 169

b

battre, 390

beau (bel), 126

bien (compararaison de), 142

bien que, 177–178, 187

boire, 390

bon (comparaison de), 142

brave, 132

but
  expression du, 338, 341

c

ça, 247–248

cardinal, voir numéraux

cause
  expression de la, 338–339

ce, cet, cette, ces, 98

ce, c', ceci, cela, 247–248

c'est
  c'est/il est, 248

ce + préposition + *quoi*,
    259, 263

ce qui, ce que, ce dont, 257–259,
    261–262

celui, celle, ceux, celles, 247–248
    + *-ci* ou *-là*, 247

celui qui/que/dont, 248, 265

cent, centième, 415

cependant, 69

certain(e), 132, 331, 335

certes, 138

chacun(e), 331, 335

changements orthographiques,
    voir particularités
    orthographiques

chaque, 331, 335

chaque fois que, 186

cher, 132

citation
  discours direct, 368–374
  discours indirect, 368–374

conséquence
  expression de la, 338, 340

comme il faut, 138

comparaison
  adjectifs
    emplois, 142–143
    formes, 139, 141
    traduction, 144–145
  adverbes
    emplois, 142–143
    formes, 139, 141–142
    traduction, 144–145
  définition, 400
  noms
    emplois, 142–143
    formes, 140–141
  verbes
    formes, 140–141

complément circonstanciel
  définition, 400

complément d'agent
  définition, 400

complément déterminatif
  définition, 400

complément d'objet direct
  définition, 400
  pronoms personnels, 28,
    214–217
  pronoms relatifs, 256,
    258, 261

complément d'objet indirect
  définition, 400
  pronoms personnels,
    214–217
  pronoms relatifs, 259, 263

conclure, 390

concordance des temps
  au discours indirect,
    370, 374
  dans les phrases
    hypothétiques, 290,
    293–296, 298–299
  au subjonctif, 417

conditionnel
  définition, 401
  dans les phrases
    hypothétiques, 295–299

passé
emplois, 296–297
formation, 296
traduction, 297–298
présent
emplois, 295
formation, 294
traduction, 297–298

conduire, 390

congénères, voir mots
apparentés

conjonctions
de coordination, 69
de subordination,
186–187
définition, 401
et prépositions équivalentes,
178
négatives, 324
suivies du subjonctif,
177–179

connaitre, 390

connecteurs (voir mots
connecteurs)

contractions
définition, 401
au, aux, 90
auxquels, etc., 252, 255,
257, 259
desquels, etc., 252, 255,
257, 259
du, des, 90

correction
grille de, 419–420

correspondance
formules épistolaires,
103–104
modèle de lettre, 105
rédaction d'une
lettre, 102

courir, 391

craindre, 391

croire, 391

cueillir, 391

cuire, 391

d

davantage, 138, 142

de
préposition *de*
+ infinitif (après un
verbe), 90, 169, 406
préposition *de* après un
adjectif, 407
préposition *de* ou *par* avec
un verbe au passif, 358
préposition *de* + pronom
disjoint, 222
remplace l'article
après une négation, 93
avant adjectif pluriel
+ nom, 92

de crainte de/de crainte que, 178

de façon à/de façon que, 178

de manière à/de manière que, 178

de peur de/de peur que, 178

de sorte que, 177

déclaration, verbes de, 180,
368, 370

défini, voir article défini

demande d'emploi (lettre de),
voir correspondance

demi, 129

démonstratifs, voir adjectifs et
pronoms démonstratifs

depuis
+ présent, 19

dérivé, 83, 321

dernier, 125, 132

dès que, 186, 290, 292

déterminants
correction, 420
définition, 401
voir adjectifs démonstratifs
voir adjectifs indéfinis
voir adjectifs possessifs
voir articles définis
voir articles indéfinis
voir articles partitifs

deux-points, 268

devoir, 391

devoir d'idées, 300–301
parties du, 300
présentation des idées,
301–303

dialogue
incorporé au récit, 374–375

dictionnaires
emplois des, 145–146
entrées de, 146–147

différent, 132, 331, 335

dire, 392

discours direct
définition, 401
emploi, 368–374

discours indirect
analyse et emploi, 368–374
au passé, 370–372, 374
définition, 401
expressions de temps
au, 372
interrogation au, 369,
370–371

divers, 331, 335

donc, 302

dont, ce dont, 258–259, 262

dormir, 392

doute
verbes de, 175, 182, 410

drôle, 132

du, de la, de l', 90, 93

duquel, etc., 259, 263

e

écrire, 392

en
préposition *en*
+ participe présent
(gérondif), 366
pronom *en*
emploi, 219–220
traduction, 226

en ce moment, 138

en même temps, 138

encore du/de la, de l', des, 96

enfin, 69

ensuite, 69

envoyer, 392

être
  auxiliaire, 51
  conjugaison, 387
  verbes conjugués avec *être*,
    52–53
être en train de + infinitif, 19
être sur le point de + infinitif, 19
exclamatif, voir adjectifs
  exclamatifs
exclamation, point d', 268
explétif, voir mot explétif

expressions impersonnelles
  emplois, 329–330

f

faire
  conjugaison, 393
  faire + infinitif (faire
    causatif), 57, 216
  s'en faire/s'y faire, 328
falloir, 393
fautes, correction des, 419–420

féminin
  des adjectifs qualificatifs,
    124–127
  des noms, 22–24
fort (adverbe), 136
fou (fol), 126
fractions, 415
fuir, 393

futur antérieur
  définition, 401
  emplois, 292–293
  formation, 292
  phrases avec *si*, 293, 298
  traduction, 294

futur proche (*aller* + infinitif)
  définition, 401
  emplois, 19

futur simple
  définition, 401
  emplois, 290
  formation, 288–289

phrases avec *si*, 290–291,
  298–299
traduction, 293–294

g

genre
  définition, 401
  des noms, 22
  indices du, 23–24

gérondif
  définition, 401
  emplois, 366
  précédé de *tout*, 366
  traduction, 368
grand, 132
guère (ne…), 322
guillemets, 268

h

haïr, 393

h **aspiré**
  noms commençant par
    un, 413
hier, la veille, 372
homographe, 356–357, 401
homonymes, 356–357, 402
hypothèse, voir phrases
  hypothétiques

i

idiomatique : verbes
  pronominaux à sens
  idiomatique, 326–327
il est + (heure), 248
il est/c'est, 248
il faut que, 174, 410
il s'agit de, 266, 329

imparfait
  de l'indicatif
    comparaison avec le
      passé composé, 59–60
    définition, 402
    emplois, 58–59
    formation, 57–58
    phrases avec *si*, 58–59,
      295, 296, 298–299

du subjonctif,
  emplois, 417
  formation, 416

impératif
  définition, 402
  emplois, 21
  formation, 20
  phrases hypothétiques, 298
  syntaxe, 21

impersonnelles, expressions,
  329–330

incises, propositions, 213, 267,
  375

indéfini, voir adjectifs et
  pronoms indéfinis

indicatif
  définition, 402
  imparfait, voir imparfait
  indicatif, subjonctif ou
    infinitif, 182–183
  plus-que-parfait, voir
    plus-que-parfait
  présent, voir présent (de
    l'indicatif)

indirect, voir discours indirect

infinitif
  définition, 402
  infinitif, subjonctif ou
    indicatif, 182–183
  passé
    emplois, 166–167
    formes, 166
  présent
    emplois, 166–167
    formes, 166
  syntaxe, 167
  verbes et adjectifs suivis de
    l'infinitif, 168–169,
    406–407

infixe
  définition, 402
  verbes en *ir*, 12

interjection
  définition, 402

interrogatif, voir adjectifs et
  pronoms interrogatifs

interrogation
indirecte, 371
intonation, 14
inversion, 14
intransitif, voir verbes
intransitifs

inversion
après *à peine, aussi, peut-être,
sans doute*, 213
dans l'interrogation, 14,
62, 213
discours direct, 371

j

jamais (ne…), 322
joindre, 393
jusqu'à ce que/jusqu'à,
178, 186

l

-là, 98, 100, 247
la majorité des, 96
la moitié du/de la, de l', des, 96
la plupart du/de la, de l', des, 96
la veille, l'avant-veille, 372
langage SMS, 117
le, la, l', les
articles définis, 89
pronoms personnels
compléments d'objet
direct, 28, 210–211, 214
le lendemain, le surlendemain,
372
le leur, la leur, etc., 249
le même, 332, 335
le mien, le tien, etc., 249
le moindre, 142
le moins, le plus, 141
le nôtre, le vôtre, etc., 249
le pire, 142
lequel, etc.
pronoms interrogatifs,
251–252, 255

pronoms relatifs, 257,
263–264
lettre, voir correspondance
leur
adjectif possessif, 98–99
pronom personnel, 210,
214–217
lire, 393
littéraire, voir temps verbal,
littéraires
locutions prépositives
définition, 402
emplois avec les pronoms
relatifs, 263
l'on, 212
lorsque, 186, 290, 292
l'un… l'autre, 337

m

maint, 332, 335
majuscules, emploi des, 342
malgré le fait que, 177
mauvais (comparaison de), 142
me (m'), 214, 224
meilleur, le meilleur, 142
même, le même, 132, 332, 335
mentir, 393
mettre, 394
mien (le mien, etc.), voir
pronoms possessifs
mieux, le mieux, 142
mille, 415
mode
conditionnel, 296–298
définition, 402
impératif, 20–21
infinitif, 166–169
participe, 363–368
subjonctif, 170–185
moi, 211, 214–215, 220–223,
225
moindre, le moindre, 142
moins de/moins que, 139–140

mon, ma, mes, 98
mot explétif
définition, 402
mots apparentés, 11
mots connecteurs, 68–69, 402
mots familiers, 287
mou (mol), 126
mourir, 394
mouvement (verbes de)
emplois, 164–165

n

naitre, 394
ne
explétif, 143, 177
ne… aucun, 323
ne… aucunement, 322
ne… guère, 322
ne… jamais, 322
ne… ni… ni… , 324
ne… nulle part, 322
ne… pas, 322
ne… pas beaucoup, 322
ne… pas du tout, 322
ne… pas encore, 322
ne… pas grand-chose, 323
ne… pas non plus, 322
ne… pas toujours, 322
ne… personne, 323
ne… plus, 322
ne… point, 322
ne… que, 93, 322
ne… rien, 323
ne… toujours pas, 322
omission de *ne*, 325
négation
adjectif, 323
adverbe, 322
article, 93
conjonction, 324
définition, 402
impératif, 21, 225
infinitif, 167
temps composés, 62
ni… ni… ne… , 324
n'importe lequel, etc., 332, 335
n'importe quel, etc., 332, 335

n'importe qui/quoi, 332, 335

nombre (singulier/pluriel)
adjectifs, 127–130
définition, 402
noms, 25–27

nombres, voir numéraux

noms
comparatif, 140–141
formation du féminin, 22–24
formation du pluriel, 25–27
formation du pluriel des noms composés, 27
genre, 22
superlatif, 141

notes d'écoute, 375–376

notes de lecture, 375–376
modèle de, 375

notre, voir adjectifs possessifs

nôtre (le nôtre, etc.), voir pronoms possessifs

nouveau (nouvel), 126, 131

nul(le), 323, 332, 335

numéraux (adjectifs)
cardinaux, 415
définition, 402
ordinaux, 415
définition, 402

O

omission
de l'article, 95–96, 140, 144
de *ne*, 325
de *pas*, 325

on
sens, 212, 332, 336
substitut du passif, 362–363

opinion, verbes d', 180, 182

ordre des mots
des pronoms, 224–225
phrase à l'impératif, 21
temps composés, 62

ordinal, voir numéraux

où
pronom relatif, 260, 263

ouvrir, 394

p

par + complément d'agent, 358

par moments, 138

par ou *de* avec un verbe au passif, 358

parenthèses, 269

participe passé
accord, 54–57, 261
définition, 403

participe présent
définition, 403
emplois, 366
formation, 363
orthographe, 367
adjectif verbal, 367
nom, 367
traduction, 367–368
voix passive, 364

participe présent composé
définition, 403
formation, 364
voix passive, 365

particularités orthographiques des verbes réguliers en *er*
conditionnel présent, 294
futur simple, 288
présent de l'indicatif, 13
subjonctif présent, 170

partir, 164, 394

partitif, voir articles partitifs

pas
omission de, 325

passé
du conditionnel, 296–298
du subjonctif, 172

passé antérieur
emplois, 416
formation, 416

passé composé
accords du participe passé, 54–57, 261
choix de l'auxiliaire *avoir* ou *être*, 52–53
comparaison avec l'imparfait, 59–60
emplois, 54
formation, 51

passé récent
(*venir de* + inf.), 19

passé simple
emplois, 64–65
formation, 63–64

passif, voir voix passive

pauvre, 132

peindre, 394

pendant que, 186, 290

personne ne/n' ... , 323

petit (comparaison de), 142

peut-être + inversion, 213

peut-être que ... , 213

phonèmes du français, 418

phrase complexe, 185–186

phrase simple, 185

phrases hypothétiques
concordance de temps, 298–299
définition, 403

phrases, types de
affirmative, 14
interrogative 14
négative, 14

pire, 142

pis, 142

place
des adjectifs qualificatifs, 131–133
des adverbes, 137–138
des pronoms compléments, 215–217, 224–225
des pronoms sujets, 213

plaire, 395

pleuvoir, 395

pluriel
des adjectifs qualificatifs, 127–128
des noms, 26–27
des noms composés, 27

plus de/que, 139–140

plusieurs, 333, 336

plus-que-parfait
définition, 403
de l'indicatif
emplois, 61–62
formation, 61
phrases hypothétiques, 62, 296, 299
du subjonctif,
emplois, 417
formation, 417

point, 267

point d'exclamation, 268

point d'interrogation, 268

point-virgule, 268

points de suspension, 268

polysémie, 246

ponctuation, 267–269

possessifs, voir adjectifs et pronoms possessifs

possession, voir adjectifs et pronoms possessifs

possibilité, verbes de, 174–175

pour/pour que, 177–178

pourvu que, 177, 187

pouvoir, 395

préfixe
définition, 403
formation des mots, 83

prendre, 395

prépositions
locutions prépositives, 263

prochain(e), 132

pronominal, voir verbes, pronominaux

présent (de l'indicatif)
définition, 403
depuis +, 19

emplois, 17–18
formation, verbes irréguliers, 15–17
formation, verbes réguliers en *er, ir* et *re*, 12
particularités orthographiques de certains verbes en *er*, 13

présentation (des idées)
formules de, 301–302

pronoms
correction, 419

pronoms démonstratifs
définition, 403
emplois et formes, 247–248

pronoms indéfinis
définition, 403
emplois, 334–337
formes, 331–334

pronoms interrogatifs
définition, 403
emplois, 255
invariables, 253–254
variables, 251–252

pronoms (à sens négatif)
emplois et formes, 323

pronoms personnels
analyse grammaticale des pronoms personnels, 210
compléments d'objet
direct, 28, 214–217
accord du participe passé, 56
formes, 28, 214
place, 215–217, 224–225
en, 218–220
complément d'objet
indirect, 214–217
formes, 214
place, 215–217, 224–225
y, 218–219
conjoints
définition, 403
définition, 403
disjoints
définition, 403

emplois, 220–224
formes, 220
éléments remplacés par les pronoms personnels, 209
ordre des pronoms, 224–225
réfléchis
formes, 217
place, 218, 224–225
sujets
formes, 212
place, 213
traduction, 226–227

pronoms possessifs
définition, 404
formes, 249

pronoms relatifs
définition, 404
emplois, 261–263
fonctions grammaticales, 258–265
formes, 258–260
traduction, 266

proposition
incise, 213, 267, 375
principale, 185
relative, 186
définition, 404
subordonnée, 185–186
définition, 404
subordonnée circonstancielle, 186
subordonnée complétive, 186
subordonnée conjonctive, 186

propre, 132

q

quand
conjonction, 186, 290, 292

que, qu'
accord du participe passé, 56, 261
conjonction, 186
pronom interrogatif, 253–254
pronom relatif, 258, 261, 266
si... et que... + subj., 179

quel, etc., 250

quel que + subj. 333, 336

quelque(s), 333, 336

quelques-un(e)s, 333, 337

quelqu'un, 333, 337

qu'est-ce que, 253

qu'est-ce qui, 253

qui

    à qui, 253, 257, 259

    ce qui, 258, 261

    de qui, 263

    pronom interrogatif, 253–255

    pronom relatif, 256, 258, 259, 261, 264

qui que, 333

qui que ce soit qui, etc., 333, 337

quiconque, 333, 336

quoi

    à quoi, de quoi, 253–255

    ce à quoi, 259, 263

    pronom interrogatif, 253–255

    pronom relatif, 259, 263

quoi que, 333

quoi que ce soit, etc., 333, 337

quoique, 177

r

radical (verbe)

    conditionnel présent, 294

    définition, 404

    futur simple, 288–289

    participe présent, 363

    passé simple, 63

    présent de l'indicatif, 12

radicaux, 320–321

recevoir, 395

réciproque, voir verbes, pronominaux

récit

    composantes d'un récit, 67

réfléchi, voir pronoms réfléchis

relatif, voir pronoms relatifs

rentrer, 165

repartir, 165

reprise nominale, 404

reprise pronominale, 404

résoudre, 396

retourner, 165

restrictif

    ne… que, 93, 322

    + subjonctif, 181

résumé, 227–231

    modèle de, 228–231

    techniques du, 228

rien, 323, 334, 337

rire, 396

s

sale, 133

sans doute + inversion, 213

sans doute que… , 213

sans/sans que, 178, 187

savoir, 396

sentir, 396

servir, 396

seul, 133

si

    conjonction, 290, 293–296

    discours indirect, 369, 373

    phrase hypothétique, 298–299

sien (le sien, etc.), voir pronoms possessifs

si… et que + subjonctif, 179

SMS (langage), 117

soi, 220–221, 223

son, sa, ses, 98

style indirect, voir discours indirect

subjonctif

    après certaines conjonctions, 177–179, 183

    après les verbes de doute, 174–175

    après les verbes de nécessité, 173–174

    après les verbes de possibilité, 174–175

    après les verbes de sentiment, 176–177

    après les verbes de volonté, 173

    après les verbes d'opinion ou de déclaration, 180

    concordance des temps, 417

    dans les propositions indépendantes, 180

    dans les propositions relatives, 181

    définition, 404

    passé

        emplois, 184

        formation, 172

    présent

        emplois, 173–184

        formation, 170–172

    présent ou passé du subjonctif, 184

    subjonctif, indicatif ou infinitif, 182–183

    traduction, 184–185

subordination

    conjonctions, 186–187

subordonnée, proposition, 185–186, 404

substantif

    définition, 404

    infinitif, utilisé comme, 168

    participe présent, utilisé comme, 366

suffire, 397

suffixe

    définition, 404

    formation des mots, 83

    et genre des noms, 412

suivre, 397

sujet

    grammatical, 358

    infinitif, 167

    multiple, 223, 267

neutre *il*, 329
voix passive, 358

superlatif
adjectif, 141–142
adverbe, 141–142
définition, 405
suivi d'une proposition
relative au subjonctif, 181

synonyme, 11

syntaxe
de l'impératif, 21
de l'infinitif, 167
des temps composés, 62
des verbes pronominaux, 15

t

tandis que, 186

tant de, tant que
(comparaison), 140

tant que (temps), 186, 290, 292

te (t'), 214, 217, 224–225

tel(le), 334, 337

temps (verbal)
définition, 405
littéraires, 64, 416–417

tenir, 397

terminaisons
définition, 405
au conditionnel présent,
294
au futur simple, 288
à l'impartfait, 57–58
à l'infinitif, 166
au passé simple, 63–64
au présent de l'indicatif, 12,
15–17
au subjonctif présent, 170

tien (le tien, etc.), voir
pronoms possessifs

tiret, 269

toi, 217, 220, 223, 224–225

ton, ta, tes, voir adjectifs
possessifs

tout, toute, etc.
adjectif et pronom indéfini,
334, 337
+ *ce qui, ce que, ce dont*, 265
+ participe présent, 366
utilisé adverbialement, 129

transitif, voir verbes transitifs

transition
formules de, 68–69

v

vaincre, 397

valoir, 397

veille, voir *la veille*

venir, 164, 398

venir de + infinitif, 19

verbe intransitif
définition, 405

verbe transitif
définition, 405

verbes
au passif, 358–363, 388
auxiliaires, 52–53, 387
conjugués avec *avoir*, 52
conjugués avec *être*, 52–53
de mouvement, 164–165
impersonnels, 329–330,
405
intransitifs, 53, 405
pronominaux
à sens idiomatique,
326–327
à valeur passive, 327
définition, 405

essentiellement
pronominaux, 327
réciproques, 326
réfléchis, 326
substituts du passif, 362
suivis de à + infinitif,
168–169, 406
suivis de compléments,
408–409
suivis de *de* + infinitif,
168–169, 406
suivis de l'infinitif (sans
préposition), 168, 406
suivis de *que* + indicatif,
182–183
suivis de *que* + subjonctif,
410–411

vieux (vieil), 126

virgule, 267

vivre, 398

voir, 398

voix active
définition, 405
emploi, 358

voix passive
analyse, 358–359
définition, 405
emplois, 361
formation, 359–360, 388
remplacement, 362
temps verbaux, 360
traduction, 362–363

vouloir, 398

y

y
complément circonstanciel,
218
complément d'objet
indirect, 218–219
emplois, 218–219